De l’Antigang à la Criminelle

Commissaire Marcel Leclerc

De l'Antigang à la Criminelle

Un grand flic ouvre ses dossiers

Plon

Avec la collaboration irremplaçable
de mon fils Jean-Marc Leclerc

ISBN : 2.259.18005.1

A ma femme Janine, merveilleuse compagne des bons et des mauvais jours.

A mes fils Bertrand, Laurent et Jean-Marc qui ont constitué avec nous le bloc familial inaltérable.

A Élisabeth, Marie-Christine et nos petits-enfants.

« Soyons fermes, purs et fidèles ; au bout de nos peines il y a la plus grande gloire du monde : celle des hommes qui n'ont jamais cédé. »

CHARLES DE GAULLE.

1

Les marais de Sainte-Anne

Je suis devenu policier par vocation. Ce choix, je l'ai fait dès l'âge du lycée. Je venais de découvrir le métier de commissaire dans une brochure de l'École universelle à la bibliothèque. On y parlait d'action, de flair, de psychologie. Mots séduisants. Formule magique ? De ce jour, une idée m'a habité : je voulais devenir commissaire de police. J'avais quinze ans.

Jusque-là, cet univers m'était totalement inconnu. Dans ma famille, on était agriculteur de père en fils. Nous habitions une région de marais, au bord de la Vilaine. Les travaux des champs et les parties de pêche ponctuaient les jours que je coulais en compagnie de ma sœur cadette, à Sainte-Anne-sur-Vilaine, où je suis né le 5 février 1935, quatre ans avant la guerre.

C'était un village comme il en existe tant : quelques maisons groupées autour d'une placette dominée par le clocher de l'église, deux cafés, la poste, la petite mairie carrée, deux ou trois commerces, l'école publique, avec quelques élèves seulement, et l'école privée, la plus fréquentée dans cette Bretagne catholique.

Au début de l'été, nous allions dans la plaine du « grun » faucher le foin sur nos parcelles. L'herbe coupée, enrichie par le limon des crues de l'hiver, embaumait. Venait le temps des moissons. Mon grand-père avait acheté une batteuse Merlin entraînée par une locomobile à charbon. Nous allions durant trois semaines, de hameau en hameau, la loco et sa batteuse tractées par la paire de bœufs à travers les chemins cahoteux. Le soir, je rentrais fourbu, à demi endormi sur son vélo. J'avais les yeux rougis par les escarbilles de charbon et la poussière des balles de paille me collait à la peau. C'était une jeunesse fruste, une éducation sans mollesse, sans caprices, sans superflu. Mais excellente car pétrie de sagesse. Une vie de petit paysan qui apprend à garder les pieds sur terre et fait prendre conscience des réalités pour ne plus les perdre de vue.

Dans ses *Mémoires d'outre-tombe*, Chateaubriand a pu écrire : « C'est dans les bois de Combourg que je suis devenu ce que je suis. » Plus modestement, je pourrais dire que c'est dans les marais de Sainte-Anne que s'est forgé mon caractère.

Promotion Chateaubriand

Le curé de Sainte-Anne voulait faire de moi un instituteur. Mais un matin de 1948, en lisant dans *Ouest France* l'annonce du prochain examen pour l'attribution des bourses d'études nationales, ma mère eut l'idée de me faire passer les épreuves. J'ai été reçu. C'est au lycée Chateaubriand, le plus grand établissement secondaire de Rennes, que je fis mon entrée, comme pensionnaire. La chance venait de me sourire : elle allait transformer ma vie.

Je parlais le patois. Pas le breton, pratiqué dans les départements voisins : Morbihan, Côtes-d'Armor, Finistère. En Ille-et-Vilaine, on parlait le gallo. Bien sûr, j'écrivais avec aisance le français enseigné à l'école. Mais il allait falloir que je me fonde dans le moule du lycée, que je perde cet accent et ces expressions rustiques qui faisaient rire mes camarades. J'ai franchi les obstacles sans encombre, décrochant au passage le premier prix de philosophie de l'académie de Rennes, tout en étant présenté au concours général dans cette discipline. Métaphysique, morale, psychologie : je me découvrais une passion pour ces exercices de l'esprit. Mon guide était le professeur Lamblin, un jeune intellectuel féru de la pensée existentialiste. Lui envisageait pour moi une carrière universitaire.

– Allez-vous enfin renoncer à entrer dans la police ? m'avait-il demandé lors du dernier cours de l'année, comme pour m'arracher in extremis aux griffes du Léviathan.

– Non, monsieur.

Je lisais dans son regard une profonde déception.

– Vous avez tort de choisir un métier négatif, avait-il conclu.

Cette phrase je l'ai longtemps ressassée. Sortant de longues heures de négociation avec un pirate de l'air ayant à sa merci près de cent passagers ou avec un commando ayant pris en otage le personnel d'une ambassade, je n'ai pu me convaincre de son bien-fondé. Mais les clichés ont la vie dure et Lamblin lui-même s'y était laissé prendre. Comment lui en vouloir ? Je lui dois tant ! Il restera à mes yeux l'exégète incomparable de Malraux, le maître à penser de mes jeunes années. *La Condition humaine*, *Les Conquérants*, *L'Espoir* étaient devenus mes livres culte. Plus tard, il m'est arrivé de m'y replonger entre deux affaires difficiles, histoire de me ressourcer. « Les idées ne sont pas faites pour être pensées mais vécues », écrivait Malraux. J'ai aussi fait mien ce principe.

Mon bac en poche, résolu à rejoindre la « grande maison », je me suis inscrit en droit, à la faculté de Rennes. Celle-ci était alors installée dans les locaux de l'ancien évêché, place Sainte-Melaine. Avec ma bourse renouvelée pour les études supérieures, j'ai pu louer ma première chambre chez l'habitant, rue Anatole-Le-Braz. C'est à cette époque que j'ai épousé Janine que je fréquentais depuis plusieurs années. Nous nous sommes mariés par une journée ensoleillée du mois d'avril 1956. Un an plus tard, j'achevais ma licence. Ce furent ensuite les DESS de droit public et de science politique, préalables à la soutenance d'une thèse de doctorat : « Le commissaire de police, fonctionnaire d'autorité ». Tout un programme.

Mon service militaire, comme officier dans l'armée de l'air, touchait à sa fin. En octobre 1960 devaient avoir lieu les épreuves du concours de commissaire à la préfecture de police de Paris. J'ai décroché la place de major, inspiré par une épreuve de culture générale dont le sujet reste d'actualité : « On a dit : le chef ne doit pas séduire. Qu'en pensez-vous ? »

Mon rêve s'accomplissait.

Partageant ma joie, mon patron, le général Tanguy, un breton de Plougastel-Daoulas, me fit cette ultime recommandation :

– Je vous connais bien, Leclerc : vous êtes trop direct. Méfiez-vous de votre tempérament !

J'ai souvent médité ce conseil. Dans le bouillonnement des passions et le feu des événements, à tort ou à raison, je ne l'ai pas toujours observé.

2

À l'école de la police

Quand les cours ont commencé à l'Institut de police en janvier 1961, j'étais encore militaire. Nous étions installés dans le vieil hôtel classé de l'hôpital Beaujon, rue du Faubourg-Saint-Honoré, dans le 8e arrondissement. L'école possédait une bibliothèque magnifique et son propre stade. Périodiquement, ce terrain de sport devenait le théâtre d'un étrange ballet : un peloton de jeunes furieux en survêtement et baskets s'initiait aux rudiments du maintien de l'ordre. Nous apprenions la technique du « râteau » et les mille et une manières de disperser un attroupement. Au son du sifflet.

Nos professeurs appartenaient pour la plupart au corps des commissaires, et certains avaient acquis une notoriété qui dépassait les limites de la capitale. Ainsi, Marcel Le Clère, mon homonyme, qui, tout en dirigeant un cabinet de délégations judiciaires spécialisé dans la répression des escroqueries d'envergure, était devenu l'un des principaux historiens de la police. Il nous enseignait la procédure pénale.

Il y avait aussi les cours de police scientifique, d'identité judiciaire, de signalisation anthropométrique. Au programme : la fameuse théorie du criminel-né de Lombroso. Selon cet illustre criminologue italien du XIXe siècle, certains individus posséderaient des particularités physiques (telles qu'un occiput anormalement développé) qui les prédisposeraient au crime. Je dois dire qu'à l'observation, après avoir croisé plusieurs dizaines de criminels au long de ma carrière, je n'ai jamais eu confirmation de la pertinence de cette thèse qui évoquait davantage le morpho-racisme nazi que les rigueurs de la science.

Les cours de médecine légale constituaient un autre temps fort du cursus. Ils étaient dispensés à l'Institut médico-légal de Paris, place Danzas, dans le 12e arrondissement, par le professeur Piedelièvre. Une sommité médicale qui a vu défiler plusieurs générations de commissaires dans son laboratoire. Son côté père tranquille contrastait avec la dureté de son quotidien au milieu des cadavres. Exercice imposé : l'autopsie. Dans cette odeur fétide qui imprégnait les lieux, sous le crissement de la scie qui découpait les calottes crâniennes, il fallait avoir l'estomac bien accroché.

« La pratique, rien ne vaut la pratique », prêchait le directeur de l'école, André Callet, de sa voix chevrotante. Il invitait des limiers des grandes brigades à venir nous conter leurs affaires. Là, un chef de groupe de la Mondaine passé maître en psychologie féminine. Ici, un homme de la Voie publique, comme l'inspecteur Stocker, un vieux routier de la « grande maison » rompu à toutes les techniques de planque et de filature. Chacun venait transmettre sa botte secrète.

L'été approchait. De la théorie toujours un peu frustrante, nous allions pouvoir passer à l'action à l'occasion d'un stage. Enfin l'expérience du terrain !

Dans le Paris des années soixante, chaque quartier avait son propre commissariat. À sa tête, le « patron » portait le titre envié de commissaire de la Ville de Paris. Il était secondé par un commissaire-adjoint qui aspirait à devenir à son tour chef de service après un concours spécifique très sélectif. Cet adjoint prenait pratiquement toutes les plaintes, effectuait les constatations, procédait aux enquêtes-décès, traitait les arrestations que pouvaient faire la police en tenue ou les inspecteurs. Bref, il avait à sa charge presque toutes les procédures. Ce qui en faisait la cheville ouvrière du service. Pour ne pas dire la bête de somme. C'est ce commissaire adjoint, parti en congé, que nous devions remplacer.

En juillet 1961, j'ai été affecté au commissariat de Saint-Germain-des-Prés, rue de l'Abbaye, dans le 6e arrondissement : Saint-Germain, ses Deux Magots, ses intellos, ses paumés, ses beatniks. Un mythe. Je débarquais de ma planète bretonne. Bien sûr, il y avait eu la transition du service militaire et des quelques mois passés à Beaujon. Mais de la capitale je ne connaissais rien ou presque. Et soudain, je me trouvais plongé dans le tumulte, projeté au cœur des passions et des pulsions. Paris allait me montrer son vrai visage.

La fille de l'architecte

Elle est entrée dans mon bureau sur la pointe des pieds. C'était une jeune fille timide et bien élevée, cheveux châtains, robe légère. Ma première plainte.

– Ils ont tout emporté, commissaire ! Les bijoux de maman, les cigares de papa et même ma gourmette de baptême !

Son père était architecte et, pour l'heure, parti en vacances, comme la moitié de la capitale. Une aubaine pour les cambrioleurs.

Aussitôt, je me rends sur place. Aucun indice, aucune trace exploitable, si ce n'est une porte grossièrement fracturée. Je m'apprête à rentrer bredouille rue de l'Abbaye lorsque je croise dans l'escalier de l'immeuble une vieille dame, son cabas sous le bras.

– Et vous, madame, n'avez-vous rien remarqué ?

– Si c'est pour le vol, j'ai mon idée... mais cela ne me regarde pas.

Invitée à venir soulager sa conscience en lieu sûr, au commissariat, la voisine suspicieuse parle :

– C'est l'amant de la petite, affirme-t-elle sans l'ombre d'une hésitation. Ce garçon n'est pas fait pour une fille d'architecte. Il a l'accent des faubourgs.

Je convoque dans la foulée la demoiselle qui me raconte son coup de foudre :

– Tout a commencé le matin du 14 Juillet. Mon cocker venait de tomber dans la Seine. Je le croyais perdu et puis un jeune homme a sauté à l'eau tout habillé et me l'a ramené. C'était Frédo.

– Frédo comment ?

– Frédo, tout court.

– Mais enfin, il a bien un nom ?

– Il ne me l'a jamais dit.

– Savez-vous au moins où il habite ?

– Non, la plupart du temps, il vient chez moi, et lorsque nous nous rencontrons à l'extérieur, c'est lui qui fixe le lieu.

– Bref, il connaît tout de vos habitudes et vous ne savez rien de lui.

La jeune fille éclate en sanglots. Paul Roux, le patron du commissariat, qui écoutait notre conversation de son bureau, fait son apparition.

– Alors, Leclerc, nous tenons notre homme ?

– Encore faudrait-il que les tourtereaux se revoient. Mais après ce qui s'est passé...

– Détrompez-vous ! interrompt la jeune femme, en essuyant une larme, j'ai encore rendez-vous ce soir à 18 heures, dans un bar voisin du Café de la Paix.

Il est 17 h 45. Fin de l'entretien. Paul Roux marque une seconde d'hésitation :

– Leclerc, vous le savez, il faudrait maintenant saisir la brigade territoriale.

– Mais patron, on peut le cueillir tout de suite.

Est-ce mon enthousiasme qui l'a convaincu ? En tout cas, nous gardons l'affaire.

– Prenez un inspecteur avec vous, me dit-il. Mais attention, pas de bêtise !

Je m'engouffre dans la 4 L de service avec l'inspecteur Sermet, un barbu détaché de la 7e BT, vif et trapu. La plaignante monte à l'arrière. Direction l'Opéra. Le bourreau des cœurs est au rendez-vous.

– C'est bien lui, mademoiselle ? Il n'y a aucun doute ?

Tassée au fond de la banquette, notre jolie passagère le désigne une dernière fois du doigt. Tout s'accélère. Interpellation, transfert au poste, audition, confrontation. Sous l'effet de surprise, le séducteur passe à table sans offrir la moindre résistance. Il venait de s'évader de la prison de Loos-les-Lille avec un autre détenu condamné comme lui à une longue peine. Frédo, l'ami des bêtes, s'était contenté de recueillir des informations pour le cambriolage. Son ancien compagnon de cellule avait agi seul. Nous l'arrêterons le lendemain même, avec le produit du vol, excepté les havanes, partis en fumée. Juliette et son Roméo ne se sont jamais revus.

C'était ma première affaire. Elle m'a ancré à la police judiciaire. Elle illustre, si besoin était, la nécessité de procéder systématiquement et le plus vite possible à des investigations sur les lieux des crimes et des délits. Or, face à l'extrême multiplication des cambriolages, une tendance s'est généralisée à faire l'économie de ce type de démarche ou à l'accomplir avec des délais tels que les chances d'obtenir des renseignements utiles à l'enquête s'amenuisent considérablement. Cette carence a été amplifiée, à Paris, par l'abandon de nombreux commissariats de quartier au profit de la construction de centres à l'échelle de l'arrondissement.

Ainsi la police s'est-elle éloignée de l'habitant alors que, devant la progression de la délinquance, il y avait intérêt à la rapprocher du citoyen. La réforme créant la police de proximité à Paris a pour ambition de corriger les effets de cette politique.

En quoi consiste-t-elle ?

Jusqu'alors, deux grandes directions se partageaient l'administration de la police dans la capitale : la direction de la sécurité publique et celle de la police judiciaire. La première, composée de policiers en uniforme, avait pour mission de maintenir l'ordre et d'assurer la police de voie publique, à travers le maillage de ses vingt commissariats d'arrondissement. La seconde, composée de policiers en civil, traitait les affaires purement judiciaires, grâce à ses brigades centrales, ses divisions de police et ses commissariats de quartier. Avec son état-major qui assurait la coordination et les échanges d'information entre les services, la direction de la PJ parisienne bénéficiait d'une organisation originale, souvent enviée par les policiers provinciaux et étrangers.

On a considéré que la sécurité publique était trop absorbée par ses tâches de maintien de l'ordre, au détriment de la police de voie publique qui contribue à la lutte contre la petite délinquance. Quant à la police judiciaire, on a estimé que, par une pente naturelle, elle portait l'essentiel de ses efforts sur les affaires judiciaires les plus importantes. Elle négligeait ainsi le traitement des petites infractions et des incivilités qui troublent le plus la population.

On a donc réorganisé les services de la préfecture de police en les répartissant en trois directions :

– une Direction de l'ordre public, chargée du maintien de l'ordre ;

– une Direction de la police judiciaire, qui ne comprend plus que ses brigades centrales et ses divisions de police judiciaire, ramenées de cinq à trois, avec des missions exclusives de lutte contre la grande et la moyenne délinquance ;

– une Direction de la police de proximité constituée avec les 7 000 policiers en tenue des commissariats d'arrondissement et les 750 policiers en civil des commissariats de quartier. L'assise territoriale de cette nouvelle direction repose sur les vingt arrondissements parisiens. Sa mission essentielle consiste à lutter contre la délinquance de masse et à se trouver au plus près de la population pour lui porter aide et secours au quotidien.

L'intention affichée est louable. Mais les résultats sont loin d'être garantis. Privée de ses équipes de quartier, la PJ ne perd pas seulement un tiers de ses effectifs. Elle s'éloigne du terrain. Or ce sont souvent les petites affaires qui conduisent aux grosses : on tire sur un fil ténu et la pelote se dévide. Le travail de PJ est un continuum. Il est risqué d'avoir brisé cette chaîne.

En outre, en multipliant les divisions administratives, comme c'est ici le cas, on affaiblit la chaîne de commandement et donc la capacité opérationnelle des unités. Il y a risque de conflits de compétence dans un dispositif qui jusqu'alors avait précisément permis d'échapper à ce travers.

M. Poiblanc

Le commissariat de Saint-Germain-des-Prés était un observatoire privilégié des modes et de l'air du temps. J'y suis resté un bon mois. Mais, je dois l'avouer, je ne fréquentais guère le Flore et les caveaux de jazz. Sartre, Gréco, Sagan étaient les modèles d'une jeunesse à laquelle je ne pouvais m'identifier. Je préférais aller respirer l'atmosphère au café Bonaparte. À midi, nous allions souvent nous délecter d'un bœuf-carottes et de quelques cuisses de batraciens chez Roger La Grenouille, qui officiait à la mode rabelaisienne dans son décor typique de la rue des Grands-Augustins.

En septembre, les cours de Beaujon ont repris. À la fin de l'année 1961, la promotion a été mise à disposition du bureau administratif de la police judiciaire pour entreprendre un véritable marathon. Nous allions vivre au rythme des remplacements des commissaires adjoints de quartier. Le menu aurait pu paraître ordinaire puisque les services, à cet échelon, ne conservaient que les petites affaires de violence, de vol ou d'escroquerie. Il allait pourtant constituer une étape importante de ma vie professionnelle.

J'ai d'abord été accueilli au commissariat de la rue Vieille-du-Temple, en plein cœur du Marais, par Roger Poiblanc, un Franc-Comtois qui sortait de la Brigade criminelle. Calme, nonchalant, il me fixait d'un regard débonnaire derrière ses lunettes, en tirant sur sa pipe. « Dans la police, disait-il, il n'y a pas de tâches ingrates. » Il était là en transit, dans l'attente d'un commandement plus prestigieux, au quai des Orfèvres. Promotion qu'il décrochera quelques mois plus tard, en devenant sous-chef de la Criminelle. Poiblanc, c'était un maître policier.

Durant les interrogatoires, il entrait discrètement dans mon bureau. Il lisait, par-dessus mon épaule, le procès-verbal que je tapais sur la vieille Remington. D'un détail insignifiant, il tirait un élément de conversation, histoire de briser la glace. Notre « client » était-il lyonnais ? Il discutait avec lui de gastronomie. Aimait-il le vélo ? On refaisait le Tour de France. Et s'il avait une voiture, on parlait mécanique. Au moment où l'atmosphère commençait à se détendre, sans prévenir, Poiblanc fondait sur sa proie : « Venons-en au fait ! Pourquoi avez-vous basculé ? » Le petit escroc ou le loubard n'y comprenait plus rien. Il en était à la séquence du saucisson brioché, de l'échappée du mont Ventoux ou du nettoyage du filtre à air. Déstabilisé, acculé, il se dandinait sur sa chaise et commençait à raconter son histoire. Pour Poiblanc, qui avait recueilli les aveux de grands criminels, c'était une façon de garder la main. Mais pour le jeune commissaire que j'étais, c'était un exercice merveilleusement instructif. Des patrons de quartier, j'en ai connu d'autres. Mais aucun ne maîtrisait à ce point l'art de l'interrogatoire.

Au commissariat des Quinze-Vingt, du côté de la gare de Lyon, le chef de service était un joyeux plaisantin. Durant la journée, les procédures s'empilaient sur son bureau. Et il restait introuvable. Le soir, il passait en coup de vent et se contentait d'émarger au bas des rapports de transmission au parquet. J'étais un débutant. J'aurais pu commettre des erreurs monumentales. Il n'en avait cure. Il signait, sans sourciller. Sans même relire les procès-verbaux.

Plus consciencieux, son homologue du Palais-Royal couchait de temps en temps au service. Dans son bureau. Quand nous arrivions le matin, il s'empressait de décrocher du fil où elles séchaient sa chemise et ses chaussettes qu'il avait lavées dans le lavabo des toilettes. Il était ficelé comme l'as de pique. C'était la « police à papa ». La police d'après-guerre. Au cœur des années soixante.

Plus flamboyant, le commissaire de la Chaussée-d'Antin était un peu l'antithèse du flic de commissariat. Fin lettré, tiré à quatre épingles, il était le patron du quartier des grands magasins, des sièges des grandes banques et des compagnies d'assurances, avec ce que cela suppose de tact et de doigté dans la conduite des affaires. Sa volubilité et sa belle crinière blanche faisaient merveille dans les dîners en ville. L'aspect répressif de la police judiciaire n'était pas sa tasse de thé. Ce Corse était-il fait pour un autre métier ? Il deviendra, à l'heure de sa retraite, avocat au barreau de Paris, défenseur sincère de la veuve et de l'orphelin.

La grande maison était alors peuplée de personnages pittoresques. C'était une police moins académique qu'elle ne l'est aujourd'hui. Les syndicats s'occupaient de l'alimentaire. Ils n'étaient pas politisés à outrance. La télévision n'exerçait pas sa tyrannie. Les hommes n'étaient pas pressés de rentrer chez eux. Ils s'attardaient dans leur quartier pour boire un pot et parler avec les gens. Quand ils réussissaient une affaire, ils s'offraient un petit dégagement en ville, histoire de relâcher la pression. Une police non stop, qui travaillait même le samedi. Six jours sur sept. Nous étions dévorés par la profession. Il y avait une chaleur et une amitié entre les hommes qui ne s'embarrassaient pas des distinctions de grades.

Durant près de trois ans, j'allais ainsi découvrir Paris et sa police au gré de mes pérégrinations. J'ai effectué des remplacements dans une vingtaine de commissariats : du quartier de Maison-Blanche, dans le 13e arrondissement, au quartier Amérique, en passant par ceux de la Sorbonne, de Saint-Gervais, des Buttes-Chaumont, de Longchamp. Chacun avait son histoire, sa physionomie propre : populaire, bourgeois, israélite, commerçant, estudiantin.

Je n'ai jamais autant fréquenté les hôpitaux que lors de mon passage au quartier de la Salpétrière sur lequel est implanté l'hôpital de la Pitié. Bien avant la fin tragique de Lady Di, c'est dans cet établissement que les grands accidentés de la route étaient conduits en priorité, et les enquêtes-décès y étaient nombreuses.

Je n'ai jamais autant côtoyé de voleurs à l'étalage qu'au commissariat de la Chaussée-d'Antin où les inspecteurs du Printemps et des Galeries Lafayette nous organisaient quotidiennement le défilé des voleurs, chapardeurs et kleptomanes en tout genre.

Au commissariat de Plaisance, j'ai eu l'overdose. C'était un mois d'août orageux. Le soir, l'atmosphère devenait insoutenable, et les alcooliques chroniques, qui abondaient près de la gare Montparnasse, se suicidaient les uns après les autres en se défenestrant. Beaucoup étaient bretons. Ils venaient de Morlaix, de Rennes, et même du pays de Redon, près de chez moi. J'eus aussi, cet été-là, ma première vision du « grand sourire kabyle ». La colonie maghrébine qui résidait dans les immeubles vétustes de la rue du Château réglait ses différends à coups d'égorgements rituels. Un cauchemar.

Michel les bretelles

Cette période de stage sur le terrain comportait un passage en brigade territoriale, l'échelon intermédiaire entre les commissariats de quartier et les grandes brigades centrales de la PJ, comme la Criminelle ou la Mondaine. En BT, on traitait la moyenne délinquance : cambriolages, agressions, vols à main armée, escroqueries. Mon point de chute fut la 9e brigade territoriale. Elle était installée dans un baraquement de l'avenue du Maine, au pied de l'église du Petit-Montrouge. Un vrai décor à la *L. 627* (celui du film de Tavernier), avec son mobilier disparate, ses cendriers pleins, sa poussière et sa crasse. Cette 9e BT rayonnait sur les 7e, 14e et 15e arrondissements et sur une tranche de la petite couronne : Montrouge, Bagneux, Sceaux, Vanves.

Elle était dirigée par le commissaire divisionnaire Michel Guyot. Râblé, truculent, pétillant de vivacité, Guyot venait de passer plusieurs années à la BAV (Brigade des agressions et violences) où il avait participé à la répression des activités du MNA et du FLN. Il avait ainsi acquis une grande agilité dans le traitement des affaires et commandait sa troupe avec force coups de gueule qui n'impressionnaient que les non-initiés. Nous l'avions baptisé « Michel les bretelles » parce qu'il aimait tomber la veste et jouer avec l'élasticité de ses bretelles colorées qu'il tirait en avant de son poitrail. Il sera un jour propulsé Directeur central de la PJ.

À ses côtés, j'allais me frotter à une pègre locale haute en couleur. Ah ! les blousons noirs de la porte de Vanves ! Motos volées, bastons, chaînes à vélo. Et les manouches de Malakoff ! Brutes épaisses, « chauffeurs », casseurs, braqueurs. Ils trouvaient en face d'eux des flics de caractère que rien n'impressionnait. Je pense notamment à Fixot. Fixot, le père de l'éditeur. Un grand sec un peu abrupt qui mangeait la moitié de ses mots, qui roulait ses cigarettes. Sa chemise était toujours couverte de cendres. Un Breton !

Il était assez extraordinaire de le voir établir le contact avec les truands. Il avait l'art et la manière. Il savait y faire. Quel que soit le type de voyou, il savait se mettre en situation. Vraiment un psychologue-né, ce Fixot. Pas le psychologue de littérature. Lui, c'était le psycho de terrain, qui trouvait le ton juste, qui pouvait parler à cette faune en père de famille quand il le fallait, ou en confident, ou en copain, ou en dur. Il s'adaptait au client. Il respirait l'essence des affaires. Appelez cela l'instinct, si vous voulez. Il avait une capacité exceptionnelle à amener un suspect aux aveux. Fixot était l'archétype du poulet. Un inspecteur étonnant de contact et de flair.

Le chef du groupe de voie publique s'appelait Salaün. Un colosse avec des mains comme des battoirs. Rien qu'à le voir, les malfrats entraient en transes. Il était tellement impressionnant que personne n'aurait songé à lui opposer la moindre résistance. Salaün, c'était un fantassin de choc, le champion des arrestations.

Il y avait aussi Jean Couade, un ancien de la Criminelle et de la Mondaine. Pétri de qualités lui aussi, mais dans un style plus policé, plus intellectuel. Il vivait mal son retour en BT. Lors d'un banquet de la brigade au « Vieil Arbre » de Robinson, il s'en était pris à Max Fernet en personne, le directeur de la PJ parisienne, dans un discours tout en sous-entendus et en perfidies. L'affaire avait fait grand bruit.

C'est au contact de ces hommes, aux personnalités souvent tranchées et si différentes que, j'ai pris mes premières leçons. Ils ont été les maîtres de mon compagnonnage. Cet apprentissage en commissariat, par l'extrême variété des affaires traitées, par le contact direct qu'il offrait avec la population, était une école incomparable. Mais il est mort de ses excès. Il durait trop longtemps.

Pourtant, il faut reconnaître que la pratique qui a consisté, durant de nombreuse années, à affecter directement dans des directions spécialisées des jeunes commissaires qui y poursuivraient leur carrière a constitué un défi au bon sens. Quels que soient les motifs qui puissent être invoqués, il me paraît, en effet, regrettable qu'un responsable policier puisse être affecté à la DST, à la PJ ou aux RG sans avoir vécu les problèmes quotidiens de la police au sein de la cellule de base que représente un commissariat. Heureusement, on est revenu sur cette mauvaise pratique depuis peu.

On a redécouvert que le commissariat constitue le poste le plus avancé de la police au sein de la cité. Il est le meilleur baromètre social. Un outil d'initiation essentiel qui a l'énorme responsabilité de représenter à lui seul l'image de l'institution tout entière. Qu'un particulier, sous le choc d'un cambriolage qui vient de dévaster son appartement, qu'un jeune racketté à la sortie de l'école, soient reçus par un fonctionnaire indifférent ou goguenard, et c'est une vision négative que ces victimes retiendront de la police.

Cette force de contact particulièrement exposée mérite mieux que les traditionnelles promesses de renforcement des moyens formulées à chaque alternance. Avec un doublement tous les dix ans de la petite et de la moyenne délinquance, elle en reste le dernier rempart.

Au début des années soixante, on était loin de la situation quasi insurrectionnelle que connaissent aujourd'hui certaines banlieues. Le crime n'était pas atomisé comme il l'est aujourd'hui. Il obéissait à des règles bien établies, avec sa hiérarchie, ses chefs de guerre. En face, à la pointe du combat, il y avait la Brigade criminelle. Le service phare du 36, quai des Orfèvres.

3

Le baptême du « 36 »

Printemps 1964. Me voici de retour à la 9ᵉ BT pour un ultime stage. Les semaines s'égrenaient avec leur lot quotidien de vols, d'agressions, de cambriolages. Noyé dans la procédure pénale et le traitement à la chaîne de la moyenne délinquance, je commençais à tourner en rond, lorsque Michel Guyot me convoqua dans son bureau.

– Leclerc, me dit-il, vous allez changer de braquet. À la Crim', Bouvier doit remplacer Lucien Marchand, son commissaire adjoint, qui part prendre ses galons de patron à la brigade des mineurs. Je lui ai dit que vous feriez un bon candidat. Maintenant, il va vous appeler. Sachez saisir votre chance.

Je sentais que mon destin de policier allait se jouer sur cette entrevue. La Criminelle, quel policier n'a rêvé un jour d'y appartenir ? Vestale de la PJ, gardienne des traditions, la Crim' est une aristocratie, une communauté de techniciens hors pair, une mécanique de précision qui, à ma connaissance, n'a jamais engendré la moindre erreur judiciaire. On n'y entrait pas par hasard.

Le recrutement s'effectuait selon le principe de la cooptation. Un système sain puisqu'il reposait avant tout sur l'expérience. Ainsi, nos stages successifs en commissariat étaient notés. Chaque patron émettait un avis sur nos compétences, sur notre manière de servir. On aurait pu en tromper un ou deux, mais pas quinze, pas vingt. De la synthèse de leurs appréciations se dégageait un profil. L'ensemble des dossiers était centralisé au bureau administratif de la PJ dont le chef, un vieil inspecteur divisionnaire, avait une mémoire d'éléphant. Régulièrement, les grands services le consultaient pour dénicher la bonne recrue. Difficile de tricher dans ces conditions. C'était la force de cette préfecture de police.

Bouvier ne m'a pas appelé tout de suite. Il m'a laissé trois bonnes semaines dans l'expectative. En mai, je commençais à ronger mon frein quand, enfin, le téléphone sonna. Je décrochai.

– Maurice Bouvier à l'appareil ! Leclerc, vous allez m'envoyer les principales procédures que vous avez traitées depuis votre sortie de Beaujon. Je vous donne rendez-vous dans une semaine, mercredi prochain, à midi précis. Soyez à l'heure.

L'entretien d'embauche fut un grand moment. J'étais un peu fébrile. Le chef de la Criminelle avait aussi contacté pour ce poste Philippe Massoni, alors commissaire aux RG. Ce que je ne savais pas, c'est que Massoni avait d'emblée décliné l'offre. Il se sentait plus un homme de renseignements que de PJ. Plus tard, Bouvier me fera cette remarque sur un ton amusé :

– Avouez qu'il fallait avoir du flair pour réunir sur un même plateau les futurs préfets de police de Paris et de Lyon.

Pour l'heure, en mai 1964, je suis au troisième étage du 36, quai des Orfèvres, dans ce bureau qui allait un jour devenir le mien. Avec vue sur Seine, la place Dauphine au premier plan, l'Arc de Triomphe au loin. Bouvier est assis un peu en retrait derrière son imposant bureau à garniture de cuir, sa pipe à la main, l'air détaché, presque hautain. Il est encore auréolé de son succès dans l'enquête sur l'attentat du Petit-Clamart. Derrière lui, accroché au mur, le portrait du général de Gaulle. À sa droite, une immense carte d'état-major semée de punaises, comme autant de foyers d'infection criminelle sur la capitale. À sa gauche, une bibliothèque en acajou, où s'alignent livres anciens et codes juridiques. Au fond de la pièce, le coffre-fort du patron où sont entreposés les armes saisies et les dossiers chauds. Bouvier tire une dernière fois sur sa bouffarde avant de l'éteindre avec son cure-pipe. Enfoncé dans mon fauteuil, j'observe ce monument de la PJ parisienne. La statue du commandeur se met à parler :

– Leclerc, avez-vous conscience de l'importance du poste qui vous est proposé ? Mesurez-vous bien les risques que vous prenez en l'acceptant ? Savez-vous que vous ne disposerez plus de votre temps, que votre vie de famille pourra être bouleversée ? Comprenez-vous que si vous ne faites pas l'affaire, vous devrez retourner en BT ? Réalisez-vous qu'un tel échec peut compromettre votre carrière ?

Bouvier me mettait sur le gril, comme dans un interrogatoire. Il voulait me déstabiliser, tester mes réactions. À aucun moment il n'a créé la détente. Au contraire, il faisait monter la pression. Il avait étalé sur son bureau les dossiers que je lui avais transmis. À mon étonnement, il les avait lus, analysés, décortiqués. Ce qui l'intéressait, c'était la qualité du montage des procédures, leur logique, leur style. Il m'a demandé pourquoi j'avais choisi la PJ, pourquoi j'avais le culot de postuler pour la Criminelle. Jusqu'au bout, il m'a provoqué. Le face-à-face a duré une bonne demi-heure. Interminable ! J'ai tenu bon. Une semaine plus tard, j'étais jugé digne d'être admis dans le saint des saints... à l'essai.

La leçon de Marchand

Le 6 juin, je me suis présenté au 36. Lucien Marchand m'a accueilli. Un grand brun parlant d'une voix douce. Il respirait la bonté et la bonhomie. Sourd d'une oreille, il tournait la tête de côté en se penchant pour mieux suivre les propos de son interlocuteur. Modèle de rigueur, procédurier scrupuleux, il était à ce point dévoué au service que les hommes du 36 racontaient en plaisantant que, durant l'enquête du Petit-Clamart, il ne prenait même pas le temps d'aller déjeuner et qu'il se nourrissait avec des pilules de survie. Il m'a pris sous son aile.

– Ton rôle, m'a-t-il dit, consistera, lorsqu'il y a un crime, à accompagner le patron sur les lieux, à procéder aux constatations avec lui, et ensuite à rédiger le procès-verbal. L'acte le plus important !

À la Criminelle, cette discipline était élevée au rang d'une religion. L'acte de constatation représente un luxe de détails, une photographie de ce que l'on voit. Photographie intelligente, qui ne ferme pas le champ des déductions, qui essaie de globaliser tout ce que l'on peut remarquer, ce qui peut être lisible et intelligible pour la suite de l'enquête. Il ne faut rien négliger : un fait apparemment sans importance au moment où vous le notez peut devenir essentiel par la suite.

Marchand était un orfèvre en la matière. Il m'a initié à la méthode des constatations criminelles à travers un catalogue de procédures réelles et m'a donné une leçon magistrale que je n'ai jamais oubliée.

– Si tu trouves un cadavre dans un appartement, m'a-t-il demandé, que fais-tu ?

– Je procède aux constatations sur le corps.

– Non, Leclerc, tu n'y es pas. La première chose à faire dans ce type de scène est de s'intéresser aux issues. Dans quel état trouves-tu la porte ? La serrure est-elle fermée ? La porte est-elle fracturée ? Puis, lorsque tu es dans la pièce, est-ce que tu trouves un jeu de clés ? Combien y avait-il de jeux de clés en circulation ? Quels sont ceux qui sont encore là ? Quels sont ceux qui ont disparu ? Qui détient les clés ? Tu dois examiner les ouvertures : les fenêtres sont-elles fermées, entrouvertes, grandes ouvertes, brisées ? Et dans ce cas, le verre est-il tombé à l'intérieur ou à l'extérieur ?

– Bref, il faut d'abord déterminer comment on a pu entrer dans l'appartement et en sortir. Et vérifier si des éléments attestent qu'on ait pu vouloir nous faire croire à une effraction.

– Exact ! Ensuite, on s'attaque à l'examen des lieux par rapport au cadavre, par rapport au moment où a pu se dérouler le crime, compte tenu de ce que tu trouves dans la cuisine, par exemple : est-ce que la victime a mangé ? Était-elle seule ? Y a-t-il des cigarettes dans le cendrier ? Sont-elles du même paquet et, s'il y en a, la victime fumait-elle ? Dans ce cas, fumait-elle ce type de cigarettes ? Y a-t-il du rouge à lèvres sur les mégots ? Correspond-il à celui de sa femme, de son amie, ou n'avait-il ni femme ni amie ?

C'est cela le rouleau compresseur de la Criminelle. Une mécanique minutieuse, inexorable. J'allais en devenir l'un des rouages. J'en éprouvais une grande fierté. Dans le flot des conseils, Marchand m'a fait cette dernière recommandation :

– Au fait, Leclerc, il ne faut pas que tu oublies de veiller à ce que les crayons de M. Bouvier soient bien aiguisés.

Il m'a alors amené dans le bureau du patron, qui était absent, et m'a montré sa boîte pleine de crayons pointus.

– Tu vois, m'a-t-il dit, ce sont des petites attentions qui font toujours plaisir.

Affaire de génération : j'ai oublié cette dernière recommandation. Dans l'ombre de Maurice Bouvier, j'ai vécu le premier choc de ma carrière : l'affaire Ben Barka. Ce dossier dramatique, dans lequel le jeune commissaire que j'étais n'a joué qu'une modeste partition, est indispensable à la compréhension de la police d'aujourd'hui. Voici comment naît et prospère une affaire d'État et, surtout, comment elle est vécue de l'intérieur.

4

Ben Barka

Vendredi 29 octobre 1965. 12 h 15. Mehdi Ben Barka, principal opposant au roi du Maroc et figure marquante du tiers monde, a rendez-vous à la brasserie Lipp, boulevard Saint-Germain. Il doit y retrouver le cinéaste Georges Franju et le journaliste Philippe Bernier. Il emprunte la rue du Dragon, passe devant l'hôtel Taranne. Deux hommes sortis d'une 403 noire l'abordent discrètement, en exhibant une carte de police. Ils vérifient son identité.

– Monsieur, il faut nous suivre. C'est pour un rendez-vous.

Ben Barka prend place à bord de leur voiture, sans broncher. Qu'a-t-il à craindre ? N'est-il pas en France, le pays des Droits de l'homme, où il a déjà été reçu à deux reprises par le général de Gaulle en personne ? La 403 noire s'évanouit dans le flot de la circulation. Mehdi Ben Barka vient de disparaître à jamais.

Le jeune étudiant marocain Thami Azemmouri qui l'accompagnait, ce jour-là, sur le trottoir parisien, assiste médusé à la scène. Il est le seul témoin de cette séquence capitale. Effrayé par l'arrestation, il tarde à se manifester. Abdelkader Ben Barka, qui devait dîner avec Mehdi le soir même, est lui aussi très inquiet. L'absence prolongée de son frère lui laisse craindre le pire. Deux jours plus tard, le dimanche 31 octobre, il porte plainte pour rapt et séquestration : Azemmouri vient de lui téléphoner.

Sur le plan policier, tout démarre le lendemain, 1er novembre. D'abord, Bernier contacte la PJ. Il est entendu par Lucien Marchand, mon prédécesseur à la Criminelle, qui, en ce jour férié, assure la permanence des brigades de direction du Quai des Orfèvres. Le journaliste retrace l'épisode du rendez-vous manqué. Retrouvé dans la matinée, Azemmouri, dont le nom a été indiqué par Abdelkader Ben Barka, relate ensuite les circonstances exactes de l'arrestation. Ses précisions intriguent, mais les premières vérifications semblent exclure toute intervention d'un service de police. Il faudra déchanter.

Jean Caille, un commissaire des Renseignements généraux de la préfecture de police qui a la réputation d'être toujours bien informé, confirme, en effet, à la haute hiérarchie que Ben Barka a bien été arrêté par deux authentiques policiers. Il y avait aussi sur place, grimé, portant postiche et lunettes, un certain Lopez, chef d'escale d'Air France à Orly. Connu pour ses liens avec les services d'espionnage marocains, celui-ci est également correspondant d'un officier du SDECE, le Service français. C'est un agent double. Cet homme, reparti dans la mystérieuse voiture, est pour le moment introuvable. Les événements s'accélèrent.

3 novembre. L'inspecteur principal Louis Souchon, chef du groupe des stupéfiants à la Brigade mondaine, demande à rencontrer d'urgence Max Fernet, le directeur de la PJ parisienne. Fernet, un patron subtil et de grande expérience qui donnait de lui l'image d'un diplomate plus que d'un chef de police classique. Reçu séance tenante, Souchon lui apporte les précisions que chacun redoutait :

– C'est moi qui ai interpellé Ben Barka avec mon adjoint Roger Voitot, confie-t-il au pacha. J'ai agi à la demande d'Antoine Lopez, un honorable correspondant grâce auquel nous avons réussi de nombreuses affaires de stup.

– C'était donc vrai ! s'indigne Max Fernet qui a, ce jour-là, le bras dans le plâtre et souffre le martyre.

– Mais, monsieur le directeur, j'étais persuadé que cette affaire était couverte au plus haut niveau. Le matin même, j'ai reçu à mon bureau un appel téléphonique d'une personne qui s'est présentée comme étant Jacques Aubert, le secrétaire général du cabinet du ministre de l'Intérieur. Elle m'a demandé de me rendre comme convenu devant chez Lipp. Pour moi, tout était limpide.

– Et qu'avez-vous fait de Ben Barka ?

– Je l'ai conduit, sur les indications de Lopez, dans une villa de la grande banlieue où il était attendu pour un entretien secret de nature politique avec des officiels marocains. Lopez m'a même soutenu que Foccart, le conseiller Afrique de l'Élysée, était au parfum.

Comprenant que Souchon a été berné, Fernet blêmit de rage et lâche cette phrase restée célèbre dans l'histoire de la grande maison :

– Vous avez assassiné la police judiciaire !

Aussitôt, le directeur rend compte de l'entretien à Maurice Papon, le préfet de police de l'époque. Il est décidé que provisoirement Souchon et Voitot ne seraient pas livrés à la Brigade criminelle. Souchon se verrait assigner la mission de remettre la main sur Lopez, toutes affaires cessantes. Le général de Gaulle, de son côté, dépêche un ambassadeur extraordinaire auprès du roi Hassan II afin d'obtenir des éclaircissements. La priorité est de retrouver Ben Barka vivant.

Dès le lendemain, Souchon réapparaît avec son sinistre correspondant. Lopez est remis entre les mains de la Brigade criminelle. Et c'est dans mon bureau qu'il atterrit. Il y reste de longues heures. Il tient à tout prix à se présenter comme un familier de la police et un citoyen animé par le souci d'aider les pouvoirs publics. Il observe attentivement les allées et venues dans la pièce et cherche à meubler les silences en relançant sans cesse la conversation sur les sujets les plus futiles. Ce personnage ne me plaît guère. Il sent la barbouze à plein nez.

Maurice Bouvier l'entend ensuite sur le fond. Lopez se comporte comme un indicateur : il consent à parler, mais refuse de signer le moindre procès-verbal. Le dossier est donc judiciairement vide. Ce n'est que le lendemain, vers 8 heures du matin, qu'il accepte de mettre en cause par écrit celui qu'il présente depuis le début de sa garde à vue comme le commanditaire du rapt : le général Oufkir, ministre de l'Intérieur marocain. Oufkir qui, justement, est en visite en France et qui dînait la veille avec des officiels. Serait-il encore à Paris ? Trop tard ! Il vient de quitter le pays par avion, à peine deux heures plus tôt.

À ce stade de l'enquête, Lopez n'implique pas nommément Souchon et Voitot. Bouvier ne se doute absolument pas que deux policiers français sont dans le coup. Il croit que Lopez couvre des agents du SDCE. Il devine aussi que l'affaire va s'envenimer. Nous sommes toujours sans nouvelles de Mehdi Ben Barka [1]. Plusieurs jours s'écoulent sans que rien n'évolue.

11 novembre. Cette fois, Bouvier apprend officiellement, de la bouche de Max Fernet, le rôle joué par Souchon et Voitot. Il ordonne aussitôt leur arrestation et les fait placer en garde à vue. Le soir même, je suis rappelé à la Brigade criminelle. J'assiste Maurice Bouvier pour une perquisition à la Brigade mondaine dans le bureau de Souchon, qui nous accompagne. Ambiance pesante. Ce briscard de la PJ, ancien de la Résistance, qui compte à son palmarès de nombreuses affaires de stupéfiants, a l'air d'un chien battu. Crâne dégarni, allure rondouillarde, il est manifestement humilié par la situation dans laquelle il s'est mis. Ce flic n'est pas un enfant de chœur. Fernet le décrit comme un pur ambitieux qui a toujours estimé ne pas avoir été traité à sa juste valeur. C'est, à coup sûr, un personnage complexe qui n'a pas que des amis, mais il est triste d'assister au naufrage d'un homme.

Le lendemain matin, c'est à son domicile du boulevard Richard-Lenoir que nous effectuons une visite. Même impression de malaise. Parallèlement, d'autres enquêteurs perquisitionnent chez Voitot. Pour moi, jeune policier témoin de ces rebondissements, l'expérience est surréaliste : ce sont des hommes de la maison que l'on suspecte, que

---

1. À lire : les témoignages de Max Fernet et de Maurice Bouvier dans *La Crim', les grandes affaires de la Brigade criminelle*, de Jean-Pierre Van Geirt, Éditions nº 1, 1995.

l'on confronte à leurs informateurs, qu'il faut interroger sans complaisance. C'est le monde à l'envers.

Je reçois régulièrement les appels téléphoniques d'un policier placé au centre de l'affaire : « Allô ! Ici Caille. Passez-moi Bouvier ! » Je devine que les conversations entre les deux hommes sont denses, parfois tendues. Je vois aussi, durant cette période, mon patron descendre dans le bureau de Fernet. Leurs entrevues sont longues. Maurice Bouvier regagne le service l'air grave. Il est avare de confidences. Pour cet homme attaché passionnellement à la préfecture de police, cette affaire est une blessure.

Dès que le juge d'instruction, Louis Zollinger, est saisi de l'information, je suis témoin des rapports difficiles qu'il entretient avec mon chef. Les deux hommes sont foncièrement honnêtes et animés par la quête de la vérité. Ils divergent cependant sur la stratégie à suivre. La progression de l'enquête est chaotique. Les révélations accablantes.

Ainsi, dans la voiture qui a servi au rapt, il y avait un cinquième homme. Un inconnu qui s'avère être Julien Le Ny, truand notoire. Et où se sont-ils rendus ? À Fontenay-le-Vicomte, en Seine-et-Oise (futur département de l'Essonne), dans la villa d'un truand encore plus notoire, Georges Boucheseiche, un ancien de la Gestapo et de la bande à Pierrot le fou. Boucheseiche, tenancier de maison close au Maroc avec la bénédiction des autorités, a lui-même pris en charge la victime. Il était assisté de deux autres tristes sires, Palisse et Dubail.

Le soir de l'enlèvement, le général Oufkir, ministre de l'Intérieur marocain, accompagné du commandant Dlimi, directeur de la police chérifienne, est arrivé à Orly. Les deux hommes se sont aussitôt rendus à la villa où avait été emmené Ben Barka. Il est clair désormais que cette affaire a été montée à l'instigation des Marocains qui ont utilisé un réseau de truands, de barbouzes et deux policiers français trop crédules.

Entre alors en scène un personnage qui va décupler les remous et les polémiques : Georges Figon, un repris de justice sorti de prison en 1962, marginal, mégalomane, mythomane. L'archétype du déséquilibré. Très vite, l'enquête a permis d'établir qu'il se trouvait avec Franju et Bernier à la brasserie Lipp. Il est, en effet, à l'origine de ce rendez-vous dont l'objet était la mise au point d'un projet de documentaire sur la décolonisation dont Ben Barka devait être le conseiller politique. Figon était-il celui qui a servi de chèvre pour attirer l'opposant dans le piège tendu par les Marocains ?

À partir du 13 novembre, le psychopathe, qui se cache quelque part dans Paris, inonde la presse de lettres dans lesquelles il proteste de son innocence. Dans ses confidences enflammées, ponctuées d'interviews clandestines, il affirme qu'il a assisté à l'enlèvement puis à l'interrogatoire musclé de Ben Barka par Oufkir et les truands français dans la cave d'une villa que possède Lopez à Ormoy. C'est dans cette seconde propriété que l'opposant politique aurait été transféré depuis Fontenay-le-Vicomte.

Pour corser l'affaire, il prétend que les Marocains ont agi en plein accord avec les autorités françaises qui auraient prêté l'assistance de leurs services spéciaux et de leur police. Georges Figon ne recule devant aucune provocation, allant jusqu'à se faire photographier sous le porche du 36, quai des Orfèvres, pour prouver que nous ne cherchons pas à l'arrêter, tant il serait encombrant.

Il va plus loin. Voici ce qu'il affirme très sérieusement dans un hebdomadaire : « J'ai été enlevé le 14 décembre, rue de l'Arcade, par le commissaire Bouvier, dans une 404 beige. Il m'a passé les menottes. Il m'a conduit boulevard Exelmans, puis il m'a relâché place de la République. Il m'a donné cinq cent mille (anciens) francs en me disant : " Fais le mort maintenant ! " »

Insensé ! Au moment des faits, Bouvier déjeunait avec une demi-douzaine de personnes. Il doit se justifier et finit par porter plainte contre le fabulateur. Lui, le grand patron du 36, obligé de réagir aux accusations d'un dément ! Cette pantalonnade va se terminer dans le drame.

Le chapeau de Morin

17 janvier 1966. Vers 20 h 45, Jean Caille, décidément remarquablement informé, appelle le cabinet du préfet de police :

– Figon se trouve actuellement dans un studio situé au 14, rue des Renaudes, dans le 17e. Il s'y cache sous l'identité de Lenormand et s'apprête à déménager. Foncez !

C'est le branle-bas de combat à la préfecture de police. Des voitures de patrouille de gardiens de la paix sont dirigées vers l'adresse indiquée. De son côté, l'état-major de la PJ envoie immédiatement sur place l'équipage d'une voiture radio composé de deux inspecteurs de brigade territoriale assurant la permanence de nuit. Les deux hommes localisent le logement sur les indications de la concierge. Ils se présentent devant la porte :

– Police, ouvrez !

Un coup de feu retentit. Les policiers pénètrent dans la pièce. Le corps de Figon est étendu dans la salle de bains, une balle dans la tête, un pistolet à portée de la main droite. Il est 21 h 50. Dans les minutes qui suivent, le premier représentant de la Brigade criminelle à se présenter au studio est André Morin. Dépêché en urgence par Bouvier, il habite à proximité. Cet inspecteur chevronné, l'un des doyens de la brigade et qui a vu des centaines de scènes criminelles, observe d'un regard scrutateur le cadavre et les lieux. Réflexe maison : il vérifie les issues. Personne n'a pu sortir autrement que par la porte. Il a donc la certitude qu'il s'agit d'un suicide et veille à ce que tout soit scrupuleusement maintenu en l'état.

On a beau être un grand professionnel, on peut commettre une erreur. Il neige ce soir-là sur Paris. Morin est venu avec un chapeau. En entrant dans le studio, il le pose sur un canapé. L'Identité judiciaire arrive, prend des photos sous tous les angles. Lorsqu'elles seront développées, on y verra apparaître le galurin, posé à côté de celui de Figon. Pour les partisans de la thèse du faux suicide – et

Dieu sait s'ils étaient nombreux ! –, il y avait là un argument inespéré : le tueur avait oublié son chapeau.

Par précaution, Maurice Bouvier exigera que le chapeau de Morin soit saisi et mis sous scellés. La pièce à conviction doit toujours se trouver au greffe du tribunal de Paris.

Le procureur de la République, Chavanon, venu sur place avec le juge Auric, chargé des constatations, aura du mal à faire entendre raison à la nuée de journalistes présents, ce soir-là, dans la rue des Renaudes : « Il s'agit bien d'un suicide », affirme-t-il devant la forêt de micros. Dans la foule qui l'entoure, on murmure, sur le ton du mystère, le nom de Stavisky. Cette fois, pourtant, l'homme n'a pas été « suicidé » de deux balles dans la nuque tirées à bout portant. N'en déplaise aux amateurs de fiction policière, c'est la vérité vraie, même si elle paraît trop simple dans une affaire aussi sulfureuse.

Deux jours plus tard, de Gaulle, outré par ces péripéties peu glorieuses, va frapper du poing sur la table. Lors d'un Conseil des ministres orageux, il évoque une prochaine réforme de la police, rappelle l'ambassadeur de France en poste à Rabat, fait requérir un mandat d'arrêt international contre le général Oufkir et limoge le général Jacquier, chef du SDECE, service qu'il rattache au ministère des Armées et non plus à Matignon.

Le juge Zollinger va boucler son information à marche forcée. Un dossier de 5 000 pages. Le 5 septembre 1966, les débats vont pouvoir s'ouvrir devant la cour d'assises de Paris. Souchon, Voitot, Lopez et son officier traitant au SDECE, Leroy-Finville, ainsi que Bernier dont le rôle a été jugé trouble, sont dans le box. Oufkir, son adjoint Dlimi et leur complice Chtouki, agent des services secrets marocains, sont absents. Leurs hommes de main, Boucheseiche, Le Ny, Palisse et Dubail, activement recherchés par toutes les polices de France, sont dans la nature. Probablement réfugiés au Maroc. Le spectacle commence : cent soixante-sept témoins vont être auditionnés. Une distribution hétéroclite de policiers, de petits et de grands représentants du monde politique, des services spéciaux, de la presse, des milieux artistiques et du milieu tout court.

La pièce touchait à sa fin. L'avocat général avait prononcé son réquisitoire. Les représentants des parties civiles s'étaient exprimés. On en était aux ultimes plaidoiries de la défense. Soudain, coup de théâtre : le commandant Dlimi, promu le jour même lieutenant-colonel, se présente au palais de justice tel un héros antique. Accompagné de son avocat, il vient, dit-il, laver l'honneur de son roi. Et c'est la tête haute qu'il gravit le grand escalier pour rejoindre la salle d'audience. Maurice Bouvier le fait arrêter in extremis. Il fallait éviter, à tout prix, l'affront de l'entrée théâtrale d'un individu recherché dans l'enceinte de la cour d'assises. Impossible, dès lors, pour la justice d'éviter la suspension de ce procès. On ordonne un complément d'information. La presse se déchaîne. En particulier, *l'Express* de Jean-Jacques Servan-Schreiber, JJSS, qui comprend le parti qu'il peut tirer de l'affaire. L'enquête serrée menée par ses deux limiers du moment, Jacques Derogy et Jean-François Kahn, est brillamment mise en scène.

Ainsi, le 24 janvier 1967, leur hebdomadaire publie un numéro fracassant faisant état, à titre posthume, de confidences de Figon sur les sévices infligés à Ben Barka par Oufkir lui-même. L'article, illustré de dessins saisissants, désigne Me Pierre Lemarchand, député UDR de l'Yonne et actif militant anti-OAS, comme étant l'intermédiaire par lequel le commissaire Caille recevait ses informations en provenance de Figon. L'avocat l'a affirmé dans le bureau du juge. En outre, le ministre de l'Intérieur, Roger Frey, est sévèrement pris à partie. Il lui est reproché d'avoir différé l'arrestation des policiers Souchon et Voitot « Acte de gouvernement ! » réplique celui-ci. Peut-être. En tout cas, le ton monte.

Pour circonscrire l'incendie, le général de Gaulle organise le 21 février, sous les lambris de l'Élysée, une de ces conférences de presse dont il avait le secret : « Le ministre de l'Intérieur du gouvernement marocain, dit-il, a – tout l'indique – procédé sur notre sol à la disparition d'un des principaux chefs de l'opposition. Et du côté français, que s'est-il passé ? Ce qui s'est passé n'a rien eu que de vulgaire et de subalterne. Il s'agit d'une opération consistant à amener Ben Barka au contact d'Oufkir en un lieu propice au règlement de leurs comptes. Mais rien, absolument rien n'indique que le contre-espionnage et la police, en tant que tels et dans leur ensemble, aient connu l'opération et, à plus forte raison, qu'ils l'aient couverte. Au contraire ! »

C'est l'analyse lucide d'un chef d'État qui entendait défendre « l'honneur du navire » et qui n'a pas hésité à assurer à la mère de Ben Barka que l'action judiciaire entreprise pour faire la lumière sur la disparition de son fils serait conduite « avec la plus grande rigueur et la plus grande diligence ».

À ma connaissance, aucun signe n'indique qu'il ait pu contrevenir à cet engagement. À la Criminelle, jamais il ne fut demandé à quiconque de lever le pied. Et même si le juge Zollinger a eu, comme il l'a dit, quelquefois l'impression que des portes se refermaient devant lui, les policiers ont pu enquêter librement dans toutes les directions.

Il faudra attendre le 17 avril 1967 pour que reprenne le procès. Le verdict sera rendu le 5 juin : réclusion criminelle à perpétuité, prononcée par contumace, pour Oufkir, Chtouki et les quatre truands français en cavale ; huit ans de prison pour Lopez ; six pour Souchon ; acquittement pour Voitot, Leroy-Finville, Bernier et Dlimi. Ce jugement allait-il calmer les esprits ?

Un événement chasse l'autre : ce 5 juin 1967, la guerre des Six Jours vient d'éclater au Moyen-Orient. L'affaire Ben Barka est reléguée au second plan de l'actualité.

Un mystère demeure : où est passé le cadavre ? Bouvier a fait draguer le fond de nombreux étangs et de cours d'eau de la Seine-et-Oise où celui-ci aurait pu être immergé. Il a exploré toutes les pistes, tout passé au peigne fin. En vain. Le corps de la victime ne sera jamais retrouvé. Pas plus que les quatre truands français, qui deviendront des personnages encombrants pour leurs protecteurs marocains...

Oufkir, après avoir tenté de faire abattre le Boeing de Hassan II par la chasse marocaine le 16 août 1972, sera « suicidé » à la suite de ce coup d'État manqué.

Le colonel Dlimi trouvera la mort en 1983 dans un accident de voiture. Ainsi, progressivement, les comptes étaient soldés dans cette affaire extravagante et scandaleuse.

Ainsi naît la police nationale

Ils allaient l'être aussi du côté de la préfecture de police, qui comptait dans ses rangs deux « soldats perdus »... imprudemment impliqués dans l'enlèvement de Ben Barka. État dans l'État, citadelle réputée imprenable, la PP (comme l'appellent entre eux les policiers) allait subir une lame de fond.

Depuis près de deux siècles, la préfecture de police (née en 1800 par arrêté des consuls du 12 messidor an VIII) menait sa vie de grande dame autonome dans les limites de Paris et du département de la Seine. Elle regardait évoluer, avec un brin de dédain, ses cousins de la Sûreté nationale qui rayonnaient sur la province. De nombreux épisodes de la guerre des polices avaient jalonné ces existences parallèles, et il en était résulté beaucoup de blessures d'amour-propre et de jalousies. Chacun considérait son territoire comme une chasse gardée. Toute intrusion de l'autre était interprétée comme un acte de braconnage. Le séisme Ben Barka fournissait le prétexte idéal à une mise au pas.

Le préfet de police allait-il être confiné dans l'enceinte de Paris ? Conserverait-il ses attributions dans les départements de la petite couronne qu'une loi de 1964 venait de créer en coupant en trois celui de la Seine ? Le général de Gaulle, qui n'a pas la mémoire courte, va mettre un terme au suspens le 1er juin 1966. Ce jour-là, il présente en Conseil des ministres sa fameuse réforme de la police. « Cette question est à l'ordre du jour depuis toujours ! » s'exclame-t-il.

Le texte est voté le 9 juillet 1966, avec entrée en application au 1er janvier 1968. Il crée une police nationale unique dont les effectifs sont constitués par la fusion des personnels actifs de l'ex-Sûreté et de la PP. Désormais, les policiers seront recrutés, formés et affectés selon des critères communs. En sortant de l'école, ils pourront opter aussi bien pour des postes vacants à Paris qu'en province.

Le législateur a ménagé une garantie aux policiers de la PP en service avant la réforme : ils ne pourront être affectés en province qu'à leur demande ou pour des motifs disciplinaires. Sage disposition dont je serai un jour amené à me prévaloir, au terme d'un différend avec Gaston Defferre.

À vrai dire, on avait mal évalué les effets de la réforme sur les mouvements de personnels. Les difficultés du service en région parisienne et l'aspiration au mieux vivre allaient provoquer chez les policiers parisiens des demandes de mutation massives pour la province. Il faudra élever des remparts administratifs pour endiguer le phénomène et assurer la survie de la préfecture de police. Des années seront nécessaires pour retrouver le bon équilibre.

Dans ce grand chambardement, la direction de la police judiciaire du Quai des Orfèvres, par laquelle le scandale est arrivé, va payer son tribut à la réforme. Elle sera intégrée dans le dispositif national en devenant la direction régionale de Paris, compétente pour la capitale et les trois départements de la proche couronne (Hauts-de-Seine, Seine-Saint-Denis, Val-de-Marne). Les directeurs qui l'ont fortement marquée, Max Fernet et Maurice Bouvier, acteurs clés de l'enquête sur l'affaire Ben Barka, auront la satisfaction d'être nommés, au terme de leur carrière, directeurs centraux de la police judiciaire. Je sais que ni l'un ni l'autre n'avaient revendiqué cette promotion. Ils étaient si fortement imprégnés de la passion de servir à la préfecture de police qu'ils auraient souhaité ne jamais la quitter.

Ultime prolongement : dans la petite couronne parisienne, ce seront désormais les préfets des trois départements nouvellement créés qui seront responsables du maintien de l'ordre et de la sécurité. Le préfet de police rentre dans Paris. Avec un champ d'action limité à la ville intra-muros, exception faite de ses attributions de préfet de zone de défense. Il n'en demeure pas moins, malgré les avatars et les péripéties rencontrés, un personnage incontournable. Au cœur de la capitale, qui concentre les institutions vitales pour le pays, il est le garant de la paix publique. Son administration et les hommes rassemblés sous sa houlette gardent leur spécificité. Il serait insensé de vouloir se priver d'un tel rouage forgé au fil des exigences de l'Histoire et d'une longue tradition. Mais je ne verserai pas une larme sur la fusion de la police. Quoi de plus normal que des hommes qui sont appelés à accomplir les mêmes missions soient recrutés, formés et administrés selon des règles communes ? Seule compte la qualité du service public. C'est cela que de Gaulle avait en tête.

Ainsi naît la police nationale. Un glaive trempé dans le bain de l'affaire Ben Barka et qui allait résister à l'épreuve de mai 68.

5

Goldman

J'ai vécu la fronde étudiante aux premières loges du Quai des Orfèvres, jusqu'où parvenaient les échos des échauffourées du Quartier latin et l'odeur âcre des gaz lacrymogènes. Gustave Jobard avait succédé à Maurice Bouvier à la tête de la Brigade criminelle. Ancien chef de la brigade de répression du banditisme, il incarnait la force tranquille et le bon sens, avec un style tout en rondeur. Lorsqu'une affaire s'enlisait, il dénichait souvent le renseignement providentiel qui relançait l'enquête. Jobard avait la baraka. Il était proche des hommes, proche de ma famille. Sa disparition a laissé un vide.

Avec lui, je me rendais fréquemment sur le Boul Mich' où avaient lieu les affrontements avec les étudiants. Nous y rencontrions parfois Maurice Grimaud, le préfet de police, qui venait prendre la température incognito. La situation paraissait surréaliste : les violences se reproduisaient jour après jour, avec des forces de l'ordre mobilisées de façon mécanique. On aurait dit un film diffusé en boucle. Comme si le désordre s'installait dans la routine. Ce que de Gaulle qualifia de chienlit.

Jobard et moi avons assisté en spectateurs au défilé antigaulliste du 13 mai qui empruntait le boulevard du Palais, en direction de la rive gauche. Un autre lui répondra, en sens inverse, sur les Champs-Élysées, le 30 mai, au cri de « Vive de Gaulle ! ».

Le 16 juin, la Brigade criminelle a participé à l'évacuation de la Sorbonne, pour opérer les saisies. Une moisson pittoresque de portefeuilles volés, de barres de fer, de matraques, de casques et de couvercles de poubelle destinés à faire office de boucliers. Aux grandes heures des barricades, cet attirail de *peplum* était l'apanage d'une poignée d'illuminés qui composaient le service d'ordre des manifestants. Ils se faisaient appeler les Katangais, en souvenir de leurs prétendues campagnes comme mercenaires en Afrique.

C'est dans cette mouvance qu'a évolué, un temps, Pierre Goldman. Il n'a campé qu'un soir dans la Sorbonne occupée... armé d'un pistolet et la tête remplie de funestes projets. On l'appelait Pierrot le fou. Il le reconnaîtra lui-même : « Je connaissais quelques militants très impliqués dans la conduite des combats étudiants. J'allai voir l'un d'eux, il appartenait au Mouvement du 22 mars, et je lui proposai une action armée [...]. À cette violence surprenante, le gouvernement opposerait une réponse militaire et la situation en serait bénéfiquement aggravée, radicalisée [...]. Je fus regardé comme un fou [1]. » Il avait alors vingt-quatre ans.

Goldman est né à Lyon, de parents juifs, en pleine Seconde Guerre mondiale. Son père était chef d'un groupe de partisans. Sa mère, polonaise, appartenait également à l'armée des ombres. Le récit de leurs exploits développera chez lui le complexe de ces êtres obscurs qui veulent à tout prix entrer dans l'Histoire.

De son adolescence chaotique, on retient qu'il fut scout chez les Éclaireurs de France ; qu'il aimait le sport, le français, l'histoire ; qu'il détestait les maths et qu'il fut exclu de plusieurs établissements. Il a été élève au lycée Lakanal à Sceaux, celui où Alain Fournier, pensionnaire, écrivit *Le Grand Meaulnes*. Il obtient son baccalauréat, sans gloire. Pour cet écorché vif, l'Université va devenir une tribune.

En 1961, il adhère au Front universitaire antifasciste. En 1962, à la Sorbonne, on le retrouve à l'Union des étudiants

1. *Souvenirs obscurs d'un Juif polonais né en France*, Seuil, 1975.

communistes. Actif, bagarreur, adepte du karaté, il sera l'un des gorilles pensants de ce mouvement, avant de rejoindre les trotskistes des Jeunesses communistes révolutionnaires. L'heure du service militaire approche. Il est déclaré apte, mais il choisit la vie clandestine. Enfin la résistance !

Déclaré insoumis le 1er novembre 1966, il se réfugie d'abord chez sa mère en Pologne durant huit mois. De crainte d'être retrouvé, il passe en Belgique puis en Hollande. Pendant ce temps, il continue à œuvrer pour la cause du peuple, sans illusions sur les chances de succès des révolutions d'amphithéâtre. Las des querelles idéologiques qui animent les chapelles de l'extrême gauche européenne, il décide de prendre du champ pour passer à l'action. Ce sera l'Amérique latine et ses conflits armés. Depuis longtemps, l'expérience castriste le fascinait.

Au cours d'un premier périple un peu tortueux qui le conduit du Mexique aux geôles des États-Unis, il passe par Cuba où il suit un entraînement à la guérilla. En 1967, il gagne le Venezuela, où il participe aux combats des guérilleros de Douglas Bravo. Suit l'intermède de mai 68, cette « révolution de papier mâché » qui le laisse sur sa faim. Il retourne alors dans sa jungle vénézuélienne. Là-bas, ses frasques l'auraient-elles mis en péril ? Le 1er octobre 1969, le voici de retour à Paris. Nos routes vont bientôt se croiser.

Une flaque écarlate

19 décembre 1969. La Bastille se pare de ses habits de fête. Sur le terre-plein central du boulevard Richard-Lenoir, une foule bigarrée se presse autour des autoscooters et des stands de tir des forains. La scène baigne dans la lumière des guirlandes bariolées et l'odeur sucrée de la pâte à beignets.

Au comptoir du Jean Bart, à l'angle du boulevard, Gérard Quinet, un robuste gardien de la paix de vingt-deux ans qui vient de quitter son service, sirote une petite mousse avec sa cousine Christiane. Ils devisent dans le brouhaha ambiant. Soudain, un couple affolé déboule dans le café, le souffle court.

– Un type armé est en train d'attaquer la pharmacie d'à côté ! s'exclame le mari. Il faut appeler du secours !

Quinet se précipite vers le lieu de l'agression. Il est en tenue civile, sans arme. Dans sa course, il entend distinctement claquer plusieurs coups de feu. Impression furtive : il lui semble qu'un homme fait le guet devant la pharmacie. Il le dépasse, pénètre dans l'officine : un individu est en train de vider son chargeur sur une femme à terre. Surpris, celui-ci relève la tête, le vise, l'apostrophe :

– Ne bouge pas, ou je te tue !

Le tireur contourne ensuite le comptoir et se rue vers la sortie, une sacoche à la main. Quinet le dévisage. Lorsque l'agresseur arrive à sa hauteur, il tente de le retenir par un bras. En vain. L'individu se dégage vigoureusement et gagne le trottoir. D'un bond, le policier le rattrape et tente de le ceinturer. Mais comme une anguille, le tueur lui glisse à nouveau entre les mains. Quinet le poursuit, jusque sur le terre-plein central du boulevard. Cette fois, il l'agrippe solidement par le col de sa gabardine. Tous deux tombent à terre. Dans la lutte, le criminel perd sa sacoche. Son arme aussi. Et puis tout bascule.

Une déflagration sourde retentit. Le jeune gardien de la paix s'affale, touché à l'estomac : son adversaire possédait une deuxième arme qu'il cachait dans la poche de son imperméable. Le tireur esquisse un dernier geste pour faire lâcher prise au jeune policier qui, même blessé grièvement, le retient encore par un pan de son imper. Il ramasse ensuite sa serviette en cuir noir, son premier pistolet éjecté dans le corps à corps, et repart en courant en direction de la place de la Bastille. Aux passants venus le secourir, Quinet lâche ces quelques phrases : « Le fumier, il m'a eu ! J'ai une balle dans le ventre. Je suis foutu ! C'est une sorte de mulâtre. » Il est 20 h 15.

À ce moment précis, Roland Aubert, le mari d'une des préparatrices de la pharmacie, gare sa voiture sur le boulevard. Comme chaque soir, il vient chercher sa femme à la sortie du travail pour la ramener à la maison où ils doivent retrouver leur petite Florence, âgée de vingt-huit mois. En entrant dans l'officine, cet époux prévenant, vernisseur de profession, va découvrir l'horreur.

Il entrebâille la porte. Surprise ! le système de sécurité se déclenche. Assourdi par l'alarme, il avance jusqu'au comptoir. Première vision : des pieds qui apparaissent dans l'entrée de l'arrière-boutique. Ce sont ceux de Mlle Delaunay, la pharmacienne, une femme de soixante ans. Elle est étendue sur le dos, son manteau entièrement boutonné, un foulard noué autour du cou. Inanimée. Roland Aubert contourne le comptoir. Et c'est le second choc : sa femme est là, qui gît sur le sol. Elle porte les gants de cuir et le trois-quarts en laine à carreaux noir et blanc qu'il vient de lui offrir.

Croyant déceler une vague odeur d'oxyde de carbone, il pense d'abord qu'il s'agit d'une asphyxie. Mais arrivé dans l'arrière-boutique, il aperçoit la tête ensanglantée de Mlle Delaunay qui baigne dans une flaque écarlate. Et toujours cette sonnerie assourdissante. Tout près, un homme est étendu dans une mare d'hémoglobine. Il respire encore. Du sang s'écoule de son visage par saccades, au rythme des battements de son cœur. Le pauvre M. Aubert croit défaillir. Il ressort en courant, appelle à l'aide, envoie quérir un médecin. Pour Jeanine Aubert et Simone Delaunay, il est déjà trop tard.

Deux femmes froidement assassinées, un policier touché, un client grièvement atteint et une petite fille qui ne reverra plus sa mère, tel est le bilan du drame qui vient de se produire.

Le blessé de la pharmacie est entendu par la Criminelle dès le lendemain. Raymond Trocard, cadre commercial, a cinquante-sept ans. C'est un homme de taille moyenne, sympathique et entreprenant. L'officier de police principal Albert Guerlain est venu recueillir sa déposition à l'Hôpital franco-musulman de Bobigny où il a été hospitalisé d'urgence.

– En entrant, confie-t-il à l'inspecteur, j'ai vu immédiatement la pharmacienne et la serveuse dans le laboratoire situé dans le fond du magasin. Toutes deux avaient mis leur manteau, elles étaient prêtes à partir. Dans le même temps, j'ai remarqué qu'un homme se trouvait devant les deux femmes qui étaient manifestement effrayées.

– Que s'est-il alors passé ? interroge Guerlain.

– Il est arrivé sur moi, tenant son pistolet à la main. Il a mis le canon sur mon ventre et m'a dit « Toi aussi, va par là, » en me désignant le laboratoire.

– Qu'avez-vous fait ?

– Alors que l'homme regardait vers les femmes, j'ai eu le temps de me délester de mon portefeuille en le jetant vers le mur. Il devait contenir environ 500 francs.

– Vous vouliez le cacher ?

– C'est ça.

– Ensuite ?

– L'homme nous a fait mettre tous les trois dans le fond du laboratoire en nous tenant en respect. La pharmacienne m'a alors indiqué qu'il voulait son portefeuille. Puis l'individu s'adressant à moi a dit : « Et toi ? »

– Alors ?

– Alors, j'ai répondu que je n'avais pas d'argent, seulement une pièce de 5 francs que j'avais pour acheter mes médicaments et que c'était la fin du mois. J'ai ajouté : « T'es le roi des couillons, tu vas te faire prendre tout de suite ! »

– Qu'a-t-il répondu ?

– Rien. Aussitôt que j'ai fait le geste pour lui montrer la pièce de monnaie, l'homme a tiré sur moi. Je suis tombé dans un placard qui se trouvait à côté. J'ai entendu les femmes crier « Non ! Non ! Non ! ». J'ai entendu un autre coup de feu, puis j'ai perdu connaissance. Je ne suis revenu un peu à moi que lorsque les agents m'ont transporté.

– Pourriez-vous faire une description précise du tueur ?

– Il était un peu plus grand que moi. Il paraissait âgé de trente ans environ. Sa figure était allongée, mince, le teint très basané et le type méditerranéen, qui ne m'a pas semblé être nord-africain, mais plutôt un peu espagnol ou portugais. J'ai remarqué son nez mince. Il s'exprimait bien en français. Il portait une casquette plate, en cuir ou en tissu ciré, ainsi qu'un imperméable gris foncé.

– Avez-vous le sentiment d'avoir déjà vu cet homme ?

– Non, mais je pourrais le reconnaître.

Cette déposition est capitale.

Elle corrobore de nombreux témoignages, comme celui d'Annie Ioualitène, une jeune standardiste que le tueur a bousculée dans sa fuite. En l'invectivant, la jeune femme ne l'a pas quitté des yeux. Mais pourquoi Quinet a-t-il parlé d'une « sorte de mulâtre » ? Sa première audition sera déterminante.

Je l'entends moi-même, deux jours après les faits, à la Maison de santé des gardiens de la paix. Le corps médical m'a donné son feu vert. Et voici comment il affine la description de son agresseur : « C'était un individu de type méditerranéen, paraissant âgé de trente-cinq ans environ, mesurant 1,70 m à 1,75 m, de corpulence moyenne avec des cheveux noirs et un visage allongé, au teint basané. »

Cette fois, les éléments recueillis sont concordants et paraissent dignes de foi. Quinet n'a pu modifier son témoignage sous influence : le 21 octobre, jour de son audition à l'hôpital, le portrait du tueur mentionné dans la presse est toujours celui d'un mulâtre. Ce n'est que le lendemain, dans *L'Aurore*, qu'est diffusée la rectification.

N'empêche, nous serons plus tard accusés d'avoir incité Quinet à modifier sa description du tueur. C'est mal connaître l'éthique de la Brigade criminelle. Nous n'y aurions eu aucun intérêt : en matière judiciaire, seule la sincérité des témoignages est un gage de réussite. D'autant qu'à la fin des années soixante la police n'est pas en mesure d'identifier formellement un assassin d'après un cheveu, une rognure d'ongle ou un simple postillon. Le test ADN n'est pas encore à notre disposition. Il reste les recherches balistiques et les relevés d'empreintes comme bases scientifiques. Mais des empreintes, le tueur n'en a point laissées. Quant aux résultats de la balistique, ils semblent indiquer que l'arme ayant servi dans la pharmacie est un pistolet automatique P. 38 et que celle employée contre Quinet est un autre pistolet 9 mm de type P.A. 50, encore faut-il établir le lien entre les armes et celui qui a appuyé sur la détente.

Le coup de la manivelle

Nœud papillon de rigueur, cheveux poivre et sel, moustache à la David Niven, l'inspecteur principal Pierre Goussard est en charge de l'enquête de terrain. Il va s'investir à fond dans ce travail de fourmi, avec les cinq officiers de police de son groupe.

Les recherches portent d'abord sur un étui à pistolet en cuir noir retrouvé sur le sol d'un petit couloir de la pharmacie. Le tueur a dû le faire tomber de sa sacoche. Il ne porte aucune trace d'empreintes, mais les services techniques de la police sont formels : c'est un modèle destiné à l'utilisation rapide et fonctionnelle du Mac 50, fabriqué uniquement pour des fonctionnaires en civil de la Sûreté nationale. Aucune personne étrangère aux services concernés ne peut en principe en détenir. Probablement un étui volé à un policier. Mais disons-le tout de suite : le cheminement de cet étui va s'avérer impossible à reconstituer tant les hypothèses envisageables sont nombreuses. Autant chercher une aiguille dans une botte de foin ! Pour avancer, nous allons devoir déployer la palette classique du savoir-faire maison. Les bonnes vieilles méthodes de la PJ.

Première phase : l'enquête de voisinage. Elle permet de retrouver plusieurs témoins qui avaient négligé de se signaler. Elle conduit aussi à l'identification d'un Français, d'un Yougoslave et d'un Algérien, soupçonnés puis rapidement innocentés. Ce dernier a fait l'objet d'une dénonciation calomnieuse. Des employés du manège d'autoscooters font aussi l'objet de vérifications. Ils sont mis hors de cause. Une dizaine d'autres pistes indiquées par nos services sont vérifiées, mais les individus désignés ne correspondent pas au signalement du tueur qui se précise au fil des auditions.

Deuxième phase : le travail d'archives. Goussard fait appel à la mémoire d'éléphant de la PJ. Il recense les agressions de pharmacies commises dans les mois précédant ou suivant le drame. Il en découvre treize à Paris et dans la proche banlieue. Nous procédons ensuite par recoupements. L'une des affaires étudiées nous intrigue : celle de l'attaque de la pharmacie de la rue Ernest-Roussel, dans le 13e arrondissement. Elle remonte au 4 décembre 1969. Quinze jours seulement avant celle du boulevard Richard-Lenoir. L'heure est approximativement la même : 20 h 10, moment de la fermeture de l'officine. Donc, même mode opératoire. Dans les deux cas, l'individu est armé. Et la description colle : entre vingt-cinq et trente-cinq ans, type méditerranéen, cheveux noirs, sourcils fournis. L'homme a pris la fuite sous la menace d'une manivelle brandie par le pharmacien. Notre dossier commence à s'épaissir, mais il nous manque un nom.

Un premier informateur anonyme va nous indiquer une piste. Au début du mois de mars 1970, Gustave Jobard le reçoit dans son bureau, en ma présence et celle de Goussard.

– L'homme qui a tué les pharmaciennes, dit-il, se fait appeler Goldi. Il est déjà recherché et vit à Paris sous un nom d'emprunt. C'est un fou des armes. Il en a plusieurs et a déjà modifié celles qui ont servi à tirer boulevard Richard-Lenoir pour empêcher que la police puisse les identifier.

L'information est intéressante, mais elle est à prendre avec des pincettes, car notre interlocuteur nous paraît un peu névrosé. Au reste, nous avons beau la retourner dans tous les sens, nous ne trouvons pas le fil conducteur : « Goldi » n'apparaît pas au fichier des surnoms de la direction de la PJ. La chance va alors nous sourire : trois semaines plus tard, un autre « tonton » se met à table. C'est Jean Sautereau, le chef de la 4e BT, qui recueille ses confidences. Ce robuste Nivernais, qui deviendra chef de l'Antigang, est d'un naturel partageur. Il vient aussitôt voir Jobard au 36 :

– Mon cher Gustave, lui dit-il, à en croire notre indic, ton Goldi se ferait appeler Pierrot. Il fréquente le quartier de l'Odéon et un certain Albert Dongal qui l'accompagne souvent dans un bar du 11e arrondissement. Il peut être hébergé soit par des amis habitant le 20e, soit dans un studio situé dans un immeuble neuf, près de la place d'Italie, qu'il occuperait sous le pseudonyme de Baroud.

Sautereau précise les adresses.

– Ton Goldi, ajoute-t-il, aurait effectué plusieurs séjours en Amérique latine, d'où il serait revenu avec un faux passeport. Il aurait participé aux événements de mai 68 à la Sorbonne au sein du groupe des Katangais. Il possède deux pistolets automatiques de calibre 9 mm, avec lesquels il s'entraîne dans un stand de tir parisien. Et je te le donne en mille : il s'est spécialisé dans l'attaque de commerces de détail et notamment de pharmacies. Il aurait fait un coup avec deux frères de race noire qui leur aurait rapporté deux millions et demi de francs (il s'agit d'anciens francs). D'après nos recherches, cette affaire semble correspondre à un vol à main armée dans un magasin de vêtements de la société Vog, rue Tronchet, à Paris.

Jobard n'en croit pas ses oreilles. Il laisse s'éteindre son cigare, caresse son crâne chauve et redouble d'attention. Sautereau continue son récit :

– À l'occasion d'une attaque, poursuit-il, le pharmacien qui était en train de baisser son rideau de fer s'est défendu avec la manivelle...

Troublante coïncidence avec le dossier de la rue Ernest-Roussel déniché par Goussard.

– C'est pourquoi, selon notre informateur, lors de l'attaque d'une autre pharmacie, fin décembre, dans le secteur de la Bastille, votre client a dû tirer : il ne voulait pas qu'on lui refasse le coup de la manivelle.

Cette fois, il y a du grain à moudre. Tout est consigné dans un procès-verbal daté du 28 mars 1970 et joint à la procédure. Avec une telle abondance d'éléments, l'identification de Pierre Goldman est un jeu d'enfant. Sa photo est récupérée au service de la Carte d'identité. Elle est insérée dans une planche photographique comprenant cinq autres clichés. La palette de portraits est présentée au gardien de la paix Gérard Quinet. Instant de vérité.

Il est venu tiré à quatre épingles. Je le sens impressionné d'être là, dans le sanctuaire du Quai des Orfèvres. J'en éprouve une certaine gêne tant il nous a donné à tous une leçon de courage. Assis devant moi, il commence à examiner un par un les visages sur papier glacé. « Non... non... non... ah ! » Son regard se fixe sur le cliché nº 4... celui de Goldman.

– Il existe une très grande ressemblance, précise-t-il, mais mon agresseur était plus âgé.

Explication cohérente : la prise de vue date de 1960. Sur cette photo, Goldman avait seize ans.

– Si l'auteur des faits m'était présenté, ajoute Quinet, je serais en mesure de le reconnaître sans risque d'erreur.

Nous allons redoubler d'efforts. Jour et nuit, les enquêteurs vont planquer dans les quartiers cités par l'indicateur de la 4e BT. Il existe dans le 13e arrondissement, rue de la Butte-aux-Cailles, un studio au nom de Barouh (et non Baroud). Mais nous découvrons que Barouh n'est pas le pseudo de Goldman. Pierre Barouh est comédien, producteur de films et n'habite pas les lieux. Nous finissons par le retrouver.

Il reconnaît avoir loué le studio à un ami qui se prénomme aussi Pierre, « pour lui rendre service ». Ils se seraient connus, dit-il, en Amérique latine « chez les guérilleros ». Cette fois, nous brûlons. Les planques s'intensifient. Régime drastique : trois à quatre heures de sommeil par jour, au plus, bières, sandwiches, gitanes, gauloises, la gorge qui racle, les costumes froissés, imprégnés par l'odeur du tabac, le dos en compote à rester assis de longues heures dans les voitures. Les hommes commencent à manifester des signes d'impatience. Les cernes se creusent. Mais l'obstination va finir par payer.

Le 8 avril, à 18 h 30, Goldman est aperçu à l'angle du boulevard Saint-Germain et de la rue de l'Odéon. Goussard et son groupe, assistés de renforts de la 4e BT, l'entourent discrètement. Lui ne se doute de rien. Veste en daim, pantalon de flanelle, col roulé bleu marine, il déambule dans le quartier, les mains dans les poches. Au signal, le voici plaqué au sol, maîtrisé, menotté. Sans une égratignure, sans un accroc. Dans sa veste, nous retrouvons un faux passeport. Frappé du sceau de la République du Venezuela, il est établi au nom de Julian Condore. Victoire ? Pas si vite. Pierre Goldman n'est pas un client ordinaire. Nous allons l'apprendre à nos dépens.

Le rasoir électrique

Il va être entendu sur-le-champ. Gustave Jobard étant accaparé par une autre affaire, je vais avoir en charge les étapes essentielles de la procédure : interrogatoire, présentations aux témoins, confrontations. Ce sera un duel extrêmement serré, une joute épuisante, enfermée dans le carcan des quarante-huit heures de la garde à vue. Moments intenses, inoubliables.

Tout commence à 19 heures. La « prise de contact » a lieu dans le bureau de Jobard, qui est absent. Voici la scène relatée par Goldman dans son livre [1] : « On me fit pénétrer dans une vaste pièce, une dizaine de policiers s'y trouvaient debout. On m'attacha les mains avec des menottes. Derrière un bureau directorial, un homme souriait de plaisir ; je lui trouvais une face intelligente et affable, perverse : c'était le commissaire Leclerc. »

À vrai dire, ce soir-là, je ne souris guère. Je suis plutôt tendu. Je sais que cette affaire criminelle grave a ému l'opinion et que la justice attend des réponses claires. Je réalise aussi que le chronomètre de la garde à vue s'est inexorablement mis en marche et que chaque minute va désormais compter.

Aussitôt, Goldman est conduit dans mon bureau qui communique avec celui de Jobard. Je l'invite à s'asseoir sur une chaise en face de moi. J'observe son visage anguleux, ses lèvres charnues, ses sourcils épais en accent circonflexe et ses pupilles noires qui dessinent un regard acéré, mystérieux. Derrière ces yeux en perpétuel mouvement, je devine un esprit agité, un bouillonnement cérébral.

1. *Souvenirs obscurs d'un Juif, polonais né en France op. cit.*

soudain, il me fixe. J'engage le fer : « Nom ? Prénom ? Age ? Qualité ? Jurez de dire toute la vérité, rien que la vérité. » Goldman prête serment, se concentre et entame le récit de sa vie. Je le scrute. Je l'écoute. Je relance sa mécanique. Rien de ce qu'il dit ne semble gratuit. Tout paraît au contraire construit, calculé, soupesé. À aucun moment il ne relâche son attention. Au point qu'il se montre capable d'anticiper la plupart de mes questions. J'en viens aux faits :

– Possédez-vous une arme ?

– Je n'ai jamais possédé d'arme à feu telles que revolver ou pistolet.

– Avez-vous commis des agressions depuis votre retour à Paris ?

– J'affirme n'avoir commis aucune agression, sous quelque forme que ce soit, depuis mon retour à Paris. Bien que je n'aie jamais exercé une activité régulière depuis plusieurs années, je n'ai jamais volé. Ce sont des gens qui m'ont donné de l'argent pour me dépanner.

Seulement voilà : à l'instant où il me parle, l'équipe Goussard vient de mettre la main sur un Herstal 9 mm en perquisitionnant chez son ami Albert Dongal. Celui-ci affirme que l'arme appartient à Goldman. On me l'apprend au téléphone, en plein interrogatoire. C'est le moment d'enfermer un peu plus le suspect dans ses contradictions. J'avance sur la pointe des pieds :

– Fréquentez-vous le secteur de la Bastille ?

Réponse foudroyante :

– Non, je ne vais jamais de ce côté-là ! Je vois cependant où vous voulez en venir. Je lis les journaux. Je sais que les deux préparatrices d'une pharmacie du boulevard Richard-Lenoir ont été tuées avant Noël dernier, mais je n'ai rien à voir avec cette boucherie. D'ailleurs, vous pouvez me mettre en rapport avec le gardien de la paix qui a été blessé en tentant d'arrêter le meurtrier, vous verrez qu'il ne me reconnaîtra pas.

Visiblement, l'affaire l'obsède. Pourquoi ? Parce que, dira-t-il plus tard, l'un des ses camarades qui avait lu le signalement du tueur du boulevard Richard-Lenoir dans la presse avait trouvé qu'il lui ressemblait étrangement. Il avait eu le sentiment que cet ami était convaincu de sa culpabilité. Fort bien. Dans ce cas, il eût suffi à Goldman de me permettre d'entendre son ami suspicieux pour qu'il confirme ses dires. Mais il refuse catégoriquement de me donner son nom.

À 2 heures, j'abats une carte : je lui présente le pistolet Herstal retrouvé chez Dongal. Sous l'effet de surprise, Goldman admet que l'arme lui appartient. Il n'est donc pas invulnérable. Cette première rétractation est pourtant sans conséquence car l'expertise balistique démontrera que ce pistolet est sans rapport avec notre affaire. Il me faut d'autres explications.

23 h 50. Nouvelle audition. Cette fois, il avance un alibi qui couvre largement la période critique :

– Le jour des faits, je me trouvais entre 19 heures et 21 h 30, chez mon ami Joël Lautric à Paris. C'est un Antillais parfaitement honorable qui pourra peut-être confirmer mes déclarations.

La vérification de cet alibi va donner lieu à de multiples auditions dans le milieu antillais de la capitale. Les témoins défileront à la Brigade criminelle, puis dans le cabinet des juges d'instruction. Il sera impossible d'y voir clair à travers ces témoignages contradictoires ajoutant la confusion à la confusion. « Si le malheur veut que vous ayez besoin d'un alibi, écrira Jean Laborde, alors chroniqueur judiciaire à *L'Aurore,* choisissez des amis en bronze massif avec montre au poignet. Que son emploi du temps soit sincère ou fabriqué, Pierre Goldman est à coup sûr mal tombé. Ses témoins antillais sont des gens charmants, gais, enjoués, très partageurs. Ils ont encore de la poésie plein la tête et ils ont bien de la chance. Mais pour eux la vérité n'a peut-être pas la dureté intangible d'un miroir à une face. Elle brille de mille feux : pour la justice c'est beaucoup trop. »

Et pourtant, malgré le brouillard, l'enquête va progresser.

9 avril. La nuit écoulée a été courte pour nous. Le planning de présentation de Goldman aux témoins en mesure

de reconnaître le meurtrier du boulevard Richard-Lenoir a été établi avec minutie. Faute d'éléments de preuve matériels, cette séance promet d'être décisive.

À la Criminelle, ce type de présentation obéit à des règles strictes. Ainsi, le suspect est mêlé à un groupe de personnes présentant des caractéristiques physiques voisines des siennes : taille, corpulence, âge, couleur de la peau et des cheveux. Rien ne doit pouvoir le différencier du point de vue vestimentaire. Il est invité à choisir lui-même le numéro inscrit sur le carton qu'il se passera, comme les autres, autour du cou. À chaque présentation, il change de place et de numéro, de sorte qu'un témoin ne puisse glisser au suivant en sortant que c'est tel numéro. Le groupe ainsi constitué est photographié, le cliché joint à la procédure.

Ultime précaution : afin de ne pas désigner Goldman à l'attention des témoins, nous lui avons remis un rasoir électrique et nous avons veillé à ce qu'il se rase correctement. Il faut aussi préciser que, lors d'une séance de reconnaissance, le témoin est placé derrière une glace sans tain, de sorte qu'il puisse observer le groupe sans crainte.

Le gardien Quinet passe le premier. Goldman a choisi le numéro 1... et le numéro 1 est désigné. Entendu par procès-verbal, le jeune policier est formel : « Je suis absolument certain de ne pas me tromper : c'est exactement le même nez allongé et très apparent dans le visage, le même teint, la même couleur de cheveux, la même taille, la même corpulence. En un mot, il s'agit du seul et même homme. » Confronté à Goldman, il ajoute en l'entendant parler que c'est exactement le timbre de voix de son agresseur. Goldman se borne à répondre : « Le gardien Quinet se trompe car, personnellement, je le vois pour la première fois. »

Suit la présentation à Alfonse Boissier, un serveur du café le Jean Bart qui a assisté à distance à la lutte opposant Quinet au tueur. Dans ce nouveau groupe, Goldman a pris le numéro 9... et c'est le numéro 9 qui est choisi. Le jour du crime, Boissier n'a pu voir le visage du meurtrier, mais il affirme que son allure générale correspond à celle de Goldman.

Au tour du Dr Pluvinage. Lui se tenait, au moment des faits, à sa fenêtre, au quatrième étage de l'immeuble surplombant la pharmacie. Cette fois, Goldman choisit le numéro 5... et c'est le numéro 5 que ce témoin désigne comme ayant une physionomie et une allure générale absolument identiques à celles du tueur. Confronté à Goldman qui nie énergiquement, il précise qu'en sa qualité de médecin assermenté il n'a aucune raison de chercher à lui nuire.

Déjà trois reconnaissances. Le climat devient pesant et Goldman accuse le coup. Je vais alors abattre une seconde carte.

20 h 40. Nouvelle audition : il doit s'expliquer cette fois sur une découverte étonnante. Chez son ami Albert Dongal, en effet, il n'y avait pas que son pistolet Herstal. Il s'y trouvait aussi un document de six feuillets rédigé de sa main et intitulé « Projet N° 1 – Plan d'organisation à objectifs militaires ou paramilitaires au service du peuple ». Ce plan comporte des indications sur la confection d'explosifs, sur les méthodes à employer pour enlever une personnalité, pour attaquer un commissariat, un dépôt de munitions ou une caserne. Enfin, diverses techniques pour récupérer l'arme d'un policier isolé y sont exposées. Il y est expressément fait mention de certains types de pistolets présentant des qualités techniques telles que Mac 50, Herstal G.P. 9 mm et P. 38 tchèque.

– Êtes-vous l'auteur de ce document ?

– Il s'agit d'un plan purement théorique que j'ai conçu et rédigé dans une perspective de lutte contre la bourgeoisie qui correspond à mes idées politiques, répond Goldman. Cependant j'affirme n'avoir jamais mis aucun point de ce projet à exécution. J'affirme notamment n'avoir jamais dérobé des armes à des policiers. Je n'ai jamais possédé de pistolet P. 38.

Sur ce dernier point, il ment, et les investigations poursuivies après son placement sous mandat d'arrêt le prouveront. Au prix de vérifications inlassables et d'auditions sans fin effectuées dans le milieu antillais fréquenté par Goldman, nous trouverons une piste. Elle conduit à René

Urgin, un peintre en bâtiment habitant le 20e arrondissement. En perquisitionnant chez celui-ci, nous découvrirons un pistolet Walther P. 38 et des munitions soigneusement dissimulées. Urgin avouera que Goldman lui a vendu cette arme et a tenté ensuite de la récupérer.

« Il avait l'air traqué, dira-t-il ; il ne tenait plus en place ; il avait vraiment l'air d'un fou. Ce n'est qu'après son arrestation que j'ai pensé que le P. 38 devait être très compromettant. »

Las ! L'expertise balistique révélera que ce pistolet avait été reconstitué avec des éléments interchangeables de deux armes de même modèle : la carcasse et la culasse mobile n'avaient pas la même origine. S'agissait-il de la confirmation des premières informations fournies par l'indicateur entendu chez Jobard ? En tout cas, ce P. 38-ci ne pourra avoir valeur de preuve.

Au soir du 9 avril, Goldman est en difficulté car l'étau se resserre sérieusement. Il va changer d'attitude.

Il est 22 heures. Je m'apprête à quitter la brigade pour rentrer chez moi. Au moment où je m'éloigne après être passé dans la salle des gardes à vue, un gardien de la paix me rattrape et m'interpelle :

– Monsieur le commissaire, le détenu veut vous parler.

– Conduisez-le dans le bureau du divisionnaire. Je vais le recevoir.

Je me rends aussitôt dans le bureau de Jobard. Goldman entre pour un nouveau tête-à-tête. Pour détendre l'atmosphère, je lui offre un des Cohiba du patron. Il reprend place dans le fauteuil en cuir. Lentement, il fait rouler le cigare entre ses doigts. Avec délectation, il en hume le parfum tropical. « Ah ! Cuba ! » L'allumette craque.

– J'ai bien réfléchi, monsieur Leclerc. Je préfère vous dire ce que j'ai fait. Je reconnais en premier lieu être l'auteur de l'agression commise le 4 décembre 1969.

Il s'agit du braquage de la pharmacie de la rue Ernest-Roussel. Spontanément, il évoque l'épisode de la manivelle : l'indic de la 4e BT était bien renseigné. Mieux : Goldman reconnaît le braquage du magasin Vog et confirme la présence de deux complices antillais dont il refuse de me donner les noms. Il avoue au passage qu'il a prêté un pistolet P. 38 à l'un des Antillais. Il a donné par la suite l'arme à un ami parisien dont il ne veut pas révéler l'identité [1]. Je l'invite à poursuivre, je l'exhorte à passer aux aveux complets. Peine perdue. Sur l'affaire du boulevard Richard-Lenoir, il nie de plus belle. J'insiste :

– Pourquoi persister dans cette voie ? Tout le monde vous a reconnu. Vous n'avez aucune chance d'échapper à vos responsabilités !

Rien à faire. Son visage se ferme.

– Enfin, Goldman, soyez cohérent ! Les informations qui nous ont été communiquées et qui nous ont mis sur votre piste concernaient tant les affaires que vous venez de reconnaître que celle du boulevard Richard-Lenoir. Pourquoi seraient-elles vraies dans un cas et fausses dans l'autre ? Votre position est intenable.

Rien de rien ! Il nie toujours. Je joue alors mon va-tout :

– Goldman, vous êtes un homme intelligent. Soyez-le jusqu'au bout. Vous avez déjà avoué les premières agressions. Ne vous arrêtez pas au bord de la vérité. Face à un jury d'assises, c'est la pire des positions. Après tout, le boulevard Richard-Lenoir, ce n'était qu'un hold-up de plus qui a mal tourné. Les jurés sont des gens compréhensifs : ils seront sensibles à cet argument. Vous vous êtes simplement trouvé dans un engrenage fatal que vous n'avez pas souhaité. Voilà tout. Enfin, reconnaissez-le !

Il a pris sa tête entre ses mains. Longuement, il a hésité. J'étais suspendu à ses lèvres. C'était comme si le temps venait de s'arrêter. Enfin, il a rompu le silence, en me tenant cet étrange propos :

– Selon vous, monsieur Leclerc, est-il possible d'avoir commis une action pareille et que l'on ne s'en souvienne plus ?

---

1. Avant la fin de sa garde à vue, Goldman avouera une troisième agression commise le 16 janvier 1970 contre un payeur des allocations familiales, passage Ramey à Paris (18e). Il était assisté d'un complice de couleur dont il taira le nom.

Ce soir-là, dans l'intimité de ce bureau aux portes capitonnées, j'ai vraiment cru qu'il allait me livrer la clé du double meurtre. Il en restera là. Voici comment il relate l'épisode dans son livre, en me mettant en scène : « Il fut déçu, surpris, irrité. Il me dit d'arracher de mon esprit l'horreur de ces meurtres ; de les considérer dans leur banalité d'agression qu'un incident, imprévu mais presque normal, avait rendu sanglante : quelque part, le mécanisme de l'agression s'était déréglé. C'était tout. J'ai compris ce qu'on veut dire quand on dit qu'un policier est un grand flic. Je compris que Leclerc était un grand flic. »

Ce sera son système de défense. Il n'en démordra plus. Stratégie d'autant plus déroutante que, le lendemain de ce face-à-face, il va faire d'autres déclarations.

Il est 11 h 35. La garde à vue prend fin dans quelques heures à peine. Toute la matinée, d'autres témoins l'ont formellement reconnu. Y compris ceux des vols à main armée qu'il nous a avoués. Nadine Lecoq, une jeune vendeuse qui a assisté à la scène de la bagarre sur le terre-plein du boulevard Richard-Lenoir, et Annie Ioualitène, la standardiste bousculée par le tueur, l'ont désigné derrière la glace sans tain sans l'ombre d'une hésitation. Trocart, enfin, qui a passé de longues minutes dans la pharmacie avec le meurtrier avant d'être atteint d'une balle au visage est absolument catégorique. Ce 10 avril, non seulement il le désigne formellement, mais il reconnaît aussi sa voix. Comme Quinet. Cette fois, Goldman est acculé. À nouveau, il va devoir faire machine arrière et ira même jusqu'à anéantir une partie de son premier alibi. Voici ce qu'il concède :

– Le soir de l'agression, je me trouvais vers 19 heures à la sortie du métro Saint-Paul où j'attendais un complice en compagnie duquel j'avais projeté de commettre une agression contre un crémier en gros installé à l'extrémité de la rue Saint-Paul.

Sidérant ! Ce soir-là, il était donc à deux cents mètres à peine du boulevard Richard-Lenoir. Et qu'avait-t-il sous le bras ? Une sacoche en cuir noir ! Il le dit. Il ajoute qu'il y avait placé son pistolet Herstal 9 mm. Celui retrouvé chez Albert Dongal.

La suite ? Son complice lui ayant fait faux bond, il se serait rendu seul dans la crémerie, aurait renoncé à passer à l'action, puis serait entré dans une friperie située dans la même rue pour se rendre compte si une agression était possible. Il en serait ressorti pour rejoindre le métro Saint-Paul, à 19 h 45. À quelques minutes seulement du drame de la pharmacie ! Et de quelle couleur était le manteau long qu'il portait ? « Gris foncé. » Tout cela, il le reconnaît. Mais pour le double meurtre, il nie encore et toujours.

19 heures sonnent. La garde à vue s'achève : Goldman persiste et signe. Un mandat d'amener lui est notifié pour homicides volontaires, tentatives et vol. Je le vois descendre entre deux gendarmes le grand escalier en colimaçon du 36 pour rejoindre le dépôt. Il se retourne et me lance un regard furtif. Je n'y décèle aucune expression d'animosité. La confrontation a été rude mais courtoise, de part et d'autre. Les charges réunies sont lourdes, mais dans un système où l'aveu est érigé en religion, celui-ci fait défaut. Il me manque surtout la preuve matérielle irréfutable, telle que l'une des armes du double crime, pour verrouiller la démonstration.

Défaut de pellicule

Goldman était écroué depuis quelques jours et je faisais le point avec Goussard afin de voir quelles pistes nous allions exploiter pour consolider notre dossier, lorsqu'une tuile s'abat sur l'enquête. Irrattrapable !

L'inspecteur Guillemin entre dans mon bureau. Il est décomposé.

– Patron, on a un pépin. Les photos des présentations à témoins sont loupées.

– Comment ça, loupées ?

– Elles sont d'autant plus loupées qu'il n'y en a pas. J'ai opéré avec un appareil non chargé.

– Mais comment est-ce possible ?

– C'est très simple. Comme je savais qu'on aurait à effectuer beaucoup de clichés, vu le nombre de présentations à témoins, je suis allé à l'Identité judiciaire pour faire recharger l'appareil.

– Et alors ?

– Eh bien, les gars du labo ont bien récupéré la pellicule qui était presque totalement consommée, mais ils ont négligé d'en remettre une nouvelle. Quand je suis venu rechercher l'appareil le lendemain, j'étais pourtant persuadé qu'ils l'avaient rechargé.

Incident stupide. Et d'autant plus regrettable qu'un témoin clé du dossier va disparaître : le 19 mai 1970, Raymond Trocart, l'homme qui a passé le moment le plus long avec le tueur et qui a formellement reconnu Goldman, se noie au fond d'une carrière au cours d'une partie de pêche.

Aux assises de Paris, qui s'ouvrent le 9 décembre 1974, sous la présidence de M. Braunsshweig, les avocats de Goldman vont s'engouffrer dans la brèche : Mes Émile Pollack et Charles Libman auront beau jeu de prétendre que si nous n'avions pas de photos à produire, c'était parce que nous avions quelque chose à cacher. Et quoi, si ce n'est que leur client aurait été présenté, selon eux, sans ceinture, sans lacets et débraillé, de sorte qu'il soit immédiatement désigné à l'attention des témoins ? Artifice, bien sûr ! Goldman, pourtant le jurera. Ce sera parole contre parole.

Il ira plus loin : à l'audience, il affirmera qu'il fut présenté aux témoins sans avoir été rasé et que nous lui aurions fait, en somme, une tête de repris de justice. C'est totalement faux. Ses avocats peuvent affirmer ce qu'ils veulent ; sans photos, nous sommes pris au piège. Impuissant, je vois l'accusation s'effriter. Nous avons beau défendre l'honnêteté de nos méthodes, nous sommes en position difficile. Soudain, Goussard a une idée lumineuse :

– Mais nom d'un chien, la photo, nous l'avons ! Quand Goldman a quitté la Criminelle après sa garde à vue, il a été signalisé par le service anthropométrique du dépôt. On va pouvoir juger de son état sur la photographie de l'Identité judiciaire.

Goussard fait retirer cette photo. Je la transmets au président de la cour d'assises qui la fait circuler entre les mains de la cour, des jurés et de l'avocat général Langlois. Celui-ci se tourne alors vers l'accusé :

– Ah Goldman, vous avez failli m'avoir parce que je pensais qu'effectivement, quand vous affirmiez avec les accents de la sincérité que vous n'aviez pas été rasé, c'était peut-être vrai. Mais là, au vu de ce cliché, il est clair que vous n'avez pas une barbe de trois jours.

Ce fut, à mon avis, le tournant du procès, même si le fait n'a pas été souligné par les commentateurs. Cet épisode a contribué à forger l'opinion des jurés. La déposition que fit le gardien Quinet en fixant Goldman droit dans les yeux était aussi de nature à renforcer leur conviction :

– Je précise que je l'ai vu en pleine lumière, à la pharmacie, puis sur le terre-plein. Visage contre visage. Je ne l'oublierai jamais. C'est bien celui-ci. Un homme qui vous tire dessus, on ne l'oublie pas. En mon âme et conscience, je parle.

Verdict, le 14 décembre 1974 : réclusion criminelle à perpétuité. Dans la salle d'audience, envahie par l'extrême gauche, c'est l'émeute. Sans précédent. « Jurés assassins ! Jurés assassins ! Justice pourrie ! » La scène est parfaitement décrite par le journaliste Charles Blanchard, dans *France-Soir* : « Des femmes trépignaient : d'autres se mettaient à hurler, en proie à des crises de nerf. Des jeunes gens tentèrent d'escalader le box, aussitôt repoussés par les gardes républicains. Goldman demeura un moment impassible. Puis, sans doute atteint par cette sorte d'hystérie collective, il se mit lui aussi à injurier la cour, tiré en arrière par trois gardes. » Une bagarre éclate.

La presse se déchaîne. Sur tous les registres. Indigné : « Nous ne savions pas que la cour d'assises c'est la justice rendue par une petite bourgeoisie bornée de notables. Que la police et la justice fonctionnent en l'occurrence comme des " machinations de bonne foi " » (Serge July, *Libération*). Sarcastique : « Le meurtrier de deux pharmaciennes ne pouvait être qu'un homme frappé au fer de quatre malédictions : jeune, juif, gauchiste et délinquant... » (un rédacteur anonyme, *France-Soir*).

Place aux pétitionnaires : « Des personnalités politiques et du monde des arts s'indignent. » Et non des moindres. Parmi les signataires de l'appel à la présomption d'innocence pour Goldman : Pierre Mendès France, Joseph Kessel et Eugène Ionesco, de l'Académie française, Claude Sautet, François Périer, Régis Debray, Yves Montand, Simone Signoret, Simone de Beauvoir, Jean-Paul Sartre, Françoise Sagan, Philippe Sollers. Et puis Ariane Mnouchkine, Patrice Chéreau, Jean-Pierre Chevènement...

Comment résister à une telle offensive ?

Sans plus attendre, Goldman va saisir la Cour de cassation. Il introduit un pourvoi contre l'arrêt criminel du 14 décembre 1974. Mais il se garde d'attaquer la décision de la cour d'assises de Paris du 8 janvier 1975, prise au civil, qui le condamne à verser 119 933,25 francs de dommages et intérêts à Quinet. Cette stratégie du pourvoi sélectif cache une intention subtile : si la cour casse et renvoie aux assises, les parties civiles seront éliminées des débats.

Goldman publie son livre, au Seuil, en octobre 1975. Un plaidoyer brillant, mûrement réfléchi en prison et présenté comme un contrepoint de l'enquête. Il l'adresse personnellement à chacun des vingt membres de la chambre criminelle de la Cour de cassation. On crie à l'évidente innocence. On implore la clémence des juges. On salue en lui l'écrivain fulgurant. On le compare à un héros des *Possédés* de Dostoïevski. Et c'est vrai que le livre est magnifiquement écrit. Le style est si convaincant qu'il habille de vérité les situations les plus invraisemblables.

Ainsi, Goldman affirme qu'avant la phase des reconnaissances des témoins Quinet a pu l'apercevoir enchaîné alors qu'il passait sous escorte dans un couloir du 36. Selon lui, le gardien de la paix l'aurait invectivé. Aberrant ! Jamais nous n'aurions commis une pareille manipulation. D'autre part, si cela avait été le cas, Goldman, trop intelligent, aurait refusé de signer le procès-verbal de reconnaissance après la confrontation avec Quinet. Il y aurait fait mentionner l'incident. Or, à lire le PV, on constate qu'il réfute le témoignage de Quinet en disant : « Je le vois ici pour la première fois. »

Comment l'affaire pouvait-elle évoluer après une telle orchestration ? Le 20 décembre 1975, l'arrêt de Paris est cassé. Les sages n'ont rien trouvé de mieux à exploiter qu'un défaut de date dans le procès-verbal des débats d'assises. Depuis plus de cent ans, de manière constante, ils avaient jusque-là considéré que cette formalité ne changeait rien en droit, qu'elle n'était pas substantielle. Mais en l'espèce, on allait revenir sur un siècle de jurisprudence. « Parfois la boussole judiciaire, changeant de nature, n'indique pas le nord sans prendre le vent », écrira l'éminent pénaliste Jean-Claude Soyer.

L'affaire est renvoyée aux assises, à Amiens. Le procès commence le 26 avril 1976. In extremis, les parties civiles sont réintroduites dans les débats, sur décision de justice. Démasqué, Goldman est furieux. Pourtant, avec Georges Kiejman comme nouvel avocat, il possède une carte maîtresse. Kiejman, c'est le calibre supérieur. Sans doute l'un des plus doués de sa génération. Il va s'attaquer systématiquement au dossier pour trouver la moindre faille.

Dans la salle, Signoret et Bedos, pour une fois acteurs muets, manifestent une présence assidue. Le ténor va mener les débats. Et avec quelle maestria ! D'ordinaire, aux assises, ce rôle est dévolu au président de la cour. Le code de procédure pénale l'impose : nulle question ne peut être posée si elle ne passe pas par le président. Les avocats doivent utiliser la formule consacrée : « Monsieur le président, voudriez-vous demander au témoin si... » Mais à Amiens, le président est muet. Il a accepté que la défense puisse interroger directement qui elle voulait, à tout moment. Pourquoi Kiejman se serait-il gêné ? Il nous soumet au feu roulant de ses questions. Un interrogatoire construit, préparé comme une combinaison d'échecs. C'est le jeu. Nous nous y prêtons de bonne grâce.

En fait, nous assistons stupéfaits à la déliquescence des débats. Kiejman va jusqu'à tancer le président qui, indécis et souriant, reconnaît par deux fois son examen insuffisant de l'affaire.

Pourtant, malgré ce pilonnage de la défense, les témoins qui avaient reconnu Goldman maintiennent leur position. Ils sont malmenés, poussés dans leurs retranchements, mais ils ne se laissent pas impressionner.

Le procès tourne à la cacophonie. Au point que l'avocat général Basse se voit contraint de rabrouer le président qui laisse à la défense toute l'initiative : « Tout le monde parle en même temps, sans attendre son tour. La loi est violée sans arrêt. On interrompt les témoins, on leur pose des questions, on plaide à tout bout de champ. C'est du folklore judiciaire ! »

Réponse candide du président : « Je vous remercie, monsieur l'avocat général, de votre rappel à l'ordre. On posera désormais les questions dans l'ordre. »

Kiejman se fait plus audacieux. Pour convaincre les jurés, il va tenter la ruse. Il a fait agrandir la photo de Goldman que nous avions prise lors de son arrivée à la Criminelle et où il apparaissait dans la situation du gardé à vue : sans cravate ni lacets, mal rasé. Il la brandit : « Voilà dans quel état on a présenté mon client aux témoins ! » C'est absolument faux. Ce cliché, pris bien avant la phase des présentations, était destiné à nos archives : il n'y avait aucune raison pour que nous pomponnions Goldman à ce stade de la procédure. Mais comme le tirage avait été joint au dossier d'instruction, l'avocat en a tiré argument. Il a fait son travail, en somme. Sans état d'âme. Redoutable Kiejman.

Le 4 mai 1976, à 22 h 10, après trois heures de délibéré, Goldman est acquitté pour le double meurtre de la pharmacie du boulevard Richard-Lenoir. Il est en revanche condamné pour les trois agressions avouées à douze ans de réclusion. Goldman sauve l'essentiel. « Eût-il été réellement coupable de ce dont on l'accuse qu'au fond rien ne serait changé », a pu affirmer *Libération*. La légende de l'« insoumis » était née.

Ce soir-là, le théâtre du tribunal d'Amiens était devenu le centre du monde. Le rideau s'est baissé. Je fumais une dernière cigarette dans un des couloirs du palais, avant de regagner Paris. Je pensais au défunt Trocart et à sa pièce de 5 francs, à ce malheureux Roland Aubert, le mari de la préparatrice criblée de balles, à sa petite fille Florence, qui venait de souffler ses huit bougies, au courageux Quinet, à mes hommes enfin, qui avaient, comme moi, tout donné dans cette enquête. Je m'interrogeais sur la relativité de la chose jugée, sur le pouvoir infini de la presse. Et puis j'ai aperçu sa silhouette : Goldman s'est présenté dans l'encadrement du couloir. En arrivant à ma hauteur, passant entre deux gardes, il m'a dit, sur un ton calme :

– Ah, monsieur Leclerc, quand je vais sortir, je viendrai vous voir à la Criminelle et on reparlera de tout cela...

Je le reverrai, hélas, trois ans plus tard : il gisait sur un trottoir du 13e arrondissement, blessé mortellement par un commando de tueurs qui allait revendiquer son action dans la dérision en signant « Honneur de la police ».

Le testament d'octobre

Ironie du sort. J'étais de retour à la Criminelle lorsque l'on m'apprit la nouvelle. Cette fois comme numéro deux : adjoint de Pierre Ottavioli. Moi qui avais tenté d'établir la culpabilité de Goldman dans un double meurtre, j'allais maintenant devoir enquêter sur les causes de sa propre mort. Surprenant défi.

Dans le car de Police-Secours où il a été déposé, j'observe son cadavre. Il a été tué la veille de Rosh Haschana, le nouvel an juif. Ses paupières sont closes, ses bras repliés en croix. « Je suis né juif et en danger de mort », avait-il écrit dans son livre prémonitoire. À quoi pouvait-il penser lorsqu'il disait qu'il reviendrait me voir ? M'aurait-il fait quelques confidences ? Il vient d'emporter son secret dans la tombe.

Vingt mille personnes assisteront à ses obsèques. Passons sur les provocations de l'extrême gauche, les pavés et les insultes lancés à la face des policiers qui encadraient le cortège, entre l'Institut médico-légal et le cimetière du Père-Lachaise. Je retiens de ce jour l'émotion sincère de ceux qui l'aimaient, la dignité de ceux qui le croyaient coupable malgré tout, et l'épitaphe que lui avait ciselée Bernard Kouchner avant la cérémonie : « Pierre, tu étais dans notre génération et au-devant d'elle, et tu le demeureras. » Le voyou était devenu un objet de culte.

Sept balles dans le corps. Du 9 mm, tiré par un 38 spécial, et du 11.43, le calibre de la pègre. Ses bourreaux ne lui ont laissé aucune chance. « Aujourd'hui, jeudi 20 septembre à 12 h 30, Pierre Goldman a payé ses crimes. La justice du pouvoir ayant montré une nouvelle fois ses faiblesses et son laxisme, nous avons fait ce que notre devoir nous commandait. » Tels étaient les termes de la revendication signée « Honneur de la police » et communiquée à l'AFP par un correspondant anonyme une demi-heure seulement après l'exécution.

Aussitôt après le drame, Me Kiejman fera cette mise au point : « Pierre Goldman a été victime d'un acte de terrorisme fasciste n'ayant rien à voir, ni de près ni de loin, avec un acte policier. » Bel accent de lucidité et d'honnêteté intellectuelle.

Ce 20 septembre 1979, voici exactement ce qui s'est passé. Goldman sort du Fleuron, le grand immeuble qu'il habite passage Trubert-Bellier. Il est en liberté conditionnelle, régime dont il a pu bénéficier dès octobre 1976. Cinq mois après le verdict d'Amiens.

Ce n'est plus le même homme. En prison, il a découvert la foi. Une ferveur religieuse qui s'entoure de principes : « Je suis trop juif pour être israélien. » Toujours ce goût de la provocation. Durant sa captivité, il a passé une licence d'espagnol, une maîtrise de philosophie, et préparait, dit-on, une thèse sur Sartre. « L'écrivain-né » a aussi publié son premier roman : *L'Ordinaire Aventure d'Archibald Rapoport,* chez Julliard. Surtout, il sera bientôt papa : sa compagne, une créole martiniquaise, est sur le point d'accoucher à la maternité Baudelocque.

Ce 20 septembre, il s'est couché au petit matin. Depuis la veille, toute la nuit, il a joué sur des bongos avec des amis musiciens à La Chapelle des Lombards, pris par le rythme envoûtant de la rumba. L'Amérique latine ne l'a jamais quitté.

À 12 h 15, il s'engage dans la rue de la Colonie et débouche sur la place presque déserte de l'Abbé-Georges-Henocque. Fatigué par sa nuit endiablée, il ne s'aperçoit pas que trois hommes, jeunes, vêtus de sombre, l'ont pris en chasse et dévalent la rue en courant. Soudain, il se retourne. Trop tard ! Des coups de feu claquent. Goldman s'effondre. Les tueurs rebroussent chemin et disparaissent dans une R5 rouge qui les attend non loin de là, moteur allumé, un chauffeur à son bord. Un témoin affirmera avoir entendu l'un des fuyards interpeller l'un de ses complices en employant une expression se terminant par *hombre* (« homme », en espagnol). Il captera un autre mot à consonance espagnole, mais, ne maîtrisant pas cette langue, il sera incapable de nous préciser lequel.

Ce jour-là, des hommes de la PJ ont également vu le commando. Trois inspecteurs de la 9e BT planquaient près de la Poterne des Peupliers. À deux cents mètres à peine du lieu de l'assassinat. Un hasard : ils surveillaient un bar du quartier où se trouvait une bande de proxénètes liés au milieu lyonnais.

Deux des policiers venaient de quitter le véhicule de service pour s'approcher du café. L'inspecteur resté au volant a alors été intrigué par le comportement de deux individus louches qui faisaient le guet, assis sur un mur. Il a pu les observer suffisamment longtemps pour distinguer jusqu'à la marque de leurs chaussures. L'un d'eux tenait dans sa main un sac en plastique Félix Potin.

L'inspecteur a ensuite démarré sa voiture pour se porter à la rencontre de ses deux collègues. Et là, tous ont pu constater que, depuis un square, un troisième homme observait les allées et venues des passants dans la rue de la Colonie, en feignant de lire un journal. Ils auraient pu s'en inquiéter, changer d'objectif. Ils ne l'ont pas fait : à ce moment précis, l'un des voyous qu'ils filaient est sorti du bar et ils l'ont suivi.

Ce n'est qu'en rentrant bredouilles au bureau qu'ils ont appris, à 14 heures, par leur radio de bord, que Goldman venait d'être assassiné par un commando, là où ils avaient détecté un curieux manège. À 14 h 30, ils étaient dans mon bureau pour s'expliquer. J'ai été alors saisi d'un étrange pressentiment : et si on nous refaisait le coup de l'affaire de Broglie ? Dans cette enquête, alors que j'étais patron de la Brigade antigang, il m'avait été reproché d'avoir fait interrompre les filatures d'individus qui allaient être mêlés au meurtre du prince (voir chapitre 13).

Toute la soirée, le souvenir de ce précédent m'a taraudé. Il fallait éviter le piège. De toute façon, l'information aurait fini par filtrer. Le journaliste Charles Villeneuve a été alerté le premier et a signalé la présence fortuite des policiers de la 9e BT. La bombe était désamorcée.

Qui a exécuté Pierre Goldman et pour le compte de qui ?

Les recherches vont d'abord se concentrer autour de la revendication « Honneur de la police ». Le 8 mai 1979 déjà, à Mitry-Mory (Seine-et-Marne), un attentat à l'explosif avait été commis contre la voiture de Maurice Lourdez, responsable du service d'ordre de la CGT. Il avait été revendiqué sous ce sigle dans une lettre adressée à l'AFP. Plusieurs responsables de syndicats de police classés à l'extrême droite, de même que des représentants d'une association attachée à la légitime défense, sont entendus. En vain.

J'élargis le cercle des investigations. Lors d'un attentat à l'explosif, commis le 18 mars 1978, contre la voiture de François Duprat, membre du bureau politique du Front national, celui-ci a été tué et son épouse grièvement blessée. Un hebdomadaire national d'extrême droite avait laissé entendre que Goldman pouvait être l'instigateur, voire l'auteur, de cette opération. De nombreuses auditions et vérifications sont effectuées chez les amis et les proches de Duprat. Elles n'apportent aucun éclaircissement, pas plus que la présentation de photographies d'une douzaine de militants des Groupes nationalistes révolutionnaires aux témoins du meurtre de Goldman.

Autre piste : la 6e BT a interpellé en 1979, en flagrant délit de vol à main armée, plusieurs individus appartenant à l'Escadron noir, un groupuscule néo-nazi. Chez l'un d'eux, les policiers découvrent un plan fléché du 13e arrondissement, celui où habitait Goldman. Nouvelle présentation aux témoins du meurtre. Nouvel échec. Vérification faite, il apparaît que le plan suspect correspond à la localisation d'agressions de préposés des postes commises par la bande.

Goldman a-t-il pu être victime d'un règlement de comptes classique ? Il apparaît, en tout cas, à l'occasion d'investigations entreprises en 1978 par l'Office central pour la répression du trafic illicite de stupéfiants, qu'il a été l'ami de Charles Bauer, truand notoire. Goldman aurait aussi été en relation étroite avec plusieurs trafiquants de drogue. La Brigade criminelle en identifie quatorze. Ils sont aussitôt mis hors de cause, de même que Bauer. Tous étaient incarcérés lors du meurtre.

L'enquête change de sphère. Goldman, à l'époque de son assassinat, aurait entrepris de mettre sur pied un réseau chargé de s'opposer à l'action de malfaiteurs français spécialisés dans la traque aux militants de l'ETA. Par l'entremise d'un journaliste parisien et du gérant d'une brasserie célèbre, le caïd marseillais Gaëtan Zampa aurait eu connaissance des projets de Goldman et aurait projeté de le faire exécuter. Cette fois encore, les renseignements conduisent à une impasse.

Une ultime information parvenue aux enquêteurs met en cause Jean-Pierre Maïone-Libaude, ancien ennemi des Zemour, suspecté lui aussi de s'être reconverti dans la chasse aux militants de l'ETA. Arrêté par la Brigade criminelle, à la suite de la découverte d'un dépôt d'armes, rue d'Héliopolis, il n'est pas davantage reconnu par les témoins du meurtre de Goldman.

Pour ne rien laisser au hasard, je fais entendre le gardien de la paix Gérard Quinet et Roland Aubert, le mari de la préparatrice assassinée dans la pharmacie du boulevard Richard-Lenoir. Rien ne leur aura été épargné, mais c'est la dure règle de l'enquête criminelle : il faut refermer toutes les portes. Le simple examen de leur emploi du temps suffira à les mettre hors de cause.

L'énigme reste entière.

Ainsi s'achève le roman de Pierre Goldman, militant antifasciste, baroudeur, aventurier, animal à sang froid, superbe mécanique intellectuelle, objet de haine pour les uns, de fascination pour les autres, truand malgré tout. Pour le double meurtre de la pharmacie du boulevard Richard-Lenoir, la justice populaire a tranché. Elle a jugé Goldman innocent. Respectons cette décision souveraine.

En revanche, il était de mon devoir de rétablir la vérité sur l'enquête. Comment laisser dire plus longtemps que nous avions voulu fabriquer un coupable ? Oui, nous avons souffert des critiques. Il n'y a jamais eu, dans cette affaire, de machination policière, de bonne ou de mauvaise foi. Nous avons simplement fait notre métier, parfois en commettant des erreurs, mais sans verser dans l'acharnement ni succomber aux arrière-pensées d'aucune sorte. Nous étions des hommes de bonne volonté.

Sur la mort mystérieuse de Goldman, qui peut prétendre détenir la vérité ? Je pense, pour ma part, avec le recul, que c'est dans son passé que se trouvent les éléments de la réponse. Loin d'ici, avant le double meurtre, bien avant la naissance de son double romantique. Goldman rattrapé par Goldman ? Je livre à la réflexion ce testament griffonné de sa main sur trois feuillets volants et transmis à la Brigade criminelle, le 11 mai 1970 :

« Je m'appelle Pierre Bernard Goldman. Je suis né le 22 juin 1944 à Lyon, sous un nom d'emprunt que j'ignore, fils de Alter Moïse Goldman (officier FTP-MOI) et Janine Sochaczewska dite Danielle ou je ne sais quoi, responsable politique de l'organisation MOI-UJRE de Lyon. Il n'y a aucune trace légale du fait que Sochaczewska est ma mère. Cependant elle l'est.

« Au cas où je suis tué, je voudrais qu'on sache ce qui suit : je suis rentré au Venezuela le 21 juillet ou 22 de l'année 1968, venant de Trinidad où j'étais arrivé le 10 pour rejoindre un groupe armé dissident de la FALN, mais composé de plusieurs de ses ex-commandants. J'ai débarqué à l'île de Margarita. Le 25, je gagnais la terre ferme à Puerto la Cruz Estado Auzoategui. Durant 15 mois, jusqu'au 26 septembre 69 j'ai participé à titre de combattant aux activités du groupe en question. Je suis rentré à Paris via la Colombie le 1er octobre 1969.

« Je précise que mon départ du Venezuela ne se fit pas en désaccord avec mes camarades, mais pour des raisons de sécurité. De même, les relations engagées entre nous comportaient toujours une liberté d'action totale. Au cas où je serais calomnié, les personnes suivantes savent ce que j'ai fait au Venezuela : el Negro, el Gordito, Élias, Goyo. Pierre qui est mon ami possède les moyens de défendre ma mémoire. Fait à Paris. Lundi 27 octobre 1969.

« Signé : Pierre Goldman. »

6

De la Mouf' aux épinettes

Mon premier séjour à la Brigade criminelle aura duré six ans. Je venais de vivre les années de Gaulle, ponctuées par le référendum de 1969 et la démission du Général. 1969, l'année des premières villes nouvelles et des défilés contre la guerre du Viêt-nam. Un nouveau monde était en marche. Pompidou à l'Élysée. Chaban à Matignon. Marcellin toujours à l'Intérieur. Le 4 août 1970, j'étais promu commissaire, chef de service. Sans même avoir à passer le concours de commissaire de la Ville de Paris et du département de la Seine puisqu'il avait disparu dans le maelström de la « réforme Ben Barka ».

J'allais voler de mes propres ailes. On me confia d'abord le commissariat Saint-Victor, dans le 5e arrondissement : deux cents mètres carrés rue de Poissy, le poste et sa cellule de dégrisement au rez-de-chaussée, les bureaux à l'étage, sept inspecteurs, un appariteur, un guichetier, deux secrétaires et un homme de la tenue « déshabillé » pour servir en quartier. J'avais pour adjoint l'inspecteur divisionnaire Sicard, œil vif, pied marin, régatier à ses heures. Un débrouillard.

Notre secteur de compétence incluait une partie des Gobelins, le Jardin des Plantes, la Grande Mosquée, la place Maubert. Il s'étendait des quais de Seine, face à l'île Saint-Louis, jusqu'au bas de la rue Mouffetard. La Mouf', comme on l'appelait, n'était pas encore un piège à touristes. Nous y avions nos habitudes : couscous en semaine au Grenier, chez Jacki, un ancien champion de boxe kabyle ; paella, souvent le samedi, à la Casa, tenue par Pepe, un fier Andalou de Grenade, chanteur de flamenco et cavalier émérite.

En prenant mes fonctions au cœur de l'été, je retrouvais l'ambiance de mes débuts à Saint-Germain-des-Prés. Ce fut une sorte de respiration après la frénésie du Quai des Orfèvres. Je redécouvrais les misères de la vie au quotidien et les trésors d'imagination que peuvent déployer certains citoyens pour tenter d'améliorer leur condition. Ainsi, les astuces de Renée l'épicière.

Renée était gérante d'un magasin d'alimentation, rue Monge. Elle avait pris l'habitude de puiser dans la caisse pour s'offrir un peu de fantaisie. Au fil des semaines, le trou creusé dépassait 3 000 francs. Une somme pour l'époque. Impossible à dissimuler. Avec Bernadette, sa gardienne d'immeuble, elle imagina alors un stratagème : une agression suivie d'un vol dont elle se ferait passer pour la victime. Qu'à cela ne tienne : la brave concierge l'assomma pour de bon. D'un coup de bouteille. Renée avait préalablement prélevé sa dîme : 1 400 francs de la recette du jour et les 940 francs de son salaire. Un butin proportionnel à la taille de la blessure qui était réelle.

Les deux apprenties délinquantes n'allaient pas s'arrêter en si bon chemin. Le coup suivant fut un vrai-faux cambriolage. Le numéro de duettistes était au point. Les deux versions des faits correspondaient. Mais il y avait ce détail connu de tous les anciens de la Crim' : lorsque l'on simule une effraction par la fenêtre, mieux vaut casser la vitre du bon côté, de sorte que le verre tombe à l'intérieur de la pièce. Et non dans la cour...

Pour l'avoir négligé, la plaignante et sa complice furent écrouées le jour même de leur visite au commissariat pour outrage à magistrat et abus de confiance. Le prix du mensonge et de la maladresse.

En ce temps-là, le commissaire de police était un peu le juge de paix de son quartier. Il existait un décalage entre la splendeur de son office et la modestie de son traitement. Les tournées d'assistance aux huissiers avaient vocation à améliorer l'ordinaire. Il faut savoir que ces actes, accomplis à l'occasion d'une expulsion locative ou lors d'une saisie conservatoire au domicile d'un mauvais payeur, donnaient droit au versement d'une vacation. Plus le commissaire en faisait, plus il percevait de rémunérations annexes. Et certains y passaient leurs journées. Négligeant le reste des activités de police. Venant de la Criminelle, j'avais mesuré la perversité de ce système. Il a pourtant perduré jusqu'en 1995. Cette année-là, Charles Pasqua, alors ministre de l'Intérieur, imposa l'attribution d'une indemnité forfaitaire versée par l'administration, en remplacement des vacations données par l'huissier. Il restaurait ainsi une certaine hiérarchie dans la priorité des missions du commissaire de police.

Dans mon 5e arrondissement, au lendemain des événements de mai 1968, la Mutualité était restée un point sensible. Les chefs de file des mouvements gauchistes continuaient à y tenir des réunions où les diatribes le disputaient aux excommunications. Krivine au micro, Sartre et Beauvoir à la tribune. C'était le psychodrame permanent. Maurice Bouvier, alors directeur PJ au Quai des Orfèvres, tenait à ce que j'assiste discrètement à ces foires d'empoigne. Tâche ardue s'il en était : je ne portais pas les cheveux longs et je n'avais nullement l'intention de me déguiser en baba-cool. Pour banaliser ma présence, j'avais eu l'idée de me faire accompagner de ma femme qui prenait un plaisir espiègle à venir m'assister dans ce genre d'opérations sous couverture. Assis au fond de la salle, en me donnant un air d'intellectuel passionné par les débats, je m'initiais à la grammaire révolutionnaire.

J'ai aimé ce petit commissariat Saint-Victor. Je n'y suis resté qu'une année. Dès le 1er octobre 1971, j'étais réintégré dans le giron des brigades de la police judiciaire. D'abord à la 12e BT de Villeneuve-Saint-Georges qui couvrait la partie sud du Val-de-Marne. Puis à la 1re BT, trois mois plus tard. Pourquoi ces affectations en cascade ? « Ce sont les circonstances qui commandent », m'avait rétorqué Bouvier. Dans son esprit, cette mutation à la 1re BT était un honneur qu'il me faisait.

Cette brigade était l'une des plus prisées de la capitale. Elle rayonnait sur les beaux arrondissements de Paris : 8e, 16e, 17e. Forte de cinquante hommes et implantée rue du Faubourg-Saint-Honoré, dans le vieil hôpital Beaujon où j'avais fait mes premières armes, elle bénéficiait d'une position privilégiée. Contrairement aux apparences, ce n'était pas une sinécure. Le 17e, et notamment le quartier des Épinettes, était mis en coupe réglée par le milieu local. Quant au 8e et au 16e, arrondissements bourgeois par excellence, ils formaient un champ ouvert à la convoitise des malfrats de la région parisienne.

Fidèle à la tradition maison, Maurice Bouvier est venu lui-même m'installer dans mes nouveaux quartiers. Ce jour-là, mes adjoints se tenaient à mes côtés.

Jean Suire, tout d'abord, un commissaire sorti du rang. Il avait gravi tous les échelons depuis le grade de gardien de la paix en s'imposant des nuits de travail pour préparer les concours successifs. Grand, vif, cheveux en brosse, c'était un bulldozer de l'investigation, avec cependant des côtés fragiles. Parfois, lancé à corps perdu dans une enquête difficile, il se mettait à douter. Il fallait d'un mot lui redonner le moral. Il repartait alors de plus belle jusqu'au succès final. Suire était un policier qui marchait beaucoup à l'affectif. Collaborateur sympathique et particulièrement bien informé, il avait su garder des attaches avec ses anciens collègues de la tenue qui n'hésitaient pas à lui téléphoner la nuit pour lui donner le bon tuyau. Le brigadier Denis du 16e arrondissement, qui avait le contrôle du bois de Boulogne, représentait pour lui une mine d'or.

L'inspecteur divisionnaire Gaston Pautot, qui commandait le groupe d'enquêteurs de Voie publique, était mon second fer de lance. Sous les apparences d'un notaire de province, il cachait une grande capacité de travail et l'ambition de réussir. Il payait de sa personne et dirigeait son groupe de main de maître. Lui aussi s'était constitué un portefeuille d'indicateurs qui allait nous être précieux.

La moyenne d'âge du reste de ma petite troupe ne dépassait pas la trentaine. Il s'agissait pour beaucoup d'inspecteurs à peine sortis de l'école. Maurice Bouvier les embrassa du regard.

– Leclerc, me dit-il d'un ton perplexe, je vous confie ces hommes. Ils sont jeunes. Formez-les. Les résultats viendront ensuite.

J'avais trente-six ans et j'étais impatient d'en découdre. Avec mon équipe, nous n'allions pas tarder à lever l'un des plus gros gibiers de l'histoire du banditisme : Jacques Mesrine en personne, l'« ennemi public numéro un ». Cette confrontation a déjà fait couler beaucoup d'encre, mais voici comment j'ai vécu personnellement cette enquête.

7
Mesrine

– TNZ1..., TNZ1..., appel à toutes les voitures : plusieurs individus armés circulant à bord d'une R16 blanche immatriculée 9047 RE 77 viennent de commettre un hold-up dans une succursale de la BNP, 93, avenue de Villiers. Ils se sont enfuis en direction de la place des Ternes...

Le 27 septembre 1973, le car police-secours TC 208 rentre de patrouille. Le brigadier Jacques Loy consigne soigneusement le message crachoté par la radio de bord. Il note l'heure : 11 h 30. La position du car : boulevard Sébastopol. Mais pas question de se détourner : l'avenue de Villiers, c'est le secteur des collègues du 17ᵉ arrondissement, et le TC 208 doit regagner son port d'attache au commissariat du 18ᵉ. Loy poursuit sa route avec ses trois équipiers du jour, les gardiens Gérard Jarrier, Edouard Soupez et Michel Jondeau.

Vingt minutes plus tard, alors que le car s'engage dans le boulevard Barbès, Jondeau écarquille les yeux : la R16 blanche signalée sur les ondes est là. Moteur allumé. Garée en double file devant une autre banque. Cette fois une agence de la BUP (Banque de l'union parisienne), à l'angle de la rue Labat. Un homme est assis au volant.

Le car s'arrête. Discrètement, Loy avance à pied vers la Renault, tandis que Jondeau le couvre avec une mitraillette. Il se penche. Le chauffeur baisse sa vitre, le sourire crispé.

– Avez-vous remarqué que vos pneus sont lisses ? lui indique le policier, l'air détaché.

– Ah non, monsieur l'agent.

Croyant avoir affaire à un contrôle de routine, le conducteur esquisse un geste pour prendre son permis. Trop tard ! Le brigadier l'empoigne, l'extrait manu militari de la voiture et l'entraîne jusqu'au car. Intervention exemplaire.

Il reste trois braqueurs dans la banque... et l'un d'eux a tout vu.

– Merde, les képis rappliquent ! Tirons-nous !

Un grand rouquin à moustache, qui semble être le chef de l'expédition, ramasse les 16 200 francs du butin. Ses complices déjà dehors s'enfuient à toutes jambes. Lui refuse de se presser. Apercevant par la porte vitrée l'un des policiers qui s'approche, il marque un temps d'arrêt. Narquois, il toise l'assistance, la caissière, les clients terrorisés. Va-t-il les prendre en otages ? Les regards se glacent. Il hésite. Il les provoque, l'espace de quelques secondes. Une éternité. Enfin il se ravise et se rue vers la sortie. En le voyant filer, le directeur de la banque actionne le signal d'alarme tandis que le gardien Jarrier se lance à la poursuite du rouquin, suivi à son tour par une meute de badauds qui s'égosillent en chœur :

– Aux voleurs ! Arrêtez-les !

Rue Labat, rue Marcadet, rue Léon : c'est une course folle, armes au poing. Le conducteur d'une Fiat 127 rouge, pétrifié par la scène qui se déroule sous ses yeux, arrête son véhicule en pleine voie.

– Tire-toi de là ! vocifère l'un des truands.

L'automobiliste ne demande pas son reste et se jette hors du véhicule dans lequel les trois malfaiteurs s'engouffrent l'un après l'autre. Jarrier arrive sur leurs talons.

– Rendez-vous, ou je tire !

Pour réponse, il reçoit une salve de gros calibre. Il riposte. Les pneus crissent. Les passants hurlent, se jettent à terre. Une balle perdue tirée par l'un des braqueurs érafle le bras d'une bouchère et vient s'amortir contre l'épaule de son commis. Une femme est touchée par des éclats de ciment. Sous la mitraille, le gardien lui-même doit se mettre à l'abri : 7,65 mm contre 11.43 mm, la lutte était inégale. Ses projectiles ne réussiront même pas à traverser la plaque minéralogique de la Fiat qui disparaît dans le flot de la circulation. Fin du western parisien.

L'homme à la Toyota

À la 1re BT, c'est l'heure du déjeuner. La permanence est assurée par l'inspecteur divisionnaire Jean Tréhel, l'adjoint de Gaston Pautot au groupe de Voie publique. Aussitôt alerté par l'état-major PJ de l'arrestation effectuée par les hommes du TC 208, ce Breton au caractère bien trempé fonce avec deux collègues au commissariat du 18e pour se faire remettre le voyou capturé et le ramener au service.

Avant toute chose, il fouille le prévenu. Il trouve dans sa poche un gant en tissu ajouré. Mais un seul. Celui de la main gauche. Cette découverte qui n'émeut personne à ce stade de l'enquête va s'avérer importante.

Une autre surprise l'attend : dans la R16 blanche, les truands ont abandonné le butin du premier hold-up.

Lorsque j'arrive à la brigade, vers 15 heures, l'affaire est déjà bien engagée. Le prévenu doit m'être présenté. Je croyais avoir affaire à un loup. C'est un agneau qui entre dans mon bureau.

Pierre Verhaeren est un jeune Trouvillois de vingt-six ans, mal dans sa peau, mal dégrossi, avec sa gourmette en argent et ses chaussures à quatre sous. Il n'a ni l'allure ni le comportement d'un malfrat. Dans le civil, il est chef d'équipe de travaux publics. Casier judiciaire vierge. Aucun antécédent. Pas même une conduite en état d'ivresse. Il s'effondre à la première question. Inespéré !

– Je vais tout vous dire, commissaire. Au mois d'août dernier, à Trouville, dans un bar tenu par l'une de mes maîtresses, j'ai fait la connaissance de Richard Vérot. Je l'ai hébergé. Il était accompagné d'une amie qui s'appelle Véronique.

Verhaeren et ses maîtresses ! Franchement, il y avait de quoi sourire en voyant l'athlète.

– Et votre ami Richard, comment était-il ?

– Disons, trente-cinq ans, 1,85 m, cheveux roux mi-longs, lunettes de myope.

– Est-ce tout ?

– Non, il m'a dit qu'il était avocat, mais assez rapidement j'ai compris, d'après certaines réflexions, qu'il s'agissait d'un truand.

Pauvre Verhaeren ! Il était une proie désignée. L'histoire de son amitié singulière avec un voyou tient du scénario banal. Quelques semaines plus tôt, il venait de s'acheter une superbe Toyota dont il état incapable de payer les traites. Il avait demandé à Richard de le faire monter sur un coup à Paris, comme chauffeur, pour récupérer un peu d'argent et régler ainsi son emprunt. Ayant apprécié son hospitalité, Richard accepta la proposition. Cependant, ne voulant donner aucune indication sur l'adresse où il logeait à Paris, il était convenu avec son nouvel ami qu'il appellerait lui-même quand le projet de hold-up serait mûr.

Le 25 septembre 1973, vers 20 heures, le téléphone sonne au Surcouf, à Trouville. Verhaeren décroche le combiné du bar :

– Salut, c'est Richard. Si tu es toujours d'accord, rejoins-moi demain, à 13 heures, au café Le Murat, porte d'Auteuil. J'ai du travail pour toi.

À l'heure convenue, la jeune recrue est au rendez-vous. Richard se présente et l'invite à prendre place au volant d'une R16, la fameuse R16 blanche. Il lui explique que dès le lendemain ils braqueront une banque, mais que la cible n'est pas encore choisie. Puis il l'emmène voir un film sur les Champs-Élysées, à la séance de 18 heures : *Défense de savoir,* de Nadine Trintignant et Alain Corneau. Richard raffole de ces intrigues judiciaro-policières.

– Ensuite, explique Verhaeren, nous avons repris la voiture pour faire une promenade dans Paris. Nous avons roulé presque deux heures dans la ville, puis nous sommes allés chez lui.

– Soyez plus précis !

– Vous savez, je connais mal la capitale. C'était un appartement de deux pièces, au deuxième étage d'un immeuble récent, mais je suis incapable de le situer.

– Et qu'avez-vous fait là-bas ?

– Nous avons avalé un casse-croûte puis nous nous sommes couchés vers 23 h 30. À côté de mon lit se trouvait une valise avec quatre armes. Le lendemain, deux types nous ont rejoints.

Ce matin du 27 septembre 1973, Richard a réuni son équipe. Il fait lui-même les présentations :

– Voilà Michel, dit-il, en désignant à Verhaeren le plus impressionnant des deux visiteurs : cent vingt kilos, 1,95 m.

Dans un rire gras, en écartant le pan de la veste du colosse pour faire apparaître un pistolet de fort calibre que celui-ci porte dans un holster, il ajoute :

– Michel, c'est mon porte-avions !

– Et ton autre ami ? demande Verhaeren.

– Lui, c'est Jacques. Il monte aussi sur le coup avec nous.

Richard fait ensuite la distribution des calibres : deux pour lui, qu'il glisse dans sa ceinture, un pour Jacques. Le quatrième est placé dans un sac qui ira à côté du chauffeur.

On connaît la suite. Elle ramène au 93, avenue de Villiers. À 11 h 30, alors que TNZ1, l'état-major de la police municipale, alerte les patrouilles, Richard, assis à l'arrière de la R16, compte l'argent de son premier coup à la BNP : 40 830 francs.

– C'est les vaches maigres ! s'exclame-t-il rageusement. On double ! Et tout de suite.

Ce sera le fiasco de la BUP.

Avec Pautot et Tréhel, nous nous concertons. L'audition des premiers témoins nous confirme que le trio en fuite a agi avec un culot et une maîtrise de soi qui sont la marque de truands d'envergure. La personnalité de Richard nous intrigue au plus haut point. Il prend de grandes précautions pour préserver l'anonymat de son repaire. En même temps, il fait confiance à Verhaeren qui n'a aucun passé délinquant.

Je veux en savoir plus. J'interroge à nouveau le gardé à vue :

– Vous ne nous avez pas tout dit sur Richard. Puisez dans vos souvenirs. Ne vous a-t-il jamais évoqué son passé ?

Il se concentre. Les secondes s'égrènent, dans un silence pesant. Soudain, c'est le déclic :

– Ah, si ! Maintenant, je me souviens : un soir, il m'a confié qu'il s'était évadé et qu'il avait vécu sept ans aux États-Unis.

Cette fois, nous avons un profil, mais l'image doit s'affiner :

– Votre Richard changeait-il souvent de look ?

– C'était un as du déguisement, vous voulez dire !

– Et sa compagne, êtes-vous sûr qu'elle s'appelle Véronique ?

– En tout cas, c'était comme cela qu'elle se faisait appeler. J'avais trouvé cela amusant, car elle avait un prénom français, alors qu'elle parlait avec un accent américain.

– Américain ou canadien ?

– En y réfléchissant, je dirais plutôt canadien.

– C'est bien lui, patron ! s'exclame Pautot.

Grand, rouquin, carrière américaine, spécialiste du grimage, ami d'une Canadienne, statut d'évadé, sans oublier ses liens étroits avec Michel, son porte-avions, le si bien nommé : Richard ? Pour nous, c'est Mesrine ! L'affaire change de dimension. Car nul n'ignore à la PJ la dangerosité de ce truand hors catégorie. Un retour en arrière donne la mesure du personnage.

Enterré vivant !

Jacques Mesrine est né le 28 décembre 1936 à Clichy-la-Garenne (Hauts-de-Seine) dans une honnête famille de marchands de broderies de luxe. Durant la guerre, son père est prisonnier en Allemagne. Lui trouve refuge avec sa mère et sa sœur cadette dans une ferme tenue par des cousins à Château-Merle, dans la Vienne. Il connaît l'enfance d'un petit paysan.

À la fin du conflit, de retour à Clichy, on lui offre l'un des meilleurs collèges de France pour suivre ses études, à Juilly, chez les Oratoriens. Il en est chassé deux ans plus tard, à l'âge de quatorze ans. D'autres exclusions suivront. Il en livre la clé dans *L'Instinct de mort,* son livre-testament, rédigé en prison : « En réalité, j'étais un inadapté social, un peu fainéant, joueur, buveur, aimant le risque et les filles, un être attiré par la vie nocturne, les bars louches et les putes [1]. » La spirale de l'échec le conduit jusqu'aux trottoirs de Pigalle, où il devient un zonard violent. L'archétype de la petite frappe.

De bagarres de rue en vols de voitures, il prend de l'assurance. Son caractère dominateur s'affirme. Il se marie très jeune, à dix-huit ans, à une Sénégalaise. Puis le tourbillon de la guerre d'Algérie l'emporte. Il en revient décoré de la valeur militaire en avril 1959. Avec citation. Sa famille est fière de lui.

Son père, qui fut toute sa vie un soutien exemplaire pour son fils, lui tend la main une fois de plus en lui trouvant un emploi de représentant dans une maison de dentelle. Jacques replonge, divorce et sombre dans les bras de la prostituée qui l'a déniaisé à l'âge de seize ans. Une brave fille pour l'amour de laquelle il va commettre son premier meurtre. Et quel meurtre ! C'est vivant qu'il enterre le julot de la belle, après l'avoir kidnappé puis travaillé au couteau. « Oui à l'âge de vingt-trois ans, j'allais faire du crime une profession, affirme-t-il. Je le savais pour l'avoir décidé [2]. »

La rencontre avec sa seconde femme en 1960 aurait pu tout changer. Cette superbe Espagnole qui lui donnera trois beaux enfants n'aura de cesse de tenter de le remettre sur le droit chemin. Elle va connaître avec lui la souffrance et l'humiliation. Le soir de la naissance de leur fille Sabrina, Mesrine fête l'événement au champagne, dans les bras de deux prostituées et sous son propre toit. À sa manière...

Le plaisir malsain qu'il prend à décrire certaines scènes conjugales d'une extrême violence dans *L'Instinct de mort* en dit long sur le personnage. Un jour, se vante-t-il, il traîne sa femme par les cheveux pour lui faire monter un escalier sur le dos. Puis il lui colle le canon de son Colt 45 sur la

1. *L'Instinct de mort*, Jacques Mesrine, Ivréa, 1995.
2. *Ibid.*

bouche et la menace de mort, devant ses complices médusés. On est loin de l'image du gentleman cambrioleur savamment entretenue à coups de bouquets de fleurs et de petits mots à l'adresse de certaines de ses victimes. Nombreux sont ceux qui s'y sont laissés prendre.

Mesrine ne connaissait ni la peur, ni la pitié, ni les remords et poussait la cruauté jusqu'à l'esthétisme. Si le milieu le respectait, c'était plus par crainte de ses réactions imprévisibles que par admiration.

Ce sont les gendarmes qui l'arrêtent en premier, en 1962, à l'occasion de son premier braquage de banque. Il découvre l'univers carcéral à la prison d'Évreux. Après un bref passage à la centrale de Fresnes, il est transféré à Orléans. À sa sortie en juillet 1963, ses proches l'attendent. Il croit pouvoir se racheter en trouvant une place dans une agence de maquettes d'architecture, mais le chômage le frappe. Comme une fatalité : « La société me refusait le droit de gagner ma vie, j'allais de nouveau m'attaquer à elle [1]. »

Entre la France, la Suisse et l'Espagne, il commet hold-up sur hold-up, traversant à sa guise les frontières. Il s'essaie aussi au trafic de fausses devises et joue les James Bond de pacotille en s'introduisant dans la villa de Palma du gouverneur militaire de l'île de Majorque pour le compte d'un mystérieux commanditaire. Ce jour-là, il est à nouveau arrêté et doit à la sollicitude de l'ambassade de France d'avoir échappé à une longue incarcération. Il en revient plus mythomane que jamais et finira par tuer son ancien compagnon de cellule dont il avait facilité l'évasion. Celui-ci aurait, selon lui, tenté de lui extorquer cent cinquante mille faux dollars qu'il devait écouler. Avant de l'exécuter de cinq balles, Mesrine avait fait mettre sa victime à nu. Un rituel qu'il pratiqua systématiquement lors de la demi-douzaine de crimes qu'il reconnaît avoir commis. « J'étais leur mort, écrit-il. J'étais un tigre, dans un milieu de serpent, de loups, de scorpions et de hyènes [2]... »

1. *Ibid.*
2. *Ibid.*

En 1969, après avoir tenu un temps une auberge en forêt de Compiègne, il part se mettre au vert au Canada avec Jane Schneider (Janou pour les intimes), énième conquête, énième fille de joie. L'accalmie est de courte durée : tels Bonnie and Clyde, le couple va mettre le Québec à feu et à sang. Mesrine se surpasse. Parmi ses faits d'armes : il kidnappe et torture un vieillard milliardaire pour lui extorquer une rançon, se retrouve emprisonné pour le meurtre d'une hôtelière, est acquitté pour ce même meurtre, condamné à douze ans de réclusion pour attaque à main armée, s'évade, est repris, s'évade à nouveau, cette fois du pénitencier réputé le plus sûr du pays. Puis il braque d'autres banques, tire sur des policiers, abat froidement deux gardes provinciaux et, pour couronner le tout, attaque une prison fédérale pour tenter de libérer d'anciens codétenus. Malgré cela, après un périple clandestin aux États-Unis où le FBI le pourchasse, il parvient à regagner la France.

Et le bal continue. Seul ou accompagné, il écume d'abord les agences bancaires de l'Ouest parisien. Il croit très astucieux de demander aux clients des succursales visitées de ne jamais lever les bras en l'air pour ne pas attirer l'attention des passants. Ce qu'il ignore, c'est qu'en adoptant le même mode opératoire, il signe ses coups et fournit à la police un moyen inespéré d'établir des recoupements.

Plus tard, il se fait remarquer dans un bar à entraîneuses, à la Madeleine. Ce jour-là, il est venu régler des comptes avec le tenancier qu'il suspecte d'être un indicateur. Ne l'ayant pas trouvé, il laisse éclater sa colère et s'en prend violemment à une serveuse avant de saccager l'établissement. Un gardien de la paix alerté par les filles se précipite sur place. Mesrine lui tire froidement une balle dans le cou. Le policier en réchappera.

Le 8 mars 1973, enfin, mon collègue Alain Tourre et ses hommes du SRPJ de Versailles le serrent dans un appartement de Boulogne-Billancourt. C'est sa deuxième arrestation en France. Mesrine vivait dans cette planque avec une amie canadienne, Jocelyne Deraiche, alias Joyce, prostituée de son état. Il est aussitôt incarcéré à la Santé. Mais il en fallait plus pour stopper la course de celui qu'outre-Atlantique on surnommait Mister Jack.

Mal informé du danger que représente ce globe-trotter du crime, le président du tribunal correctionnel de Compiègne s'avise de le faire comparaître devant lui le 6 juin 1973. Il veut le juger pour une médiocre affaire d'abus de confiance remontant au temps où le Grand Jacques était aubergiste.

Le jour de l'audience, se dressant brusquement dans le box comme un diable surgi d'une boîte, Mesrine braque le canon d'une arme de poing en direction du président.

– Tous à terre, où je descends le juge !

Il tire un coup d'intimidation. Les gendarmes s'écartent. Mesrine se précipite alors sur le magistrat, lui presse le canon de son arme sur la tempe et l'oblige à traverser la salle plaqué contre lui. Dehors, il s'engouffre dans la voiture conduite par un comparse, échangeant des coups de feu avec les gendarmes, blessant même l'un d'eux. Fidèle à son habitude, il disparaît.

L'enquête établira que, dès son arrivée au palais de justice de Compiègne, Mesrine avait demandé à se faire conduire aux wc. Arguant de l'absence de papier hygiénique dans les toilettes communes, il avait pu accéder à celles des avocats où se trouvaient deux armes dissimulées par un complice. Dans cette affaire, Michel Ardouin, un autre truand de haut vol, était fortement soupçonné d'avoir prêté la main à l'évasion. Ardouin, dit le porte-avions.

Fin du retour sur image.

Le porte-avions ne nous est pas inconnu. Ce sobriquet ramène à notre affaire du braquage du boulevard Barbès. C'est le fameux porte-avions dont nous a parlé Verhaeren lors de sa garde à vue. Et celle-ci n'est pas terminée.

Lettres blanches sur fond bleu

Il faut vérifier si le récit du jeune Trouvillois tient la route. Pautot se procure les photographies de Jacques Mesrine, Michel Ardouin et Jocelyne Deraiche. Je les noie dans un lot de plusieurs clichés de malfaiteurs déjà fichés et les présente à Verhaeren. Moment extraordinaire d'intensité. Il examine les photos une à une. Du lot, il en extrait trois : c'est notre tiercé gagnant. Un long silence s'installe. Verhaeren commence à s'inquiéter :

– Qu'y a-t-il commissaire ? Vous ne me croyez pas ?

– Malheureusement, si. Mais je vous dois la vérité : vous venez de balancer Jacques Mesrine.

Son visage se décompose. À compter de cette minute, Verhaeren sait qu'il est en danger de mort. Mesrine n'aura de cesse de se venger du traître. Il l'avouera dans *L'Instinct de mort :* « Celui-là, je me le réservais. [...] Chaque femme qu'il rencontrerait pouvait être un piège pour le conduire à l'endroit de son exécution, chaque nouveau copain qu'il pouvait se faire pouvait être celui qui était chargé de le tuer... Il vivait avec sa peur comme tous les chiens de sa race. »

Verhaeren a intérêt à nous aider à retrouver Mesrine. Mais nous partons avec un handicap majeur : il ne connaît pas Paris. Ses souvenirs sont flous, ses descriptions encore plus vagues. Comment dès lors retrouver la planque du gang ? De précieuses minutes s'écoulent. L'interrogatoire s'enlise. Alors Pautot se fâche :

– Mais bon sang, espèce de corniaud, en quittant l'appartement de Mesrine ce matin, tu as bien dû remarquer des affiches publicitaires sur la route, des travaux, des pancartes !

– Non, juste un panneau indiquant la direction Lyon.

– Un panneau comment ?

– Un panneau d'autoroute : lettres blanches sur fond bleu.

– Enfin, nous y sommes !

Le repaire est à quelques encablures de l'entrée de l'autoroute du Sud.

– Est-ce tout ?

– Non. Sur le périphérique, j'ai roulé vers l'ouest et moins de dix minutes après j'ai remarqué un autre panneau indiquant la rampe de sortie porte de Versailles.

Plus de doute possible. L'appartement est situé sur le 13e ou le 14e. Sans perdre une seconde, je donne pour mission à Trehel de mettre Verhaeren dans une voiture afin de quadriller les deux arrondissements.

Toute la nuit, jusqu'à 5 heures du matin, mes hommes vont se livrer à une ronde infernale pour tenter de repérer le refuge. En vain. Leur passager, plein de bonne volonté, est comme un chien sans flair. Il a beau s'attarder dans les rues désertes, examiner les résidences qui pourraient correspondre à l'immeuble qu'il nous a décrit, rien n'attire son attention. Va-t-on renoncer ?

Trehel, accrocheur en diable, s'accorde une heure de repos à la brigade. Juste le temps de laisser son client récupérer un peu. En sirotant avec lui un café serré, il l'interroge à nouveau pour tenter d'obtenir le détail décisif.

– Je me souviens seulement d'une chose, dit Verhaeren : la rue qui conduisait au boulevard périphérique était en pente assez forte et incurvée à son extrémité.

Précision déterminante.

Sur les deux arrondissements prospectés, il devenait facile de sélectionner les voies présentant cette particularité. Trehel remonte en voiture avec son précieux assistant pour un dernier ballet.

Miracle ! À 6 h 30, en passant devant le 82, rue Vergniaud, dans le 13ᵉ, Verhaeren retrouve la mémoire :

– C'est ici, j'en suis sûr.

Mesrine est enfin logé.

Opération sarcophage

Son repaire se situe dans la résidence La Fontaine aux Clercs. Selon Verhaeren, c'est un petit deux-pièces sur jardin sommairement meublé : un lit dans la chambre, un réfrigérateur dans la cuisine, une table, rien de plus. Les volets sont toujours baissés. La fenêtre de la cuisine est, elle, masquée par une couverture.

Dès 8 heures du matin, Gaston Pautot fait entreprendre une discrète enquête de voisinage. Le concierge précise que l'appartement qui nous intéresse a été loué il y a une quinzaine de jours par un certain Lefèvre qui y reçoit souvent des individus douteux. La photo de Mesrine est ensuite présentée à un voisin, qui le reconnaît comme étant le fameux locataire. Cette fois, la boucle est bouclée.

Immédiatement, je fais mettre en place une surveillance des issues de la résidence. Après nous être donnés ce mal pour le localiser, il n'était pas question de laisser filer son illustre locataire.

La règle voulait que j'informe le directeur de la police judiciaire de notre découverte et que je ne fasse pas cavalier seul. J'appelle Maurice Bouvier.

– Monsieur le directeur, nous avons retrouvé la trace de Mesrine. Il est à Paris.

– Êtes-vous sûr de votre identification ?

– Absolument certain. Nous venons même de retrouver sa planque dans le 13ᵉ arrondissement.

– Dans ce cas, Leclerc, patientez. Je charge la BRI de vous assister pour l'interpellation.

Il est midi. Robert Broussard, l'adjoint de Jean Sautereau, m'appelle quelques minutes plus tard.

– Es-tu vraiment sûr de ton tuyau ? Pour moi, selon mes informations, Mesrine est reparti au Canada.

Erreur. Il est bien là. Il n'a pas quitté Paris.

Durant l'après-midi, les effectifs mêlés de l'antigang et de la 1ʳᵉ BT surveillent sa cache. Je demande au concierge de nous laisser accéder à l'appartement contigu qui est vide. En fin d'après-midi, en collant l'oreille contre la cloison, Trehel peut entendre les bruits provoqués par le locataire clandestin qui s'affaire dans la cuisine. L'oiseau est au nid ! Reste à le cueillir. Notre stratégie se met en place.

19 h 30. Nous décidons l'intervention. Il eût été beaucoup plus risqué, en effet, de tenter une arrestation de nuit, dans la rue. La Brigade des Gaz nous a rejoints. Elle dispose de lacrymogènes pour mettre hors d'état de nuire les individus récalcitrants et d'un équipement blindé de protection permettant de forcer les portes à l'abri des balles. Une sorte de sarcophage. Nous l'avions appelé Ramsès.

20 heures. La résidence est cernée. Des policiers embusqués dans le jardin empêchent toute fuite de Mesrine par son balcon. D'autres ont pris position sur le balcon voisin. Il n'a plus guère le choix.

20 h 25. Je fais avancer discrètement le policier porteur du sarcophage devant la porte de l'appartement. Il est muni d'un énorme pied de biche. Broussard lance la première sommation. L'homme retranché dans l'appartement se met à vociférer en allemand. Peu crédible. Il se fait alors menaçant :

– Je peux flinguer plusieurs flics, comme je l'ai déjà fait au Canada !

C'est bien Mesrine dans son répertoire.

Derrière son sarcophage, le policier de la Brigade des Gaz effectue une pression sur la porte d'entrée qui, avec un craquement sourd, commence à s'écarter du chambranle.

– Savez-vous à qui vous avez affaire ? hurle l'individu.

– Oui, tu es Jacques Mesrine, répond Broussard et tu vas te rendre les mains sur la tête.

– Qui es-tu, toi, pour me parler sur ce ton ?

– Broussard.

– Et comment m'as-tu retrouvé ?

– L'enquête, mon vieux, l'enquête.

– Passe ta carte sous la porte, demande Mesrine, flatté d'avoir été retrouvé, pense-t-il, par les antigangs.

Broussard glisse sa carte d'identité et la récupère accompagnée d'un mot griffonné sur un bout de journal : « Oui, c'est bien toi, félicitations ! »

Mesrine demande ensuite vingt minutes pour ranger ses armes et promet de se rendre si sa compagne du jour (Francine F.) n'est pas inquiétée. Broussard m'interroge du regard. J'accepte. Suit un dialogue plein de sel dont Broussard s'est largement fait l'écho [1]. Quelques tirades à l'accent viril qui ont contribué à détendre l'atmosphère.

À 20 h 45, Mesrine se rend enfin. Sourire aux lèvres, cigare au bec, il est fier de sa confrontation au sommet. Nous pénétrons dans l'appartement où règne une odeur âcre de fumée. Et ce n'est pas de la fumée de cigare ! Il a eu le temps de faire le ménage et de brûler quelques papiers compromettants. On annonce déjà l'arrivée du procureur adjoint Louis Barbaroux et de Roger Poiblanc, sous-

1. Commissaire Broussard, *Mémoires*, t.1, Plon, 1997.

directeur de la PJ-PP. Je descends les accueillir. Grand seigneur, Mesrine, pendant ce temps, offre le champagne à Broussard. Nous entrons juste après dans la pièce avec le procureur à qui le truand tend, sans se démonter, une coupe pétillante. Je vois le magistrat faire la moue. Il ne trinquera pas avec l'homme recherché par toutes les polices.

Une légende venait de naître : celle de Broussard superflic se mesurant d'homme à homme avec l'ennemi public numéro un. Elle nourrira celle de Mesrine, héros négatif de toute une époque. Après sa spectaculaire évasion de la Santé le 8 mai 1978 et de multiples rebondissements orchestrés par une presse avide de sensations fortes, l'histoire se terminera dans le sang, le 2 novembre 1979. Ce jour-là, les hommes de la BRI n'auront pas d'autre issue que d'ouvrir le feu, place Clignancourt, à Paris, sur l'homme qui avait défié la société entière et qui se faisait fort de se faire la peau d'un flic lors d'un ultime affrontement.

La séquence de la rue Vergniaud ne s'arrête pas à l'euphorie d'une arrestation au champagne. Il faut entreprendre la perquisition dans les lieux. L'arsenal découvert est impressionnant : un automatique Mauser, un fusil à canon scié Browning, un revolver Smith et Wesson, deux Colt 45 calibre 11.43 mm, deux Luger, un pistolet espagnol calibre 9 mm et une montagne de munitions. Sans oublier un masque de carnaval et une cagoule taillée dans une manche de pull-over. Comme le gant retrouvé sur Verhaeren, ce bout de chandail va s'avérer essentiel.

Sur place, nous trouvons aussi le faux permis de conduire établi au nom de Richard Vérot qui correspond à l'identité qu'avait empruntée Mesrine lors de son séjour à Trouville. Il y a même, parmi les documents saisis, le contrat de location de la R16 qui a servi à commettre les deux hold-up.

Mesrine va maintenant être conduit à ma brigade pour être interrogé. Son amie Francine, prostituée, suivra le même chemin avant d'être libérée au terme de sa garde à vue.

La souricière

Avant de quitter l'appartement, je décide d'y tendre une souricière avec l'appui des hommes de la BRI. Coup de chance ! Peu avant minuit, deux individus, montés par l'escalier de service, frappent discrètement à la porte. Une surprise de taille les attend : ce sont les inspecteurs Picard et Objois qui ouvrent. Les deux visiteurs se précipitent alors vers l'escalier, mais leur retraite est coupée par les inspecteurs Caillot et Hudry qui avaient gravi les marches sur leurs talons sans qu'ils s'en aperçoivent. Suit une brève empoignade. Enfin, les menottes sont passées aux deux truands éberlués.

Ainsi pris au piège, Pierre Tebirent, alias Quick, est en possession d'une somme de près de 17 000 francs qui correspond au butin du second hold-up.

– Je l'ai gagnée aux courses, jure-t-il ses grands dieux. J'avais joué pour le compte du Grand Jacques et je devais lui remettre sa mise de fonds et ses gains.

Peine perdue. Tebirent sera formellement reconnu par Verhaeren comme étant l'un des participants aux deux braquages. Celui précisément qu'il avait désigné sous le prénom de Jacques. Des témoins présents dans les banques attaquées le reconnaîtront avec la même assurance.

Quant à son acolyte, il s'agit d'André Dupas, un repris de justice. Il affirme qu'il a rencontré Quick au champ de courses à Vincennes, qu'il l'a suivi rue Vergniaud, où il venait pour la première fois et où il ne connaissait personne. Il ne parlera plus qu'en présence de son avocat. C'est son droit. Mais les faits sont têtus : dans l'attaché-case qu'il portait le jour de son arrestation, Dupas détenait le double des clés de l'appartement de Mesrine, ainsi que le contrat locatif du deux-pièces, signé au nom d'un certain Lefèvre. Le concierge de la résidence affirmera sans l'ombre d'une hésitation que Dupas accompagnait Mesrine le jour de la prise de possession des lieux. Voici donc le truand pris en flagrant délit de mensonge.

Tard dans la nuit, je rejoins la 1re BT, où la bande est gardée à vue. Mesrine se trouve dans le bureau de Pautot qui a commencé son audition. Il est très décontracté et parle assez librement. Il a conservé sa superbe et son air goguenard. Durant les quarante-huit heures qu'il passera à la 1re BT, j'aurai tout loisir d'observer ce grand fauve et de m'entretenir avec lui. La première impression qui se dégage du personnage, c'est la sensation intense d'une présence.

Il est là. Il capte le regard, d'abord par son apparence physique athlétique, ensuite par la force de sa personnalité, mélange de gouaille, de séduction et de brutalité. Il commence une conversation sur le ton de la modération, puis s'anime jusqu'à s'emporter en tenant des propos menaçants. Il est difficile en écoutant ses récits de faire la part de la vérité et de l'affabulation. L'homme est mégalomane. Nous le savons. Il aime se donner le beau rôle, mais force est de constater qu'il a accompli des actions nécessitant une audace, un sang-froid et des réflexes hors du commun. Ses évasions notamment témoignent de cet art de la préparation puis du sens aigu de l'improvisation lorsque les circonstances l'exigent.

Par moment, une lueur inquiétante passe dans le regard de cet animal instinctif : le tueur froid et féroce n'est pas loin. Le soldat courageux non plus : il se plaît à nous rappeler qu'il a combattu en Algérie et qu'il a été décoré pour ses faits d'armes. Une question me vient à l'esprit : pourquoi ces forces conjuguées qui forment la fibre des héros positifs se sont-elles transformées, chez Mesrine, en valeur négative ?

Sur l'affaire qui nous intéresse, en bon professionnel, il refuse absolument toute transcription de ses propos dans des procès-verbaux formalisés. Les seuls qui comptent. Il nous provoque. Et pourtant, il va commettre une faute.

Ce 29 septembre 1973, à 3 h 15 du matin, trahi par sa fièvre mégalomaniaque autant que par la fatigue, il lâche une confirmation qui sera actée dans le dossier : « Je connais Ardouin Michel, le porte-avions, c'est tout ce que je veux en dire. » C'est peu mais c'est beaucoup dans la bouche de Mesrine. Cette reconnaissance gênera considérablement la défense de son associé.

Ce jour-là, les dieux étaient avec nous. Sur une information confidentielle, nous allons, en effet, retrouver la trace du porte-avions qui, depuis sept ans, se jouait, lui aussi, de toutes les polices. Une cavale d'autant plus étonnante que son physique imposant le rendait aisément identifiable. Ardouin avait un secret : il avait l'art de choisir des tanières indétectables, noyées dans un environnement paisible. Ses planques comportaient toujours deux issues, pour faciliter sa fuite. Cette fois, il s'était terré dans un appartement discret, au premier étage du 12, square Jasmin, dans le 16e arrondissement. C'est là qu'il aurait hébergé Mesrine et sa compagne après l'évasion du palais de justice de Compiègne.

Le 30 septembre, j'établis une première reconnaissance au bas de l'immeuble avec Pautot. Dès le lendemain matin, Trehel est à pied d'œuvre avec ses équipiers du groupe de Voie publique. Les hommes de la BRI doivent les rejoindre, mais le dispositif n'est pas encore en place que déjà Ardouin sort de l'immeuble.

Immense comme un navire amiral, il se dirige vers le kiosque à journaux de la place. Il en revient avec *L'Aurore* qu'il lit avidement en marchant, tête baissée. Jamais pareille occasion de l'interpeller par surprise ne se représentera. Sans attendre l'arrivée des antigangs, Trehel, homme de décision et policier de terrain inspiré, donne l'ordre d'intervenir.

Avec deux inspecteurs, il se jette sur le géant. Ardouin pousse un hurlement de colère. L'un des policiers lui serre le cou de toutes ses forces, le deuxième lui retient les bras, le troisième s'agrippe à ses jambes. Il fallait au moins cela pour venir à bout de cent vingt kilos de délinquance. Une autre grande figure du banditisme vient de tomber à son tour.

La perquisition effectuée aussitôt dans le logement permet de saisir un fusil de chasse à canon scié. L'arme est chargée de deux cartouches à chevrotines. Son chien est en position armée. Preuve qu'Ardouin était sur ses gardes. Et comme on n'est jamais assez prudent, il avait en plus, placées à portée de main, trois armes de poing, dont un pistolet Herstal 9 mm à quatorze coups avec une balle engagée dans la chambre de tir.

Nous ne sommes pas au bout de nos découvertes. Dans l'appartement, nous trouvons une cagoule découpée dans une manche de pull-over. La réplique exacte de celle retrouvée chez Mesrine. Un gant en tissu ajouré est posé sur la table de nuit : la symétrie du fameux gant saisi au début de l'enquête sur Verhaeren. Ardouin aura beau prétendre qu'il ne connaît personne dans cette affaire, il est ficelé. Et Mesrine avec lui. Rien ne remplace, en effet, dans un procès d'assises ces éléments de preuves matérielles qui balayent les dénégations les plus obstinées.

Après Verhaeren, Mesrine, Tebirent et Dupas, Ardouin était donc remis entre les mains de la justice. La poursuite des recherches par la 1re BT permettait dans les mois suivants d'imputer sept autres hold-up à Mesrine. Tous commis à Paris et dans la proche banlieue, entre janvier et septembre 1973. Cette fois le tigre allait en prendre pour vingt ans. Ce fut sa dernière arrestation en douceur. Avant l'ultime cavale.

Quand le verdict est tombé le 19 mai 1977, j'avais en mémoire la menace qu'il avait proférée en quittant mon service après sa garde à vue :

– Je vais encore me faire la belle, Leclerc. Et cette fois-là, pour me reprendre, ce ne sera pas une partie de plaisir !

Il ne croyait pas si bien dire : deux ans plus tard, après sa spectaculaire évasion de la Santé et une série d'exploits sanglants, il tombera sous les balles de l'antigang. Victime de ses propres excès et de ses provocations insupportables.

« Tant va la cruche à l'eau qu'à la fin elle se casse », dit le proverbe. Le Grand Jacques eût été mieux inspiré de se souvenir que, ce soir du 28 septembre 1973, rue Vergniaud, nous lui avions, d'une certaine façon, donné sa chance.

8

Bureau & Cie

Ce qui faisait l'attrait des brigades territoriales, ancêtres des actuelles divisions de police judiciaire, c'était la variété des affaires que l'on pouvait y traiter. 1973 ne saurait se résumer à un simple duel, fût-il livré à un adversaire aussi flamboyant que Jacques Mesrine. Cette année-là, un autre personnage pittoresque va entrer dans les rôles de la 1er BT. Lui a sombré dans l'oubli, faute de biographes. Et pourtant, il hante encore les nuits de ses victimes.

Dans sa Guadeloupe natale, José se sent à l'étroit. Chemise ouverte sur le poitrail, chaînette en or, pantalon moulant, cet homme qui sait parler aux femmes est en quête d'aventures. Il débarque à Paris, y exerce différents métiers, sans conviction. Au fond, une seule chose l'intéresse : le monde de la nuit, la « sape », les belles voitures. Mais pour cela il faut beaucoup d'argent. Après tout, se dit-il, pourquoi ne pas tirer parti de la naïveté des doudous sucrées qui peuplent son île ?

Il élabore sa stratégie. Fréquemment, il retourne à Pointe-à-Pitre et jette son dévolu sur de jeunes compatriotes en peine de trouver un emploi dans cet archipel qui a érigé le « ti'job » en art de vivre. Lui se fait fort de les faire embaucher à Paris comme coiffeuse ou hôtesse de l'air. Généreux, il règle même l'avance du prix des billets. Quand il n'obtient pas la prise en charge de cette dépense par le Bumidom (Bureau des migrations des départements d'outre-mer). La fille est-elle mineure ? Qu'à cela ne tienne. Il modifie le dernier chiffre de l'année de naissance sur la carte d'identité de sa proie. Et nous voilà à Paris. L'idylle continue. José héberge gracieusement la petite voyageuse et pourvoit à ses menus plaisirs. Il lui trouve mille qualités, la comble de bonheur. Mais le temps est venu de rentabiliser cet investissement.

La transition est brutale. La jeune femme est d'abord mise entre les mains de prostituées aguerries qui la chaperonnent et l'initient. « Le plus dur, ma chérie, ce sont les premières passes », disent-elles pour la rassurer. Si elle répugne à racoler sur la voie publique, elle est placée dans des boîtes à Pigalle. Mission : inciter le client à consommer du champagne. La bouteille est alors facturée 150 francs. L'entraîneuse empoche une ristourne de 30 francs par bouchon. Si elle « monte », la tenancière ne lui doit rien. À elle de monnayer comme elle l'entend le prix de ses charmes.

Se sent-elle une âme d'artiste ? Elle sera strip-teaseuse. Mais elle comprendra vite que ses admirateurs attendent d'elle plus qu'un effeuillage lascif. Son protecteur est là pour l'inciter à forcer son talent. Quoi qu'il arrive, il empochera la totalité de la recette de la nuit. Ainsi s'accomplit la vocation de José. Un commerce florissant quand arrive l'été 1973.

Dédé les bons tuyaux

Au beau milieu du mois de juillet, Jean Suire, mon adjoint, entre dans mon bureau, l'air intrigué :

– C'est incroyable. Je n'ai jamais vu autant d'Antillaises sur le trottoir.

– Tu veux dire chez nous, au bois de Boulogne, avenue Foch ?

– Chez nous comme ailleurs. J'ai fait un petit tour. La situation est la même à Pigalle et sur la rue Saint-Denis. C'est un vrai ballet de papillons tropicaux.

– Bon. Il faut éclaircir ça. On va activer les indics.

Le hasard avait voulu qu'au cours d'une enquête à la Brigade criminelle je fasse la connaissance d'un personnage bien introduit dans le milieu du proxénétisme parisien. Je le convoque à la brigade :

– Dédé, es-tu d'accord pour nous donner un coup de main ?

– Bien sûr, patron ! Je te connais : tu peux me faire confiance.

– Très bien. Tu vas maintenant travailler avec le commissaire Suire. Il sortira avec toi. Tu lui diras tout ce que tu apprendras.

– D'accord, patron. C'est ton adjoint. C'est comme si c'était toi.

– Parfait, Dédé ! Nous ne serons pas des ingrats.

Il faut savoir qu'un policier n'entretient pas par plaisir des relations avec ses indicateurs. Les « tontons » appartiennent à un autre monde qu'on ne peut côtoyer qu'avec d'infinies précautions, en se gardant bien de s'y mélanger. « Sire, quand trois personnes causent dans la rue, l'une d'elles à coup sûr est à moi », se vantait le lieutenant de police Sartine auprès de Louis XV. Nous n'en sommes plus, heureusement, à l'époque de la délation à grande échelle. Il n'empêche que, même après les progrès fulgurants de la police scientifique, rien ne saurait remplacer les sources humaines d'information.

Il faut toujours chercher à voir clair dans les motivations d'un indicateur. Coopère-t-il par vengeance ? Par appât du gain ? Pour qu'on ferme les yeux sur ses turpitudes ? Par vice pur et simple ? Disons que cinq ou six profils types se dégagent : le malfaiteur arrêté qui voudrait recouvrer la liberté, la prostituée qui cherche à exercer son office en dehors de tout contrôle, le proxénète qui demande à ce qu'on ferme les yeux sur ses activités, l'interdit de séjour qui voudrait reparaître dans certains lieux, le chasseur de prime qui espère obtenir une récompense d'une compagnie d'assurance.

Bien sûr, le risque d'« intoxication » est élevé. Chaque situation doit s'apprécier en fonction de cette unique question : dans les tractations avec ces personnages à la marge, la société y trouve-t-elle son compte ? Je ne pense pas, en tout cas, que la balance de la justice soit faussée parce qu'on a troqué la remise en liberté d'un voleur à la roulotte contre la dénonciation d'un gang qui agresse des personnes âgées.

La magistrature suprême a eu la sagesse de protéger les sources d'information des policiers. Dans un arrêt du 4 avril 1924, dit arrêt Letellier, la chambre criminelle de la Cour de cassation a ainsi conforté la position d'un inspecteur de la Sûreté de Rouen qui refusait de communiquer à un juge d'instruction le nom de ses informateurs. Cette jurisprudence est toujours valable. Il ne faudrait pas que par un rigorisme excessif on décourage le travail de terrain. Car les indicateurs sont inscrits de tout temps dans la chaîne du savoir policier. Contrôler l'orthodoxie des méthodes, oui. C'est même un devoir. Supprimer le recours aux indics ? Cette décision serait lourde de conséquences en cette période de criminalité galopante.

Jean Suire, en chasseur impétueux, se met au travail. Il réunit ses meilleurs inspecteurs. Parmi eux : Dervin, un petit brun fouineur et impulsif que l'on surnommait monsieur Luc ; Cardot, un moustachu, doué d'un solide bon sens ; Mazzieri, le karatéka eurasien, fils d'une Vietnamienne et d'un Corse, enfin Baud, jeune élégant au tempérament placide. Deux anciens du commissariat Saint-Victor, Sauvard et Golhen, qui m'ont fait le plaisir de nous rejoindre à la 1re BT, viennent renforcer le dispositif. L'enquête peut commencer.

Suire tente d'abord de confesser les Antillaises, au fur et à mesure des contrôles effectués par les « bourgeois [1] » du 16e arrondissement commandés par le brigadier Denis. Mais c'est le mutisme complet. Comment sont-elles venues à Paris ? Où résident-elles ? Rien ne filtre de ces entretiens impromptus. L'impression qui se dégage d'emblée, c'est que ces jeunes femmes sont soumises à une pression

1. Les bourgeois étaient des gardiens de la paix travaillant en civil qui avaient pour mission de contrôler l'activité des prostituées racolant sur la voie publique.

redoutable. Une atmosphère de peur règne sur le trottoir parisien. Comment briser l'*omerta* ?

Dédé entre en scène. Lui aussi s'est activé dans le milieu des julots et des filles, qui sont son pain quotidien. Il a pu apprendre que les nouvelles arrivantes ont pour protecteurs trois frères antillais, dont le chef, un certain José, a la réputation d'être rusé et cruel. Signe particulier : celui-ci circule à bord d'une rutilante Ford Cobra.

Durant des nuits, le groupe Suire va sillonner les points chauds de la capitale, jusqu'aux premières lueurs du jour, jusqu'à la dernière passe. Mais où se cache la trop voyante Ford Cobra ? Elle demeure introuvable. Les semaines s'étirent. Toujours rien en vue. Las de jouer les noctambules après des journées bien remplies, les hommes commencent à ne plus y croire quand un soir, au détour d'une rue mal éclairée du 19e arrondissement, la Ford surgit tel un vaisseau fantôme. À son bord : un Noir au style inimitable. Il gare sa belle américaine, claque la portière d'un geste viril et pénètre au numéro 3 de la rue Lally-Tollendal. C'est le bar Les Balkans.

Au fichier des débits de boissons et à celui des cartes grises, le nom d'un seul et même propriétaire apparaît : José Bureau, vingt-huit ans, Guadeloupéen. C'est notre homme. L'identification des frères devient un jeu d'enfant : Guy, vingt-neuf ans, travaille aux PTT ; Max, vingt-sept ans, est sans profession.

Une deuxième phase commence : établir la relation patron-employées qui unit les filles au trio. Encore une indigestion de nuits blanches. Et voici que tout se bouscule. Début janvier 1974, Dédé transmet une nouvelle information : Maguy, l'une des régulières de José, a été sauvagement balafrée pour avoir tenté de lui échapper. Il est temps d'intervenir. Je donne pour instruction à Suire d'opérer dès qu'un maximum de membres de la bande seront réunis.

Du monde aux Balkans

29 janvier, 23 heures. Suire et ses hommes sont en embuscade aux abords des Balkans. Il y règne une grande

effervescence. La salle est pleine de personnages familiers. Biguine, boudins pimentés, rhum à volonté. La musique et les effluves de cuisine créole parviennent jusqu'aux voitures de planque. Au signal, c'est la ruée. Il y a là José Bureau et son frère Guy, leur père Claude. Et puis Gilbert, Jean, Max, de bons amis guadeloupéens. Deux Allemands sont également pris dans les mailles du filet : Ferdinand et Rainer. Ceux-là sont recherchés pour hold-up dans leur pays.

Il faudra encore six mois d'enquête et une mission de mes hommes en Guadeloupe pour boucler ce dossier qui avait de quoi susciter quelques convoitises. À peine les gardes à vue étaient-elles terminées et les proxénètes livrés à la justice que le chef d'un Office central de la PJ se précipitait chez le juge d'instruction pour tenter d'obtenir la mission d'enquête aux Antilles et donc notre dessaisissement. C'est l'art, chez certains, de savoir tirer les marrons du feu. La démarche n'eut pas l'heur de plaire au magistrat, qui rejeta la demande. Sage décision.

Au fil des investigations, un énorme réseau a été mis au jour, avec des ramifications dans plusieurs pays d'Europe. Dix, vingt, trente, quarante, jusqu'à cinquante filles ont été repérées dans l'orbite de la sinistre fratrie. Une organisation de traite des êtres humains qui reste l'une des plus importantes qui aient été démantelées en France.

José a fait de son affaire une entreprise familiale. Outre ses frères Max et Guy, qui veillent au grain à Paris, il a deux sœurs restées en Guadeloupe. L'une d'elles participe à la mise en condition sur place des futures victimes. Tout comme leur mère Joséphine, âgée de soixante-trois ans. « Mon fils m'a dit qu'il allait t'épouser », déclare-t-elle aux jeunes ingénues sur le ton de la confidence. Les filles sont subjuguées. La mise en scène peut parfois tourner au vaudeville : un jour, José ira jusqu'à laisser publier les bans et ne trouvera son salut que dans la fuite, la veille du mariage. On ne l'y reprendra plus. Désormais, mam'Joséphine accompagnera les promises jusqu'à Paris, où elles devront se soumettre aux règles édictées par le clan. Elle va même s'y installer pour prêter un concours plus actif à son fils aîné, ne rechignant pas à l'accompagner dans ses tournées nocturnes au bois de Boulogne pour relever les compteurs.

Reste Claude, le patriarche, soixante-cinq ans, ancien entrepreneur de maçonnerie. Lui aussi sera débauché. On le fait venir à Paris. Il prend sous sa coupe Florentine, une jeune Antillaise qui se prostitue à son seul profit. Papa Claude va être remis en liberté à l'issue de sa garde à vue, faute de charges suffisantes. Il s'enfuit alors à Dakar avec un billet d'avion acheté par la concubine de José. Mieux vaut, pense-t-il, prendre ses distances vis-à-vis des enquêteurs.

Et puis il y a les amis. Les trois qui comptent étaient présents le soir de notre intervention aux Balkans.

Gilbert, dit le douanier, ancien agent des Douanes, est officiellement disc-jockey dans l'établissement. Mais on a surtout besoin de lui pour les campagnes de recrutement en Guadeloupe. Sa bonne tête et son sourire Banania, semblable à celui de la mascotte des boîtes de chocolat, inspirent confiance et tranquillisent les parents. Il n'hésite pas à leur adresser de faux certificats de travail au nom de leur fille s'ils se montrent soupçonneux. Gilbert assure les convoyages entre l'île et la métropole.

Max, dit le prof, est l'intellectuel du groupe, le pédagogue dévoyé. Professeur d'anglais, beau parleur, il chasse sur tous les terrains. Comment résister au prestige de sa fonction ? José lui octroie une grande marge de manœuvre : Max a ainsi droit à son propre quota de filles. Un prélèvement à la source, en somme.

Jean, dit Jeannot, ferme la marche. Chauffeur-livreur sans emploi, d'un naturel fruste, il a pour mission de veiller à ce que les filles ne prennent pas le large. C'est une sorte de chien de garde. Lui aussi s'est vu attribuer un contingent de gagneuses pour rétribuer ses bons et loyaux services.

Puisque tout paraît sourire à l'entreprise Bureau & Cie, pourquoi se limiter à la France ? La chair tropicale est aussi appréciée dans les pays voisins. José établit des têtes de pont en Belgique et surtout en Allemagne où les Eros

Center ont pignon sur rue pourvu que leurs pensionnaires répondent aux garanties sanitaires fixées par l'administration. Les tournées à Bonn, Kiel, Essen, Düsseldorf vont se multiplier, les fils cadets assurant la liaison. Parfois même, mam'Joséphine fait partie du voyage.

Mais rien ne vaut des alliés solides dans la place. Ce sera le rôle des deux Allemands, Ferdinand et Rainer. Ils vont assurer en permanence le placement et la surveillance des filles outre-Rhin. Accessoirement, ils braquent des banques. Identifiés par le BKA (la police criminelle allemande) après leur dernier fait d'armes, ils avaient jugé prudent de se replier chez leurs associés français. D'où leur présence le 29 janvier aux Balkans.

Madeleine et le faiseur d'anges

Une chose est de créer un réseau de prostitution, une autre est de le perpétuer. Il faut pour cela une poigne de fer et un cynisme à toute épreuve. Pas de proxénétisme sans terreur. C'est une règle invariable. Elle régit aujourd'hui encore les mœurs des grandes organisations criminelles qui déversent leur bataillon de jeunes Slaves sous le soleil illusoire de la Côte d'Azur. Le récit des heures d'angoisse vécues par les femmes qui, dans notre affaire, avaient tenté de briser leurs chaînes, témoigne de la cruauté de ce milieu.

Ainsi, comme tant d'autres, Josette, fille-mère abandonnée par son fiancé, est tombée dans les griffes de José : « Lorsque je manifestais le désir de cesser cette vie, déclare-t-elle, il me rouait de coups à mon domicile. Il me frappait à coups de poing et de pied au ventre. Mais jamais au visage... »

Un jour, elle parvient à se réfugier chez un cousin, à Ménilmontant. José retrouve sa trace et vient la chercher avec le douanier. Ils la conduisent dans un appartement isolé. « Là, dit-elle, José m'a battue et il a poussé la brutalité jusqu'à me brûler la poitrine, au-dessus des seins, avec la lame d'un couteau porté au rouge. » Josette a pu finalement s'enfuir en Guadeloupe où elle est restée. Pendant les quinze mois qu'a duré son esclavage, elle estime avoir remis à son bourreau entre 15 000 et 20 000 francs par mois. Ce qui donne un aperçu des sommes accumulées par le gang insatiable.

En ce temps-là, la pilule n'avait pas encore libéré la femme, et le métier de prostituée pouvait entraîner des indisponibilités passagères. Quels étaient les remèdes ?

« Je suis tombée enceinte, raconte Madeleine. J'ai fait part de la situation à Guy. Il m'a dit qu'il allait arranger cela. Lui-même ne pouvait pas intervenir. Mais il m'a assuré que son frère José y arriverait très bien... »

Et elle décrit comment, le 14 janvier 1973, celui-ci avait pratiqué sur elle des manœuvres abortives. Prise de malaise, Madeleine sera hospitalisée à Lariboisière pour enrayer une infection alarmante. « José, Guy et leurs parents n'ont pas manqué de venir me rendre visite chaque jour », tient-elle à faire mentionner sur son procès-verbal d'audition. C'est là l'un des mystères de ce type de relations : le sentiment de culpabilité est tel chez ces pauvres femmes qu'elles tombent souvent dans un état de dépendance qui leur fait perdre le sens des réalités.

Le faiseur d'anges, lui, n'éprouvera aucun remords. Ses instruments (un spéculum, deux paires de ciseaux chirurgicaux et quatre sondes) seront découverts dans la voiture de son frère, rangés dans une trousse à outils, comme de vulgaires clés à molette. L'enquête établira qu'il se faisait rémunérer pour ce type d'intervention qu'il pratiquait régulièrement. Un talent qu'il mettait au service de ses « confrères » parisiens et qui lui valait l'estime de sa corporation.

La justice passera dans ces affaires odieuses. Elle ne sera pas suffisamment dissuasive pour empêcher José de reprendre le cours de ses tristes activités à sa sortie de prison. C'est un autre « justicier » plus expéditif qui y mettra un terme : José sera abattu lors d'un règlement de compte, le 5 juillet 1983, à Paris, dans le 20e arrondissement.

9

Les antigangs

J'étais un patron comblé à la 1re BT. J'avais constitué autour de moi une équipe soudée et performante. Gustave Jobard, le directeur adjoint de la PJ, m'avait fait ce compliment que je rapporte sans fausse modestie :

– Votre brigade à elle seule traite autant d'affaires d'initiative que les onze autres réunies.

C'était vrai.

Bien sûr, la 2e BT de mon ami Lucien Marchand, qui rayonnait sur les 18e, 19e et 20e arrondissements, avait un « chiffre d'affaires » supérieur au mien. Elle le devait surtout au grand nombre d'arrestations opérées sur son territoire giboyeux par les policiers en tenue. Mais pour ce qui est des interpellations effectuées de pure initiative par les inspecteurs, c'était la 1re BT qui faisait de loin la course en tête. Mon adjoint, Jean Suire, et ses hommes, qui couvraient les 8e et 16e arrondissements, cherchaient à damer le pion au divisionnaire Gaston Pautot et à son groupe de voie publique. Jacques Mathieu, mon bras séculier dans le 17e, ne s'en laissait pas conter non plus. Il ramenait dans ses filets de gros poissons pêchés dans les eaux vives des Batignolles ou sur le quartier des Épinettes. L'enthousiasme des hommes était à la mesure des bilans.

Absorbé par ce métier passionnant, je n'ai pas vu le temps passer depuis le 12 janvier 1972, jour de mon arrivée rue du Faubourg-Saint-Honoré. Jean Ducret, le directeur

PJ, allait pour moi tourner la page. Il m'invita à venir le voir au Quai des Orfèvres :

– Leclerc, me dit-il, vous savez que depuis la disparition de notre regretté collègue Jean Sautereau, je dois nommer un nouveau patron à la BRI. J'ai soumis votre nom au préfet de police Jean Paolini. J'ai son feu vert.

Jean Sautereau venait effectivement de nous quitter, foudroyé dans la force de l'âge par une maladie implacable. J'avais pu apprécier son fair-play à l'époque de l'affaire Goldman. Ensemble, nous avions ensuite réussi de nombreuses affaires de hold-up, et les hommes de la BRI aimaient travailler avec mon équipe. Malheureusement, la maladie a progressivement éloigné Jean Sautereau de la direction de son service. Son adjoint Robert Broussard avait, de fait, assuré l'intérim durant de nombreux mois. Cette situation, compréhensible sur le plan humain, ne pouvait être que complexe pour un successeur autre que Broussard.

Je dois l'avouer, la proposition de Ducret me prenait au dépourvu. Je l'ai acceptée, conscient des difficultés qui m'attendaient.

La BRI a toujours été une brigade à part. Elle est née en 1964 d'une intuition de Max Fernet, alors directeur de la PJ parisienne. Fernet avait fait le constat suivant : lorsque la police s'attaque aux braqueurs, aux kidnappeurs ou aux trafiquants par les voies de l'enquête traditionnelle, elle parvient souvent à identifier les auteurs mais réussit rarement à apporter la preuve de leur implication. Conclusion : il faut inverser la démarche et ne pas attendre que les malfaiteurs soient passés à l'action pour s'intéresser à eux. Il faut créer un service spécialisé capable de détecter les individus potentiellement dangereux, de les surveiller sans relâche et de les arrêter en flagrant délit, pour établir la démonstration irréfutable de leur culpabilité. On dirait aujourd'hui, dans ce cas de figure, que la police « proactive » prend le pas sur la police « réactive ».

Ainsi naît l'antigang, d'abord sous la forme d'une Section de recherche et d'intervention (SRI) composée de trente-six hommes répartis en cinq groupes. Dès le départ, il est convenu que ces policiers, sélectionnés pour leur sang-froid et leur aptitude aux interventions dangereuses, seront dispensés des servitudes étrangères à leur mission : pas de permanences générales, pas d'établissement de procédures judiciaires, aucune exécution de commission rogatoire. Ils sont exclusivement tournés vers l'opérationnel et sont dotés, à cette fin, de moyens matériels renforcés : parc automobile riche et diversifié, armement puissant pour la dissuasion et la riposte, tel que 357 Magnum ou 38 Spécial. Ils sont astreints à un entraînement rigoureux pour développer les réflexes : capacité à se fondre dans un environnement urbain sans attirer l'attention, virtuosité dans les filatures, sûreté dans l'opération finale d'interpellation, avec pratique des arts martiaux et maîtrise parfaite des armes à feu, en cas de coup dur.

La clairvoyance de Max Fernet se manifeste aussi dans le choix des chefs chargés d'animer cette équipe. Il fait appel à François Le Mouël, qui a démontré à la tête de la 5e BT de vrais talents de stratège. Parmi les commissaires de sa génération, Le Mouël est l'un des plus doués pour la PJ de terrain. C'est un organisateur-né, regard sévère encadré par d'épais sourcils et de grosses lunettes à monture d'écaille, crâne dégarni, forme entretenue par des kilomètres avalés le dimanche sur sa « petite reine », avec cette obstination de Breton qui préserve des états d'âme et du découragement. Le Mouël est un grand patron.

À la SRI, transformée en brigade autonome, il fait merveille. Il met au point les méthodes de travail et les techniques d'intervention en flagrant délit. Le point d'orgue est atteint le 27 décembre 1967, avec l'arrestation, place du Palais-Royal, à Paris, d'une bande armée s'apprêtant à prendre à l'abordage un fourgon blindé transportant la recette de Noël des grands magasins du Louvre. C'est une première. Elle consacre une nouvelle forme de police qui va faire école.

Après l'antigang, Le Mouël prend la tête de l'Office central pour la répression du trafic illicite des stupéfiants, où il exporte sa méthode. Son adjoint, Marcel Morin, le suit à Marseille pour prendre en main le groupe des stupéfiants du SRPJ. Et c'est la chute de la *French Connection.* Pour la première fois, des laboratoires de transformation d'héroïne sont anéantis en France. Morin retournera, plus tard, dans la cité phocéenne comme préfet de police.

Mais les temps ont changé. Une nouvelle menace vient d'apparaître : la prise d'otages, moyen de chantage sur la vie humaine, utilisé aussi bien par les terroristes que par le grand banditisme. Une ère qui s'ouvre en 1972 avec l'affaire des athlètes israéliens tués par un commando palestinien aux jeux Olympiques de Munich. Le traumatisme est profond.

Les autorités françaises décident alors d'organiser la parade : la BRI est choisie comme élément constitutif d'une nouvelle unité baptisée Brigade anti-commando. Originale, la BAC l'est à bien des égards. D'abord, ce n'est pas une formation permanente. Elle ne se réunit que lorsque les circonstances l'exigent. Elle est composée non seulement des policiers de la BRI, mais aussi de vingt moniteurs chargés de la formation des élèves gardiens de la paix de la PP, tous tireurs d'élite et experts en sports de combat. Enfin, six spécialistes de la brigade des gaz, entraînés à intervenir sur les forcenés au moyen de produits incapacitants, viennent se joindre à l'effectif.

On pourrait objecter que le rassemblement ponctuel de ces différents éléments de la brigade anti-commando en limite l'efficacité. Je pense, au contraire, qu'il s'agit d'une réponse adaptée au temps. On peut, en effet, trouver avantage à disposer de spécialistes qui ne vivent pas exclusivement dans la psychologie de l'attente de la grosse affaire.

Avec la création du GIGN, à la même époque, la gendarmerie nationale a choisi l'autre formule : une unité permanente vouée essentiellement à la lutte contre les prises d'otages. Douze ans plus tard, la police nationale, en créant le RAID, se ralliera à cette solution coûteuse. Il est vrai que les vies humaines n'ont pas de prix et que les petits otages de l'école maternelle de Neuilly en 1993, de même que les passagers de l'Airbus détourné d'Alger sur Marseille en 1994, n'auront pas à se plaindre des évolutions intervenues.

Mais nous n'en sommes pas encore là. Au cours des années soixante-dix, ce sont les Groupes d'intervention de la police nationale (GIPN) et de la Brigade anti-commando qui sont à la pointe du combat. Je prends le commandement de celle-ci le 6 décembre 1974.

De Broussard à Ravaillac

Ce jeudi-là, je franchis le porche du 36. À gauche, au fond de la cour, l'escalier A : direction de la police judiciaire. Je grimpe les cent quarante-huit marches recouvertes d'un antique lino qui conduisent au troisième étage. Un coup d'œil sur le couloir de la Crim'. Le banc des visiteurs, les néons blafards, la cage, le visage de Goldman, tout me revient dans un flash. Pas le temps de m'attarder : c'est au niveau supérieur que se trouvent mes nouveaux quartiers. Au quatrième, sous les toits. L'étage de l'antigang.

L'accueil est particulièrement chaleureux. Les hommes me connaissent. Nous avons souvent travaillé ensemble. Certains m'ont connu du temps de la Criminelle. Tant de souvenirs communs surgissent. Broussard me fait les honneurs de la maison. Il a su y faire sa place depuis son arrivée en 1971.

Entré dans le corps des commissaires en 1969, il a débuté à la PP comme commis aux écritures et a démontré une volonté de réussir au-dessus de la moyenne. Homme de terrain, bon vivant, il se montre proche des inspecteurs. Déjà, à plusieurs reprises, les événements l'ont placé sous les feux de l'actualité : en août 1973, lors d'une prise d'otage à Brest ; quelques semaines plus tard, à l'occasion de la capture de Mesrine, lorsqu'il est venu prêter main-forte à la 1re BT. Ce Charentais habile sait soigner ses rapports avec les médias qui tendent à faire de lui un interlocuteur privilégié.

Il est parfaitement clair que lui et moi devrons former un tandem solidaire. La tâche qui nous attend va nous apprendre à serrer les coudes.

Un personnage va également contribuer à souder les liens : Alfred Venier, le chef inspecteur divisionnaire chargé d'encadrer le personnel. Il a passé la majeure partie de sa carrière à la brigade de voie publique, puis à la BRI, et a participé à la plupart des affaires de banditisme traitées au Quai des Orfèvres depuis une vingtaine d'années. Frédo Venier est une mémoire vivante que les jeunes aiment venir consulter, une figure du 36. Un soir, après un « dégagement » agité pour fêter la réussite d'une affaire, il a tiré sur la statue équestre d'Henri IV érigée dans le square du Vert-Galant. Cela lui valut un temps le surnom de Ravaillac.

La brigade antigang compte cinquante hommes à mon arrivée : six groupes opérationnels, un groupe de documentation. Il faut établir la synthèse quotidienne des événements qui touchent au banditisme et alimenter le fichier spécialisé du service.

La journée, les bureaux sont déserts, car les inspecteurs sont en surveillance sur leurs objectifs. Le PC radio constitue alors le cœur du service et tisse des liens invisibles avec les équipages disséminés dans la région parisienne. Les demandes d'identification et de renseignements de toutes sortes affluent sur les ondes. Frédo répond dans sa langue truculente. Les plaisanteries fusent. Soudain, les enfantillages cessent : un chef de groupe signale qu'un gang fait mouvement vers un objectif. Broussard prend le micro, demande des précisions et part rejoindre en banlieue les troupes mobilisées. Fausse alerte ! Les candidats au braquage effectuaient un énième repérage. Il faudra attendre qu'ils se décident, un jour ou l'autre, à passer à l'action.

Ainsi, je découvre l'ambiance de ma nouvelle maison et apprends à mieux connaître les hommes. Ils viennent pour la plupart des brigades territoriales. Tous ont été volontaires pour l'antigang et ont été plus ou moins parrainés par un chef de groupe qui a pu apprécier leurs talents à l'occasion d'une affaire. Il y a un style BRI : genre sportif et décontracté, jeans, blouson, baskets. Cette tenue permet de se fondre aisément dans les milieux à surveiller. Elle est la plus adaptée pour tenir des journées entières dans des fourgonnettes de planque garées au cœur de la Goutte d'Or, d'Aubervilliers ou des grandes cités de la banlieue sud. Le jour de l'intervention, enfin, elle n'entrave pas les mouvements lorsqu'il s'agit de se colleter avec des truands vindicatifs. On est loin du style bon chic-bon genre des hommes de la Criminelle.

Certains en auraient facilement conclu que les antigangs sont un peu les jambes sans la tête. Grossière erreur. Il faut infiniment d'intuition et d'intelligence des situations pour pressentir ce qu'un braqueur va faire afin de mettre le maximum de chances de son côté et échapper à l'arrestation. Il faut beaucoup de réflexes et souvent d'imagination pour ne pas être pris au dépourvu dans l'action. On admire les chasseurs de fauves. Existe-t-il plus grands félins que ceux qui rôdent autour des banques, des fourgons de transport de fonds ou des milliardaires ciblés pour un projet d'enlèvement ?

Pour moi, le baptême du feu aura lieu le 28 février 1975, sur le boulevard Saint-Germain, avec la fusillade du Thélème qui devait marquer le déclin inexorable de l'une des plus grandes familles de l'aristocratie criminelle : le clan des Zemour. Celui que la plume aiguisée de mon compatriote Roger Le Taillanter a immortalisé dans *Les Derniers Seigneurs de la pègre*[1]. Un livre-document alimenté aux meilleures sources et rédigé par un orfèvre de l'enquête judiciaire.

Il m'avait amicalement dédicacé l'ouvrage : « Pour Marcel Leclerc, ces " derniers seigneurs de la pègre " dont il ébranla le premier le piédestal... »

Dur combat.

---

1. Roger Le Taillanter, *Les Derniers Seigneurs de la pègre*, Julliard, 1986.

10

Z... comme Zemour

Dans le milieu, on les nommait de leur seule initiale, tant ils inspiraient la crainte. Les Z ont dominé durant vingt ans le Paris du crime. Un règne qui s'achève en 1983. C'était presque hier.

Pour les plus jeunes, le nom de Zemour n'évoque pas grand-chose. Savent-ils seulement que ce clan ressuscite régulièrement à la télévision, pour chaque rediffusion, sous les traits des héros du *Grand Pardon* d'Alexandre Arcady, l'un des classiques du genre policier ? Roger Hanin y campe le personnage du parrain : le chef des Bettoun. Dans ce film, notre Navarro national est William Zemour, ou plutôt sa représentation flatteuse. Car la véritable saga que j'ai eue à connaître est une histoire de chair, et surtout de sang, où les acteurs ne s'embarrassent pas des principes moraux que leur prête le scénariste. Pour la police, les Zemour, ce n'était pas du cinéma.

À l'origine, ils étaient cinq : Roland, l'aîné ; Théodore, dit Dédé ; William, surnommé Zaoui ; Gilbert, alias Petit Gilbert ; enfin Edgar, le benjamin. Cinq frères unis comme les doigts de la main. Cinq fils d'une famille de neuf enfants dont le père n'est qu'un modeste employé à la synagogue de Sétif, dans le Constantinois. Les Zemour sont pauvres. Des pauvres de l'Algérie française.

Ils grandissent dans la rue. L'école de la débrouille, du courage et de la ruse, celle où l'on apprend à donner des coups et à en recevoir, à défaut d'apprendre ses leçons. Un pour tous, tous pour un. Leur tempérament belliqueux s'affirme. Leur sens de la famille et de la solidarité fait leur force. Gare à ceux qui les regardent de travers ! Adolescents, ils se cognent avec les Arabes de la ville, paradent à la terrasse des cafés, jouent les utilités lors des campagnes électorales. La dynamique du clan se met en marche, avec, en toile de fond, les événements d'Algérie, l'angoisse, la peur, des cadavres par centaines, par milliers. Leur enfance a été affectée par les horribles massacres de Sétif en 1945 et la répression farouche qui a suivi. Ils vont connaître l'explosion de la Toussaint 1954 qui marque le début de la guerre. Se peut-il que le spectacle renouvelé de la mort relativise chez certains le prix de la vie humaine ?

Sur les cinq frères, un seul, Roland, ne participera pas à l'aventure du gang : il a été tué rue Blondel, à Paris, par un certain Filippi, proxénète notoire, le 17 novembre 1947. Querelle de julots ? Premier des membres de la famille à avoir tenté sa chance en métropole, Roland sera vengé seize ans plus tard, sinon par la justice ordinaire, du moins par celle de justiciers immanents qui n'ont pas la mémoire courte : Filippi sera abattu en 1963, sur la route de l'Esterel à Nice.

À Sétif, les jeunes Zemour vont pourtant essayer de mener une vie ordinaire. Théodore devient vendeur, William, coiffeur. Gilbert et Edgar tâtent de la mécanique. Petit Gilbert, boxeur amateur plein de promesses, s'imagine une carrière dans le noble art. Reste cette frustration, ce désir de revanche sociale qui les anime et les aveugle. Et puis il y a cet orgueil qui enflc au fil du temps, pour mieux masquer un passé douloureux qu'ils voudraient oublier. Un orgueil démesuré qui les prédestine aux pires excès. En 1955, comme tant de pieds-noirs ballottés par les événements, ils débarquent à Paris. Eux prennent racine dans le quartier juif du faubourg Montmartre, où s'est recréée l'atmosphère chaleureuse du pays, parmi les odeurs suaves de la cuisine casher aux épices et aux noms colorés : kenia, dafina, loubia, bsal-loubia, akoud, bkaïla, moloukhia.

Là, les Zemour vont d'abord connaître l'ivresse de l'argent facile en se livrant, à grande échelle, à la vente à domicile de trousseaux de mariage puis de vins de piètre qualité qu'un de nos ministres qualifia de bibine. Bidonneurs : tel est le nom donné par les policiers à cette activité lucrative qui consiste à abuser de la crédulité des braves gens pour leur vendre du toc. Cette association, qui va amener les Zemour à employer au noir des dizaines de commerciaux, se solde par une multitude de plaintes, entre Dijon, Aix-en-Provence, Avignon, Mayenne, Meudon et Paris. Elle vaut à Gilbert de faire connaissance avec les geôles françaises à partir de 1957, après une condamnation pour escroquerie. Il n'y effectue que de courts séjours. À sa sortie, la vie reprend son cours. C'est le temps de la flambe, de l'épate, du poker et des tripots.

En 1960, William, qui fait figure de chef de bande, est déjà un souteneur renommé. Gilbert aussi julotte avec assiduité. À Paris, les Zemour sont craints comme la peste, tant ils sont violents et dénués de scrupules. Plusieurs interpellations policières révèlent qu'ils ont la passion des armes. Autant de qualités qui les rendent dignes de faire leur entrée dans l'univers impitoyable de la pègre. Mais il leur faut un parrainage. Ce sera le clan des Atlan. Une smala de frères et de cousins, originaires de Batna, qui ont mis les quartiers juifs de la capitale en coupe réglée. L'ascension des Z peut commencer.

Un faisan bien plombé

21 décembre 1966. 1 heure du matin. L'état-major PJ me tire de mon sommeil. Je suis alors jeune commissaire-adjoint à la Brigade criminelle. Ce coup de fil marque pour moi le début de la guerre des gangs qui va faire près de quarante morts dans les rangs de la pègre, de Pigalle à Miami.

Ce soir, l'homme qui vient de mourir a été tué par deux tireurs masqués, dans un restaurant de la rue Choron (9e). Le chef de salle du 36 m'annonce que Roger Poiblanc, le numéro deux de la Crim', se transporte sur place. Il a demandé que je le rejoigne.

– Où ça ?

– Au Bon Coin.

C'est le nom de l'établissement.

Georges Foulquier, le commissaire du quartier qui nous accueille dans la nuit glaciale, est un ancien de la Brigade des agressions et violences (surnommée la brigade couscous en souvenir de sa forte implication dans la lutte contre les terroristes du FLN et du MNA). Son portrait de la victime a l'accent coloré du faubourg :

– Le macchab, c'est René Atlan : vins et spiritueux. Accessoirement, proxénète. Avec ses frères, il plaçait sa marchandise dans les bars et les boîtes de nuit. En échange, il assurait la protection de sa clientèle. Atlan était un racketteur. Et même le parrain attitré du quartier juif. C'est bien la première fois qu'il s'allonge, celui-là !

La victime est affalée entre le mur et la table, une serviette encore nouée autour du cou. La sauce s'est figée dans les assiettes disposées pour son dernier dîner. Le sol est jonché de douilles de 11.43 mm. J'examine le cadavre criblé de balles : trois orifices d'entrée dans la nuque ; cinq dans le reste du corps. Un travail de professionnel.

Le patron du restaurant, James Attali, dit Charley, est un ami d'enfance d'Atlan. Ils se sont rencontrés dans la soirée dans un bar de la rue de Trévise. Charley a accepté de rallumer ses fourneaux pour mijoter un faisan aux choux à son compatriote pied-noir. Une volaille bien plombée, comme il les aime.

– Très intéressant, dit Poiblanc, mais il y avait trois couverts sur la table. Où sont passés les autres convives ?

– Il y avait Robert Elkaïm et un prénommé Max, que je ne connaissais pas, répond Charley.

Elkaïm ? C'est un ancien joueur de football professionnel. Il sera rapidement retrouvé. Max a disparu dans la nature. Avec une balle dans la cuisse. Il ne sera jamais identifié. Sans doute cet autre amateur de gibier n'éprouvait-il aucune attirance particulière pour les « perdreaux ».

Alors que les constatations se poursuivent dans la salle, un visiteur se présente dans la nuit. C'est Jean Chauvin, chef de groupe à la brigade antigang. Il s'approche de Poiblanc.

– Que se passe-t-il, Chauvin ?

– La poisse ! Je viens de rater le plus beau flag de ma carrière. J'étais en planque avec mon groupe sur le Tamanaco, un bar de la rue de Trévise. Nous avions dans le collimateur la bande des frères Perret qui s'est agitée sur le quartier toute la soirée. On les a vus passer et repasser en voiture dans la rue Choron. Ils ont même essayé en douce des gants et des galurins sortis du coffre de leur DS.

– Et alors ?

– Alors il a fallu lâcher du lest, pour ne pas nous faire mordre [1]. Et c'est précisément à ce moment qu'ils sont passés à l'action.

La poisse, effectivement. Voilà des années que les Perret rêvent de supplanter les Atlan dans le quartier israélite. On les soupçonne même d'avoir ouvert les hostilités, un an plus tôt, en assassinant Simon Atlan, le frère de René. S'ils ne sont que des demi-Juifs, ils sont loin d'être des demi-sel. Placés sous la férule de leur propre mère, Léonie Benaïm, alias la mère Léo, ancienne recrue des GI's, les trois frères Perret, Marius, Clément et Gilbert, ont une réputation à défendre. Ils ont notamment fait leurs armes dans la bande des Trois Canards. Une école du crime, sise au 48, rue de La Rochefoucauld. Elle a formé depuis quinze ans le gratin de la pègre. Boucheseiche, Dubail, Le Ny et Palisse, les ravisseurs de Ben Barka, y avaient leur rond de serviette, de même que Gaëtan Zampa. C'est peu dire !

Ce soir du 21 décembre, un pas de plus a été franchi dans la confrontation. Et la police, tapie dans l'ombre, n'a rien pu faire. On comprend mieux la déception de Chauvin, ce vieux briscard issu de la Voie publique, pourtant malin comme un singe. Car ils étaient tous là, à portée de menottes : Gilbert Perret ; Jacques Ben Loulou, dit la Volige, en raison de sa corpulence de moineau ; Ferdinand

1. Expression policière qui signifie « pour ne pas être repéré ».

Perrier, dit Ninan; Michel Laurent; Séraphin Méacci; Jean-Claude Flerschinger et quelques assistants. La bande au complet, ou presque.

Maigre consolation : l'Identité judiciaire parvient à relever une empreinte digitale sur la face extérieure de la vitre de la DS (évidemment volée) utilisée par les tueurs et abandonnée à quelques centaines de mètres du restaurant de Charley. Une trace laissée par Ninan Perrier.

Nous parvenons rapidement à « loger » plusieurs membres du gang. Interpellations. Interrogatoires. Nous poursuivons notre labeur sans illusion : chacun sait que les Perret et leur bande sont, comme tous les « beaux mecs », des artistes du mensonge.

– L'empreinte relevée sur la DS ?

– C'est peut-être la mienne, dit Perrier. Mais vraiment, je n'arrive pas à m'expliquer comment elle a pu se trouver là. De toute façon, elle a été relevée à l'extérieur du véhicule et donc rien ne prouve que j'aie pu me trouver à bord.

– Et le manège des voitures ?

– Pure coïncidence, affirment à tour de rôle les interpellés.

Ils se sont promenés par là. Voilà tout.

J'apprends ainsi la dure leçon de la police criminelle : face à la pègre de haut vol, on ne peut combattre qu'avec des preuves en acier trempé. C'est la règle du jeu.

La réponse du berger

Cinq semaines plus tard, le 27 janvier 1967, l'équipe des frères Perret est réunie chez son général en chef, la mère Léo, au quatrième étage de la rue d'Abbeville. La Volige s'en va le premier.

À 0 h 45, Flerschinger sort à son tour. Flerschinger, vingt-neuf ans, une belle gueule qui plaît aux femmes. Il s'installe au volant de sa voiture. Surgit une DS. Un pistolet-mitrailleur crache le feu. Le voici amputé de sa virilité. La pire des punitions pour un souteneur. Il me confiera à l'hôpital : « J'aurais préféré mourir. » L'œuvre de vengeance ne fait que commencer.

Peu après la fusillade, le téléphone sonne chez la mère Léo : c'est la Volige ! D'une voix blanche, il demande à Gilbert Perret de le rejoindre sur-le-champ au bar Chez Tania, rue de Ponthieu. Sans en dire plus.

On le retrouvera, le lendemain matin, allongé sur la banquette arrière de sa voiture abandonnée rue Philibert-Delorme. Je procéderai aux constatations : le corps encore souple est troué de douze balles.

Gilbert Perret a flairé le danger. Il a entendu les coups de feu tirés sur Flerschinger et aperçu par la fenêtre de l'appartement de sa mère la DS des agresseurs qui s'enfuyait. Avec ses acolytes, il décide aussitôt de se réfugier à Fontenay-le-Fleury, chez son frère Clément.

Le groupe est en route. Soudain, dans le rétroviseur apparaît la DS des tueurs de Flerschinger. Avec ses phares mobiles dans leur globe ovoïde qui restent braqués sur leur cible même dans les virages. Étonnante DS Citroën. Une course éperdue s'engage à travers Villeneuve-le-Roi. Pied à fond sur le champignon. Mitraillage. La modeste Renault 10 de Gilbert perd du terrain et va être rejointe, lorsque son conducteur aperçoit le poste des pompiers de l'aéroport d'Orly. Brusquement, il s'y précipite. Les poursuivants décrochent. Sauvé !

Le lendemain matin, la R10 est retrouvée non loin de l'immeuble de Clément. Il est aisé de l'identifier : c'est une vraie passoire. La Criminelle et la BRI montent alors une planque aux abords du domicile. Dans la soirée, arrivent Michel Laurent et Jean Fouillat, deux membres du clan, porteurs de petits paquets étrangement lourds.

Encore une nuit de planque. Enfin, à 9 heures du matin, les deux hommes ressortent, cette fois les mains vides. Le signal de l'intervention est donné. Laurent et Fouillat sont arrêtés, puis c'est au tour des rescapés de la Renault 10 de se rendre. Non sans résistance. Les Perret se barricadent dans la cuisine et jettent une partie de leur artillerie dans le vide-ordures.

Conduits à la Criminelle, ils se montrent peu loquaces. Leurs agresseurs ? Ils ne les connaissent pas. L'arsenal avec lequel ils ont été arrêtés ? Ce sont des armes « exclusivement défensives ».

Le milieu du faubourg Montmartre a, lui, clairement identifié ses nouveaux maîtres : ce sont les Zemour, vengeurs du clan Atlan. Des voix se sont élevées dans la communauté pour leur demander de laver l'affront fait à leurs protecteurs. Aujourd'hui, les Perret ont enterré un homme et récupéré un eunuque. Pis, ils ont perdu la face. Un handicap pour qui revendique le monopole du racket sur le Faubourg. D'autant que ces faits d'armes entraînent le ralliement prudent de nombreuses fines gâchettes à la cause des nouveaux rois du quartier et augmentent ainsi leur force de frappe.

Pourtant, à ce stade du conflit, notre dossier est étonnamment vide malgré les présomptions qui pèsent sur les auteurs de ces représailles. Il y a loin de la rumeur aux preuves, et tout bon procédurier de la PJ sait qu'on n'ouvre pas des portes qu'on ne saurait refermer. Il faut attendre une occasion plus favorable. Et les Zemour jouent l'avantage.

Motus et bouches cousues

2 mai 1967. 21 h 40. Lucien Sans, dit Bouboule, est accoudé au bar du Don Camillo, rue des Saint-Pères, dans le 6e. Bouboule ? C'est un allié des Perret, vingt-neuf ans, corpulence de bibendum, une tête à faire peur. Lui aussi est diplômé ès crimes de l'école des Trois Canards. Officiellement, il gère la plage de Juan-les-Pins. Quelques filles aussi. Et puis sa carrière de grand truand. Il devrait, à l'heure qu'il est, se trouver en prison pour cambriolage si un juge d'instruction n'avait pas oublié de renouveler son mandat de dépôt.

Le voici donc en goguette à Paris, dans ce cabaret connu alors pour être fréquenté par des anciens des réseaux de la Résistance, mais aussi par des membres du SAC (le Service d'action civique du mouvement gaulliste) auquel lui même se flatte d'appartenir.

Deux visiteurs se présentent.

– Bouboule nous attend !

Confiant, le chasseur de l'établissement leur désigne le client obèse qui consomme au bar. L'un d'eux sort un pistolet 7,65 mm et s'avance vers l'imposante cible qu'il ne peut manquer. Cinq détonations retentissent. Le gros Lucien s'effondre de tout son poids, grièvement blessé. Les agresseurs s'enfuient aussi prestement qu'ils sont arrivés.

Le chasseur du Don Camillo tente de les rattraper. Mais il est stoppé net par un coup de feu tiré dans sa direction. Il a quand même le temps de relever le numéro de la 404 Peugeot dans laquelle les deux inconnus s'éloignent : 3892 TZ 75. Surprise pour les enquêteurs. C'est la voiture de Clairette Atlani... la propre mère des frères Zemour.

Or François Le Mouël, le patron de l'antigang, a fait surveiller, ces derniers mois, le restaurant L'Assiette Carrée que tient Gilbert Zemour, rue de la Fidélité, sur le faubourg Montmartre. Ses inspecteurs sont formels : Petit Gilbert est l'utilisateur habituel de la 404. L'étau se resserre.

La voiture est rapidement localisée aux abords du restaurant, mais Gilbert, lui, demeure introuvable. Son père Raymond, qui prétend ne plus avoir de nouvelles de son fils, vient nous affirmer, la main sur le cœur, que le soir de l'agression de Bouboule, la voiture de sa femme a été volée avec ses clés de contact sur le tableau de bord.

Les témoins de la fusillade ne sont guère plus coopératifs. Au Don Camillo, à part le chasseur, personne n'a rien vu, rien entendu. Ou si peu. Bouboule, lui-même, joue l'amnésique. Les balles lui ont perforé le foie, le pancréas, et ne pourront être extraites. Ses jours sont peut-être comptés. Qu'importe ! Il refuse de livrer le nom de l'une des personnes avec lesquelles il s'apprêtait à dîner, ce soir-là, et qui s'est éclipsée avant l'arrivée de la PJ. Il sait pourtant les menaces qui vont continuer de peser sur lui. Lui, l'ami des Perret, le miraculé du dernier avertissement. Mais un malfaiteur de son rang ne brise pas la loi du silence.

Gilbert Zemour, qui a des oreilles, sait que l'enquête tourne en rond. Et il va bientôt pointer le bout de son nez.

Il adresse d'abord prudemment, le 14 juin, un courrier au chef de la Criminelle en personne. Une lettre dans laquelle il affirme qu'au moment des faits il se trouvait dans un train pour Toulouse, où il était attendu par le capitaine Casa. Un compatriote pied-noir au-dessus de tout soupçon puisqu'il s'agit d'un « ancien résistant décoré de la Légion d'honneur ».

L'antigang parvient à loger Gilbert dans l'appartement parisien de sa maîtresse et l'interpelle. Mais il bétonne son alibi. Selon lui, un autre pied-noir, Edouard Farus, l'aurait emmené prendre son train à Austerlitz, le 2 mai à 20 heures. Son ami a eu l'obligeance de venir le chercher à la gare à son retour de la ville rose, le lendemain. Ce que les deux témoins providentiels confirment en chœur.

Pourquoi, alors, Gilbert se cachait-il ? Parce qu'il connaît les méthodes des policiers du Quai des Orfèvres qui veulent à tout prix fabriquer des coupables. Défense imparable. Surtout lorsqu'elle est relayée par de brillants avocats. Une fois de plus, Gilbert Zemour recouvre la liberté. Pour ses protégés du Faubourg, il devient une sorte de Superman. Lui commence à se convaincre qu'il fait partie de la caste des intouchables. Le clan poursuit son irrésistible ascension.

Fausse carte tricolore

3 octobre 1968. 12 h 30. Trois quadragénaires bien vêtus descendent d'une DS Pallas noire rutilante. Ils laissent leur voiture en stationnement devant le numéro 6 de l'avenue Carnot, juste en face de La Musardière, un bar de bonne fréquentation. D'un pas décidé, ils pénètrent dans l'établissement :

– Police ! C'est un contrôle ! Que personne ne bouge !

Tous trois ont sorti un pistolet de gros calibre. L'un d'eux brandit une carte tricolore. Ils ceinturent aussitôt deux jeunes clients attablés et les fouillent sans ménagement. Une arme est saisie. D'un geste très professionnel, ils les attachent ensuite l'un à l'autre par les poignets, à l'aide de menottes.

Le patron de l'établissement proteste, mais qu'y peut-il ?

– Ce sont des tueurs recherchés, lui réplique-t-on sèchement. On les emmène au quart [1].

Les deux « suspects » suivent leur escorte sur le trottoir. Ils paraissent résignés. Brusquement, à la vue de cette superbe Pallas qui manifestement surpasse le standing des véhicules de la PJ, ils réalisent qu'ils ont affaire à de faux policiers. Ils se cabrent, s'arc-boutent. L'un d'eux est projeté sur la banquette arrière de la Citroën, mais l'autre oppose une résistance farouche.

Perdant patience, le commando décide d'en finir. Il jette les deux captifs dans le caniveau et leur loge le contenu de deux chargeurs de 11.43 dans le corps. En plein jour ! En plein Paris.

A midi ce jour-là, je retrouve à nouveau Poiblanc sur les lieux du crime. Les journalistes et les badauds ont déjà envahi l'avenue. Il faudra les tenir à l'écart : le spectacle de deux jeunes corps désarticulés, enchaînés l'un à l'autre et criblés de balles de gros calibre n'est pas un objet de curiosité. On a beau se croire blindé, certaines scènes criminelles sont particulièrement poignantes.

Pourtant, les victimes ne sont pas des agneaux de printemps : François Andréani et Toussaint Giovanelli sont les gardes du corps attitrés de leur compatriote corse Jean-Baptiste Andréani, le patron du Grand Cercle, un établissement de jeux installé rue de Presbourg, à deux pas du café de La Musardière. Quel crime ont-ils commis pour mériter une fin si cruelle ?

La guerre faire rage dans les Jeux à Paris, ville où les casinos sont interdits et où seuls sont admis les cercles de jeux, d'audience plus confidentielle. Cette guerre inexpiable oppose le clan Andréani à celui des frères Francisci, dont le vaisseau amiral est le cercle Haussman, 22, rue de la Michodière. Grand Cercle contre Cercle Haussmann, c'est une vieille histoire, sur fonds d'intérêts politico-financiers et de haine recuite.

---

1. Expression habituellement utilisée par les policiers pour désigner le commissariat.

Sans en retracer la genèse, rappelons qu'en 1963 Jean-Baptiste Andréani, en sortant du Grand Cercle, a failli perdre la vue après avoir reçu au visage deux décharges de chevrotine tirées par un inconnu.

En décembre 1967, Marcel Francisci, en retour, a vu sa villa de Bougival plastiquée par deux Corses. L'origine de l'attentat ne fait aucun doute : les poseurs de bombe ont sauté avec leur engin.

Représailles attendues : début 1968, deux gardes du corps d'Andréani, Antoine Alfonsi et Dominique Nesa, échappent de peu à deux attentats successifs à Ajaccio.

Ultime réplique du camp d'en face : le 21 juin, les consommateurs du bar Le Wagram sont copieusement arrosés à la chevrotine, en plein Ajaccio. Cibles visées : Marcel, Roland et Xavier Francisci. Trois des cinq frères. Ils échapperont par miracle aux tirs, mais un client va trouver la mort dans la fusillade et d'autres seront blessés. L'enquête établira que les véhicules utilisés par les tueurs ont été achetés quelques jours auparavant par les hommes de Jean-Baptiste Andréani.

Coïncidence ? François Andréani et Toussaint Giovanelli, qui viennent de partir enchaînés pour le grand voyage, ce 3 octobre 1968, avenue Carnot, faisaient partie du groupe des acheteurs. Autant dire que, dès le début de l'enquête sur ce double assassinat, Poiblanc et moi-même sommes éclairés sur le mobile. Impossible cependant d'entendre Jean-Baptiste Andréani : il est invisible depuis plusieurs mois. Quant aux meurtriers, faut-il les rechercher parmi les amis corses des Francisci ou dans un autre milieu ?

Des photographies sont extraites de nos fichiers et présentées aux témoins. Rien n'attire leur attention. L'enquête piétine. Et voilà que des informations insistantes filtrent du petit monde des indicateurs : les Zemour seraient dans le coup.

Ils auraient pris des intérêts dans le Cercle Haussmann et renverraient ainsi l'ascenseur à leur ami Francisci. Le nom d'Edgar Zemour revient surtout comme membre du commando des tueurs. Plausible ? Nous savons que les Z sont animés d'une véritable passion pour le tapis vert. Le service des Jeux de la direction des RG-PP affirme que Gilbert a été vu au Cercle Haussmann jouant des sommes importantes. Il est incontestable que, depuis quelque temps, les frères Zemour gravitent dans l'orbite de Marcel Francisci. Mais ces renseignements, aussi intéressants soient-ils, ne constituent pas le moindre commencement de preuve.

On fait donc valoir que la Criminelle ne peut prendre le risque de subir à nouveau la goguenardise des Zemour, comme dans l'affaire du Don Camillo. Il faudra patienter.

Les belligérants, eux, n'attendent pas. Ils continuent à décimer en toute impunité le personnel du Grand Cercle : Ange Leca, le caviste maison, est révolvérisé le 21 octobre ; puis c'est au tour de deux physionomistes, Mathieu Moreschi et Antoine Cesari, d'être mitraillés, le lendemain même. Eux seront grièvement blessés.

Rien ne va plus !

Trop, c'est trop ! Cette fois, Raymond Marcellin, ministre de l'Intérieur, entre en scène. Il ordonne de vastes opérations policières dans les établissements de jeux parisiens, des cercles à la clientèle huppée jusqu'aux tripots les plus mal famés. Elles seront conduites par des équipes mixtes de la PJ et des RG. Le top est donné le 25 octobre 1968.

La Brigade criminelle se réserve les morceaux de choix : elle intervient au Grand Cercle et au Cercle Haussmann. Gustave Jobard, alors chef de la Criminelle, me charge de perquisitionner au domicile de Jean-Baptiste Andréani, rue de Presbourg, en face de l'établissement de jeux. Je n'ai pas l'honneur d'opérer en présence du maître des lieux, mais je peux admirer le luxe raffiné de sa résidence particulière. Je fais ouvrir le coffre-fort habilement intégré au décor. Peine perdue. Il ne recèle aucun trésor pour l'enquête. Même déception au Grand Cercle, où les collègues font chou blanc.

Au Cercle Haussmann, en revanche, les policiers sont plus chanceux. Ils saisissent sur les lieux quatre armes de poing avec leurs munitions. J'aurai le privilège d'interroger le maître de maison, Marcel Francisci, qui, en plus de ses fonctions privées, cumule des mandats de vice-président du conseil général de Corse du Sud et de président de la commission d'attribution des marchés de travaux publics du département. Ce jour-là, il va devoir se soumettre à la prise de clichés signalétiques dans les locaux de la brigade. Je revois encore la scène :

Debout dans le petit couloir desservant mon bureau, il tient sur sa poitrine l'ardoise sur laquelle figurent ses nom, prénoms, date de naissance, ainsi que sa taille.

– Est-il bien nécessaire, monsieur le commissaire, que je me prête à cette opération ?

Le conseiller général de Zicavo s'adresse à moi d'une voix qui contient mal son exaspération.

– Monsieur Francisci, dis-je, je regrette, mais ici, il n'y a pas de traitement de faveur, pour qui que ce soit.

On parle de regard qui tue. Celui qu'il m'a lancé était de ceux-là.

Comme il fallait s'y attendre, son interrogatoire n'apporte pas de révélations fracassantes. Un homme d'affaires avisé comme l'est Marcel Francisci ne gère que des affaires honnêtes et transparentes. De surcroît, un homme politique de sa stature n'a que des relations honorables. Cela ne l'empêchera pas d'être nommément désigné en 1971 par l'Américain John Cusak, alors directeur du Bureau européen des narcotiques (BNDD), comme l'un des gros bonnets du trafic de drogue en France. Allégations que l'intéressé a jugées diffamatoires et qui ne seront jamais établies.

Raymond Marcellin, lui, va trouver argument dans le bilan de nos opérations pour ordonner la fermeture des deux cercles ennemis. Nous n'avons pas travaillé en vain. Mais les Zemour courent toujours.

Au fil des affaires, j'en viens à m'interroger sur la stratégie déployée depuis des années par la PJ pour mettre un terme à leur guerre. Est-il judicieux de toujours attendre l'hypothétique grosse affaire pour intervenir ? Faut-il compter sur la chance pour rappeler aux Z et à leurs semblables les rigueurs de la loi ?

Les malfaiteurs de cette trempe savent tirer parti de notre attentisme pour prospérer. Leur réseau s'étend en Allemagne, en Belgique et jusqu'au continent africain. Après avoir récolté des fonds pour soutenir Israël durant la guerre de Six Jours, en juin 1967, ils ont même la ferme intention de parfaire leur implantation là-bas.

En surface, rien que de légal. Une armée de juristes pointilleux rédige les statuts de leurs sociétés gigognes. Le produit de leurs « activités » est réinvesti en France dans des affaires tout à fait honnêtes, comme des restaurants ou des boîtes de nuit. Ils ont ainsi tout loisir de se mettre hors d'atteinte de la répression.

Comble de l'impuissance : il est quasi impossible d'ouvrir une enquête sur leurs sources de revenus. Les Z paient leurs impôts rubis sur l'ongle. Sur ce qu'ils veulent bien déclarer. Certes, nous pouvons rassembler des éléments d'information sur leur train de vie, au cas où. Mais à quoi bon ? En France, il faut une plainte préalable de l'administration fiscale pour engager des poursuites. Et les Zemour ne font plus l'objet d'aucune plainte depuis qu'ils ont gagné en surface. La loi française est laxiste. Elle autorise ainsi leur garde du corps Roland Attali à rouler en Rolls-Royce et à loger dans un luxueux appartement sans avoir à justifier de ses ressources.

À Chicago, c'est par le biais des enquêtes pour fraude fiscale que les « incorruptibles » ont pu venir à bout d'Al Capone et porter des coups sévères à la mafia. Aux États-Unis, les fraudeurs risquent vingt ans de prison, alors que la législation française limite à quatre ans d'emprisonnement les sanctions dans ce domaine. Il est vrai aussi que notre administration des Finances procède par voie de redressements fiscaux. Ce qui n'est guère dissuasif pour des truands qui s'arrangent toujours pour trouver l'argent.

Une chose est sûre : nous avons sous les yeux l'exemple d'un empire naissant avec l'ascension irrésistible d'un clan, apparemment intouchable, qui sème la terreur sur son passage. Si nous ne le stoppons pas à temps, il deviendra bientôt invulnérable, fort de ses appuis, à l'abri de ses prête-noms et de ses conseils. Ma conviction est faite. Puisque l'arme financière est aléatoire, il faudra appliquer une autre tactique, plus rustique, mais combien efficace : le harcèlement.

Avec cette méthode, l'initiative doit changer de camp. Il s'agira d'exercer une pression constante sur le gang, sur chacun de ses membres, à tout moment, pour tout motif : port d'arme, absence de licence dans un bar, défaut d'assurance pour un véhicule. Tout devra être exploité pour ôter à l'organisation criminelle son sentiment d'impunité et la placer en position défensive. Nous allons reprendre la main.

La boîte à Ruby

6 novembre 1972. Je suis alors patron de la 1re BT. J'ai décidé ce soir-là d'effectuer, avec mon adjoint Jean Suire et son escouade d'inspecteurs, une ronde-battue dans les milieux interlopes du 17e arrondissement.

À cette époque, la pratique permet ce type d'opération mi-administrative, mi-judiciaire. Nous ne sommes pas encore enserrés dans le carcan de la législation Badinter sur les contrôles d'identité qui les soumet à de telles exigences qu'ils deviennent quasiment impraticables. On aboutit aujourd'hui à ce paradoxe qu'un citoyen doit éventuellement justifier de son identité devant la caissière du supermarché, mais qu'il peut refuser de se soumettre à un contrôle préventif des agents de la force publique. Les lois Pasqua-Debré modifiées Chevènement n'y ont rien changé.

Au moins le policier des années soixante-dix a-t-il le privilège de pouvoir travailler sans état d'âme en amont du phénomène criminel. Ces coups de sonde dans le monde de la pègre se révèlent précieux. Que de fois ils ont permis d'associer tel individu à tel autre, parce que, un soir, on avait pu noter fortuitement qu'ils étaient attablés ensemble ! Évidemment, il peut arriver qu'un citoyen honnête venu s'encanailler, ou entré par hasard dans un milieu qui n'est pas le sien, soit contrôlé. Il en est quitte pour une brève émotion et la justification de son identité qui n'entraîne pour lui aucune conséquence.

Ce 6 novembre 1972 donc, parmi les adresses à visiter figure le bar-restaurant La Madrague, avenue Mac-Mahon. La maison est tenue par Joseph Belardello, un pied-noir suspecté d'intelligence avec le milieu.

En longeant discrètement l'établissement apparemment fermé, je remarque qu'une lumière tamisée filtre de l'arrière-salle. Il est 23 h 30. Je pousse la porte et entre avec mon équipe dans les lieux :

– Police judiciaire ! Contrôle d'identité ! Gardez vos mains sur la table !

Les quatre hommes attablés n'ont pas bougé. Pas plus que les liasses de billets de 500 francs étalées sur la toile cirée qui trahissent d'obscures tractations.

– Qui êtes-vous ? me demande Belardello en m'exhibant rageusement sa licence d'exploitation. À quel service appartenez-vous ?

Deux de ses convives, Roland Lehbar et Jean-Pierre Lenoir, me tendent leurs papiers avec la même arrogance. Le quatrième homme, lui, a l'air plutôt embarrassé. Il s'agite en fouillant désespérément les poches de son blouson en cuir noir.

– Alors, monsieur !

– Désolé, commissaire, j'ai dû laisser mon portefeuille dans la voiture. Je vais le chercher.

Il se lève calmement et se dirige vers une BMW qui stationne devant le restaurant. Je le suis comme son ombre. De la boîte à gants, il extrait un porte-cartes contenant son permis de conduire sur lequel je peux lire son nom :

– William Zemour.

J'ai du mal à dissimuler ma surprise. À la Brigade criminelle, j'avais eu entre les mains de nombreux clichés représentant la tribu des Z. Et je n'ai pas reconnu William, le chef charismatique. Lui m'a identifié au premier coup d'œil.

– Permettez !

Je le pousse gentiment sur le siège du passager avant et explore à mon tour la boîte à gants. Ma main s'arrête au contact de l'acier glacé. C'est la deuxième bonne surprise de la soirée : un superbe revolver Ruby approvisionné de six cartouches.

– Commissaire, cette arme ne m'appartient pas. C'est mon frère Edgar qui l'a laissée là.

Bizarre. Un Zemour mouillant un autre Zemour, ce n'est pas dans les habitudes de la famille. En rentrant à la brigade, tout s'éclaircira : le fichier maison va m'apprendre qu'Edgar est en cavale pour échapper à une condamnation à deux ans d'emprisonnement pour escroquerie. Il a été jugé par la cour d'appel de Douai en 1969. Le raisonnement de son frère devient limpide : Edgar étant déjà recherché pour cette condamnation, qu'importe qu'on lui impute une infraction supplémentaire pour peu que lui, William, puisse sortir de la nasse.

Interrogé sur ses moyens normaux d'existence, il affirme qu'il les tire actuellement de l'exploitation du restaurant Le Vesuvio qu'il possède avec ses trois frères à Tel-Aviv. C'est en Israël que se cache, dit-on, Edgar. Seulement, voilà : Le Vesuvio a mystérieusement flambé, il y a plus de six mois.

Je laisse dire.

Les déclarations sur le revolver Ruby suffisent à étendre le champ de l'enquête. Le code de procédure nous autorise à rechercher Edgar en tous lieux. Suire et ses inspecteurs filent alors au Chesnay, près de Versailles, chez Gilbert Zemour, qui habite un vaste appartement de la résidence Palais-Royal, noyée dans la verdure. Pourquoi Edgar n'aurait-il pas trouvé refuge chez son frère qui cultive, nous le savons, l'esprit de famille ? La piste mérite d'être explorée.

Mes hommes sont accueillis là-bas par une volée d'injures. Gilbert est fou de rage. Il se prête de mauvaise grâce à la perquisition. Suire ne se démonte pas :

– Où se trouve votre voiture, monsieur Zemour ?

– Sur le parking. Mais qu'a-t-elle à voir avec l'enquête sur mon frère ?

Décidément, les boîtes à gants sont bien pourvues chez les Z. La Mercedes de Gilbert cache un revolver d'alarme Arminius confondant de réalisme. La chicane qui, à l'origine, obstruait le canon a été supprimée. Une cartouche munie d'une sphère métallique faisant office de balle est engagée dans la chambre de tir. Ce n'est pas une arme idéale pour un homme de l'envergure de Gilbert Zemour, mais le laboratoire de la police scientifique dira si elle en a les caractéristiques au sens technique et légal du terme.

Placé en garde à vue, Gilbert a déjà trouvé la parade :

– C'est mon ami Izi Spighel [1] qui a fait cadeau de cette réplique à ma femme. C'est un jouet. Vous ne pouvez rien contre moi.

Verdict du Pr Ceccaldi, chef du labo de la PJ :

– C'est une arme !

Ce revolver modifié peut tirer des balles réelles.

Dès le lendemain de notre opération, les deux frères sont déférés au parquet. Gilbert sera détenu dix-neuf jours. William sortira, quant à lui, après six semaines, le 22 décembre. Leurs avocats ont bien travaillé. Mais la preuve est maintenant faite que la tactique du harcèlement peut porter ses fruits et que personne n'est au-dessus des lois. Pas même les invincibles Z dont la réputation sur le Faubourg vient sérieusement de s'écorner.

Vitesses au plancher

28 février 1975. Cette fois, je suis chef de l'antigang. Il est 11 h 30 et je me trouve encore à mon domicile. La nuit a été courte... à vrai dire, il n'y pas eu de nuit du tout : depuis la veille, j'ai été mobilisé avec mes hommes sur une prise d'otages, avenue de la République, et je suis rentré chez moi au petit matin, lessivé.

Le jeudi 28 février 1975, c'est le fameux jour de la fusillade du Thélème. Nous y voilà.

---

1. Izi Spighel, connu pour être en étroite relation d'affaires avec Gilbert Zemour, a été abattu dans le sous-sol de son immeuble, 27 rue des Vignes, à Paris (16e), par des inconnus, le 17 octobre 1975.

Mais on ne peut évoquer cet affrontement sans rappeler ce que furent pour nous l'après-midi et la nuit qui l'ont précédé. Voici les faits :

Trois braqueurs font irruption dans une banque de l'avenue de la République à Paris. Le caissier leur résiste : il est abattu sur-le-champ. Les premiers policiers arrivés sur place blessent mortellement, à leur tour, l'un des malfrats. Les deux rescapés se barricadent dans les lieux avec cinq otages. Durant des heures interminables, avec mon adjoint Robert Broussard, nous devons palabrer avec les deux gangsters surexcités. Ils réclament une rançon astronomique et un avion pour prendre la fuite.

Les tractations ont lieu dans des conditions particulièrement incommodes, au moyen du téléphone d'un salon de coiffure transformé en poste de commandement. Il faut régulièrement rappeler les truands pour prendre la température et tenter de les raisonner. Problème : les lignes téléphoniques de la banque sont sans cesse occupées. Par les journalistes. Nous perdons ainsi de précieuses minutes avant que les PTT nous isolent une ligne.

À 23 heures, je parviens quand même à limiter les prétentions des braqueurs : un million de francs et une voiture contre la libération des otages. Je leur propose une Simca 1000 spéciale. Ils réclament une BMW. Mais aucun service de la préfecture de police ne possède, à cette époque, de voiture de ce type.

Soudain, un riverain passe la tête dans l'entrebâillement de la porte de notre QG improvisé :

– Je sais ce que vous cherchez. J'ai une Alfa Romeo quatre portes, vitesses au plancher. Je vous la prête.

– Attention. Nous ne répondons de rien si elle est abîmée, prévient Broussard. Est-ce qu'elle marche bien ?

– Oh oui ! Parfaitement bien.

Nous faisons aussitôt équiper la voiture d'un « bip-bip » pour pouvoir suivre sa trace dans Paris.

À 2 heures du matin, nous devons interrompre les tractations pour laisser filer le duo avec la rançon. Il est décidé que nous interviendrons sur le parcours de fuite, si les circonstances le permettent.

2 h 20. Une folle sarabande commence. Se servant de trois femmes comme boucliers, les gangsters prennent place à bord de la Giulietta qui les attend devant la banque. Il faut leur expliquer le fonctionnement du véhicule. Le tout sous les huées et les cris à mort d'une foule de badauds amassés derrière les barrières de protection du périmètre.

Crissement de pneus, dérapages contrôlés, chasse éperdue à contresens dans les rues de Paris. L'expression rouler à tombeau ouvert n'a jamais été aussi appropriée. Mais malgré les risques pris, nous perdons le contact avec l'Alfa rugissante. Quant au bip-bip, il porte à moins de cent mètres. Dérisoire ! Voilà le quotidien de ceux que tous les médias appellent pourtant les superflics du Quai des Orfèvres.

À 5 h 30 du matin, les otages sont libérés, place des Ternes, après que leurs gardiens eurent tenté de s'emparer de la voiture d'un taxi, puis de la Rolls d'un noctambule sortant de Chez Régine, en tirant des coups de feu pour intimider les automobilistes récalcitrants. C'est finalement la conductrice d'une Jaguar interceptée rue de Ponthieu qui a dû assurer, sous la menace des calibres, le dernier relais des braqueurs avec leurs boucliers féminins.

C'est dire qu'au-delà de la fatigue accumulée par ces heures de tension extrême il nous reste un puissant goût d'amertume dans la bouche. Le regretté Pierre Desproges a décrit mieux que quiconque, dans *L'Aurore,* l'ambiance surréaliste qui régnait lors de cette prise d'otages :

« Quand la voiture et son cortège de poursuivants se furent évanouis dans la nuit, la foule-furie, houleuse comme une vague de novembre, est venue se briser sur les murs de la banque en mugissant. Faute de proie à lyncher, on a vu des zorros pantouflards secouer comme des pruniers les agents qui n'y pouvaient mais, et suppliaient “ arrêtez, arrêtez ” en brandissant leur arme au-dessus de leur tête pour éviter que le coup parte.

« Hier matin, derrière les barrières toujours en place, se pressaient des curieux insatiables qui bougonnaient, morne haine, en face de rien. »

« Chronique de la haine ordinaire », en somme.
Mais revenons-en à ce matin du 28 février 1975.

L'enfer du Thélème

Il est 11 h 30, lorsque le téléphone sonne à mon domicile. Le permanent de mon service m'avertit que Marcel Morin, mon successeur à la 1re BT, a cherché à me joindre. L'affaire semble d'importance. Je le rappelle sur-le-champ. Morin va à l'essentiel :

– Antona, que tu connais bien, me dit que les Zemour ont donné rendez-vous, cet après-midi, à la bande de Louis d'Auteuil.

– Quelles sont leurs intentions ?

– Officiellement, ils organisent une sorte de Yalta du crime, histoire d'aplanir le contentieux qui les oppose sur le racket et le proxénétisme. Mais il pourrait aussi s'agir d'un traquenard.

– Où a lieu la rencontre ?

– Au café « J'ai du bon tabac », 12, boulevard Saint-Germain.

– Qu'en penses-tu ?

– La même chose que toi : c'est du Antona.

Je connais bien, en effet, François Antona. Il était aussi sous mes ordres à la 1re BT. Cet inspecteur a toujours disposé de contacts solides sur le Faubourg. Je sais aussi que Louis d'Auteuil est un client sérieux. C'est un parrain versé dans le proxénétisme hôtelier. Autour de lui gravitent des premières gâchettes du célèbre gang des Lyonnais (connu également sous le nom des Siciliens).

Que les protagonistes de cette rencontre annoncée soient animés de bonnes ou de mauvaises intentions, peu m'importe. Nous devons, selon ma conception du harcèlement, être présents. Si le tuyau est bon, l'occasion ne se représentera pas de sitôt d'être au contact de malfaiteurs de ce niveau et de les interpeller, même pour un simple port d'armes.

J'appelle Robert Broussard à son domicile et lui demande de réunir à la brigade, pour 14 heures, les effectifs disponibles. La tâche ne sera pas aisée après la nuit infernale de l'avenue de la République, car beaucoup d'hommes sont au repos chez eux. Certains ne pourront être joints.

À l'heure dite, Broussard est à pied d'œuvre avec dix-huit inspecteurs. Y compris quelques limiers de notre groupe de documentation, appelés en renfort. Antona est là : il confirme en tout point les renseignements fournis par Morin.

15 h 30. Le dispositif d'observation, composé de plusieurs véhicules-radio de la BRI, est en place sur le 5e arrondissement. Certains équipages, dissimulés dans des « sous-marins » (nos fourgonnettes de planque), sont stationnés aux abords du café « J'ai du bon tabac ». D'autres sillonnent le quartier dans des voitures banalisées pour repérer tout mouvement suspect. Je me tiens, pour ma part, avec Broussard, dans une DS garée sur le pont de la Tournelle, à l'écoute du trafic-radio.

15 h 55. L'inspecteur principal Cailly, posté sur le boulevard Saint-Germain, transmet :

– Attention ! Une BM. Elle s'arrête. Immatriculation : 3478 CX 93. Deux hommes à bord. L'un d'eux descend... C'est Edmond Zemour [1]... Un type sort du bar Le Thélème, angle Saint-Germain-Cardinal-Lemoine. Il vient à sa rencontre.

La voix de Cailly se fait alors plus frémissante :

– Je suis en plein dans le mille ! C'est William Zemour ! Il est vêtu d'un imperméable mastic. Il retourne au Thélème avec Edmond. Ils sont très, très méfiants.

Je prends le micro :

– Qui est le plus proche du Thélème ?

– Dauphin, patron.

– Dauphin, il nous faut une ambiance. Faites un passage à pied devant le café.

– Reçu.

---

1. Edmond Zemour est né le 16 juillet 1911, à Sétif. Il est l'oncle des frères Zemour et réside dans le sud de la France, où il tient un restaurant à La Ciotat. Sa présence aux côtés de ses neveux témoigne de l'importance de la rencontre qui se prépare.

L'enquêteur Pierre Dauphin fait une observation discrète et rend compte :

– Il y a cinq ou six individus groupés devant le comptoir, dans la partie gauche du bar. Ils regardent avec insistance en direction du café « J'ai du bon tabac. »

– Même manège ici, confirme l'inspecteur principal Objois, en planque devant ce café qui se situe juste en face du Thélème. Je vois deux consommateurs installés à la terrasse : la quarantaine, lunettes de verre fumé. Ils matent très fort.

Cette fois, il semble que nous ayons face à face les représentants des deux gangs rivaux. C'est ce qui ressort des comptes rendus radio. Le fait que les Z ne soient pas allés directement au café indiqué à l'origine mais dans un autre bar d'où ils peuvent observer n'a rien de surprenant : c'est une technique classique employée par les gangsters. Surtout lorsqu'un coup fourré se prépare...

Nos craintes paraissent fondées. Or la circulation est intense et les passants sont nombreux à déambuler sur le boulevard en ce bel après-midi ensoleillé. Nous ne pouvons pas prendre le risque d'un affrontement sanglant entre les deux bandes à ce moment de la journée. Il faut tenter de réaliser, sans plus tarder, un flagrant délit de port d'armes et d'association de malfaiteurs. Dispositif retenu : je m'occuperai du café-tabac avec quatre hommes, tandis que Broussard interviendra simultanément au Thélème avec le gros de l'effectif. À 16 h 20, les antigangs sont en position d'intervention sur les deux sites. Action !

Marlet, Croslais, Thominet et Stella m'assistent. Nous pénétrons rapidement dans le café « J'ai du bon tabac » et nous portons à la hauteur des deux suspects à lunettes signalés par Objois. Palpations d'usage, contrôle d'identité. L'intervention se déroule sans heurt. Les deux hommes suivent sans broncher les inspecteurs qui doivent les conduire au service pour une vérification approfondie. Je poursuis le contrôle des consommateurs à l'intérieur de l'établissement. Pas d'autres clients pour nous. L'opération n'a duré que quelques minutes. Je traverse le boulevard pour rejoindre Broussard au Thélème et prendre connaissance de ses résultats.

Stupeur ! En entrant dans le bar, j'aperçois un enchevêtrement de corps sur le sol. Des flaques de sang inondent le carrelage. Des impacts de balles ont étoilé les surfaces vitrées du café. Une ambiance de combat violent se dégage des lieux. Je suis étonné de n'avoir pas perçu le moindre bruit de détonation pendant mon intervention de l'autre côté du boulevard.

Broussard s'affaire avec les inspecteurs pour rechercher les armes des malfaiteurs qui ont été neutralisés. La voix rauque, il me dit :

– Ça a chauffé dur ! Ils ont allumé Chaix d'entrée de jeu. Il a riposté avec les gars. Il y a un mort et plusieurs blessés du côté des Zemour. J'ai demandé à l'état-major de nous envoyer la PS (Police-Secours) et le Samu.

– Et Chaix ?

– Il vient d'être évacué sur la Maison de santé des gardiens de la paix avec Guitard, qui a pris un méchant coup au niveau de la rate.

L'atmosphère est électrique. La tension n'est pas retombée. Elle est visible sur le visage des inspecteurs. Elle se lit aussi dans les yeux des clients du bar qui ont été immobilisés durant l'intervention et se relèvent hébétés. Quant aux membres du gang, ils sont allongés dans la partie gauche du café. Ils ne manifestent plus aucune réaction.

Que s'est-il passé ? À quel moment la machine a-t-elle pu s'emballer ? Voici comment, à chaud, Broussard me relate les faits :

Il a divisé ses effectifs en deux groupes. L'un est chargé de pénétrer dans le bar par la porte du pan coupé qui donne sur l'angle formé par le boulevard Saint-Germain et la rue du Cardinal-Lemoine. L'autre doit faire irruption par l'entrée de la rue du Cardinal-Lemoine. Mais cette seconde équipe subit un contretemps : le verrou de la porte est fermé. Il faut attendre son ouverture par la patronne de l'établissement. L'effet dissuasif de l'encerclement ne peut jouer comme prévu.

L'inspecteur divisionnaire Jacques Chaix est entré le premier par la porte du pan coupé. Sans avoir sorti son arme, il crie haut et fort : « C'est la police ! Vous êtes cernés ! Rendez-vous ! » Aussitôt, un homme attablé à sa gauche lui tire dessus, à bout portant. Chaix est blessé à l'épaule gauche. La balle qui le transperce passe à 3 centimètres du cœur. Il dégaine à son tour et foudroie son adversaire, tout en poursuivant son tir sur le groupe des complices qui ont instantanément sorti leurs armes. À demi inconscient, il s'écroule. Deux de ses collègues ouvrent le feu presque simultanément pour le protéger. Il s'ensuit une mêlée furieuse avec les agresseurs pour les neutraliser.

Il est clair pour moi que mes hommes ont agi en état de légitime défense, sans blesser par balle aucune personne étrangère au gang. Ce qui me frappe, c'est l'exiguïté des lieux : l'espace dans lequel s'est déroulé l'affrontement, et qui est comprimé entre la vitrine du café et le comptoir, ne dépasse pas dix mètres carrés.

Les inspecteurs qui ont fouillé sommairement les individus neutralisés et ont relevé leur identité m'en font une présentation lugubre :

– À gauche en entrant, c'est Benjamin Attal, né en 1947 à Tunis[1]. C'est lui qui a tiré sur Chaix. Il était armé d'un Colt Official Police trouvé près de son corps.

– Derrière lui, patron, c'est Roland Attali, né la même année à Constantine. Lui est indemne. Un pistolet Rohm, de calibre 38, a été retrouvé près de lui.

– Près du comptoir, c'est Edgar Zemour, né en 1937. Il a été atteint de plusieurs balles.

– À côté, c'est Edmond Zemour, né en 1911 à Sétif. Il est légèrement blessé au genou.

– Et voici le chef, William Zemour, né en 1930, blessé de plusieurs balles, dont une en pleine tête. Il avait un revolver Smith et Wesson, calibre 38, à la ceinture.

1. Il s'agit d'une fausse identité. Nous saurons, après vérification, que le mort est, en réalité, Joseph Elbaz, proxénète notoire et première gâchette des Z. Elbaz : quinze condamnations depuis 1958.

Peu après, nous découvrirons aussi dans la R16 que William a louée sous un faux nom, et laissée en stationnement à proximité, un Colt Diamond Back approvisionné. Nous saisirons dans la BMW utilisée par Edgar un document manuscrit qui constitue un véritable rapport sur les activités de Louis d'Auteuil et de sa bande. J'y reviendrai plus loin.

Reste un pistolet automatique Browning, de calibre 7,65 mm, découvert sur le carrelage et qui n'a pu être attribué à quiconque.

À côté des Zemour, légèrement décalé sur la droite, un homme au visage tuméfié gémit. J'interroge Broussard :

– Qui est-ce ?

– Probablement le confrère d'un client du café que je viens d'accompagner au car PS et qui s'est présenté comme étant Me Oussedik, du barreau de Paris.

– Oui, je suis Me Benachenou, dit le blessé. J'étais avec Me Oussedik. Je ne comprends pas pourquoi on m'a frappé.

Cette affaire qui sentait la poudre commence aussi à sentir le soufre. En attendant d'éclaircir les circonstances dans lesquelles Me Benachenou a été blessé, je le fais hospitaliser d'urgence avec les autres blessés.

Dans la rue, tourne un ballet frénétique de cars de police et d'ambulances, sur fond de sirènes hurlantes et de coups de klaxon. J'assiste à l'arrivée de Maurice Rateau, le commissaire du quartier, de Jacques Fouché, mon collègue de la Brigade criminelle, et de François Rabut, premier substitut au parquet. Broussard et moi faisons un rapide compte rendu de l'opération au magistrat qui confirme la saisine de la Criminelle.

Arrive sur ces entrefaites l'inspecteur principal Le Boucher, de l'Office central de répression du banditisme. Il a été informé de la fusillade du Thélème et vient m'aviser qu'en ce moment même des membres du gang des Lyonnais sont réunis dans un pavillon à Paray-Vieille-Poste, bourg de l'Essonne, près d'Orly.

Pas une seconde à perdre. Je constitue un groupe d'intervention sous la responsabilité de René Plouy, un inspecteur divisionnaire chevronné de la BRI. Mission : interpeller les suspects et perquisitionner la villa.

Plouy et ses assistants de la BRI et de l'OCRB trouveront sur place une assistance réjouie : cinq hommes célébrant au champagne je ne sais quel événement. À moins que ce ne soit l'opération du Thélème...

Ils se laisseront appréhender sans résister. Ce sont les seconds couteaux du clan Vella-Gauthier, celui des Siciliens : Pierino Rotondo Bianco, dit Perigne, le maître de céans ; Jacques Renaudat ; Laurent Adamski ; Christian Hyver et Christian Boissière, dit Dédé le bouffi. Tous bien connus des services de police. Résultat de la perquisition : un 7,65 mm Beretta et un Arminius 38 Spécial, glissé à la hâte sous le coussin d'un fauteuil ; un fusil à pompe, rangé dans un placard du premier étage ; un lot de munitions, dissimulé dans la descente d'escalier ; enfin, un 357 Magnum, caché dans le panneau de la tête du lit de la chambre des époux. Pour les nuits agitées, sans doute.

Naturellement, les joyeux convives nient avoir eu connaissance de l'existence d'une telle artillerie et feignent de s'indigner quand Perigne, fidèle à la loi du milieu, se dévoue. Il endosse la propriété de la totalité de l'arsenal pour dédouaner ses amis qui seront ainsi mis hors de cause. C'est ce qui s'appelle s'asseoir sur l'addition.

Boulevard Saint-Germain, le film n'est pas terminé.

En sortant du Thélème pour regagner le Quai des Orfèvres, je suis brusquement entouré par une nuée de journalistes. Une forêt de micros se dresse devant moi, de même que les caméras des principales chaînes de télévision. Je n'esquive aucune question. Je livre au public les premiers éléments d'information. Calmement, j'explique pourquoi nous sommes intervenus au Thélème et pourquoi nous nous sommes trouvés dans l'obligation de riposter dans un café transformé en champ clos.

Quelques minutes plus tard, je suis dans le bureau de Jean Ducret, le chef de la PJ, pour assister à la grand-messe du 20 heures qui ouvre sur l'affaire du Thélème.

– Dur, dur ! lâche le directeur, de sa voix cristalline. Il va falloir s'expliquer.

La soirée nous réserve une série de douches froides.

D'abord, j'apprends que les deux suspects que j'ai interpellés en douceur au café « J'ai du bon tabac » sont deux particuliers étrangers à l'affaire. Ensuite, on m'annonce que William Zemour a succombé à ses blessures. Quant aux deux avocats, ils avaient leur cabinet dans le quartier et n'ont rien à voir avec le gang. Me Benachenou souffre d'un traumatisme crânien et d'une fracture du maxillaire. Les éléments sont réunis pour que la polémique se déclenche. Et elle va effectivement éclater. Dans un fracas assourdissant.

Dès le lendemain, Me Benabdallah, bâtonnier d'Alger, se présente au parquet de Paris, accompagné de Me Oussedik. Il vient déposer plainte, au nom de Me Benachenou, pour tentative d'homicide volontaire. Rien de moins.

Oussedik affirme que son collaborateur a été violemment frappé au visage après la fusillade et alors qu'il était allongé sur le sol. Violence gratuite, selon lui. Il prétend aussi avoir entendu un policier s'exclamer : « Achève-le, c'est un raton ! » Lui-même déclare avoir été malmené puis déshabillé et fouillé à corps dans les locaux de la Brigade criminelle.

Sans attendre le développement de l'enquête judiciaire confiée au premier juge d'instruction Alain Bernard, je cherche à y voir clair dans le déroulement de l'opération. Je m'entretiens à nouveau avec les intervenants.

Il y a bien eu deux phases : la fusillade, puis une mêlée musclée visant à désarmer les malfaiteurs. Compte tenu de l'endroit où se trouvait allongé Me Benachenou, devant le comptoir, près de la zone où a eu lieu l'empoignade, il est plausible qu'il ait été assimilé au camp des malfaiteurs. Au moment où les coups de feu ont éclaté, au lieu de se réfugier sous sa table comme l'a fait Me Oussedik, lui s'est précipité vers le comptoir où se déroulait le corps à corps avec les truands. D'où la confusion. Mourad Oussedik, lui même, le reconnaîtra : « J'ai vu Benachenou sauter en direction du bar [1]. »

---

1. *France-Soir,* 5 mars 1975.

Restent les propos racistes qui auraient été proférés. Je dois dire que, dans l'ambiance de l'affaire du Thélème, ils m'ont toujours paru déconnectés de la réalité : il s'agissait, ce jour-là, d'une intervention contre une bande censée être composée d'individus issus du milieu juif pied-noir. Rien à voir avec des Maghrébins. Au reste, il y avait un Tunisien dans le bar, que tout le monde a vite oublié. Lors de l'intervention, il a foncé vers les toilettes. L'un de mes hommes l'a rattrapé, puis l'a contrôlé. Aucun coup n'a été porté contre ce Nord-Africain, aucune menace proférée. L'homme est même revenu spontanément voir l'inspecteur en question parce qu'il lui avait donné par mégarde son ancienne adresse. Et il a pu témoigner. Est-ce cela une ratonnade ?

Il n'empêche que Me Benachenou a cru reconnaître en Bernard Pire, un chef de groupe unanimement apprécié par ses pairs, le policier qui l'avait molesté. En réalité, Pire expliquera au magistrat qu'il s'était bien penché vers Me Benachenou pour relever, comme c'est l'usage, son identité, mais qu'en aucun cas il ne l'avait frappé. Il n'en sera pas moins inculpé de coups et blessures volontaires. Ce n'est que deux ans plus tard que l'inculpation sera levée et l'innocence de Pire enfin reconnue.

On ne peut toutefois nier l'évidence. Oui, c'est vrai, à la suite d'une regrettable méprise, mes hommes – en tout cas l'un d'eux (je n'ai jamais su lequel) – ont assommé Me Benachenou. Je lui ai présenté publiquement mes excuses et celles de mon service. Il les a refusées, acceptant néanmoins, par la suite, de retirer sa plainte contre un dédommagement bien légitime.

Quoi qu'il en soit, ce que j'ai dit hier vaut encore aujourd'hui : une confrontation avec des truands aussi dangereux que les Zemour ne pouvait pas tourner à la conversation de salon. On n'arrête pas des voyous puissamment armés avec des formules incantatoires. On le fait au péril de sa vie, et l'Histoire s'écrit alors en trente secondes. Tout se joue en un éclair, sur un coup d'œil, sur un réflexe. Or les policiers ne sont pas infaillibles. Eux aussi ont le droit à l'erreur. Même si, par principe, il est très difficile de leur accorder ce droit.

Les jours qui vont suivre cette fusillade seront particulièrement éprouvants. Les critiques se feront acerbes. Parfois même injurieuses. Ainsi ce commentaire de Gilles Millet, dans *Libération* : « Non, il n'est pas exagéré de constater que les pistolets de la brigade " antigang " se trouvent parfois aux mains de racistes et d'assassins. »

L'Humanité s'en donne à cœur joie, sous la plume de Claude Lecomte : « Les G-Men français ne se sont pas seulement inspirés de la rapidité de tir et de l'habileté acrobatique de leurs confrères d'outre-Atlantique : ils ont aussi appris d'eux le racisme [...] Les rafles du métro ont ceci de commun avec l'assaut du Thélème que le faciès est déterminant dans l'intervention policière... »

Le mardi 4 mars promettait d'être une journée chargée. Avec mon adjoint, j'accompagne, ce matin-là, le préfet de police Jean Paolini pour une audience chez le ministre de l'Intérieur, Michel Poniatowski, qui, depuis le 28 mai 1974, a succédé à Raymond Marcellin, pris dans la tourmente de l'affaire « des plombiers » du *Canard enchaîné*.

Broussard et moi allons-nous être crucifiés, comme le prédisent quelques oiseaux de mauvais augure ?

Depuis dix minutes, le ministre écoute notre exposé. Je le sens impatient. Soudain, il nous interrompt :

– J'ai compris ce qui s'est passé. Moi-même j'ai connu le danger lorsque je combattais chez les paras pour la libération de la France. J'ai été sous le feu lors du débarquement des Alliés en Corse. L'entraînement est, à mes yeux, la meilleure arme pour affronter ce genre de situation.

Comment ne pas être d'accord avec lui ?

Ponia publiera le jour même un communiqué dans lequel il conclut que les moyens de l'antigang doivent être renforcés. Puis il va se rendre au chevet de Chaix et le décorer de l'ordre national du mérite. Juste récompense.

Dans l'après-midi, je suis chez le juge Alain Bernard, chargé d'instruire la plainte de Me Benachenou. L'accueil est plus mitigé. Le magistrat traverse une période éprouvante : c'est lui qui, depuis des mois, tente de démêler l'écheveau des fils de micros du *Canard.* Affaire dans laquelle il est soumis aux coups de griffe de la critique et qui se terminera par un non-lieu embarrassé.

Dans la presse, la polémique reprend de plus belle. *Le Nouvel Observateur* annonce que son investigateur « René Backman a reconstitué l'opération " feu à volonté " menée par la brigade antigang du commissaire principal Marcel Leclerc ». « La brigade antiquoi ? » s'interroge Jacques Derogy, dans *L'Express.*

Il ne reste plus qu'une poignée de journalistes, comme Jacques Lesinge dans *L'Aurore,* pour rappeler quelques vérités sur les risques du métier. Au moins ce grand reporter calme et rigoureux s'est-il donné la peine de venir nous entendre avant de prendre la plume.

Dans cette ambiance délétère, un autre personnage se manifeste, de façon inattendue : Jean-Baptiste Andréani, le directeur du Grand Cercle, ennemi juré des Francisci et de leurs supporters les Zemour. Il me fait parvenir une rondelette somme d'argent, « pour les policiers blessés et les œuvres de la brigade », précise-t-il.

Je l'appelle immédiatement au téléphone pour lui indiquer, en termes appropriés, que l'antigang ne mange pas de ce pain-là. Ses dons lui sont retournés séance tenante.

– Je ne pensais pas vous offenser, monsieur le commissaire, réplique-t-il, ennuyé.

Lui, au moins, avait identifié ses adversaires de l'époque et n'avait pas craint d'afficher son contentement.

Acajou massif et poignées d'argent

L'affaire dérivait ainsi lorsque, le lundi 10 mars, le clan des Z allait inconsciemment en changer le cours. C'était le jour des obsèques de William Zemour, au cimetière parisien de Bagneux. La famille et les proches avaient voulu une cérémonie digne de l'enterrement d'une haute personnalité.

À 14 heures précises, dans une brume légère, deux fourgons franchissent les grilles du cimetière. Le premier croule sous les gerbes et les couronnes de fleurs. Le second transporte la dépouille de William dans un cercueil en acajou massif avec poignées d'argent. Il est recouvert d'une immense tenture noire frappée d'un Z en lettre d'argent. Suit un cortège de Mercedes et de Jaguar aux chromes étincelants. Une Silver Cloud ferme la marche. On peut apercevoir derrière les vitres fumées de la Rolls quatre hommes de main en blouson de cuir. D'autres porte-flingues encadrent l'assistance, engoncés dans leurs costumes neufs, la barbe non rasée en signe de deuil. Il y avait bien ce jour-là, autour de la bière, mille ans de prison à distribuer, dira un inspecteur envoyé discrètement en observateur.

Les photographes, bien sûr, sont au rendez-vous. C'est leur métier. Mais le climat se dégrade. Le clan fait pourchasser les journalistes par ses hommes de main à travers les allées du cimetière. Des appareils photo sont fracassés contre les pierres tombales. Le reporter Marcel Mousson est passé à tabac, sous les yeux impassibles de quelques donneurs d'ordre à l'élégance tapageuse.

Le soir même, la France croit vivre un mauvais rêve devant son poste de télévision : des funérailles de parrain à l'américaine au cœur d'une paisible commune de la banlieue parisienne ! Ce choc des cultures produit un effet immédiat : l'antigang, qui avait été des jours durant traînée dans la boue, bénéficie d'un regain de sympathie dans l'opinion. Un collectif de soutien est constitué à Lille. Le courrier abonde à la brigade. Il émane de gens de toute condition : des marins-pêcheurs du Pas-de-Calais, des patrons de PME, des mineurs du Nord, des femmes, des hommes. « Bravo ! » « Tenez bon ! » « Nous sommes avec vous ! » « Chapeau. Continuez. Il n'y a pas que les râleurs parisiens... » La France silencieuse prend sa plume et le pouvoir politique ses responsabilités : au Conseil des ministres qui suit, Jacques Chirac, alors Premier ministre, tient à adresser un « coup de chapeau » à la police, « y compris à la brigade antigang ». Le vent a tourné.

L'instruction des procédures va cheminer au rythme de la justice jusqu'à la fin de l'année 1976. Selon une logique singulière : l'affaire de port d'armes contre la bande du Thélème se transforme en simple incrimination de violences à agents de la force publique, au motif que les armes saisies n'ont pu être attribuées de façon précise. Et c'est pour homicide volontaire que la famille Zemour porte plainte contre X, c'est-à-dire contre la police. Pour meurtre !

Gilbert Zemour, réfugié aux États-Unis après avoir été expulsé du Canada où il tentait une implantation, rentre en France. Le 15 décembre 1976, n'y tenant plus, il accorde un entretien tonitruant au *Quotidien de Paris,* sous le titre « J'accuse la police ». Il n'y va pas de main morte : « Je n'en peux plus des bruits que la police en général et le commissaire Leclerc en particulier font courir sur notre nom. C'est un mythe, c'est une machination et il est temps que cela cesse. J'ai décidé d'attaquer. »

L'attaque, en effet, ne manque pas d'audace : « Dans l'affaire du Thélème les policiers ont simplement attendu le moment propice pour faire un carton sur mes frères [...] L'histoire d'un règlement de comptes entre deux bandes rivales n'est que pure invention. Mes frères et leurs amis étaient filés depuis la veille par la police, j'en ai la preuve. Et quand les policiers sont entrés dans le bar, ils ont ouvert le feu comme à un exercice de tir. Ils étaient venus pour tuer, pour éliminer les Zemour. »

La preuve de ce qu'il avance, il la tire des résultats de l'instruction de l'affaire du Thélème elle-même, puisque, dit-il, « pas une affaire de port d'armes n'a été retenue contre aucune des victimes, ce qui veut dire que seuls les policiers étaient armés ».

« Le policier blessé, ajoute-t-il, l'inspecteur Chaix, a été blessé par ses collègues au cours de l'action. Il n'y a jamais eu d'expertise balistique de l'arme qui a tiré sur lui. De plus, tous les blessés ont été atteints dans le dos. »

Comment explique-t-il la présence de ses frères et de leurs amis au Thélème, ce jour-là ?

« William est allé faire des achats chez un antiquaire du boulevard Saint-Germain avec Elbaz et Attali. Mon oncle est allé faire des courses avec Edgar. Vers 15 h 30, ces derniers sont allés jeter un œil du côté de chez l'antiquaire. À ce moment, ils ont vu William leur faire signe que tout le monde était au Thélème et sont venus s'accouder au bar devant un demi. »

Et dans un raccourci saisissant, il conclut : « ... ils n'ont pas eu le temps de le boire. L'inspecteur Chaix est entré par une porte, Leclerc et ses hommes par l'autre. Et la fusillade a commencé. »

Faux ! Absolument faux ! Il m'était facile de réfuter ce réquisitoire stupéfiant. La démonstration transmise au directeur de la PJ tient en six points :

1 – Non, la bande neutralisée n'a pas été filée depuis la veille. Pour une raison simple : tous les effectifs de la BRI étaient mobilisés sur la prise d'otages de l'avenue de la République.

Nous le savons.

2 – Oui, les malfaiteurs venus au Thélème étaient bien armés. Cinq armes de poing ont été saisies, dont une dans la voiture louée sous un faux nom par William pour se rendre sur place.

Nous l'avons établi.

3 – Oui, c'est bien Elbaz qui a ouvert le feu sur Chaix. Le rapport d'expertise balistique du Pr Ceccaldi, directeur du laboratoire de police scientifique de la PP, est formel : « Le revolver de calibre 38 Spécial, de marque Colt, modèle Official Police, n° 613783, trouvé près du corps de Joseph Elbaz (scellé n° 16), a tiré la balle retrouvée dans l'anorak de l'inspecteur divisionnaire Chaix (scellé n° 21) et percuté la douille trouvée dans le barillet de l'arme (scellé n° 18). »

Peut-on être plus précis ?

4 – Oui, c'est encore Elbaz qui a tiré le premier. Edgar Zemour lui-même l'a reconnu. De son lit d'hôpital, il a tenté d'adresser à sa mère une lettre qui a été interceptée et remise au juge d'instruction. Et que dit ce courrier ? « Si les policiers en civil auraient dit [*sic*] " police " en entrant dans le bar, le petit Jojo n'aurait pas tiré. »

Ce qui est écrit est écrit.

5 – Non, mes inspecteurs n'ont pas fait feu sur les hommes du gang alors qu'ils leur tournaient le dos. Les rapports d'expertise sont, là aussi, sans équivoque : les projectiles qui ont atteint Joseph Elbaz et William Zemour ont été tirés de face ou de biais, exception faite pour Edgar qui a été atteint dans le dos.

La nuance est de taille.

6 – Non, enfin, la réunion des membres du clan au Thélème n'était pas l'aboutissement d'une promenade qui les aurait amenés à se rencontrer fortuitement à cet endroit. La patronne et la serveuse du bar déclarent, en effet, qu'elles ont été intriguées par le manège suspect de ces clients qui paraissaient nerveux et regardaient constamment en direction du café-tabac situé de l'autre côté du boulevard.

Ces déclarations figurent noir sur blanc dans les PV de la Brigade criminelle.

N'oublions pas le document manuscrit découvert dans la BMW d'Edgar ; ce fameux compte rendu détaillé des activités du clan des Siciliens dirigé par Louis d'Auteuil. Sous les prénoms de Jean-Claude et Marcel, deux adversaires impitoyables des Zemour y sont désignés. Le premier est Jean-Claude Vella, dont le corps sera découvert le 12 septembre 1975 dans le coffre d'une voiture volée abandonnée dans une rue du 13e arrondissement. Le second est Marcel Gauthier, qui sera abattu le 17 septembre 1976 sur le port de Nice, à la descente du ferry qui le ramenait d'un séjour en Corse.

Que lit-on encore dans ce rapport fort documenté ? Que les Siciliens avaient pour habitude de se réunir dans un café appartenant à Louis d'Auteuil, 13, quai de Tournelle. C'est-à-dire à moins de cent mètres du café « J'ai du bon tabac » ! Cela fait beaucoup de coïncidences.

Dès la publication de l'interview de Gilbert, Louis Barbaroux, procureur de la République de Paris, va diffuser un communiqué percutant dans lequel il soulignera que « les éléments recueillis au cours des procédures d'instruction démentent l'ensemble des accusations portées contre la police ».

Le jour même, Michel Poniatowski porte plainte contre Gilbert Zemour pour propos mensongers et diffamatoires. L'affaire du Thélème n'en finit pas de faire des vagues. Elle prend une tournure inquiétante.

Le « contrat »

De toutes parts des informations convergentes me parviennent : le clan des Zemour crie vengeance et s'affaire dans l'ombre pour passer un contrat avec des hommes de main. Objectif : s'en prendre physiquement à Broussard et à moi.

Déjà, dans les jours qui ont suivi la fusillade, ce genre de rumeur a circulé : on nous avait rapporté que les amis des Z voulaient nous régler notre compte. J'avais même convoqué Bellardello, le tenancier de La Madrague, pour qu'il les mette en garde. Je sais que le message avait été transmis.

Cette fois, la menace se fait plus précise. Le chef de la DNED (Direction nationale des enquêtes douanières), avec lequel je suis souvent en rapport, me téléphone pour me transmettre une information qui lui paraît sérieuse : l'un de ses indicateurs dans des affaires de trafic avec l'Italie vient de l'aviser que Gilbert Zemour aurait contacté des tueurs de la mafia transalpine pour me faire abattre. Petit Gilbert aurait enquêté pour localiser ma résidence secondaire en Bretagne, et c'est le lieu qui aurait été choisi pour passer à l'action.

Je suis sur mes gardes et j'ai pris l'habitude de conduire en regardant dans le rétroviseur. Un soir, en rentrant chez moi, j'observe qu'une Ford me suit à distance. Une Ford Mustang. Il y a plus discret. Je fais quelques détours dans les ruelles étroites de Montrouge. Elle est toujours là. Arrivé sur le grand boulevard du cimetière de Bagneux, je m'arrête brusquement. Surpris par la manœuvre, le suiveur est contraint de me dépasser. J'ai le temps de relever son numéro. Il se gare quelques centaines de mètres plus loin et abandonne la filature.

Sa voiture est immatriculée dans l'Isère. Jacques Franquet, alors sous-chef du SRPJ de Lyon, procédera pour moi à l'identification : la Mustang appartient à un petit truand grenoblois. Grenoble, un poste avancé de la mafia en France.

Sur ces entrefaites, Jean Suire, mon ancien adjoint à la 1re BT, adresse un rapport circonstancié au directeur de la PJ pour signaler qu'un contrat – encore un – aurait été proposé à des spadassins gravitant autour de François le Grec, un parrain bien connu. Un certain Nat, que nous n'avons aucune peine à identifier, aurait été pressenti pour effectuer le travail.

Broussard, de son côté, a recueilli des renseignements qui paraissent recouper celui-là. Cette fois, nous décidons de montrer les dents. Nous convoquons Nat et le Grec au service et leur mettons les points sur les i. Quelques jours plus tard, une grande réunion va se tenir dans le cabinet d'un avocat qui a défrayé la chronique dans l'affaire Ben Barka : Gilbert et Edgar Zemour auraient été invités à calmer leurs ardeurs afin de ne pas provoquer des retombées fâcheuses pour les affaires du milieu parisien.

Il y aura encore une escarmouche, à l'automne 1977. James Sarazin, journaliste au *Monde,* vient de publier *M... comme milieu.* Un livre remarqué qui brosse une vaste fresque de l'empire Zemour. Et celle-ci n'est pas du goût de Gilbert, qui porte plainte en diffamation. Broussard et moi sommes cités comme témoins par le journaliste qui veut étayer ses allégations. Notre déposition n'est guère appréciée par Me Johanès Ambre, l'avocat de Petit Gilbert, qui nous le fait savoir avec véhémence. À la suspension d'audience, c'est l'altercation : Broussard en vient presque aux mains avec Gilbert Zemour, et les gardes du Palais doivent s'interposer.

Je suis très surpris lorsque, début 1978, Edgar Zemour demande à me rencontrer. Je le reçois dans mon bureau du Quai des Orfèvres, le 26 janvier. L'homme est d'abord emprunté : il y a eu tellement d'événements, d'accusations, de rumeurs depuis l'affaire du Thélème qu'il n'est pas facile de briser la glace. Voici la teneur de cet entretien :

– Monsieur Leclerc, on m'a dit, il y a même des policiers qui disent : « Attention ! Broussard, il veut te tuer ; Leclerc, il veut te tuer. Ils vont essayer de te faire un travail, de t'abattre ou de t'envoyer en prison. Pourquoi tu ne vas pas les voir ? » Si j'ai de la haine, c'est pas contre vous ou Broussard. Je sais qu'on s'est servi de vous pour nous abattre. Si j'ai de la haine, c'est contre ce milieu pourri.

– Mais vous, vous étiez au Thélème ; vous savez ce qui s'est passé.

– Si, comme vous le dites, Elbaz a tiré sur Chaix, ce que je sais moi, c'est que quand Chaix est entré au Thélème, je l'ai reconnu. J'étais en conditionnelle. Je lui ai tourné le dos pour pas qu'il me reconnaisse. J'ai pris cinq balles dans le dos, sans savoir ni pourquoi ni comment.

– Pensez-vous que ce soit la bonne méthode de faire campagne contre la police, de nous traiter de nazis ?

– Je n'ai jamais été d'accord pour donner des informations aux journalistes, pour faire des radios, déposer plainte. C'est pas mon principe. C'est pas possible de combattre : c'est la loi ; c'est comme si vous alliez vous battre contre l'armée. Il y a des personnalités, des anciens pédés, qui sont devenus des grands messieurs sur la place de Paris et qui ont des relations assez importantes. Peut-être qu'on les gênerait parce qu'on sait pas mal de choses. Ils sont devenus des P-DG et ils pourraient vouloir se débarrasser de nous. Ils ont assez d'amis dans la police et chez les hommes politiques. Ils pourraient dire, quand il se passe quelque chose : « Ce sont les Zemour. » Je ne vais pas donner de noms.

– Vous voulez parler de qui ?

– Peut-être d'un certain Corse.

– Un Corse qui tient des salles de jeux, par exemple ?

– Par exemple. Il préférerait peut-être me voir au cimetière.

– De qui voulez-vous parler ? Parce qu'il y a beaucoup de Corses dans les jeux. Ils sont même en concurrence.

– Je veux parler des Francisci.

– Je croyais que vous étiez bien avec eux.

– Moi, j'ai toujours pensé que j'étais bien avec eux ; j'ai toujours pensé que j'étais leur ami. Mais on peut être trahi.

On peut vous jeter à la porte. On peut vous faire faire un travail. Pas directement, parce qu'il y a des gens intelligents. Vous savez, quand on est en prison, on a le temps de penser et moi, je pense qu'il y a beaucoup de choses. Quant à François le Grec, pour moi, ça a toujours été une fille d'amour. Il a toujours eu besoin de gardes du corps pour aller faire ses embrouilles, ses rackets chez les petits malheureux. Moi, par contre, je voudrais qu'on puisse me présenter quelqu'un à qui j'ai fait du racket, à qui j'ai pris des sous ou qui dise que j'étais dans un hôtel de passe. Ce que j'ai fait, c'est seulement pour l'honneur, pas pour l'intérêt.

– Il ne faut pas se raconter des histoires. Il faut vivre quand même !

– Vous savez très bien que j'avais monté une affaire de textile, de trousseaux, en 1964, et que j'étais dans les vins. Que je gagnais assez d'argent. Je n'avais pas besoin de faire le mac – une fille qui va rapporter dix, vingt ou trente sacs par jour – alors que je prenais cinq cent mille à un million par jour. Peut-être que je forçais un peu les ventes, peut-être que j'escroquais un peu – ils appellent ça escroquerie : quand un mec demandait deux cents litres, on lui envoyait six cents. Moi j'ai toujours cru à l'amitié. On s'est servi de moi à l'amitié. Ils m'ont fait croire qu'on voulait attenter à leur vie, à leurs enfants. Je me suis battu pour Pierre, Paul ; jamais pour moi. Vous savez que je touchais assez d'argent avec Marcel Francisci au Cercle et que je n'avais pas besoin de me mouiller. Moi je touchais deux millions, trois millions par mois. Je faisais le jockey : quand il n'y avait pas assez de clients pour jouer au chemin de fer, je m'asseyais à la table. Avec ce que je gagnais – avec naturellement leurs croupiers qui traficotaient, je touchais le pourcentage – j'avais pas besoin de me mouiller, d'aller faire du racket. Maintenant, qu'après on a voulu se débarrasser de moi et qu'on a commencé à lancer des calembours : Edgar ceci, cela, et qu'on a commencé à faire de la poussette. Ça, je m'en suis aperçu qu'après, quand j'ai manqué de mourir... Mais en prison, j'ai beaucoup réfléchi. Je me suis dit : le seul mec à qui j'ai rendu service, peut-être qu'il a voulu se débarrasser de moi...

– Quels sont vos projets ?

– Je comptais monter une affaire ici, prendre un appartement. Je comptais vous voir pour vous demander avant de commencer si ça vous dérangeait pas.

– Dans la mesure où vous n'êtes pas recherché, vous pouvez vous installer en France comme tout citoyen. Je ne vous donnerai pas un blanc-seing, mais il n'y a aucun acharnement de la BRI contre vous et votre famille. Il est évident, par contre, que si vous reprenez vos activités illicites, vous nous trouverez à nouveau sur votre chemin.

Et il me quitte, apparemment apaisé. Je suis étonné par la suspicion, la rancœur qu'il nourrit à l'encontre de Marcel Francisci.

À l'automne 1981, une note d'information datée du 8 octobre et rédigée par le directeur départemental des polices urbaines de Marseille tombe sur mon bureau. Je suis alors chef de la Brigade criminelle au Quai des Orfèvres. Le texte est précis et laconique à la fois :

« De source généralement bien renseignée, il est porté à la connaissance du service que le nommé Zemour Edgar, malfaiteur bien connu, aurait l'intention d'abattre lui-même :

« – Francisci Marcel, directeur de cercle de jeux à Paris, auquel l'oppose un litige d'ordre financier

« – Le commissaire Broussard, chef de la BRI à la PP, à qui il reproche d'être à l'origine de la mort de son frère William lors de l'affaire du bar Le Thélème. »

C'est le commissaire Gonzalvez, de Marseille, qui a recueilli ces indiscrétions. Et il est réputé pour la fiabilité de ses informations.

Pour Broussard, c'est le énième tuyau de ce genre. Il n'en fait pas un drame. Il enregistre, c'est tout. Quant à Marcel Francisci, il est avisé par le commissaire Le Barbier, chef de la section des jeux à la préfecture de police. Il accueille la nouvelle avec un flegme teinté de mépris :

– C'est une galéjade ! Je n'ai aucun contentieux avec ces gens-là.

Dans la poche de Francisci...

Vendredi 15 janvier 1982. 11 heures. L'état-major PJ me transmet le flash suivant :

« Le corps de Marcel Francisci vient d'être découvert dans son parking, au sous-sol de l'immeuble, 11, rue de la Faisanderie, dans le 16e arrondissement. Il a été tué par balles. Vous êtes saisi de l'enquête. »

Je me rends immédiatement sur place avec le groupe d'enquêteurs de la Criminelle dirigé par l'inspecteur divisionnaire Fleury. Le substitut du procureur nous accompagne.

Le corps de Marcel Francisci est étendu sur le dos, à l'extérieur de son cabriolet Jaguar, coincé entre le mur du parking et le véhicule. La portière, côté conducteur, est ouverte et son pied droit repose encore sur le plancher avant. Le moteur refroidi est arrêté. Les phares sont éteints. Le dossier du siège conducteur est incliné vers l'avant. La victime a été atteinte de trois balles de 11.43 mm tirées à bout portant dans les régions vitales : la tête et le côté gauche du thorax. Elle a été, de toute évidence, tuée au moment où elle descendait de la Jaguar. Je note que le corps est froid : la mort remonte à plusieurs heures.

J'entreprends les premières constatations sur place. De l'une des poches du pantalon, je retire une mini-cassette Sony. Nous la décrypterons à notre retour au service.

Pour l'instant, il faut reconstituer l'emploi du temps de Marcel Francisci et déterminer au mieux le moment de sa mort.

J'apprends ainsi que la veille, vers 21 heures, il s'est rendu au Cercle de l'Aviation, sur les Champs-Élysées, où il a dîné avec son frère Roland, responsable de l'établissement. Deux heures plus tard, il s'est rendu chez sa fille Françoise, conseiller juridique, qui demeure dans un appartement confortable, rue Barbet-de-Jouy, dans le 7e arrondissement. Il lui a tenu des propos désabusés sur son avenir dans les jeux, envisageant de se consacrer exclusivement à sa carrière politique. Il est parti à minuit et demi pour rejoindre à nouveau Roland au Cercle de l'Aviation. Il a quitté celui-ci une heure plus tard, au volant de sa Jaguar, en manifestant l'intention de rentrer chez lui. Ce n'est que le lendemain, à 10 h 45, qu'un chauffeur de maître l'a découvert dans le parking de la rue de la Faisanderie.

Malheureusement, l'enquête de voisinage extrêmement fouillée ne permettra pas de situer avec précision l'heure du meurtre. Des résidents de l'immeuble ont entendu des bruits suspects pouvant s'apparenter à des détonations, les uns vers 2 heures du matin, les autres vers 7 heures. En outre, il n'y a aucun témoin visuel des faits.

Je prends les premiers contacts avec la famille. Je m'entretiens tout d'abord avec Françoise Francisci, la distinction même. Elle est bouleversée par le meurtre mais elle affiche une retenue, une maîtrise d'elle-même qui révèlent une forte personnalité. Elle affirme qu'elle ignore quels sont les assassins de son père, mais je lis dans son regard une détermination farouche. Ses oncles Roland, Xavier, Antoine, Jean, seront entendus. Ils ne connaissent pas d'ennemi à leur frère Marcel. Le clan Andréani, le clan Zemour, d'autres pistes encore ? Ils n'accréditeront aucune hypothèse. Je comprends que nous ne devons compter que sur nous-mêmes.

Et la cassette trouvée sur la victime, que contient-elle ? Aux premiers sons du magnétophone, nous n'en croyons pas nos oreilles. Ce sont apparemment des extraits de conversations téléphoniques entre Marcel Francisci et un célèbre avocat marseillais. Les dialogues font apparaître que Marcel Francisci l'aurait contacté pour que celui-ci demande à son confrère Roland Dumas d'intercéder en sa faveur auprès d'un interlocuteur qui pourrait être Gaston Defferre. On peut supposer, à travers les sous-entendus utilisés, que cette sollicitation serait en relation avec la fermeture du Cercle Haussman intervenue en juillet 1981.

Actant son dernier message à la date du 5 janvier 1982, Marcel Francisci se plaint de ne plus avoir de nouvelles des deux avocats.

La transcription de ces entretiens téléphoniques a été faite sur procès-verbal à la Criminelle. Ce PV est inclus dans la procédure qui a été transmise quelque temps après au parquet de Paris.

Comme il est trop fréquent dans ce domaine qui se situe aux frontières de la politique, une fuite va être savamment orchestrée dans la presse, notamment dans *Le Monde* du 8 mars 1982. D'où vient-elle ? De la police judiciaire ? De la justice ? De la partie civile qui avait droit à la communication du dossier par l'intermédiaire de son avocat ? Je l'ignore.

En tout cas, étant à l'époque en conflit avec Gaston Defferre, ministre de l'Intérieur, j'apprends que je suis soupçonné. Je fais savoir à l'avocat marseillais que je n'ai rien à voir avec cette affaire et que ce sera mon seul démenti.

Qui donc était visé ? Le ministre de l'Intérieur et, à travers lui, le gouvernement ? Me Roland Dumas dont on attend la promotion ministérielle ? Ou tout simplement deux avocats qui fréquentent les allées du pouvoir ?

Une chose est sûre : ceux-ci vont réagir fermement pour protester de leur honnêteté. Dès le 8 mars, l'avocat phocéen tient à faire la mise au point suivante, dans les colonnes du quotidien marseillais *Le Provençal* :

« 1 – Il est exact. comme je l'ai déjà déclaré, que j'ai été contacté en ma qualité d'avocat par M. Francisci qui, dans le souci de défendre ses intérêts, a sollicité mon concours professionnel.

« 2 – Après étude du dossier, j'ai estimé ne pouvoir m'en charger. J'en ai informé M. Francisci en lui laissant le soin de choisir un autre conseil.

« 3 – Contrairement à certaines allégations inconsidérées et inadmissibles, je n'ai jamais entretenu de cette affaire une personnalité politique, quelle qu'elle soit. »

Quant à Roland Dumas, il rend publique dans *Le Monde* du 9 mars une déclaration circonstanciée dont voici les traits les plus saillants :

« Certains des articles que je viens de lire laissent entendre que M. Francisci aurait cherché, non pas des avocats, mais des intermédiaires pour intervenir en sa faveur auprès du ministre de l'Intérieur et obtenir ainsi la réouverture de ses maisons de jeux, en même temps que la fin de certains de ses ennuis.

« C'est mal me connaître que d'imaginer que j'aurais pu un seul instant me prêter à ce genre d'intervention auprès de mes amis politiques et, pis encore, les monnayer. »

Peut-on douter de la parole d'un homme qui deviendra un jour président du Conseil constitutionnel ?

Gaston Defferre ne résiste pas à la tentation d'y ajouter son grain de sel. Dans un meeting organisé à Marseille le 11 mars, pour accueillir le Premier ministre Pierre Mauroy, il s'emporte :

« Comme par hasard, on a trouvé dans la poche du mort une cassette de conversations qu'il avait eues avec un ami, et Me Roland Dumas, un avocat socialiste. On peut se poser des questions. Comment cette cassette était-elle là et quelqu'un l'a-t-il mise dans la poche du mort ? En réalité, on est amené à penser que les protecteurs, les amis, les complices de Francisci voulaient rejeter cette affaire sur nous. »

Et comme le ministre impétueux a commis l'imprudence de mettre en cause plusieurs chefs de file du RPR, dont leur président Jacques Chirac, il se retrouve poursuivi devant le tribunal de Paris et condamné pour ses propos diffamatoires. Pour un ministre en exercice, c'est un comble.

Que s'était-il passé pour que Marcel Francisci, le patron du Cercle Haussmann, en soit venu à entreprendre ces démarches fiévreuses ? Christian Bonnet, le dernier ministre de l'Intérieur de Giscard, avait en 1980 décidé de modifier le statut des patrons de cercles de jeux. Fermiers des jeux, ils agissaient comme des dirigeants indépendants. Le ministre décide de faire d'eux de simples salariés. Marcel Francisci refuse de se plier à la nouvelle réglementation en vigueur depuis janvier 1981. À l'expiration de son contrat de fermage, le 30 avril, il se trouve donc en infraction ouverte.

Surviennent les élections présidentielles de mai 1981 qui consacrent la victoire de François Mitterrand. Notre homme, qui a fait campagne pour Giscard, doit chercher de nouveaux appuis. La décision de fermeture du Cercle Haussmann est exécutée le 3 juillet par la brigade des jeux. Que, dans ce contexte, Marcel Francisci ait cherché à fléchir son vieil ennemi Gaston Defferre n'a rien d'illogique. On sait maintenant que tous ses efforts ont été déployés en pure perte.

L'enquête criminelle n'a jamais permis d'identifier le ou les tueurs de Marcel Francisci.

J'ai revu Edgar Zemour à la Brigade criminelle le 1er février 1982. Il était convoqué pour être entendu sur les soupçons pesant sur lui. Le commissaire Gonzalvez avait notamment rapporté qu'il aurait intimé l'ordre à Marcel Francisci de lui apporter 890 millions de centimes, à Genève, pour le dédommager.

– Balivernes que tout cela ! répond Edgar dans son langage imagé.

Notre dossier est bien mince pour le contredire.

Jean-Baptiste Andréani aussi répond à la convocation de la Criminelle. Cette fois, Francisci, l'ennemi juré, est mort. Il accepte de sortir de son repaire. Bien sûr, il jure qu'il n'a rien à voir avec le meurtre de son concurrent. D'ailleurs, dit-il, les hostilités ont pris fin depuis ce jour de 1970 où Alexandre Sanguinetti et Me Michard-Pelissier ont réussi à les convaincre de signer la paix des braves.

L'enquête du clan Francisci a-t-elle été plus fructueuse que les investigations officielles ? On a dit que les frères, réunis en conclave à Ciamanacce (Corse du Sud), après les obsèques de Marcel, auraient décidé de susciter des renseignements. Ils auraient offert une prime alléchante à toute personne susceptible de fournir des informations conduisant aux coupables. Ont-ils été entendus ? Rien n'a filtré depuis.

Laissons parler les événements.

8 avril 1983. 22 h 30. Edgar Zemour vient de regagner sa villa dans la zone résidentielle de Miami. Il est dans sa chambre et, contrairement à l'habitude, le volet de la fenêtre est levé. Plusieurs détonations retentissent. Sa fille

Myriam, seule dans les lieux avec lui, se précipite. Edgar est allongé sur le sol, mortellement blessé par quatre balles de 11.43 mm tirées à travers la fenêtre.

Les policiers américains feront remarquer au groupe de l'inspecteur Fleury, envoyé par la Criminelle en mission à Miami, que le Colt 45 qui a été utilisé par le tueur ne fait pas partie de la panoplie des armes utilisées par les gangsters d'outre-Atlantique. Contrairement à leurs « confrères » européens, ils préfèrent les barillets, 38 Spécial ou 357 Magnum.

Gilbert Zemour lui-même viendra enquêter à Miami sur la mort de son frère. Il n'a jamais dit clairement quelles étaient ses conclusions. Il a quand même déclaré à un journaliste de *Paris Match,* dans un entretien publié le 29 avril 1983 : « Pour Edgar, si je connais un jour la vérité et qu'il a été tué parce qu'il a fait des saloperies, je ne ferai rien. Mais s'il n'a rien fait à personne, que c'est un crime gratuit que la justice ne punit pas, il est évident que je ferai ce que j'ai à faire. Si c'est ça être un voyou ou un truand, alors malheureusement j'en suis un. »

À bon entendeur, salut ! Des gens allaient se sentir concernés. Et dans ce cas, il vaut mieux prendre les devants. Voici la dernière séquence :

28 juillet 1983. 5 h 30 du matin. Gilbert Zemour a passé la nuit dans Paris avec ses amis du moment. Il vient de regagner son appartement cossu de l'avenue de Ségur, où il vit avec sa femme Liliane. Ses quatre caniches lui font la fête et il s'avise de les sortir pour une promenade hygiénique. En bas, un homme qui guette sous le porche du numéro 2 de l'avenue déserte s'avance vers lui. Il tire calmement deux coups de feu qui l'atteignent au thorax. Le 357 Magnum laisse peu de chance de survie. Le tueur ne veut pourtant prendre aucun risque : il exécute Petit Gilbert d'une troisième balle sous le menton. Un riverain a vu la scène et témoigne. Un autre témoin a aperçu le tireur rejoindre une jeune femme aux cheveux blonds qui l'attendait un peu plus loin.

Ainsi disparaît à son tour, de mort violente, le quatrième frère de cette tribu turbulente. Difficile de croire, comme il a tant cherché à nous en persuader, qu'il appartenait au monde des gens honnêtes. Comme pour Edgar, la police se perd encore en conjectures sur les mobiles du meurtre. L'assassin, lui, court toujours.

Le mythe du piège

Quinze années se sont écoulées depuis la fusillade du Thélème. Les passions sont retombées et le temps est venu de faire le point. J'ai beaucoup réfléchi aux tenants et aboutissants de ce choc frontal. On a dit – Edgar Zemour lui même m'a dit – que la brigade antigang avait été manipulée. Qu'elle serait, en somme, tombée dans un piège tendu par la bande de Louis d'Auteuil.

Je pense, moi, que ce sont les frères Zemour qui se sont tendus leur propre piège. Le document trouvé dans la BMW utilisée ce jour-là par Edgar révèle qu'ils s'étaient soigneusement renseignés sur les affaires de la bande adverse. L'information recueillie par Antona était précise : les Zemour avaient donné rendez-vous à leurs concurrents dans ce café-tabac du boulevard Saint-Germain, proche du quartier général de Louis d'Auteuil. La présence de l'oncle Edmond, qui n'avait plus l'âge d'un combattant, milite pour la thèse d'une rencontre d'affaires. Mais voilà : quand on a la réputation des Zemour, on peut ne pas inspirer confiance, et ces armes trouvées au Thélème peuvent nourrir une suspicion légitime. Les Siciliens se sont abstenus de paraître : les seconds couteaux sablaient le champagne dans ce pavillon de banlieue. Pour fêter quoi, au juste ? Au plus l'interpellation de leurs ennemis irréductibles. Car comment auraient-ils pu savoir que la rencontre avec la police allait se terminer dans le drame ?

Nous n'étions pas venus au Thélème pour décimer le clan Zemour. En entrant dans le bar, Chaix a annoncé sa qualité à haute et intelligible voix. Elbaz, le plus proche, n'a pas pu ne pas entendre, et pourtant, il a tiré le premier. C'est que les hommes de son acabit savent – rappelons-nous le double meurtre de l'avenue Carnot – que les interventions de faux policiers ne sont pas que des inventions de cinéastes.

J'ai toujours été convaincu que, s'il avait d'emblée identifié Chaix comme étant un policier authentique, il n'aurait pas ouvert le feu. La riposte ne pouvait être que foudroyante. Aucun policier au monde ne peut essuyer un tel accueil sans réagir.

Je regrette que, dans la confusion du moment, Me Benachenou, ce malheureux avocat, ait été blessé par méprise. Je lui ai alors présenté mes excuses. Je les renouvelle sincèrement.

Comment enfin ne pas rendre hommage au courage des hommes de l'antigang, à commencer par Jacques Chaix ? Ils étaient alors confrontés à une cascade d'affaires dangereuses. Les hold-up et les prises d'otages se succédaient à une cadence infernale. Ils faisaient face, essuyant non seulement les coups de feu mais parfois des critiques outrancières. Si le grand banditisme parisien a pu être maîtrisé à l'époque, on leur doit beaucoup.

11

Charenton

Après l'affaire du Thélème, il était clair que l'antigang allait devoir privilégier des techniques qui limitent les risques d'affrontement direct, dans l'intérêt bien compris de chacun. Le problème était posé depuis la création du service. Plusieurs stratégies avaient été expérimentées.

Première solution : l'intervention en opération retour. Cette pratique avait la faveur des enquêteurs, pour peu qu'ils aient la possibilité de surveiller les suspects sur des périodes suffisamment longues. Ils pouvaient alors répertorier soigneusement leurs habitudes, les lieux où ils avaient coutume de se réunir, et déterminer ainsi, presque à coup sûr, l'endroit où ils se retrouveraient après un hold-up. C'était l'hypothèse idéale : il importait d'être patient et de bien tendre le piège où tomberait le gang avec le butin et les armes. Les risques étaient limités puisqu'à ce stade de l'action les malfaiteurs, en phase de décompression, n'avaient plus le doigt sur la détente.

Seconde solution : l'intervention sur la voiture-relais. Les circonstances ne permettaient pas toujours de recourir au premier scénario. Il fallait intervenir plus en amont. Tout partait d'une simple constatation : les braqueurs opèrent en général avec une voiture volée. Lors de leur fuite, ils parcourent une faible distance avec ce véhicule, dont le numéro est souvent relevé par des témoins. Ils n'ont plus qu'une hâte : échanger cette voiture qui brûle contre une autre mise en place avant l'action. Les efforts des policiers visent à repérer cette voiture-relais. L'intervention est alors déclenchée au moment précis où les braqueurs changent de véhicule. À ce stade, la tension est encore très forte et tout risque de fusillade ne peut être écarté.

Mais, au fil des années, les truands ont appris à se familiariser avec ces techniques. C'est l'éternel combat du glaive et du bouclier. Nous avons vu, dans les semaines qui ont suivi l'affaire du Thélème, une équipe de braqueurs de la banlieue sud expérimenter une nouvelle stratégie : au lieu de se retrouver après le hold-up sur leurs points de chute habituels, ils prenaient immédiatement le large. On apprenait après coup qu'ils s'étaient retrouvés dans une station de sports d'hiver où ils avaient mené une vie de nabab durant une semaine.

Allions-nous en être réduits à la pratique de l'arrestation en flagrant délit pur et simple ? C'était l'hypothèse du risque maximal pour les policiers, pour les malfaiteurs, mais aussi et surtout pour les témoins qui avaient la malchance de se trouver sur les lieux. J'avais clairement conscience qu'il ne fallait pas s'engager dans cette voie. Elle était trop périlleuse, et l'opinion publique ne l'aurait pas acceptée.

Le 5 mai 1975, j'adresse à Jean Ducret, directeur de la PJ-PP, un rapport très argumenté pour proposer une voie médiane. Il s'agit d'atteindre un double objectif : écarter le danger de la fusillade en favorisant l'intervention préventive, neutraliser les spécialistes du vol à main armée en prenant en compte leur dangerosité dès le stade du projet criminel. En voici les termes :

« Lorsque les actes préparatoires n'auront pas atteint le seuil du commencement d'exécution, il sera possible de déclencher les interpellations et d'établir une procédure pour association de malfaiteurs, infraction à la législation sur les armes, vol de voiture et tous autres délits susceptibles d'être retenus à la charge des auteurs. (C'est le schéma adopté depuis pour lutter contre le terrorisme en France.)

« Il va sans dire cependant que cette méthode policière ne peut être efficace que si elle est suivie d'une répression appropriée. Cela signifie que, en vertu du principe de l'individualisation des peines, il est nécessaire que les délits de port d'arme et de vol de voiture, par exemple, ne soient pas considérés comme de banales infractions passibles des peines minimales généralement pratiquées. Il convient, au contraire, de les apprécier en fonction de la personnalité et des buts poursuivis par les auteurs, tels qu'ils ressortent de l'ensemble des surveillances exercées. En l'espèce, des peines d'emprisonnement pouvant, aux termes du code pénal, atteindre un maximum de cinq ans seraient suffisamment dissuasives et éliminatrices si elles étaient rigoureusement prononcées et subies.

« En outre, dans le cas où les surveillances auraient indiscutablement démontré que les malfaiteurs avaient formé des projets d'attaque à main armée, il serait également normal de retenir à leur encontre le crime d'association de malfaiteurs passible de peines d'emprisonnement de dix à vingt ans... »

Ces idées, relayées par le ministère de l'Intérieur, vont cheminer au rythme des travaux parlementaires. Le 2 janvier 1977, un texte vient enfin renforcer les sanctions contre les malfaiteurs réunis avec des armes à feu : la peine maximale encourue passe à dix ans d'emprisonnement. En aggravant ainsi le châtiment judiciaire, le législateur a voulu compenser l'effet des réductions de peine qui venaient systématiquement diviser par deux les sanctions prononcées.

Plus tard, la fameuse loi « sécurité et liberté » du 2 février 1981 facilitera l'utilisation de l'incrimination d'association de malfaiteurs. Elle prévoit qu'il ne sera plus nécessaire, pour retenir cette qualification, de prouver l'existence de plusieurs projets criminels en préparation, mais d'un seul. Elle étend, en outre, l'incrimination à la préparation non seulement de crimes mais aussi de certains délits comme le proxénétisme, la destruction par incendie ou explosion, les extorsions. Enfin, et surtout, elle transforme en délit correctionnel l'ancien crime d'association de malfaiteurs. Ce qui facilite considérablement les poursuites puisqu'elles échappent ainsi à la lourde machinerie de la saisine de la cour d'assises.

« Jacques Pottier est mort... »

Pour l'heure, nous n'en sommes qu'à l'été 1975, il faut s'accommoder de la législation existante. L'effectif de la brigade est allégé, en raison des vacances. Le 23 juillet, peu avant midi, Jacques Pottier, vingt-six ans, un inspecteur de la 4e BT ouvert et dynamique, se présente à mon service. Il vient d'apprendre par un informateur qu'une bande de jeunes loubards projette d'arracher la sacoche d'un commerçant de la rue de Charenton (12e). Qui précisément ? Nous ne le savons pas. Ce qui est sûr, c'est que l'agression doit avoir lieu le jour même, en fin d'après-midi. Le point de départ de l'expédition est un café situé sur la N 20, à Antony : Le Terminus.

C'est le type même de l'affaire que nous appréhendons à l'antigang : elle nous contraint à jouer les pompiers, sans avoir eu le temps de nous familiariser avec les suspects. Il faut opérer aux limites de l'improvisation. Et cette fois, le temps presse. Je charge Georges Héritier, qui assure l'intérim de son chef de groupe Roland Linck [1], d'exploiter les renseignements. Je lui demande aussi d'associer à l'enquête l'inspecteur Pottier et ses collègues de la 4e BT. Je sais, par expérience, que pour encourager les policiers des services locaux à nous fournir des informations intéressantes, il faut éviter de les tenir à l'écart de nos investigations. Les hommes de terrain sont sensibles à la valorisation de leur travail.

Héritier l'a compris. Affecté depuis de nombreuses années à l'antigang, il a montré en maintes occasions de solides aptitudes au commandement et de grandes qualités

1. Roland Linck était un policier à la personnalité attachante, gouailleur et pessimiste à la fois. Il trouvera la mort le 3 décembre 1980 dans une opération montée par mon successeur, conjointement avec l'OCRB. Lors des arrestations, l'arme d'un inspecteur s'accrochera dans la parka d'un truand. Un coup de feu va alors partir, blessant mortellement Roland Linck et atteignant l'un de ses collègues de l'OCRB.

de discernement. Il va constituer cette équipe mixte en un tournemain.

À 14 heures, son dispositif est en place devant Le Terminus. Six individus arrivés séparément à bord d'une R16 et d'une moto sont progressivement repérés. Cela fait plus de monde que prévu, mais personne à Antony n'est en mesure d'alerter le siège de la BRI : la couverture radio de cette zone est défaillante.

À 18 heures, la bande se met en route. Ce n'est qu'à 18 h 15, en approchant de la porte d'Orléans, que le groupe Héritier retrouve le contact radio et peut nous avertir. La R16 et la moto, qu'il vient juste de perdre de vue, ne réapparaîtront qu'une demi-heure plus tard. La moto patrouillera alors dans le secteur de la rue de Charenton, suivie par une autre cylindrée volée par les voyous. La R16, elle, va se poster rue de Valmy, à moins d'un kilomètre de la porte de Charenton. Manifestement, c'est la voiture-relais.

Je fais aussitôt le point avec Alfred Venier, notre inspecteur divisionnaire qui a une longue pratique de ce type d'intervention. Sept inspecteurs de la BRI plus cinq de la 4e BT contre cinq ou six malfaiteurs extrêmement mobiles, disposant d'une voiture et de deux motos : le rapport de force nous paraît insuffisant pour maîtriser parfaitement l'opération d'interpellation. Je décide de me rendre sur place avec cinq hommes supplémentaires.

Tout s'accélère.

Nos voitures déboulent du 36. Les quais, les boulevards, pied au plancher, la ville défile à toute allure.

– Coup de feu ! crache la radio de bord, alors que nous approchons de la rue de Valmy.

– Où ça ?

– Rue de la Brèche-aux-Loups ! C'est à côté de la rue de Charenton. Le blessé était avec sa femme. Les agresseurs se sont enfuis sur deux motos.

Rue de Valmy, où se concentre le gros du dispositif d'interception, Georges Héritier, qui a vue directe sur la voiture-relais, doit donner le signal de l'action. Il aperçoit deux des malfaiteurs se dirigeant à pied vers la R16 qui les attend, un complice assis au volant. Il franchit un carrefour au feu rouge avec sa voiture pour se rapprocher de l'objectif. Soudain, il est violemment pris à partie par deux motards en BMW.

– Chauffard ! Connard ! hurlent-ils, en donnant des coups de pied dans sa portière.

– Dégagez ! C'est une opération de police !

– Ta gueule ! La police, on en a rien à foutre. Descends si t'es un homme !

Et les deux justiciers du code de la route, au moment crucial, le poursuivent de leurs invectives, en entravant la progression de sa voiture avec leur « béhème ». Ce sont deux employés des PTT qui rentrent du travail.

Héritier parvient à donner le signal d'intervention, après avoir perdu de précieuses secondes. Les truands détalent comme des lapins, poursuivis par les inspecteurs. Jacques Pottier, lui, se porte seul à la hauteur de la R16, l'arme à la main. Il jette un coup d'œil dans l'habitacle, se retourne et se trouve brusquement face à face avec l'un des premiers renforts de la BRI. Méprise totale : le policier de l'antigang le prend pour un malfaiteur sortant de la Renault et, le voyant relever son arme alors qu'il le somme de la lâcher, tire un coup de feu. Croyant leur collègue en danger, deux autres inspecteurs de la BRI qui ont vu la scène ouvrent le feu à leur tour sur Pottier.

Et l'engrenage fatal continue. Les deux motards à la BMW qui ont refusé de se soumettre aux injonctions d'Héritier l'ont malheureusement suivi sur le théâtre des opérations. Au moment où la fusillade éclate, ils prennent peur, abandonnent leur moto et s'enfuient en courant, toujours casqués. Un autre inspecteur de l'antigang qui pense avoir affaire à l'équipage des agresseurs à moto de la rue de la Brèche-aux-Loups les neutralise alors en tirant en direction des jambes. L'un des deux fuyards, blessé au mollet, finit même sa course sur le capot de ma voiture.

Les balles ne sifflent plus.

Comme dans un film au ralenti, je m'approche de la R16 près de laquelle gît Jacques Pottier. L'inspecteur a été atteint par plusieurs projectiles. Ses yeux sont grands ouverts, son regard est déjà lointain. « Ils ont tué Jacquot, ils ont tué Jacquot ! » répètent convulsivement ses collègues de la 4e BT qui l'entourent, agenouillés, en lui tenant la main, tandis que mes hommes se tiennent en retrait, effondrés. La douleur et le désespoir qui se lisent sur les visages à cette minute ne m'ont jamais quitté.

En regardant le jeune Pottier qui perd son sang, je me dis « Pourvu, mon Dieu, qu'il vive ! » Dans le brouhaha qui s'installe, les pleurs, les cris, les accents de colère, je suis envahi par ce sentiment étrange qu'on appelle la solitude du chef. Comment ne pas se sentir responsable ? Comment ne pas se dire qu'on aurait pu, peut-être, éviter cette tragédie ? Je pressens que, tout à l'heure, des gens bien intentionnés vont se déchaîner : eux, ils auraient su faire. Ils ne croient pas à la fatalité, peut-être même y a-t-il eu faute.

Il y a un temps pour la peine qu'on aimerait partager avec les proches de la victime et avec les hommes du service qui sont accablés. Mais pour le moment, la mission est exigeante. Il faut faire face.

Faire face, cela implique d'abord de savoir le plus vite possible ce qui s'est passé rue de la Brèche-aux-Loups. Je rassemble les éléments du puzzle : les quatre voyous montés sur deux motos ont tenté d'arracher la sacoche du commerçant qui marchait avec sa femme. Celui-ci a lâché ses deux chiens de défense qui se sont jetés sur les agresseurs. L'un d'eux a tiré, blessant grièvement la victime (qui décédera dans la nuit à l'hôpital Rothschild) ; un autre s'est emparé du sac à main de la femme qui contenait 10 000 francs et une arme de poing. Nous retrouverons ce sac avec son contenu posé sur l'un des sièges de la R16. J'apprends aussi que les deux malfaiteurs revenus à pied rue de Valmy ont pu être arrêtés, mais que le chauffeur, lui, a pu s'enfuir.

Et puis la nouvelle tombe, accablante, paralysante : « Jacques Pottier est mort. »

Très vite, François Rabut, le chef de la section criminelle du parquet de Paris, arrive sur place. C'est un magistrat profondément humain et proche des hommes de police. Je lui expose les faits. Il pose des questions pertinentes. Il comprend comment un mauvais engrenage a pu conduire à ce drame.

Appelé d'urgence par Jean Ducret pour lui rendre compte de la situation, je regagne le 36, quai des Orfèvres. Le directeur de la PJ-PP sait qu'une autre bataille commence.

Sous le coup de l'émotion, les inspecteurs de la 4e BT vont d'abord s'en prendre à mes hommes et à moi-même. Leur colère est compréhensible. Ce qui est moins admissible, c'est que d'autres collègues, mus par des sentiments peu avouables, cherchent à attiser les passions et alimentent en sous-main une campagne de dénigrement. Nous redevenons les cow-boys de l'antigang, les maniaques de la gâchette, les adeptes du « flag » à tout prix.

Même le FBI...

C'est du SNAPC (Syndicat national autonome des policiers en civil), un syndicat de police qui représente 80 % des inspecteurs, que va venir la première réplique publique. L'organisation souligne avec force qu'elle « se garde d'un jugement hâtif ou passionnel et rappelle les conditions extrêmement difficiles dans lesquelles travaillent les inspecteurs, ceux de la BRI tout particulièrement, chargés de la répression d'une criminalité de plus en plus violente ». Et elle met en cause, à son tour, « une législation inadaptée qui condamne pratiquement les policiers à agir en flagrant délit ».

Jean Ducret décide d'intervenir à son tour : « On profite d'un mort pour régler des comptes [1] ! » dit-il, en s'en prenant à certains éléments qui, insidieusement, instruisent notre procès.

Les passions retombent et le stade de la polémique stérile est vite dépassé pour déboucher sur une réflexion générale. Nul n'ignore que cette douloureuse affaire a été précédée de plusieurs drames similaires.

1. *L'Aurore*, 30 juillet 1975.

En 1973, Robert Broussard avait été mis sur la sellette après une intervention délicate contre les auteurs d'un hold-up dans les locaux du *Figaro*, à la veille de Noël. L'affaire avait dégénéré en fusillade sur les Champs-Élysées. Bilan : un passant tué et un policier de la BRI grièvement blessé. Comble de la malchance, le soir même, en tentant d'interpeller le dernier malfaiteur réfugié en banlieue, les hommes de la 3e BT, à l'origine des renseignements, allaient se méprendre sur la personne et tirer sur un voisin.

Quelques mois plus tard, ce sera l'épisode de la rue du Château-des-Rentiers, à Paris (13e) : des inspecteurs du SRPJ de Versailles, venus tendre une souricière à un escroc, se trompent de cible et blessent mortellement Lucien Bouvier, un paisible automobiliste. S'exprimant le 16 avril 1975, au sujet de cette affaire, Michel Poniatowski déclare à l'Assemblée nationale : « L'intervention des policiers en civil est nécessaire, mais elle peut présenter des ambiguïtés. Il faut donc qu'elle soit accompagnée d'une information du public. »

Cette fois, après la mort de Pottier, Ponia traduit ses propos en actes.

D'abord, des crédits sont débloqués pour améliorer les moyens de transmission des équipes d'intervention qui pourront dès lors mieux communiquer entre elles. Dans l'affaire de la rue de Charenton, une meilleure couverture radio en banlieue nous aurait permis d'envoyer des renforts plus tôt.

Ensuite, le ministre décide qu'à compter du 15 août 1975 les policiers en civil devront porter des signes distinctifs à l'occasion des opérations dangereuses. C'est le brassard orange marqué police qu'ils devront revêtir au moment précis où ils se découvriront pour passer à l'action. Une bande de plastique fluo qui a évité depuis bien des méprises. Sur le terrain ou dans les fictions télévisées, elle est aujourd'hui omniprésente. L'idée a aussi séduit les États-Unis, à en juger par les sigles quasi publicitaires qui ornent les tenues d'intervention du FBI.

Enfin Michel Poniatowski insiste sur la nécessité de faire adopter un projet qui vise à renforcer la législation réprimant le port illégal d'armes. Pour une répression plus en amont. J'y vois les effets de mon rapport prémonitoire du 5 mai 1975 adressé à Jean Ducret. Non, je n'étais pas un adepte forcené du flagrant délit à tout prix. J'ai même indiqué la voie pour en sortir. Il suffisait de nous donner les moyens légaux d'opérer autrement et avec une efficacité juridique comparable.

12

Le temps des otages

Comme il en est des phénomènes de mode, chaque époque sécrète son type de criminalité. Et la mode, en 1975, c'est la prise d'otages.

Avec l'explosion des formes modernes de communication et le développement du traitement de l'information en direct, les groupes terroristes internationaux vont trouver là une tribune inespérée. Car, que cela plaise ou non, la médiatisation nourrit l'effet de terreur recherché. Elle est, en l'espèce, le carburant du crime.

Les braqueurs, eux aussi, ont assimilé les règles de ce jeu pervers. Il suffit que la police vienne les surprendre lors d'un hold-up pour que le scénario se mette en marche. On l'a vu avec l'affaire sanglante de l'avenue de la République, le 27 février 1975. Il y aura pire : des malfaiteurs viendront délibérément séquestrer les clients d'une banque pour exiger, derrière ce bouclier humain, une rançon faramineuse et un moyen de fuite. La prise d'otages n'est plus seulement une solution de repli, elle est devenue un acte prémédité de chantage.

Dans le salon de coiffure voisin de la banque de l'avenue de la République, Broussard et moi avons mesuré les risques d'escalade. Mais étions-nous suffisamment organisés pour relever ce défi ? Il fallait établir un plan d'action. C'est chose faite le 14 avril 1975, jour où je soumets à Jean Ducret un projet qui sera approuvé par le préfet de police Jean Paolini. Que prévoit-il ?

Pour gérer au mieux ces affaires délicates, il faut pouvoir disposer d'un poste de commandement digne de ce nom. Je demande donc qu'un car soit spécialement équipé par nos services techniques. Il sera envoyé sur place dès le début des événements. Ce PC mobile garantira une liaison radio avec l'ensemble des forces de police. Il permettra de monopoliser les communications avec les preneurs d'otages en les isolant du réseau téléphonique extérieur (ce qui serait aujourd'hui impossible avec les téléphones cellulaires). Enfin, il pourra accueillir, dans des conditions convenables, les autorités supérieures appelées à nous rejoindre.

Je rappelle qu'à l'époque les instructions ministérielles étaient sans équivoque : durant le déroulement de la prise d'otages, c'est le préfet, et lui seul, qui avait la responsabilité des opérations. Il y avait trouble grave à l'ordre public, c'est lui qui devait mettre un terme à la situation. Dès que la prise d'otages était terminée, l'autorité judiciaire retrouvait la plénitude de ses attributions. Juste équilibre.

En deuxième lieu, il convenait d'établir une répartition rationnelle des rôles. Trois types de missions vont être distingués, chacune étant attribuée à une unité spécifique.

Première phase : le bouclage du périmètre. La foule des badauds et les journalistes doivent impérativement être tenus à distance. Les accès au centre de décision doivent être protégés. C'est le rôle des fonctionnaires en tenue de la sécurité publique, généralement les premiers arrivés sur place.

Deuxième phase : l'enquête d'urgence. Il s'agit de réunir au plus vite un maximum de renseignements sur les protagonistes de l'affaire. Nous devons entendre les témoins présents, interroger les employeurs et les familles des personnes séquestrées. Il faut connaître le nombre d'agresseurs et tenter de cerner leur personnalité. Le modus operandi d'une équipe est sa signature. Pour nous, il importe autant que les caractéristiques physiques des auteurs. La collecte de ces informations va faciliter les recherches dans les fichiers de la PJ. Elle sera de la responsabilité du service enquêteur, assumée, selon la nature de l'affaire, par la brigade criminelle ou à la brigade de répression du banditisme. À charge pour le service saisi d'assurer la poursuite des investigations et l'établissement des procédures.

Le reste – c'est-à-dire les tractations téléphoniques et l'éventuelle intervention – sera de la compétence exclusive de la BAC (Brigade anti-commando). Ce qui n'empêche nullement l'appoint d'autres unités d'élite, comme le GIGN, dans les phases d'action.

Pour la négociation, en tout cas, j'ai demandé que le chef de la BAC, c'est-à-dire moi-même, relayé au besoin par son adjoint, soit l'interlocuteur privilégié. On a disserté sur ce sujet, prétendant qu'il fallait une véritable formation de psychologue pour tenir ce rôle. J'ai toujours pensé qu'un policier expérimenté était le plus apte à remplir cette mission. Il y a la psychologie des manuels et celle qu'on acquiert sur le terrain, au fil des années d'exercice d'un métier qui sait mettre à nu les ressorts cachés du comportement des individus.

Rien n'empêche que le chef de la BAC ait recours à des intermédiaires pour tenter de faire passer certains messages et décrisper la situation. Il m'est arrivé de le faire avec l'aumônier israélite d'une prison, l'animateur d'une station de radio ou les parents d'un preneur d'otages.

Je ne crois pas qu'il soit opportun qu'une autre autorité veuille jouer les négociateurs en titre. Un préfet en a fait les frais, lors d'une prise d'otages dans une fermette de la Sarthe, en octobre 1974, avec un dialogue qui a tourné au vaudeville. Dans d'autres affaires, le procureur de la République ou son substitut ont voulu tenir ce rôle. C'est, à mon avis, une erreur. Un magistrat engage trop directement la justice dans des situations où il faut ruser, biaiser et, parfois, faire des promesses qui n'engagent que ceux qui les reçoivent.

Reste que la négociation n'aboutit pas toujours. Parallèlement, il faut mettre en place un dispositif d'intervention. Pendant le déroulement de la prise d'otages, cela signifie que des tireurs d'élite prennent position aux endroits stratégiques. Si les circonstances l'exigent, ils doivent se mettre en situation de pouvoir abattre les malfaiteurs. Exercice difficile et risqué dans la mesure où toutes les cibles doivent être visibles en même temps pour permettre un tir synchronisé. Sans oublier le traumatisme que suscite inévitablement, dans une partie de l'opinion, une solution aussi expéditive.

L'assaut peut aussi être envisagé. Il faut que le nombre de preneurs d'otages soit déterminé avec certitude et que tous soient correctement localisés dans le périmètre de séquestration. Autre interrogation : va-t-on ou non utiliser les gaz incapacitants ? Les conditions à remplir sont strictes : les lieux ne doivent pas être trop compartimentés ; il ne doit pas y avoir d'enfants, de personnes âgées ou à la santé déficiente parmi les otages.

On en arrive souvent à l'ultime hypothèse : le départ des voyous sur un itinéraire de fuite contrôlé. Ce qui va généralement de pair avec la remise d'une rançon soigneusement répertoriée et d'une voiture piégée pour réduire ses performances et faciliter son repérage. Cela implique la mise en place d'un énorme dispositif de quadrillage et d'observation aux points de passage obligés des fuyards à travers la ville. L'intervention proprement dite incombe aux équipages spécialisés de la BAC qui assurent la poursuite.

À l'usage, Broussard et moi arriverons à un partage efficace des tâches. Pendant que j'assurerai la négociation, il se chargera de tendre le filet policier.

Ensemble, nous allons gérer une quinzaine de prises d'otages. Que les victimes de ces chantages odieux soient confinées dans la carlingue surchauffée d'une Caravelle, dans les locaux d'une ambassade ou dans la salle des coffres d'une banque, ce seront pour elles la même angoisse, le même cauchemar.

Pour le chef de police, c'est le summum de la difficulté, car il faut intervenir sous les projecteurs crus des médias. Nous n'avons pas le droit à l'erreur. Dans ce domaine, l'opinion, versatile, se fonde sur des raisonnements qui n'ont rien de rationnel. Sondage de la SOFRES publié dans *L'Express* le 15 septembre 1975 :

• En cas de prise d'otages, que feriez-vous ?

Utiliser la force, quels que soient les risques, pour tenter d'éliminer les agresseurs et de décourager ces procédés... 51 %.

• Et si l'un des otages était de votre famille ?

Céder à tout prix aux exigences des preneurs d'otages... 70 %.

Paradoxal ou simplement humain ?

La police vit au cœur de ces contradictions. Elle ne peut les ignorer, mais elle doit tendre à la recherche d'une certaine efficacité. La priorité absolue est la préservation de la vie des otages. La seconde exigence est d'arrêter ou de neutraliser, chaque fois que cela est possible, les preneurs d'otages. Tout laxisme aurait des conséquences redoutables et serait un encouragement à la multiplication de ces actes...

Notre plan d'action allait être soumis à l'épreuve des événements.

Le test de Breteuil

Lundi 8 septembre 1975. Midi. Deux individus masqués et armés se retranchent avec sept otages dans une succursale du CIC, avenue de Breteuil (7e). C'est une séquestration préméditée. Prévoyants, ils ont même apporté avec eux des masques à gaz.

Contre la libération d'une partie de leurs prisonniers, ils exigent, avec un cynisme extraordinaire, une rançon de 6 millions de francs, ainsi qu'un véhicule pour s'enfuir.

Dans un premier temps, ils refusent toute discussion et nous tirent dessus depuis les fenêtres de la banque. Ce n'est qu'à 18 heures qu'un semblant de dialogue peut enfin s'établir, mais la menace qui pèse sur les otages devient si forte que nous décidons de mettre à la disposition des voyous une 504 avec l'argent.

À 22 h 15, ils prennent place à bord, en se protégeant derrière trois femmes qu'ils contraignent à monter avec eux. La course s'engage, avec un imprévu de taille : les gangsters ont pris soin de faire disposer dans Paris trois voitures-relais, pour brouiller les pistes.

Une fois de plus, nos véhicules sont distancés. Le dernier véhicule utilisé par les fuyards, une Citroën CX, est retrouvé abandonné avec les deux derniers otages, avenue du Maine. Les truands, eux, se sont volatilisés. Pas pour longtemps : dans la nuit, alors qu'ils transfèrent le sac contenant la rançon chez un comparse, à Montparnasse, ils attirent l'attention d'une voisine de palier qui signale aussitôt à la police leur curieux manège.

En quatre jours, avec l'aide de l'antigang, la brigade de répression du banditisme de Camille Bouvier va boucler son enquête. Mahmoud et Taled, les deux preneurs d'otages, sont arrêtés avec leurs complices, et la presse tresse des lauriers aux supermen de l'antigang, oubliant qu'en la circonstance, c'est surtout l'enquête classique de la BRB qui en a assuré le succès.

Au fond, pour la BRI, le plus dur reste à faire : valider notre plan d'action. Le tournant sera l'affaire de l'avenue Bosquet. Opération qui va marquer un coup d'arrêt au développement des prises d'otages de droit commun et qu'il convient d'analyser avec minutie. Sur la base de dialogues rigoureusement authentiques, voici le récit de ces heures de tension extrême où l'on mesure que ce qui sépare la réussite de l'échec ne tient qu'à un fil.

Bulldozer en position

3 décembre 1975. 11 h 15. Une Simca blanche s'arrête à contresens de l'avenue Bosquet devant l'agence du Crédit Lyonnais qui fait l'angle avec la rue de l'Université. Deux hommes en descendent. Le plus grand est Manuel Garcia-Vasquez, vingt-neuf ans, ancien légionnaire, mine patibulaire, né à Malaga d'un père cubain qu'il n'a pas connu, casier judiciaire vierge. L'autre est une vieille connaissance : Ali Méliani, alias Alain Cox, trente-cinq ans, petit, râblé, le poil long, les nerfs à vif. Voilà un an que la police le recherche pour l'interroger sur un meurtre. Mais nous ne saurons tout cela qu'à la fin.

Ils enfilent leurs cagoules, font irruption dans la banque. « Les mains en l'air ! C'est un hold-up ! » Butin du jour : 75 260 francs. Un jeu d'enfant. Alors qu'ils signent leur victoire d'un arrogant : « Merci m'sieurs dames, on reviendra », un fourgon blindé de la Brinks se gare devant la porte de l'établissement. Il apporte les liquidités de la semaine.

Un des convoyeurs, qui ne se doute de rien, descend du camion, l'arme à la ceinture. Brusquement, les truands sortent. Les voici face à face. Feu à volonté ! Cox et Vasquez arrosent dans toutes les directions. Les pare-brise des voitures du quartier explosent. Des projectiles viennent s'écraser contre les façades des immeubles de la rue Cognacq-Jay. Un étudiant en médecine qui passait par là est légèrement blessé au pied. Les convoyeurs, eux, ne perdent pas leur sang-froid : ils manœuvrent leur véhicule de manière à bloquer la porte de la banque dans laquelle les gangsters sont contraints de se replier. Déjà, la police du quartier arrive.

Dans l'agence, c'est l'enfer. Les truands s'affolent, entassent des armoires derrière les portes, jurent, cognent, tirent au plafond. Des éclats de béton volent dans tous les sens. Chacun essaie de se mettre à l'abri, ici sous le comptoir, là sous une table. Mlle L., employée au courrier, ne doit la vie qu'à un médaillon qu'elle portait sur la poitrine et qui vient de dévier la trajectoire d'une balle perdue. Enfin, les enragés se calment.

11 h 45. Broussard et moi sommes sur place avec la BAC. Je réalise que cette banque constitue un blockhaus : barreaux aux fenêtres et grille devant la porte principale, porte annexe blindée. Tout assaut semble exclu. Jean Paolini, le préfet de police, envoie quand même un bulldozer, pour parer à toute éventualité. Le PC mobile, que nous utilisons ici pour la première fois, se poste légèrement en retrait de la banque. J'y prends place avec le représentant du préfet, le procureur de la République et Jean Ducret. Broussard, quant à lui, fait mettre en place les tireurs d'élite.

Premier réflexe : je fais raccorder les lignes téléphoniques de la banque au PC pour avoir la maîtrise des communications.

12 h 05. La liaison est établie. Cox est à l'autre bout du fil. La négociation commence :

– C'est le commissaire Leclerc qui te parle.

– Ah, bien.

(À en juger par cette intonation, en voilà un qui a l'air flatté d'être pris au sérieux.)

– Tu sais, on a bien apprécié la situation avec toutes les autorités. Je pense que votre cas n'est pas désespéré.

(C'est la règle numéro un : ne jamais donner l'impression à l'auteur que sa cause est perdue.)

– Ça veut dire quoi ?

– Eh bien, ça veut dire que vous vous êtes mis dans un guêpier. Si vous êtes raisonnables et si vous analysez la situation, vous comprenez bien qu'il vaut mieux que vous vous rendiez. Tout va se passer gentiment. Les autorités sont sur place. On ne va pas vous flinguer.

– Ha, ha, ha... (Rire goguenard.)

– Tu comprends bien qu'on ne peut pas céder.

– Ouais et alors ?

– Alors, tu te mets dans une situation impossible.

– Non... parce que l'issue pour moi c'est une balle dans la tête !

– Mais non.

– Si !

– Pourquoi veux-tu te mettre une balle dans la tête ? Ce n'est pas la peine.

– Si !

– Je te propose une solution qui est raisonnable : si vous sortez gentiment, en déposant vos armes, les mains en l'air, comme Willoquet [1], par exemple, eh bien, on ne vous tirera pas dessus.

– C'est un con, le Willoquet !

– Ben oui, c'est peut-être un con, mais enfin, il a quand même été assez malin : il a sauvé sa peau. Réfléchissez, quoi ! Vous avez voulu faire un hold-up, vous n'avez pas

1. Jean-Charles Willoquet était le lieutenant de Mesrine. Nous l'avions arrêté dans un appartement de la rue d'Oslo, à Paris (17e), avec le concours de l'OCRB, quatre jours seulement avant cette prise d'otages.

réussi. Il n'y a rien de grave pour le moment. Ce n'est pas irréversible. Tandis que là, si vous continuez, vous vous mettez dans une sale affaire.

– Justement, Écoute...

– Bien, vous n'avez blessé personne. Enfin, soyez compréhensifs.

– Tu n'en sais rien.

– Mais non, c'est ce que je te dis : vous n'avez blessé personne.

(En réalité, ils ont déjà blessé légèrement un étudiant et un convoyeur de fonds. Mais ce n'est pas le moment de charger la barque.)

– Bon, vous êtes dans un traquenard, ça a mal tourné, eh bien, je pense qu'il faut que vous compreniez.

– Faut nous laisser justement ! Sinon, ce sera une balle dans la tête ! Alors, écoute-moi bien, Leclerc...

– Mais non.

– Écoute-moi bien, Leclerc ! Si à 8 heures j'ai pas satisfaction, j'en abats deux – tu entendras les coups de feu – et je te les sors devant la porte !

Le train des Moluquois

Pour Cox et son complice, obtenir satisfaction, cela signifie se voir remettre une Fiat 132 pour s'enfuir, 2 millions de francs et 2 millions de dollars. Le duo a fixé la barre très haut. L'issue de cette affaire n'en devient que plus incertaine. Il nous faut coûte que coûte nous accrocher à nos méthodes de négociation qui consistent à gagner du temps et à épuiser nos adversaires par le dialogue. L'ordre venu du ministre de l'Intérieur a au moins le mérite d'être clair : « On ne cède pas. »

Les minutes s'égrènent, puis les heures, interminables. Lentement, la nuit enveloppe le quartier où se presse une foule compacte de curieux qu'il faut contenir derrière des barrières de sécurité. Je fais amener de puissants projecteurs pour éclairer la banque d'où aucune lumière ne filtre. Nous saurons, après coup, que les agresseurs sont venus avec un poste radio et qu'ils vont suivre leurs exploits en direct. Ce qui ne peut qu'atténuer les effets de notre discours puisqu'ils ne sont plus coupés du monde extérieur comme nous le pensions.

Au flash de 18 heures, un journaliste rappelle qu'en Hollande un train entier a été pris en otage par des terroristes moluquois qui n'ont pas hésité à tuer un passager avant de le projeter sur la voie. L'effet pour nous est désastreux : Cox et Vasquez déclarent devant leurs prisonniers tétanisés qu'ils iront eux aussi jusqu'au bout. S'étaient-ils préparés à cette prise d'otages au cas où le braquage échouerait ? Une chose est sûre : en plus de la radio apportée, ils disposent d'un armement disproportionné pour un simple hold-up, constitué de deux fusils de chasse à répétition, d'un Colt 45, d'un 357 Magnum et d'assez de munitions pour tenir un siège. Ils ont apporté des rouleaux de sparadrap et quinze mètres de cordon à rideau pour pouvoir ligoter leurs victimes. On saura plus tard qu'ils s'étaient même munis de produits dopants pour lutter contre la fatigue.

19 h 48. Cox vient aux nouvelles :

– Alors, monsieur Leclerc ?

– Eh bien, mon vieux, tu sais... tu as été un peu trop gourmand.

– De quoi ?

– Je te dis que les devises que tu as demandées, ce n'est pas possible. Deux millions de dollars, est-ce que tu sais ce que ça représente deux millions de dollars ?

– Oui. Huit cent soixante millions de francs.

– Combien tu dis ?

– Huit cent soixante millions d'anciens francs.

– Et tu t'imagines que ça se trouve comme ça ?

– Oui !

– C'est impossible. Si tu ne veux pas te montrer raisonnable, ce n'est même pas la peine de discuter.

– Écoute...

– Non, écoute-moi, mon vieux... Tu sais, c'est toi qui es dans une position difficile. Pas nous ! (C'est la règle numéro deux : le ton employé par le négociateur doit toujours être ferme, jamais provocant.) Oui, tu es dans une position difficile.

– Peut-être.

– Et si tu veux sauver ta peau, écoute bien ce que je t'ai proposé. Je crois que tu devrais y réfléchir très sérieusement.

– Leclerc ! (Cette fois, c'est Vasquez qui prend le combiné, avec son accent hispanique très prononcé.) Écoute-moi, comme tou vois...

– Oui.

– Ferme ta gueule, s'il te plaît ! Me fais pas perdre patience. Tou vois ce que je veux dire.

– Oui.

– Parce que si tou me fais perdre patience, je les boutte tous. J'ai ici vingt-neuf personnes. Tou comprends bien ?

(Voilà une précision intéressante : nous avions évalué à moins de vingt le nombre des otages.)

– Très bien.

– Dans dix minoutes, si l'argent et la voiture l'est pas là, je les boutte tous !

Coup de bluff

20 h 12. Le premier ultimatum a expiré. Un coup de feu retentit. On entend des hurlements. Et puis plus rien. Soudain, la voix cassée et implorante d'une femme otage brise le silence :

– Venez vite... Donnez la voiture... Ils ont tué quelqu'un !

Dans le PC mobile, nous sommes sous le choc. Cox reprend le combiné, plus vindicatif que jamais :

– Y a un otage en moins !

– Alors là, tu sais, t'as fait une sacrée connerie ! Oui, t'as fait une connerie énorme.

– Et la connerie, elle va recommencer. À 9 heures, j'en abats un autre !

– Écoute-moi, mon coco, si tu as tué quelqu'un, tu t'engages dans un processus irréversible.

– Je te dis, la dernière, elle sera pour moi.

– Tu pourrais le faire tout de suite. Ça vaudrait mieux.

– Après les autres.

– Après les autres, oui... alors, tu es fou ou quoi ?
– Je suis fou ?
– Tu es complètement fou.
– Oui, je suis fou !
– Mais écoute-moi, ça tient toujours, mes propositions.
– Je m'en fous ! Tu me mènes en bateau ! Tu me prends pour un con !
– Je ne te mène pas en bateau !
– Tu me prends pour une bille ou quoi ?
– Mais non, pas du tout.
– Écoute, s'il se passe quoi que ce soit, c'est le carnage !

20 h 18. Dans la banque, l'atmosphère est devenue irrespirable. On entend de nouveaux coups de feu et des hurlements de femmes. Quelque chose dans ces cris me chiffonne. Et si ce n'était qu'une mise en scène ? Et si personne n'avait été tué ? Nous devons savoir à tout prix. Alors je me cramponne au dialogue. Je demande à parler à M. Nordin, le directeur de la banque, lui aussi séquestré :

– Allô, monsieur Nordin ?
– Oui, ici Nordin.
– Monsieur Nordin, quelle est la situation ?
– Eh bien, ils ont tué quelqu'un... et puis ils sont décidés. Moi, je ne comprends pas que vous ne leur donniez pas la voiture. Cela commence à devenir infernal.
– Mais qui ? Ils ont tué qui ?
– Je sais pas. M. Durant, j'crois. On voit pas très clair, hein.
– Mais vous voyez le cadavre, vous ?
– Oui, oui.
– Il est où le cadavre ?
– Là.
– Là, c'est-à-dire...
– À côté du téléphone.
– À côté du téléphone ? Mais où êtes-vous là ? Au sous-sol ou au rez-de-chaussée ?
– ... (Silence.)
– Répondez-moi. Répondez par oui ou non.
– ... Au sous-sol.

À cet instant, je comprends qu'on nous a menti. Ils n'ont, en réalité, exécuté personne. Comment M. Nordin aurait-il pu avoir le moindre doute sur l'identité du mort supposé ? M. Durant est fondé de pouvoirs dans son agence. Cox reprend le combiné :

– Leclerc, ça va être ta fête ! Et tous les morts qu'il y aura, ils seront sur ta conscience. Comme le pauvre Durant, lui et sa pipe et sa moustache. Alors, écoute !

– Ne t'énerve pas.

– Le sang me monte à la tête ! L'odeur sale du sang me monte à la tête ! J'ai envie de tuer ! Même si tu me donnes l'argent, je suis sûr de tuer uniquement pour le plaisir ! T'as bien compris ?

Mais je reviens à la charge, obstinément. Je leur demande de libérer les femmes, au moins une femme. J'essaie de faire entrer Nordin dans mon jeu :

– Monsieur Nordin, faites-leur comprendre que nous aimerions qu'ils relâchent les femmes.

– Mais ils ne veulent relâcher personne. Comprenez-moi bien. Pour eux, l'idée est simple : ils partent avec l'argent et ils s'en vont. C'est tout. Je crois qu'ils sont profondément honnêtes sur ce plan-là.

– Mais ils veulent s'en aller avec des otages.

– Non, je ne pense pas... enfin, ils sortiront avec des otages. Si vous les laissez partir, ça s'arrangera. Franchement, c'est ma conviction intime. Depuis douze heures, on est avec eux. En fin de compte, ce qu'on ne comprend pas, ce sont vos atermoiements.

Je comprends, moi, que dans cette situation dramatique les otages sentent que leur sort est lié à celui de leurs agresseurs. Une certaine solidarité s'installe forcément entre eux. C'est le début du syndrome de Stockholm, ainsi dénommé parce que, au cours d'une prise d'otages dans une banque de cette ville, on a vu une des femmes séquestrées tomber littéralement amoureuse de l'un de ses geôliers.

À ce stade de la négociation, je constate que les truands manifestent des signes de fatigue et de découragement.

C'est le moment de tenter d'asseoir notre ascendant psychologique sur eux. Je reprends le dialogue avec Cox :

– Parlons très franchement maintenant. Tu n'as tué personne. Tu as simplement loupé un braquage. Eh bien, tu sais, des braqueurs, il y en a beaucoup qui sont en prison.

– Et alors ?

– Tu sais bien que maintenant, avec les remises de peine, les permissions... dans moins d'un an, t'auras des permissions.

– Ben voyons !

– Mais oui ! Dans trois mois, t'auras une permission. Quatre jours par semaine, c'est le régime. Tu le connais. T'as vu Moscone [1], lui ?

– Je m'en fous moi de Moscone, c'est pas mes oignons ces mecs-là !

– Tu vas refaire un petit tour à la Santé.

– Et ta sœur ?

– Dans un an, tu auras des remises de peine. Tu auras des permissions. Mais c'est la vie rêvée maintenant, tu le sais bien. Par contre, tu sais que si on t'en met une dans la peau, là c'est fini. T'as bien réfléchi ? Je sais que tu es un garçon intelligent.

– Leclerc, est-ce que t'as une concession à perpétuité à Pantin ?

– Mais non, tu renverses les rôles, là.

– Est-ce que tu l'as ou pas ?

– En fait, tu sais, tu veux sauver ta peau. T'es comme tout le monde. C'est normal.

– Non, tu verras.

– Mais oui, mais oui, on verra.

– Écoute, je te le jure, Leclerc...

– Mais ne jure pas.

– Je te jure que je suis fini. Mais toi aussi !

1. Ce voyou-là s'était fait un nom en commettant ses braquages durant les permissions de sortie qui lui étaient régulièrement accordées.

Plus de flashes !

20 h 45. Les malfaiteurs sont à bout. Vont-ils renoncer à leur projet insensé de fuite ? Ils ignorent que la rançon est déjà à disposition dans un camion de la Brinks. De même que la voiture qu'ils demandaient et qui vient d'arriver. Au train où vont les choses, nous n'en aurons peut-être pas besoin. Nous nous prenons à espérer lorsque, brusquement, une radio périphérique diffuse un flash spécial d'information : « La voiture des gangsters est arrivée ! C'est une Fiat bleue. La police a visiblement décidé de leur donner satisfaction. » Nous avions négligé le paramètre de la presse. Cox, lui, bénit les journalistes et rappelle dans la minute :

– Oh Leclerc ! T'as bien compris ? Maintenant, je veux la bagnole ! La bagnole et le fric ! Autrement ça va barder.

23 heures. J'ai cédé pour la Fiat. Le climat s'est légèrement détendu. Dans le PC mobile, on s'apprête à ferrailler pour l'argent. Mais voici qu'un autre bulletin radio tombe : un reporter qualifie Cox et Vasquez de minables à l'antenne. Cette fois, la presse n'a plus la cote chez les truands. Ils se déchaînent. Cox sort dans la rue en poussant un otage devant lui et menace d'exécuter sa victime en la promenant sous le nez des policiers qui le tiennent dans leur ligne de mire. À tout instant, la situation peut déraper. Il faut lâcher du lest. Nous décidons de livrer une partie des sommes demandées. Un maximum de francs, un minimum de dollars, les premiers étant plus facilement repérables...

0 h 45. Les truands demandent à leurs victimes de désigner celle ou celui qui sortira avec eux pour récupérer les sacs. M. Durant, le fondé de pouvoirs, se porte volontaire. Mais ils lui préfèrent une jeune femme enceinte de plusieurs mois. La pauvre tremble sur sa chaise, paniquée. « Prenez-moi plutôt. Je n'ai pas peur ! » lance courageusement Ghislaine M., l'une des clientes de la banque. Cox accepte. Il sort ensuite avec elle, en lui pressant le canon de son revolver sur la gorge, ramasse les sacs, injurie les policiers, puis revient à l'intérieur. Va-t-il se contenter de vérifier qu'il s'agit de vrais billets et d'une somme

suffisamment conséquente pour pouvoir partir ? Eh bien non ! Méthodiquement, le truand se met à compter l'argent, liasse par liasse, coupure par coupure. Le téléphone ne tarde pas à sonner :

– Eh, Leclerc ! Tu me prends pour une bille ? J'ai dit deux millions de dollars. Y'en a à peine 430 000 [1].

Il faudra se résoudre à verser le complément de rançon. Je fais amener la voiture. Suit une ultime conversation avec M. Nordin :

– Monsieur Leclerc, faites le maximum. Franchement, ils sont à bout.

– Comptez sur nous.

– Parce que là, ce n'est plus possible.

– Écoutez... ils n'ont tué personne ?

– ... Non.

– Bon. Nous faisons le nécessaire. Calmez-les surtout, monsieur Nordin.

– Et puis, dites aux journalistes de ne plus faire de flashes. Plus de flashes !

– Oui. Je vais essayer. Mais je vois que vous avez du sang-froid. Dites-leur qu'ils ne s'énervent pas. On amène la voiture. À l'instant même.

Avant de partir, Cox et Vasquez demandent aux otages de ramasser les douilles qui traînent sur le sol de la banque. Les voici à quatre pattes dans la pénombre, se tamponnant les uns les autres, pour retrouver les étuis. Deux femmes sont désignées pour servir de boucliers humains lors de la fuite.

1 h 20. La porte du Crédit Lyonnais s'ouvre. Les tireurs d'élite sont prêts. Nos équipes de poursuite également. Les truands sortent avec leurs otages, mais ils ont pris la précaution de se cacher sous des parapluies. Impossible de tirer.

La Fiat démarre en trombe, suivie des voitures banalisées de la PJ, puis d'un cortège bourdonnant de véhicules

1. Nous apprendrons plus tard que, juste avant cet épisode, les braqueurs étaient parvenus à rétablir une ligne directe avec le siège du Lyonnais, qui leur avait appris que l'intégralité de la rançon était à notre disposition. On comprend mieux leur obstination.

de presse, d'ambulances et de camions de pompiers. Broussard dirige le dispositif d'intervention. Je reste dans le car de commandement afin de coordonner l'action de mes hommes avec l'énorme dispositif de quadrillage que nous avons fait mettre en place dans la région parisienne pour contrôler l'itinéraire de fuite des malfaiteurs.

Les fuyards traversent le pont de l'Alma, empruntent l'avenue George-V. Brusquement, le conducteur stoppe son véhicule, met pied à terre et insulte copieusement ses poursuivants, en les menaçant avec son fusil de chasse :

– N'avancez plus, enfoirés, où je vous éclate la tête !

Et la course reprend de plus belle. La Fiat des truands s'engage dans la rue Pierre-Charron. Soudain, c'est le choc. Elle percute violemment une GS qui arrive en sens inverse. Les deux occupants de la Citroën s'extraient péniblement de leur voiture. Étonnant ! Ce sont deux députés, Gilbert Gantier et Jean Biane, qui viennent de déposer une proposition de loi visant à aggraver les sanctions contre les preneurs d'otages. Ils vont assister, médusés, à la suite du feuilleton.

Vasquez est resté dans la Fiat accidentée avec les deux femmes otages qu'il menace de son arme. Il est cerné par Broussard et ses équipiers et doit se rendre.

Cox, lui, a couru en direction de la rue François-Ier. Il arraisonne un taxi qui transporte deux touristes britanniques. Deux inspecteurs de l'OCRB, Alberghi, un Corse agile comme un félin, et son collègue Gil, foncent avec leur véhicule. Ils barrent la route au voyou. Les antigangs s'approchent. Une fusillade éclate et, à la roulette de la mort, Cox s'effondre.

1 h 40. Un crachin glacial enveloppe le quartier, balayé par les lumière bleues des gyrophares et zébré par les premiers flashes des photographes d'agence. Vasquez est assis sur le trottoir, les menottes dans le dos. Il respire à grands coups. Groggy mais vivant.

Bilan de ces quatorze heures d'angoisse : un malfaiteur tué, un autre capturé, les otages sains et saufs, la rançon intégralement retrouvée et aucun policier blessé. Cette fois, notre plan d'action a été validé sur le front des combats. Cette affaire retentissante va impressionner le milieu. Nul doute qu'elle a alors dissuadé bien des vocations.

Au lendemain des faits, un début de polémique a failli ternir ce succès : qui a abattu Cox ? Les policiers de l'OCRB ou ceux de l'antigang ? Il faudra calmer les esprits : un mort, fût-il le pire des voyous, n'est pas un trophée.

Manuel Garcia-Vasquez va comparaître devant la cour d'assises de Paris le 21 décembre 1977. Le syndrome de Stockholm a-t-il prolongé ses effets ? Nous entendrons à la barre une employée déclarer : « Le côté humain n'a pas été pris en compte par la police. Nous avons été abandonnés, et je ne pense pas que les forces de l'ordre voulaient nous sauver. Si je défends l'accusé, c'est parce que je suis sûre qu'il ne voulait pas faire de prise d'otages. C'était un hold-up banal. »

« Ces gens sont très intéressants, alors ? » répliqua, agacé, l'avocat général.

Je me suis dit, une fois de plus, qu'il fallait avoir l'âme bien chevillée au corps pour faire ce métier en gardant la foi intacte.

« Regardez mes mains, regardez-les bien ! implorera, une dernière fois, Vasquez, devant les jurés. Il n'y a pas de sang sour elles. Je ne souis pas un tueur, pas un criminel, mais un homme égaré. Je crois en la justice des hommes, en celle de Dieu, donc à la vôtre, et je demande pardon. »

Verdict, le 23 décembre 1977 : quinze ans de réclusion criminelle. Chez les képis blancs, Vasquez était maître-chien. Son travail consistait à retrouver la trace des légionnaires en fuite. Et il avait déserté.

13

De Broglie

« La plupart des policiers qui se succédèrent à la barre du procès de Broglie, du haut en bas de l'échelle, des grands responsables à l'inspecteur subalterne opérant sur le terrain, mentirent avec un ensemble remarquable, comme des musiciens suivant la même partition...

« Jamais encore dans l'histoire criminelle, judiciaire et politique de la France, il n'y eut comme dans l'affaire de Broglie un tel mensonge collectif, concerté, orchestré, de tous les responsables policiers... »

Ce jugement sans appel émane d'une voix autorisée : c'est André Giresse lui-même, le président de la cour d'assises de Paris appelée à juger l'affaire, qui l'a formulé [1]. Non pas droit dans les yeux, lors du procès en 1981. Mais dans ses Mémoires, six ans après la confrontation judiciaire. Or l'accusation est grave : l'antigang n'a-t-elle pas été suspectée d'avoir eu connaissance de l'assassinat du prince de Broglie, d'avoir laissé commettre ce crime ? Et pourquoi pas sur ordre du pouvoir ?

Quand un magistrat emprunte les chemins détournés du pamphlet pour réformer sa sentence, il y a lieu de s'alarmer. « Seule la vérité blesse » ? Eh bien, soit ! Pour les hommes qui ont travaillé avec moi à l'époque, pour la réputation du service qui nous a unis, voici quel a été, très

1. Andre Giresse et Philippe Bernet, *Seule la vérité blesse*, Plon, 1987.

exactement, le rôle de la brigade antigang dans cette affaire. Et l'on découvrira que le mensonge n'est pas forcément là où on l'attend.

Qui était, au juste, Jean de Broglie ?

Il est né le 22 juin 1921 dans le 16e arrondissement de Paris. Son grand ancêtre est Hubert Broglio, un Piémontais entré au service de Louis XIII en 1634. Outre des maréchaux et des académiciens, sa famille a donné à la France des savants renommés : Maurice de Broglie, le duc, l'un des premiers inventeurs de la physique moléculaire, qui découvrit les spectres des rayons X et l'effet photoélectrique nucléaire ; son frère Louis, prix Nobel en 1929 pour ses travaux sur la mécanique ondulatoire qui permettront le développement du microscope électronique. Jean de Broglie compte aussi une aïeule illustre : Germaine Necker, baronne de Staël, écrivain, égérie de la monarchie constitutionnelle et bête noire de Napoléon, qui finira par l'exiler pour délit d'opinion. C'est peut-être d'elle que le prince de Broglie tient ses talents littéraires et son goût pour ce qui touche aux beaux-arts.

Le 24 août 1961, persuadé d'entamer une carrière politique digne de son rang, il entre comme secrétaire d'État au Sahara et aux Dom-Tom dans le gouvernement de Michel Debré, aux côtés de Robert Boulin. Un autre destin tragique.

En 1962, le général de Gaulle le choisit pour faire partie, avec Louis Joxe et Robert Buron, du trio des négociateurs d'Évian chargés de sortir la France du guêpier algérien. Il occupera les postes de secrétaire d'État à la Fonction publique, puis aux Affaires algériennes et enfin aux Affaires étrangères.

S'alliant avec Valéry Giscard d'Estaing, le mari de sa cousine Anne-Aymone de Brantes, il devient ensuite secrétaire général chargé des affaires politiques de la fédération des Républicains indépendants. Sa position au sein du nouveau parti giscardien, à défaut d'un maroquin, lui vaut d'être nommé président de la commission des affaires étrangères à l'Assemblée en juin 1969.

À l'issue des législatives de 1973, il est sur le point d'accéder à la présidence de la commission des Finances, mais la route lui est barrée in extremis en raison d'un lourd contentieux fiscal et de rumeurs insistantes touchant à sa probité. Depuis quelque temps, en effet, les affaires du prince ont révélé une face cachée du personnage.

La fortune lui a pourtant été favorable à maintes reprises. En 1950, déjà, il avait été fait légataire universel du patrimoine de son oncle Maurice, le physicien. Il avait alors hérité de l'immense propriété de Broglie, dans le village du même nom : un château, cinq fermes, une forêt de 1 200 hectares. C'est sur ce terroir qu'il a assis son implantation politique en devenant maire, conseiller général, puis député de la première circonscription de l'Eure.

En 1969, un second legs providentiel lui est remis. Cette fois, par la baronne de Mandel d'Écosse qui demeure à Évreux. C'est peut-être là le début des difficultés. À la recherche d'astuces fiscales pour régler d'importants droits de succession, il se lance dans des opérations financières hasardeuses, sur les conseils d'experts douteux. Ainsi la mécanique s'enclenche pour aboutir au drame du 24 décembre 1976, rue des Dardanelles à Paris. Car l'assassinat de cet homme, fût-il descendant d'une noble lignée et ancien ministre de la République, a été perpétré pour de sordides intérêts financiers. Voilà pour la toile de fond.

Béquilles et bretelles

12 septembre 1976.

Midi. Dans mon bureau du Quai des Orfèvres, je reçois un coup de fil de François Le Moël, alors patron de l'Office central pour la répression du trafic illicite des stupéfiants. Il parle avec l'accent caractéristique des Bretons des Côtes d'Armor :

– Leclerc, j'ai un tuyau pour vous. Dans un bar de la rue de Romainville, un truand prénommé Jean-Pierre vient de proposer à un certain Bernard de monter avec lui sur un braquage. Bernard a invité son interlocuteur à venir le voir chez lui, 44, rue Manin, dans le 19e.

– Rien d'autre ?

– Si, un détail : le nommé Bernard a été récemment victime d'un accident de voiture.

J'étais loin d'imaginer que cet appel allait nous placer, quelques mois plus tard, au centre d'un séisme politique.

C'est à René Plouy que je confie le soin d'exploiter ces renseignements. Agé de cinquante-trois ans, ce divisionnaire est l'un des inspecteurs les plus opiniâtres de la brigade. Il y est entré dès sa création en 1964. Droit comme un « i » au physique comme au moral, il a l'estime des hommes de son groupe : le courageux Jean-Pierre Alignon, dit Ali (qui sera un jour « fumé [1] » par les « clochards » d'Action directe, comme il dit dans sa langue truculente) ; René Berrux, qui sera blessé, quant à lui, durant l'arrestation des ravisseurs du baron Empain en 1978 ; Raymond d'Authier, dit le marquis, que j'ai fait venir de la 1re BT ; Pierre Degand, dit le boxeur, à cause de son nez épaté, un autre transfuge de mon ancienne brigade ; enfin l'inspecteur V.

Bernard, l'accidenté de la route dont m'a parlé Le Moël, est rapidement identifié. Connaître son vrai nom importe peu : nous continuerons de l'appeler par son prénom.

Il faut maintenant localiser avec exactitude son appartement au 44, rue Manin. Mais pas question d'interroger le concierge, les voisins ou le syndic. La BRI a trop souvent appris à ses dépens que de tels contacts peuvent provoquer des indiscrétions catastrophiques. Il faudra ouvrir l'œil.

8 octobre 1976.

Bernard est aperçu sortant de son immeuble. Il marche avec des béquilles, ce qui signifie qu'il n'est pas encore opérationnel pour un braquage. Il prend place à bord d'un coupé jaune conduit par un certain Simon. Un individu dont on reparlera.

14 octobre 1976.

Bernard vient d'apparaître au balcon de son appartement. Cette fois, il est logé. Il devient possible d'identifier sa ligne téléphonique qui, bien entendu, correspond à un nom d'emprunt. Le dispositif se resserre.

---

1. Dans le jargon policier, être fumé signifie être blessé par balle.

Il n'est pas dans les habitudes de la grande maison de s'étendre sur le sujet des écoutes téléphoniques, connues également sous les noms de constructions, d'interceptions, de bretelles, de zonzons. Mais le placement sur table d'écoute du téléphone de Bernard a suscité de telles polémiques devant la commission parlementaire constituée au plus fort de l'affaire de Broglie qu'une explication s'impose.

Il faut savoir que, dans le cadre du travail classique de la PJ, l'essentiel des écoutes relève de la responsabilité des magistrats. On compte aujourd'hui environ 12 000 écoutes « judiciaires » par an. Celles-ci ne peuvent être ordonnées que par commission rogatoire, sur la base de faits caractérisés. Par exemple, pour surveiller les conversations d'un meurtrier présumé ou d'un individu suspecté de se livrer à un trafic de stupéfiants.

Mais avant le stade de l'instruction, quand l'acte délictueux n'a pas encore été consommé, quand il est en préparation, il faut trouver un moyen de s'informer. C'est une nécessité pour l'antigang, brigade préventive par excellence, qui intervient largement en amont, avant même la saisine de la justice. Les écoutes administratives prennent alors leur sens.

Aujourd'hui, celles-ci sont autorisées directement par les services du Premier ministre et dans des domaines strictement définis (sécurité nationale, sauvegarde du potentiel économique et industriel de la France, prévention de la reconstitution de groupements dissous, lutte contre le terrorisme et le grand banditisme).

Le nombre de lignes pouvant être ainsi écoutées chaque année est fixé à 1 180, dont 900, en moyenne, sont écoutées par la PJ, les RG ou la DST (contre-espionnage). Le reste se répartissant entre les douanes, la DGSE (espionnage) et la DPSD (sécurité militaire). Une loi encadre rigoureusement cette pratique : celle du 24 avril 1990. Enfin, un organisme consultatif indépendant est chargé de veiller au respect des règles : la CNCIS (Commission nationale de contrôle des interceptions de sécurité).

À l'époque, rien de cela. La loi n'avait pas officialisé cette pratique. Les constructions administratives étaient régies par une circulaire du 28 mars 1960 classée « très secret » du Premier ministre Michel Debré. Elles étaient autorisées en matière d'atteinte à la sûreté de l'État, de terrorisme, de banditisme. C'est le ministre de l'Intérieur (ou de la Défense) qui prenait la décision de faire poser les bretelles, avec l'aval de Matignon.

Je ne dévoile aucun secret en indiquant que, le 14 octobre 1976, je demande, par l'intermédiaire de Jean Ducret, le directeur PJ, la mise sur écoutes du téléphone de Bernard. Quoi de plus normal ? Nous sommes dans le cadre d'une affaire de banditisme.

Bernard est un bavard. Dès le début du mois de novembre, il évoque avec l'un de ses correspondants le projet d'attaque d'un camion de transport de fonds devant effectuer une importante livraison à une entreprise de Villetaneuse. Plouy et ses collègues seront au rendez-vous le 10 novembre pour réaliser un superbe flagrant délit et arrêter sans coup férir cinq braqueurs armés jusqu'aux dents. Bernard ne fait pas partie du lot : il est convalescent. Revenons un peu en arrière, la veille de ce coup de filet.

9 novembre 1976.

Le groupe Plouy est en planque sur Simon, l'homme au coupé jaune. Celui-ci se tient devant l'entrée du café Chez Simone, 80 rue de Maubeuge, dans le 9e. Il s'assoit à côté du conducteur d'une Fiat 125 blanche. Vérification par radio au fichier des cartes grises : le propriétaire de la voiture s'appelle Serge Tessèdre. C'est l'homme qui conduit.

Une enquête pour deux

24 novembre 1976.

Le groupe Plouy a repris depuis la veille ses filatures. Cette fois, Bernard gambade sur ses deux jambes.

19 heures. Il entre avec Simon dans le bar Chez Simone. Il en ressort en compagnie d'un nouvel ami ainsi décrit par Plouy : la quarantaine, forte corpulence, cheveux longs, vêtu d'un pardessus pied-de-poule. Tous deux montent

dans une 2CV immatriculée au nom d'un garage de Chambourcy qui nous est inconnu. Prudent comme un Sioux, Plouy préfère différer l'identification de l'utilisateur auprès du loueur, de crainte de provoquer une indiscrétion. Cet homme au pardessus pied-de-poule n'a pas fini de défrayer la chronique. C'est le troisième nouveau personnage de notre enquête, après Simon (dont nous ignorons toujours le nom) et Serge Tessèdre, l'homme à la Fiat blanche.

– Mais qui sont ces emmerdeurs qui trafiquent sur le réseau inter-voitures ? grommelle Plouy.

L'inspecteur vient de se rendre compte que des collègues d'un autre service sont en train de commenter sur les ondes le départ de la 2CV qui s'éloigne sous ses yeux.

Ce n'est pas tout : Plouy réalise que, de l'autre côté du carrefour, se trouve une fourgonnette de planque qui ressemble comme une sœur à la sienne.

Il somme ses occupants de se manifester. Une voix hésitante se fait entendre sur les ondes :

– Ici Gillet, de la 10e BT. Je planque avec mes gars sur le café. C'est pour ça que j'ai emprunté un sous-marin à la BRI.

– Très bien, mais je planque aussi sur le rade. Il faut que tu décroches. On ne va pas se marcher sur les pieds.

– Bon, je vais appeler mon patron.

Gillet rend compte de la situation à son chef, Jean Dufour. Celui-ci appelle Broussard à l'antigang et l'informe qu'il avait envoyé une équipe devant Chez Simone pour intercepter des truands qui cherchaient à négocier un Corot volé dans l'église de Ville-d'Avray.

– Tu dis bien un Corot ? demande Broussard.

– Oui.

– Alors, tu as une bonne longueur de retard. Figure-toi qu'il a été récupéré, cet après-midi même, par des gars de la BRI.

Et mon adjoint déroule le film de l'affaire : douze inspecteurs, ceux des groupes Link et Marlet, en filature dans la campagne, deux suspects qui les conduisent jusqu'à Vert-le-Petit, qui montent dans une barque, traversent l'Essonne, pénètrent dans une cabane de pêcheurs, empilent des paquets encombrants dans le fond de leur embarcation, reviennent à la rame et se font cueillir sur la berge, ébahis.

Stupéfaction ! Les emballages contenaient des chefs-d'œuvre : *Saint Jérôme prêchant dans le désert* de Corot [1] ; mais aussi des peintures, des gravures et des lithographies de Théodore Rousseau et de Jean-François Millet, les peintres de l'école de Barbizon. Ces œuvres ont été volées dans le musée de la ville.

Ainsi s'écrit l'histoire policière : le mieux informé et le plus rapide marque le point. Un jour c'est l'un ; le lendemain, c'est l'autre.

Dufour demande à Gillet de rentrer au bercail, laissant le champ libre à Plouy.

Rue de Maubeuge, le spectacle n'est pas terminé :

20 h 30. Les deux occupants de la 2CV sont de retour Chez Simone. L'homme au pardessus pied-de-poule ressort avec un quatrième personnage dont René Plouy donne une description imagée :

– La trentaine, cheveux bruns, beau mec. C'est le sosie d'Enrico Macias, dis !

Les deux compères échangent quelques mots avant de se séparer.

– Et que fait Enrico ? s'amuse Plouy. Il monte dans une belle Ford Taunus. Numéro de plaque : 47 KW 78. « Ah, qu'elles sont jolies les filles de mon pays... ! »

25 novembre 1976.

Le verdict du fichier des cartes grises tombe : la Taunus appartient à Guy Simoné, habitant à Marly-le-Roi. C'est un policier. L'affaire se corse. Il va falloir redoubler de vigilance.

Ploy se rend à Marly. Il apprend que Simoné y fréquente assidûment l'auberge Henri IV et qu'il est chef de poste au commissariat de La Défense. De retour au service, il me rend compte de ses découvertes.

---

1. Vincent Van Gogh, qui vit cette toile en 1875, écrivit à son frère Théo qu'il la considérait comme l'une des plus belles qu'il lui ait été permis d'admirer.

Dufour, le chef de la 10e BT, passe me voir l'après-midi même. Il voudrait en savoir plus sur les circonstances de l'arrestation des deux receleurs de Vert-le-Petit. Je lui relate les faits. J'en viens à parler des surveillances sur Bernard et Simon. Manifestement, ces noms n'évoquent rien pour lui. Par contre, au nom de Simoné, il fait tilt :

– Mais on connaît Simoné ! C'est un policier marron, mêlé à divers trafics. Il devait intervenir dans la négociation des tableaux volés. Il traite parfois ses combines directement au commissariat. C'est pour le pister que mes gars étaient Chez Simone hier.

Bien plus tard, je saurai que Dufour connaissait aussi le mystérieux homme au pardessus pied-de-poule. Pour l'heure, il ne m'en dit pas un mot. Logique : c'est un informateur de la 10e BT.

Séance tenante, j'informe, pour ma part, Roger Poiblanc, sous-directeur des affaires criminelles et adjoint de Ducret, des dernières péripéties. Sa réaction est sans équivoque :

– Je vais demander immédiatement au directeur de l'IGS de mettre sur écoutes le téléphone de Simoné à son commissariat. Il vaudrait mieux qu'on trouve un motif pour l'interpeller en douceur et éviter ainsi tout scandale.

En présence de Dufour, j'appelle de mon côté le commissaire Edmond Daram qui dirige un cabinet de discipline à l'IGS. Nous entretenons depuis plusieurs années des rapports confiants et amicaux. Il me répond sans détour :

– Mon directeur n'est pas favorable au principe des écoutes. Le branchement d'un service de police est rarement productif. Il y a toujours des fuites et le procédé se retourne contre nous.

Poiblanc obtiendra la même réponse du chef de l'IGS qui indiquera, en outre, que Simoné n'a pas, à sa connaissance, d'antécédent disciplinaire [1].

---

1. Nous apprendrons plus tard que Simoné, dans des affectations antérieures, avait en réalité commis plusieurs accrocs à la déontologie, mais que son dossier administratif n'avait pas été transmis en temps utile aux échelons parisiens.

Nous ne sommes pas aidés dans cette affaire. L'auberge Henri IV, à Marly, étant devenue le quartier général de Simoné, nous allons nous y intéresser. Je demande à Plouy d'y établir une surveillance discrète.

La déroute de Marly

8 décembre 1976.

10 h 30. La fourgonnette de Plouy planque à cent mètres de l'auberge. Les autres voitures de son groupe sont placées hors de vue du restaurant.

12 h 30. La radio crépite :

– Attention les gars ! La 2CV rapplique. Deux hommes en descendent : le pardessus pied-de-poule et un grand blond [1]... Ils entrent.

12 h 58. Nouvelle vacation :

– Voici maintenant une 504 blanche. C'est Enrico ! Il transporte deux passagers. Il descend... Il s'avance vers l'auberge... Attention ! Il fait demi-tour. Il vient vers moi. Je coupe la radio.

Plouy n'en peut plus de retenir sa respiration pendant que Simoné scrute l'intérieur du sous-marin à travers les vitres de la cabine avant. Il le voit ensuite retourner vers l'auberge d'un air soupçonneux. Plouy reprend le contact :

– Wahou ! Enrico vient de me passer la revue de détail. C'est très, très chaud... Oh, merde ! En voilà un autre... C'est l'un des deux passagers de la Peugeot. Je le reconnais : c'est Tessèdre, le type du mois dernier. Je coupe.

Celui-ci inspecte à son tour le fourgon sous toutes ses coutures. Puis il retourne vers la 504 où le second passager se recroqueville sur la banquette arrière pour ne pas être identifié.

Comprenant que son véhicule heurte le paysage, Plouy rallume sa radio :

– Hé les gars ! Ça brûle ici. Venez me dégager !

L'inspecteur V., qui est le plus proche, vient s'asseoir au volant du sous-marin et démarre tranquillement.

1. Ce cinquième homme ne pourra être identifié.

À cet instant, Simoné sort de l'auberge, saute dans sa 504 et prend la fourgonnette en chasse. C'est la déroute. V., qui connaît mal les lieux, s'engage dans une impasse, doit faire marche arrière, avant de reprendre la direction de Paris. Il est talonné par Simoné qui abandonne la poursuite après quelques kilomètres. Plouy est furieux. Qui a pu balancer ? Il demande à ses équipiers de regagner le service.

À 15 heures, il entre dans mon bureau :

– Patron, on a été carbonisés. C'est bizarre, Simoné nous a repérés dès son arrivée. Impossible de continuer dans ces conditions. Il va retapisser [1] toutes nos tires !

Il est clair qu'en tant que policier Simoné peut maintenant identifier les véhicules du service. Il faut recourir à d'autres méthodes. J'appelle Daram à l'IGS :

– Je t'ai déjà évoqué le cas Simoné.

– Oui, je m'en souviens.

– Bon, il vient de nous repérer à Marly. Les filatures classiques ont montré leurs limites. Il faut absolument poser des bretelles à son commissariat. C'est le seul moyen.

– Désolé, Marcel. Je comprends ton problème, mais mon patron ne changera pas d'avis.

Je n'insisterai plus. Je savais que Daram, policier dans l'âme, souffrait de ce désengagement. Je demande à Plouy de reprendre les surveillances sur Bernard et son ami Simon aux adresses connues dans Paris : rue Manin et rue de Maubeuge.

9 décembre 1976.

Mes hommes sont en planque. Le coupé jaune de Simon est repéré en stationnement devant une brasserie de la rue Lafayette. Belle occasion de le faire contrôler par un gardien de la paix et de connaître enfin son identité. Il y a un agent sur le carrefour. Plouy lui explique ce qu'il attend de lui lorsque l'automobiliste viendra reprendre son véhicule. Mais Simon, d'ordinaire peu méfiant, voit la scène et s'éclipse avant d'avoir été interpellé.

Aura-t-on plus de chance avec Bernard ? En fin d'après-midi, on le voit monter dans un taxi en sortant de chez lui.

1. Identifier.

À peine assis, il se retourne brusquement sur son siège et garde les yeux rivés sur les voitures qui le suivent. Lui aussi a été mis au parfum. Les carottes sont cuites.

Le soir même, Plouy vient me voir avec Broussard. Tous deux m'exposent les dernières péripéties et plaident pour une suspension provisoire des surveillances. Je sais par expérience qu'il est inutile d'insister sur des suspects qui se savent filés. Je donne mon accord pour qu'on lève le pied, le temps de laisser les marrons refroidir. Le téléphone de Bernard restera sur écoutes. C'est déjà ça. De toute façon, les affaires ne manquent pas à l'antigang.

Parfum d'embrouille

24 décembre 1976.

Deux semaines se sont écoulées depuis l'allégement du dispositif. Je me trouve en vacances dans ma maison bretonne avec ma femme et mes fils. L'année qui s'achève a été bien remplie, et je me désintoxique en famille, loin des turbulences parisiennes. Près du feu de bois, le sapin clignote.

Le journal télévisé du soir ouvre sur l'assassinat du prince Jean de Broglie. Je relie instantanément ce nom aux accords d'Évian et rien de plus. Je ne peux m'empêcher d'avoir une pensée pour mon collègue Pierre Ottavioli, chef de la Brigade criminelle. Avec une affaire aussi retentissante, lui et ses hommes ne fêteront pas Noël ce soir.

27 décembre 1976.

Broussard m'appelle en Bretagne. Il a sa voix des mauvais jours :

– C'est pas croyable ! Simoné apparaît dans le dossier de Broglie. Quand je pense que l'IGS n'a pas voulu le brancher ! Je ne peux pas t'en dire plus au téléphone, mais ça sent sacrément l'embrouille.

29 décembre 1976.

À Paris, c'est l'effervescence. Les journalistes ont été réunis place Beauvau pour une conférence de presse présidée par le ministre de l'Intérieur en personne. Officiellement, il s'agit de leur communiquer le bilan de la police nationale pour l'année écoulée. Mais s'ils sont si nombreux ce jour-là, c'est surtout pour connaître les derniers développements de l'affaire de Broglie dont tout le monde parle. Les télés sont là. Michel Poniatowski apparaît à l'écran. Il est entouré de Jean Ducret, qui contemple la pointe de ses souliers, et de Pierre Ottavioli, dont le regard s'attarde à la contemplation du plafond mouluré. Le ministre déclare d'un air enjoué :

« Le coup de filet est complet ! Toutes les personnes impliquées sont appréhendées après l'arrestation de M. Pierre de Varga-Hirsh. L'enquête a été remarquablement menée. Elle a demandé la collaboration de plusieurs services de police, notamment la brigade criminelle et la brigade antigang, parfois contestée mais à laquelle je rends hommage. »

Il donne ensuite la parole à Ottavioli qui résume l'affaire à grands traits :

« Le personnage clé de l'affaire est M. de Varga. L'organisateur du meurtre est M. Simoné. L'exécuteur du crime est Gérard Frèche. Les autres personnages impliqués dans cette affaire sont des comparses. L'inspecteur Simoné connaissait de Varga. Ce dernier, au milieu de l'été dernier, lui a fait part du projet de tuer M. de Broglie. Simoné cherche alors à recruter un tueur. Il a d'abord contacté un jeune dévoyé de ses relations, Simon [1]. Celui-ci qui ne voulait pas participer à ce meurtre lui a alors présenté un de ses amis, un repris de justice, Gérard Frèche. Ce Frèche a finalement accepté d'abattre le député de l'Eure et il a demandé à un de ses copains, Serge Tessèdre, de l'accompagner. Le gangster devait toucher 50 000 francs pour prix du crime.

« Les trois hommes se sont rendus ensemble, vendredi matin, devant l'immeuble du 2, rue des Dardanelles, où ils savaient que M. de Broglie avait rendez-vous avec de Varga. Le conseiller juridique avait, en effet, convoqué le député de l'Eure pour vendredi matin. Il avait prévenu Guy Simoné qui avait alors alerté le tueur et son jeune complice.

1. C'est notre fameux Simon, l'homme au coupé jaune.

« Quand M. de Broglie est sorti, Frèche, qui attendait sur le trottoir, s'est approché de lui et l'a tué d'une balle dans la tête avec son pistolet. Il a rejoint en courant Simoné et Tessèdre qui l'attendaient à proximité. Les trois hommes se sont enfuis en voiture. Le criminel est allé jeter l'arme dans l'égout de la rue de la Trinité et, un peu plus tard, Simoné a téléphoné à l'AFP pour diffuser le faux communiqué du club Charles Martel et brouiller ainsi les pistes. »

Ouf ! se dit Otta, j'en ai dit suffisamment, et peut-être même un peu trop. Mais comment résister à l'invitation pressante d'un ministre et à l'avidité des journalistes qui en veulent toujours plus ? Alors il faut évoquer les mobiles du crime. Cette fois, Otta s'embrouille un peu, et Jean Ducret, l'ancien spécialiste de la brigade financière, prend le relais pour exposer le mécanisme de la machination :

« Je peux vous dire que cette affaire est née d'un accord financier qui existait entre la victime, M. de Broglie, et MM. X.[1] et de Varga. Il s'agissait d'un prêt que M. de Broglie avait consenti à ces deux personnes, d'un montant de quatre millions, qui devait être restitué sur une période de sept ans.

« Nous sommes partis tout naturellement de M. de Varga puisque les faits s'étaient déroulés devant chez lui. Nous avons procédé à des perquisitions et nous avons trouvé, ici et là, des documents qui nous ont permis de reconstituer le contrat qui existait entre MM. de Broglie, de Varga et X. Je vous dis tout de suite qu'il s'agit effectivement d'un contrat de prêt qui était assorti de contrats d'assurance-vie qui jouent en faveur de MM. X. et de Varga. »

Tout est dit. L'affaire de Broglie tient dans ces condensés policiers d'une conférence de presse improvisée. Le prince aurait été tué parce qu'il aurait eu l'inconscience de signer un contrat de prêt dont il ne maîtrisait pas les subtilités. Un montage financier machiavélique qui, s'il était amené à décéder, libérait ses débiteurs de leurs obligations, des

1. M. X. a toujours clamé son innocence. Il a bénéficié d'un non-lieu, et la Cour européenne des Droits de l'homme a condamné la France à réparer le préjudice moral et matériel qu'il avait subi.

assurances se substituant à eux pour rembourser les quatre millions empruntés [1]. La mort par ordonnance, en somme.

Trois juges d'instruction successifs, une commission parlementaire acharnée, des fleuves d'auditions, des montagnes d'articles de presse ne pourront modifier ces conclusions sans fioritures d'une enquête-éclair de la Brigade criminelle, exception faite du cas de M. X., imprudemment cité.

Quatre ans et demi plus tard, à l'issue de péripéties judiciaires tumultueuses, la chambre d'accusation de la Cour d'appel de Paris, après avoir chargé son président, le conseiller Chevalier, de procéder à un complément d'information, rendra cet arrêt de renvoi sans équivoque :

« Au vu des multiples investigations qui ont été effectuées dans cette affaire, il résulte que le seul mobile plausible du crime reposant sur des éléments concrets du dossier est celui de l'intérêt pécuniaire lié à la disparition de la victime. »

Le rapport qui aide

Le soir même, en Bretagne, j'ai à nouveau Broussard en ligne. Je veux en savoir plus :

– Qui a-t-on interpellé au juste ?

– Simoné, Bernard, Tessèdre et puis Simon.

– Mais quel est le rapport entre cette équipe et l'affaire de Broglie ?

– Ottavioli a découvert des chèques établis au nom de Simoné, en perquisitionnant chez de Varga. C'est ce qui a permis à Poiblanc de faire le rapprochement avec l'équipe filée par Plouy.

– Et le fameux Bernard dans tout ça ?

– Il nous a donné un sacré coup de main. Figure-toi que Simon et lui avaient été pressentis par Simoné l'été dernier pour flinguer de Broglie. Ils ont roulé le ripou dans la

1. Cette somme devait permettre aux emprunteurs de devenir propriétaires à part entière du restaurant parisien « La Reine Pédauque », rue de la Pépinière, près de la gare Saint-Lazare.

farine et lui ont pris un peu d'oseille. Simon a ensuite refilé le bébé à Gérard Frèche. Un minable.

– Et d'où sort-il, celui-là ?

– C'est sans doute l'inconnu qui s'aplatissait sur la banquette arrière de la 504 de Simoné le 8 décembre, quand ils ont détecté le sous-marin de Plouy devant l'auberge Henri IV !

– Tous ont reconnu les faits ?

– Après la confession de Bernard, ils ont dû s'allonger chez Otta. Sauf de Varga ! En bon vieil escroc, lui a refusé de se mettre à table.

Broussard a excité ma curiosité. Les vacances de Noël touchant à leur fin, je n'ai plus qu'une hâte : rentrer à Paris pour découvrir toute chaude l'affaire de Broglie.

Dès mon retour au Quai des Orfèvres, début janvier 1977, je découvre une ambiance plutôt mitigée. Je pensais trouver des collègues euphoriques, tout à la joie du succès remporté. J'ignorais qu'une dépêche de l'AFP, tombée le 30 décembre, avait jeté un froid au 36. Le texte est lapidaire :

« Les déclarations faites par le commissaire Ottavioli, mercredi soir, sur la culpabilité des personnes appréhendées dans l'affaire du meurtre de Jean de Broglie, ont provoqué jeudi matin un profond étonnement dans les milieux judiciaires et plus particulièrement à la Chancellerie.

« Il n'est pas d'usage que des accusations soient ainsi portées contre les personnes, alors même que celles-ci n'ont pas encore été déférées devant un juge d'instruction, seul habilité à prononcer une inculpation [1]. »

Je prends une décision qui va s'avérer importante pour la suite des événements : après avoir fait le point avec mon adjoint sur la contribution de la BRI à l'enquête de la Brigade criminelle, je demande à l'inspecteur divisionnaire René Plouy de consigner dans un rapport précis et détaillé

1. Par la suite, Ducret et Ottavioli, qui sont venus en service commandé à cette conférence de presse, seront inculpés de violation du secret de l'instruction. Plus de dix ans plus tard, cette inculpation n'aura toujours pas été levée, alors que les principaux protagonistes de l'assassinat auront recouvré la liberté.

l'ensemble des observations que ses hommes et lui ont faites entre le 22 septembre 1976, date du renseignement transmis par Le Moël, et le 9 décembre, jour où j'ai pris la décision d'interrompre provisoirement les filatures.

Bien que les observations effectuées par le groupe Plouy l'aient été dans l'ignorance complète du projet d'assassinat, il me paraît logique de verser au dossier de la Brigade criminelle la relation des scènes dont ont été témoins mes hommes. Si les rencontres de ces individus n'étaient pas intelligibles lorsqu'elles ont été constatées, elles le deviennent après le meurtre. Ce rapport sera transmis à la Criminelle le 29 janvier 1977. Il est signé par les six membres du groupe.

Je ne me doutais pas qu'il allait devenir un rempart contre le déferlement des accusations portées contre nous, à savoir que nous aurions eu connaissance du projet criminel et que nous aurions laissé faire. Ce rapport sera le point d'ancrage de la démonstration de notre bonne foi. On pourra disserter à perte de vue sur ce que nous aurions dû faire et se livrer à toutes les interprétations malveillantes, il suffira de nous reporter aux faits bruts consignés dans le document pour faire face, sans risque d'erreur et de contradiction.

La théorie du complot

27 janvier 1977.

En sortant du cabinet du juge Floch qui instruit l'affaire de Broglie, Me Marcel Ceccaldi, défenseur de Gérard Frèche, tient une conférence de presse :

« Mon client vient de révéler au juge qu'à trois reprises, un certain monsieur Albert avait filé le prince avec lui. Le jour même du crime, il devait l'aider à s'enfuir en voiture. J'espère que la police va communiquer rapidement l'identité de ce personnage au magistrat. Si elle ne le faisait pas, mon client se ferait un plaisir de lui rafraîchir la mémoire. »

Joli coup au but ! Le loup va devoir sortir du bois. Voilà comment l'homme au pardessus pied-de-poule dont Plouy avait dû abandonner précipitamment la surveillance à Marly-le-Roi, le 8 décembre, fait son retour en scène.

Peu après, Jean Dufour et Claude Cancès, l'adjoint d'Ottavioli, conduisent discrètement monsieur Albert chez le juge Floch. On découvre alors son vrai nom : Albert Leyris.

Pour le chef de la 10e BT, c'est un déchirement. Il se voit contraint de livrer l'informateur de sa brigade à la justice. Il a bien eu un premier contact avec le magistrat pour lui exposer les services rendus par Albert, non seulement avant le meurtre mais aussi après le 24 décembre (c'est en partie grâce à lui que la Brigade criminelle a pu localiser en quelques jours le tueur et ses complices). Mais Dufour devine que son honorable correspondant, ainsi mis en porte à faux, va devoir fournir un minimum d'explications. De fait, Albert se retrouve le soir-même à la Santé, sous mandat de dépôt.

Le juge Floch se rend à deux reprises à la prison pour confesser l'indic en tête à tête, hors la présence de son greffier, pourtant prévue par le code de procédure pénale.

Ainsi mis en confiance, Albert distille ses informations. Lors de la première entrevue, il explique au magistrat que le prince était un trafiquant en tout genre. Selon lui, celui-ci aurait été tué parce que, dans un important marché d'armement avec un pays du Moyen-Orient, il aurait doublé ses associés en retenant une importante commission sur le produit de la vente. Albert refuse de confirmer ces déclarations par procès-verbal. Ce différend peut-il être le véritable mobile du crime ? Albert le dit, et il est vrai que des affaires récentes attestent que les commissions occultes sont une pratique répandue, particulièrement lorsqu'il s'agit de ventes d'armes. Mais, en vérité, aucune des investigations entreprises par la Brigade criminelle ne permettra d'étayer cette thèse.

Au cours du second tête-à-tête, Albert va plus loin. Il confie cette fois qu'il a déjà donné ces renseignements à l'inspecteur R., son correspondant à la 10e BT. Il l'a informé du projet d'assassinat dès le mois de septembre

1976. Il sait d'ailleurs que R. a rédigé un rapport à ce sujet pour sa hiérarchie.

Pour la bonne compréhension de l'affaire, disons tout de suite que l'inspecteur R. a effectivement rédigé un premier rapport à son chef de service le 1er avril 1976. Il signale dans ce document qu'il a appris de source anonyme « qu'un trafic de faux bons du trésor portant sur plusieurs milliards de francs anciens allait se déclencher dans les jours prochains ».

Transmis à Jean Ducret, ce rapport a donné lieu à une information de l'Office de répression du faux-monnayage, mais il ne reçut aucune confirmation quant à la réalité du trafic.

Le 27 septembre 1976, l'inspecteur rédige un second rapport, dans lequel il mentionne que « les commanditaires [des faux bons du trésor] étaient deux hommes de grand renom, l'un étant propriétaire de grands restaurants parisiens, l'autre exerçant une activité politique ».

Il précise que le restaurateur est « Monsieur C. de Varga, 60 ans, demeurant 2, rue des Dardanelles à Paris 17e », tandis que l'homme politique est « Monsieur le prince de Broglie, 60 ans, demeurant 9, rue Adolphe Yvon, à Paris 17e ».

Il ajoute un dernier paragraphe qui déclenchera la foudre lorsqu'il sera révélé : « Il est à préciser qu'à la suite d'une indélicatesse commise par l'homme politique lors d'une affaire précédente portant sur plusieurs millions, ce dernier devrait être abattu par des hommes de main dans les jours prochains... »

Ce rapport a été transmis par Jean Dufour à Jean Ducret, qui a fait effectuer des vérifications concernant les personnages mis en cause, à la brigade financière. Il a toujours affirmé ensuite qu'il n'avait pas donné suite à cette information car, en l'état, elle ne lui avait pas paru suffisamment crédible pour alerter l'échelon supérieur. Il n'avait pas voulu jeter la suspicion sur une personnalité telle que Jean de Broglie, à défaut d'éléments plus tangibles.

Mais revenons-en au second tête-à-tête du juge Floch avec M. Albert, dans sa cellule. Cette fois, le magistrat vient de recevoir des confidences embarrassantes dans la mesure où il s'est mis dans l'incapacité de les acter officiellement puisqu'il a agi hors procédure. Comment faire ?

Comme un papillon heurtant désespérément la vitre qui l'empêche d'atteindre la lumière, le juge multiplie ses efforts pour tenter de replacer son instruction sur les rails. Il parvient à se faire remettre par un policier obligeant, contre la promesse qu'il ne dévoilerait pas son identité, une copie des fameux rapports. Mais, du même coup, le voilà à son tour pris au piège des relations ambiguës du couple informateur-informé.

Il pense alors trouver une issue en se tournant vers moi, partant d'un raisonnement qu'il explicitera plus tard devant le président Chevalier chargé du supplément d'information :

« Il ne me restait plus, dès lors, qu'à essayer, dans le cadre de la procédure, de faire ressortir ce que cette affaire pouvait présenter d'obscurité, notamment au plan de ces filatures brutalement interrompues d'une équipe de malfaiteurs dont l'un devait abattre Jean de Broglie. »

28 juin 1977.

Je suis entendu par le juge Floch. Assis en face de l'homme que la presse se plaît à dépeindre comme du granit sur du béton, j'éprouve la sensation désagréable d'être confronté à un interlocuteur soupçonneux.

– Monsieur Leclerc, dans la soirée du 24 novembre, vos hommes sont en surveillance devant le bar Chez Simone, rue de Maubeuge. Ils constatent la présence sur place d'une 2CV Citroën appartenant à la société Ouest-Auto de Chambourcy. Ils ne cherchent pas à identifier son utilisateur.

« Le 8 décembre, ils se retrouvent en surveillance devant l'auberge Henri IV à Marly-le-Roi et voient le policier Simoné descendre d'une 504 Peugeot appartenant à la société Mattei. Cette fois, ils n'hésitent pas à vérifier l'identité de l'utilisateur auprès du loueur de voitures. Pourquoi cette différence de méthode ?

– Tout simplement, monsieur le juge, parce que le loueur de la 2CV était un petit garage inconnu de mon service et vis-à-vis duquel nous ne voulions courir aucun risque d'indiscrétion. La société Mattei, en revanche, nous est familière, et nous pouvons l'approcher en toute sécurité.

– Du 24 septembre au 9 décembre, le groupe Plouy a surveillé Bernard et ses acolytes qui étaient susceptibles de commettre des hold-up. Or je note que ce travail a été interrompu du 3 au 7 décembre, et que, le 9 décembre, vous avez donné instruction à vos collaborateurs de suspendre toutes les surveillances. J'attire votre attention sur le fait que les inculpés ont précisément déclaré que le 26 novembre, le 8 décembre et le 10 décembre, l'occasion s'était présentée à eux d'abattre Jean de Broglie...

– Je tiens à faire observer qu'après plus d'un mois de surveillance, il n'est jamais apparu au groupe Plouy que ses clients préparaient une action quelconque. Cela explique que les enquêteurs, à plusieurs reprises, aient été distraits de ce travail prospectif pour se consacrer à des tâches plus urgentes. Si durant ces intervalles l'occasion s'est offerte au tueur d'abattre la victime, c'est un pur hasard. Car mes hommes n'ont jamais été informés d'un projet criminel.

– Oui mais quand même, pourquoi avoir suspendu vos investigations le 9 décembre ?

– La veille, à Marly-le-Roi, le policier Simoné a détecté la fourgonnette de surveillance dans des conditions qui ne laissaient aucun doute sur ce point. Je ne pouvais prendre le risque de faire identifier tout le parc automobile de mon service par ce fonctionnaire douteux. On ne surveille pas coûte que coûte une personne qui se sait filée. Cela est contraire aux méthodes du service qui procède par touches successives. Quoi qu'il en soit, monsieur le juge, ce travail de la BRI n'a pas été inutile. Il a permis ensuite de faire progresser l'enquête de la Criminelle de façon spectaculaire.

– Savez-vous, monsieur Leclerc, que le 8 décembre le prince de Broglie devait dîner chez M. Poniatowski ? Ce rendez-vous est mentionné dans son agenda saisi par la Brigade criminelle.

Cette fois, je comprends que les spéculations concernant une éventuelle implication du pouvoir dans l'affaire vont bon train. L'idée d'une machination politique est en marche. L'éternelle théorie du complot ! De là à penser que la brigade antigang a interrompu ses surveillances sur instructions supérieures, il n'y a qu'un pas que certains franchiront allègrement.

Pourtant, en me questionnant ainsi, le juge Floch se trompait d'interlocuteur. Je n'avais jamais eu connaissance des rapports de la 10e BT. Je ne pouvais lui être d'aucune aide pour dissiper les obscurités qui l'intriguaient.

En bonne logique, il aurait dû entendre immédiatement et très officiellement l'auteur des rapports, l'inspecteur R. et son patron le commissaire Dufour, pour faire la lumière sur l'existence de ces documents et la destination qui leur avait été donnée. Il ne l'a pas fait et c'est l'autre curiosité de cette instruction.

Fuite magistrale...

20 décembre 1977. Le juge Floch convoque à son cabinet Jean Ducret, le directeur de la PJ parisienne, et l'accueille courtoisement. Ducret, comme il le dira plus tard, « sait que le juge sait ». Dans son esprit, il pense que lorsque les commissaires Dufour et Cancès ont conduit Leyris chez le magistrat le 28 janvier, ils l'ont éclairé à demi-mot sur le rôle de l'indicateur au long de l'affaire. Dufour ne lui a-t-il pas confié à l'issue de cette entrevue qu'il avait tout mis à plat chez le juge ? Il est persuadé qu'il vient accomplir une formalité rituelle pour fermer les portes, comme on dit en langage policier.

– Monsieur le directeur, avez-vous été informé de menaces pesant sur la vie de Jean de Broglie avant le meurtre ?

La question est directe, et Jean Ducret est un peu surpris par sa précision. Évidemment qu'il était au courant puisqu'il a lu le deuxième rapport R. Il n'en répond pas moins par la négative.

Lors de son audition par le président Chevalier, le 27 mai 1980, il expliquera que c'est pour protéger l'anonymat de l'informateur que les deux notes de R. n'avaient pas été déposées entre les mains du magistrat au début de l'information judiciaire. C'est pour les mêmes raisons qu'un peu plus tard, entendu par le juge Floch, il n'avait pas voulu mettre en cause officiellement l'informateur et trahir un secret appartenant aux fonctionnaires de la 10e BT. Il faisait remarquer que ceux-ci n'avaient pas été entendus officiellement par le juge.

Comment le magistrat peut-il enfin faire apparaître les rapports R. si précieux pour sa démonstration ? Il choisit une voie singulière. Fin mars 1978, dans le secret de son cabinet d'instruction, il exhibe devant Me Roland Dumas, défenseur de Simoné, le fameux rapport du 27 septembre 1976. Pourquoi Roland Dumas, et lui seul, plutôt que les autres avocats et notamment ceux de la partie civile ? Question sans réponse. Floch expliquera seulement au conseiller Chevalier qu'il espérait « que cet avocat pourrait tirer de cette communication toute partie utile à la manifestation de la vérité. » Son vœu sera exaucé au-delà de toute espérance avec la publication du rapport dans *Le Canard enchaîné* le 2 avril 1980. On peut saluer la gestion magistrale de la révélation : l'instruction venait d'être close le 21 mars 1980. La relance était ainsi assurée à l'approche d'une campagne présidentielle qui s'annonçait fertile en rebondissements.

22 avril 1980.

Une commission parlementaire est spécialement élue à l'Assemblée. Sa mission : examiner la proposition de résolution de Gaston Defferre et de plusieurs de ses collègues, visant à mettre Michel Poniatowski en accusation devant la Haute Cour de Justice [1]. Les faits allégués contre celui qui fut ministre de l'Intérieur du 28 mai 1974 au 30 mars 1977 sont graves : « Violation du secret de l'instruction; non-assistance à personne en danger; détournement de documents et faux témoignages. »

25 avril 1980.

1. Devenue depuis la Cour de justice de la République

De son côté, la justice réagit : la chambre d'accusation de la cour d'appel de Paris ordonne un supplément d'information confié à son président, le conseiller Chevalier.

C'est sur Jean Ducret que vont se concentrer les tirs. S'il est démontré qu'avant le meurtre il a rendu compte à l'échelon supérieur des menaces pesant sur Jean de Broglie, le ministre de l'Intérieur sera atteint. Deux journalistes [1] ont remarquablement posé le problème :

« Si Ducret a rendu compte, trois hommes seulement sont au courant : le ministre de l'Intérieur Michel Poniatowski, son directeur de cabinet Jean Paolini et le préfet de police Somveille. Tous nient farouchement et rien ne permet d'affirmer qu'ils mentent. En revanche, on peut se demander pourquoi Jean Ducret, s'il avait prévenu, accepterait de porter seul la responsabilité du meurtre. »

Je connais bien Ducret. C'est un homme intègre et d'une grande rigueur morale. Il a toujours soutenu que, après quelques vérifications faites auprès de la brigade financière, il n'a pas cru au sérieux des informations contenues dans les deux notes de l'inspecteur R., telles qu'elles lui étaient présentées. Il a demandé à la 10e BT de les creuser davantage, selon son expression. Son adjoint Roger Poiblanc, policier très expérimenté, a eu la même réaction [2]. Il y a un point sur lequel je n'ai absolument aucun doute : si Ducret et Poiblanc avaient tenu pour plausible la menace d'assassinat planant sur Jean de Broglie, ils auraient aussitôt pris les mesures nécessaires pour s'y opposer, en dehors de toute considération politique ou de quelque autre nature.

Deuxième cible : la brigade antigang. S'il est démontré que son chef a eu connaissance du projet de guet-apens

1. Jacques Derogy et Jean-Marie Pontaut, *Enquête sur les affaires d'un septennat*, Robert Laffont, 1981.

2. À ceux qui jettent la pierre à Ducret et Poiblanc, je voudrais rappeler un épisode intéressant du procès : Albert Leyris affirmait qu'il n'avait cessé d'informer l'inspecteur R. de l'évolution des préparatifs du meurtre. Au président qui lui rétorquait que, si tel avait été le cas, le policier aurait fait un nouveau rapport, il fit cette réponse savoureuse : « Il n'a pas fait de rapport parce qu'il ne m'a pas cru », ajoutant que lui-même n'avait pas cru à ce projet qui lui paraissait une pantalonnade (*Libération* du 3 décembre 1981).

tendu à de Broglie à l'occasion des contacts avec la 10e BT et qu'il a fait interrompre les surveillances des suspects en connaissance de cause, l'objectif sera également atteint.

Je vais devoir expliquer en détail devant les deux instances, parlementaire et judiciaire, ce qu'a été le rôle de mon service durant la période qui a précédé l'assassinat. « Seule la vérité paye », pourrait-on dire, pour paraphraser une autre formule. Je répéterai aussi souvent qu'il le faudra ce que nous avons su et ce que nous avons ignoré, ce que nous avons fait en fonction de nos connaissances et ce que nous ne pouvions faire en raison de notre ignorance.

Une différence de taille

Deux hommes vont tenter d'impliquer le service dans l'affaire : l'inspecteur R., de la 10e BT, et l'ex-inspecteur V., membre du groupe Plouy à l'époque des faits.

R. est un bon élément qui a eu le grand mérite de rédiger un rapport prémonitoire qui aurait pu empêcher l'irrémédiable, s'il avait été pris en compte. Mais il n'a pu maîtriser l'énorme pression médiatique et politique exercée dans sa direction.

2 juillet 1980.

Il se prête d'abord à une audition devant huissier par deux députés socialistes, Pierre Joxe et François Massot. Ses explications sont contradictoires :

« Simoné n'apparaît pour moi dans l'affaire de Broglie que le 25 décembre, le lendemain de l'assassinat. Je n'ai jamais eu le nom de Simoné comme flingueur de de Broglie. »

Un peu plus loin :

« ... tout le monde sait que Simoné participerait à l'assassinat de de Broglie, mais on n'avait aucune certitude. Mais je savais, moi, c'est uniquement, disons, une présomption, du flair – je cherchais le terme. Mais je n'avais pas la certitude, Leyris ne me l'avait pas dit... »

Et ainsi, de fil en aiguille, à une question de Pierre Joxe qui lui demande :

« Vous êtes capable de dire que c'est à partir de vos rapports que les services de la BRI ont entrepris la filature de Simoné. Il était bien question d'un projet de meurtre ? »

Il répond :

« Absolument. Il était convenu que la 10e brigade territoriale ne devrait figurer à aucun moment dans l'affaire de Broglie. Et que c'était la BRI qui devait intervenir pour éventuellement protéger le prince, pour éviter l'assassinat. »

Cette fois, il nous met directement en cause.

29 octobre 1980.

R. est confronté à Plouy devant la commission parlementaire. L'heure de vérité a sonné. Va-t-il persister dans ses accusations ? Le président Riveriez veut en avoir le cœur net :

– Vous avez dit que la BRI était chargée de surveiller les gens qui devaient abattre de Broglie.

– J'ai voulu dire qu'à partir du moment où la 10e BT ne l'était pas, ce ne pouvait être qu'une brigade centrale, donc la BRI ou la BRB.

– C'est donc seulement une déduction ?

– Oui, une déduction logique.

La différence est de taille.

R. dira encore qu'après le télescopage du 24 novembre 1976, entre la BRI et la 10e BT, il a eu l'occasion de faire part aux membres du groupe Plouy de ses informations concernant l'assassinat du prince. Ce que démentent formellement ceux-ci, à l'exception de l'ex-inspecteur V.

R. va plus loin : il affirme qu'avant le meurtre il a eu l'occasion, un jour, d'apercevoir sur le bureau de Plouy une fiche d'écoute téléphonique qui parlait d'un contrat.

Le faux était presque parfait...

L'ex-inspecteur V., devenu journaliste sous un nom d'emprunt, va, lui, faire flèche de tout bois contre son ancien service.

Il n'aura de cesse de distiller des informations visant à accréditer l'idée que ses collègues du groupe Plouy étaient au courant du projet d'assassinat.

Il est entendu par la commission parlementaire le 8 octobre 1980. Le matin même, *Le Canard enchaîné* a publié la photocopie d'une fiche d'écoutes téléphonique censée reproduire une conversation entre Simon et le fameux Bernard. Fait important : elle est datée du 5 octobre 1976.

SIMON. – Salut !
BERNARD. – Ouais, c'est toi ?
S. – C'est moi, tu me reconnais pas ?
B. – Si, si – alors ?
S. – T'as vu pour l'affaire ?
B. – Laquelle ?
S. – Le contrat... le château... le prince... dans l'Eure.
B. – Oui, mais je t'expliquerai. On se voit ?
S. – Si tu veux. Où ?
B. – Rue de Belzunce, dans trois quarts d'heure une heure.
S. – À tout de suite.

Voilà donc la preuve tant attendue, le document imparable, clé de voûte de la démonstration de notre « complicité ».

François Massot brandit le journal devant ses collègues de la commission et interroge V. :

– Le document publié par *Le Canard enchaîné* de ce matin correspond-il dans sa forme à une fiche d'écoutes ?

V. – Oui, c'est tout à fait ça. La transcription est faite à la main et munie d'un cachet.

M. – Cette fiche est datée du 5 octobre 1976. Bernard était-il déjà écouté ?

V. – Oui. Sur ce point je suis affirmatif.

Et au député Louis Odru qui lui demande si le document lui paraît normal dans la forme et dans le fond, l'ancien inspecteur répond sans sourciller :

– Il a toute les apparences de l'authenticité.

Il insiste aussi sur le fait que le terme « contrat » y figure bien.

Le 15 octobre, confronté à Plouy, V. enfonce le clou :

– En confidence, je puis vous dire que l'on pourra prochainement authentifier la transmission de l'écoute du 5 octobre, mais je ne garantis pas le mot à mot !

Les membres de la commission resteront sur leur faim. Car cette prétendue fiche d'écoute est un faux intégral. Et nous n'aurons aucune peine à démonter la supercherie. L'indicatif « Roméo 13 » apposé sur le document ne correspond pas à celui qui a été officiellement attribué à l'écoute de Bernard. Le timbre « confidentiel » apposé sur la fiche présentée est totalement bidon. Sur les fiches originales d'écoutes figure une seule et unique mention : « source secrète ». En outre, le texte a été écrit en majuscules pour empêcher l'identification de son rédacteur, alors que les transcriptions sont toujours faites d'une écriture cursive, pour aller plus vite.

Enfin et surtout, à la date du 5 octobre, il était matériellement impossible d'écouter la ligne téléphonique de Bernard. Celui-ci n'a été localisé de façon précise dans son immeuble que le 14 octobre, le jour où il est apparu à son balcon. C'est à cette date que j'ai adressé la demande d'écoutes à la direction de la police judiciaire. Tout cela a été consigné dans des registres permettant de suivre scrupuleusement la chronologie de cette demande. Des carnets de bord devant impérativement être tenus à jour « sans surcharge, ni rature ».

15 décembre 1980.

Sur sollicitation de la commission parlementaire, Raymond Barre, alors Premier ministre, va devoir confirmer par une note écrite que la mise sur écoutes de Bernard a été autorisée par Beauvau, avec visa de Matignon, le 20 octobre 1976, et qu'elle a été effectivement réalisée à compter du 27 octobre. Et non à partir du 5 ou même avant. Le Premier ministre n'accédera pas à la demande de communication des documents justificatifs dans la mesure où ils sont couverts par le secret défense. C'est son appréciation souveraine.

Les accusateurs en sont pour leurs frais. Il n'empêche que si la date du faux document avait été reculée de vingt-deux jours, même si d'autres erreurs entachaient cette pièce, la pression politique était si forte que nous aurions été mis dans les cordes.

Devant la commission parlementaire

26 janvier 1981.

Je suis entendu, pour la seconde fois, par le président Chevalier. Durant ces longues heures d'entretien, il me sera facile de faire ressortir les contradictions de nos accusateurs et démontrer le trucage de la fiche d'écoutes. Si j'avais été complice d'une machination pour laisser attenter à la vie du prince, aurais-je, à deux reprises, et notamment avant de suspendre les surveillances, demandé avec insistance à l'IGS de placer sur écoutes le commissariat de La Défense ?

Dans ma première audition du 24 juin 1980, déjà, j'avais demandé à ce haut magistrat d'enregistrer dans son procès-verbal cette observation de bon sens : est-il imaginable qu'une autorité supérieure puisse demander à un chef de police de laisser commettre un meurtre ? Est-il concevable qu'une telle instruction puisse être répercutée à un groupe d'enquêteurs, entraînant ainsi la connivence de tout un service ? En vingt ans de lutte contre la criminalité et le grand banditisme, je n'ai jamais reçu, lui dis-je, de telles directives, même sous forme de conseils voilés. Mon interlocuteur m'avait paru sensible à ces arguments.

Devant la commission parlementaire, c'est une autre ambiance. Elle m'entend le 5 novembre 1980. Je suis cette fois confronté à des politiques, Pierre Joxe notamment, que je rencontre pour la première fois en chair et en os, visage austère, regard perçant encadré par d'épais sourcils. Et François Massot, son collègue socialiste. Sans oublier les communistes Georges Gosnat et Maxime Kalinsky.

D'entrée de jeu, Pierre Joxe cherche à m'empêcher de faire un exposé liminaire. Le président de la commission m'autorise quand même à poursuivre. Les questions deviennent incisives. Les réponses ne le sont pas moins. Massot s'élève vivement contre la pratique des écoutes « administratives ». Il m'est reproché d'avoir écouté

« illégalement » la ligne de Bernard, et, en même temps, on me demande pourquoi je n'ai pas fait mettre le policier Simoné sur écoutes.

Je sens aussi beaucoup d'agacement chez certains lorsque j'explique calmement pourquoi la demande de bretelle chez Bernard n'aurait pu être effectuée, en tout état de cause, avant le 14 octobre. Joxe, qui n'aime pas qu'on lui tienne tête, conclut :

– En tout cas, monsieur Leclerc, vous vous méprenez si vous pensez que nous cherchons à attaquer les policiers.

– Ils ont été tellement attaqués ces temps-ci que nous sommes sourcilleux.

Je suis le dernier témoin à être entendu par la commission parlementaire. Avant moi, Plouy et ses assistants Aligon, d'Authier, Degand et Berrux ont dû, eux aussi, batailler ferme.

Au final, la thèse de l'antigang, malgré les assauts, n'a pu être réfutée. Elle a dû, en tout cas, paraître suffisamment convaincante à la justice, si j'en juge par ces extraits du réquisitoire du procureur général demandant le renvoi des accusés devant la cour d'assises de Paris et daté du 23 juin 1981 :

• Concernant l'inspecteur R. :

« Ses déclarations devant le magistrat chargé du supplément d'information et la commission parlementaire, ainsi que devant huissier en présence de parlementaires de cette commission, n'ont pas toujours été concordantes. »

• Concernant l'ex-inspecteur V. :

« Ses déclarations doivent être accueillies avec beaucoup de réserve quand on sait que l'intéressé, en raison de son comportement professionnel, a été révoqué depuis. On peut, en effet, imaginer aisément que l'inspecteur V. ait conçu quelque amertume à la suite de sa révocation et que ses déclarations s'en ressentent surtout à l'égard de ses anciens collègues [1]... »

---

1. L'ex-inspecteur a été exclu de la police en mai 1979 pour des faits étrangers à ses prises de position dans l'affaire de Broglie. (*N.d.A.*)

4 novembre 1981.

Dernier acte. Le procès s'ouvre devant la cour d'assises de Paris. Dans le box des accusés : Gérard Frèche, le tueur; Serge Tessèdre, l'intermédiaire entre le tueur et le recruteur; Guy Simoné, l'ex-policier, recruteur et organisateur de l'assassinat; Pierre de Varga, le commanditaire.

En face : le président André Giresse et l'avocat général Marcel Dorwling-Carter. Deux fortes personnalités aux tempéraments diamétralement opposés. Le premier, cinquante-neuf ans, a un profil longiligne et un visage ascétique duquel se dégage une impression de sévérité. C'est lui qui présidait en octobre 1980 la cour d'assises qui a prononcé la condamnation à mort de Philippe Maurice, un meurtrier de policiers dont je reparlerai plus loin, puisque je dirigeais l'enquête qui avait permis de le confondre. Le second, Dorwling-Carter, cinquante-sept ans, d'origine antillaise, a le port altier, la voix suave et la silhouette élégante. Il tient sous le charme les jurés qui boivent ses paroles. Ses formules font mouche, et chacune de ses interventions est redoutée par les accusés.

Tout commence dans la monotonie. Les audiences se suivent et se ressemblent. Au douzième jour, le président Giresse, auquel l'avocat général a ravi la vedette, sort brusquement de ses gonds. Il lit une déclaration dans laquelle il blâme d'abord Jean Ducret pour n'avoir pas pris suffisamment au sérieux les menaces pesant sur Jean de Broglie. Il charge ensuite Michel Poniatowski pour avoir caché à la justice l'existence des rapports R. après l'assassinat. Sa conclusion est tonitruante : « La justice a été tenue pour quantité négligeable. Cette affaire de droit commun est ainsi devenue un Watergate français ! »

C'est la stupeur et le vacarme. Dans la salle, certains rappellent d'un air entendu la célèbre formule de Me Moro-Giafferi : « Quand la politique entre dans le prétoire, la vérité en sort. » De son côté, Ponia, que la commission parlementaire a innocenté le 20 janvier 1981, laisse éclater sa colère et en appelle au président de la République, François Mitterrand. Blessé dans son amour-propre, il viendra quand même témoigner le 26 novembre 1981. Ce jour-là, face au ministre, Giresse sera d'une extrême courtoisie. Ducret aura droit à moins d'égards. Mais il fera preuve de beaucoup d'élégance en reconnaissant très honnêtement son « erreur de diagnostic ».

Paradoxalement, c'est le juge Floch qui, la veille, a été le plus malmené par ses collèges de la cour d'assises. Devenu lui-même président d'une section de cette cour, il s'est lancé dans une longue confession, selon le propre qualificatif de l'avocat général, pour expliquer sa manière de faire. Giresse lui réplique sèchement :

« J'ai le regret de dire que je suis sidéré par ce que je viens d'entendre. Nous avons une conception tout à fait différente de l'autorité judiciaire. Il n'y a pas de justice parallèle. Le rapport, vous auriez dû le faire apparaître tôt ou tard dans le dossier : c'était un secret de polichinelle, c'était dans tous les journaux... »

Ironie de l'Histoire, c'est Me Roland Dumas, avocat de Simoné, qui devra voler au secours du juge en soulignant qu'il est heureux « de rencontrer des magistrats qui ont le sens de l'honneur et de la parole donnée ».

30 novembre 1981.

Je suis moi-même appelé à déposer à la barre. « Jurez de dire la vérité, toute la vérité, rien que la vérité. » Je prête serment, comme je l'ai fait si souvent tout au long de ma carrière. Une dernière fois, je viens défendre l'honneur du navire :

– Depuis cinq ans, la BRI a été violemment attaquée, diffamée. Il a été dit que nous avions été mis au courant du projet d'assassinat visant Jean de Broglie avant qu'il ne se commette. On a même affirmé que nous avons volontairement laissé les tueurs agir. Je le dis fermement, la BRI n'a jamais été mise au courant d'un projet d'assassinat et nous ne nous sommes jamais comportés comme des mercenaires !

Deux heures durant, je vais exposer les phases de nos investigations, décortiquer point par point les mécanismes de l'enquête, répondre aux questions très précises des magistrats, être confronté à V., à R. À aucun moment le président Giresse ne met alors en cause mon honnêteté intellectuelle ni la sincérité de mes réponses. Ni lui, ni l'avocat général.

Pourquoi ce jour-là ne m'a-t-il pas traité publiquement de menteur ? C'eût été plus correct que de le faire six ans plus tard, au détour de Mémoires qui se voulaient le reflet de la vérité.

14

Rapts à la chaîne

Les années soixante-dix n'ont pas fini de nous surprendre. Après l'assassinat d'un prince, elles nous réservent l'enlèvement d'un baron. C'est le grand retour du kidnapping.

Le phénomène n'affecte pas seulement la France. En Italie, il a déjà atteint le stade industriel. La mafia capture, séquestre et rançonne, selon des méthodes aussi cruelles qu'efficaces. Les terroristes des Brigades rouges et de Prima Linea ne sont pas en reste. Qui n'a en mémoire le calvaire d'Aldo Moro, le Premier ministre italien enlevé le 16 mars 1978, puis assassiné ?

En Allemagne, les enragés de la Bande à Baader et de la Rote Armee Fraktion signent leurs forfaits du rouge sang de l'Internationale communiste. Comment oublier le supplice infligé à Hans Martin Schleyer, le patron des patrons allemands, enlevé le 5 septembre 1977 et retrouvé mort, criblé de balles dans le coffre d'une voiture, quarante-deux jours plus tard ?

Ce nuage noir ne s'arrêtera pas opportunément au-dessus des Vosges comme celui de Tchernobyl : la France, elle aussi, va payer son tribut aux nouveaux barbares. Une situation nouvelle qui place, une fois de plus, l'antigang en première ligne.

Pour nous, prise d'otages et kidnapping forment deux matières bien distinctes. La première tient de la dramaturgie classique, avec unité d'action, de temps et de lieu. Agresseurs et agressés sont confinés dans le même périmètre, à portée de main de la police. Ce qui oblige les preneurs d'otages à exercer une terreur de tous les instants pour compenser ce handicap. Certains n'hésiteront pas à abattre d'entrée de jeu un otage pour marquer leur détermination.

En matière d'enlèvement, l'équilibre des forces est plus subtil. D'abord, il n'y a qu'un otage, enlevé de façon éclair, le plus souvent par des anonymes, et retenu prisonnier en un lieu secret. Tout contact des ravisseurs avec l'extérieur exige qu'ils prennent d'infinies précautions pour conserver cet avantage stratégique sur la police. Reste l'obstacle majeur : comment prendre possession de la rançon ? Car, à un moment donné, il faudra bien tendre le bras pour attraper le sac et donc s'exposer. D'où les trésors d'imagination déployés par les ravisseurs pour franchir ce cap redoutable.

Il est clair que les autorités ne peuvent espérer vaincre que si elles ont mis au point une stratégie. Ce qui implique, en premier lieu, que le pouvoir politique prenne ses responsabilités.

Le 14 janvier 1975, un an après mon arrivée à l'antigang, j'ai d'abord eu à connaître de l'enlèvement du jeune Olivier, le fils d'un riche industriel parisien. Le ravisseur avait agi avec l'assistance de sa propre fille, âgée de quatorze ans. Montant de la rançon demandée : 600 000 francs. Ce côté artisanal dans la conception et l'exécution du rapt n'enlevait rien au danger encouru par l'enfant. Au reste, s'agissant d'un mineur, il était exclu de prendre le moindre risque au moment du contact éventuel avec le ravisseur.

Tout va reposer sur l'observation. À compter de la remise de l'argent par le père de l'otage, au bois de Boulogne, nous n'allons plus lâcher le preneur de rançon. La chasse photographique réalisée par mes hommes et les renseignements recueillis au cours de cette filature suffiront à l'identifier, avant une arrestation en douceur, deux jours plus tard, à Rueil-Malmaison. Olivier s'en sortira indemne.

Cette tactique est séduisante. Mais le risque de perdre la trace de l'auteur au cours de la filature est considérable. Il

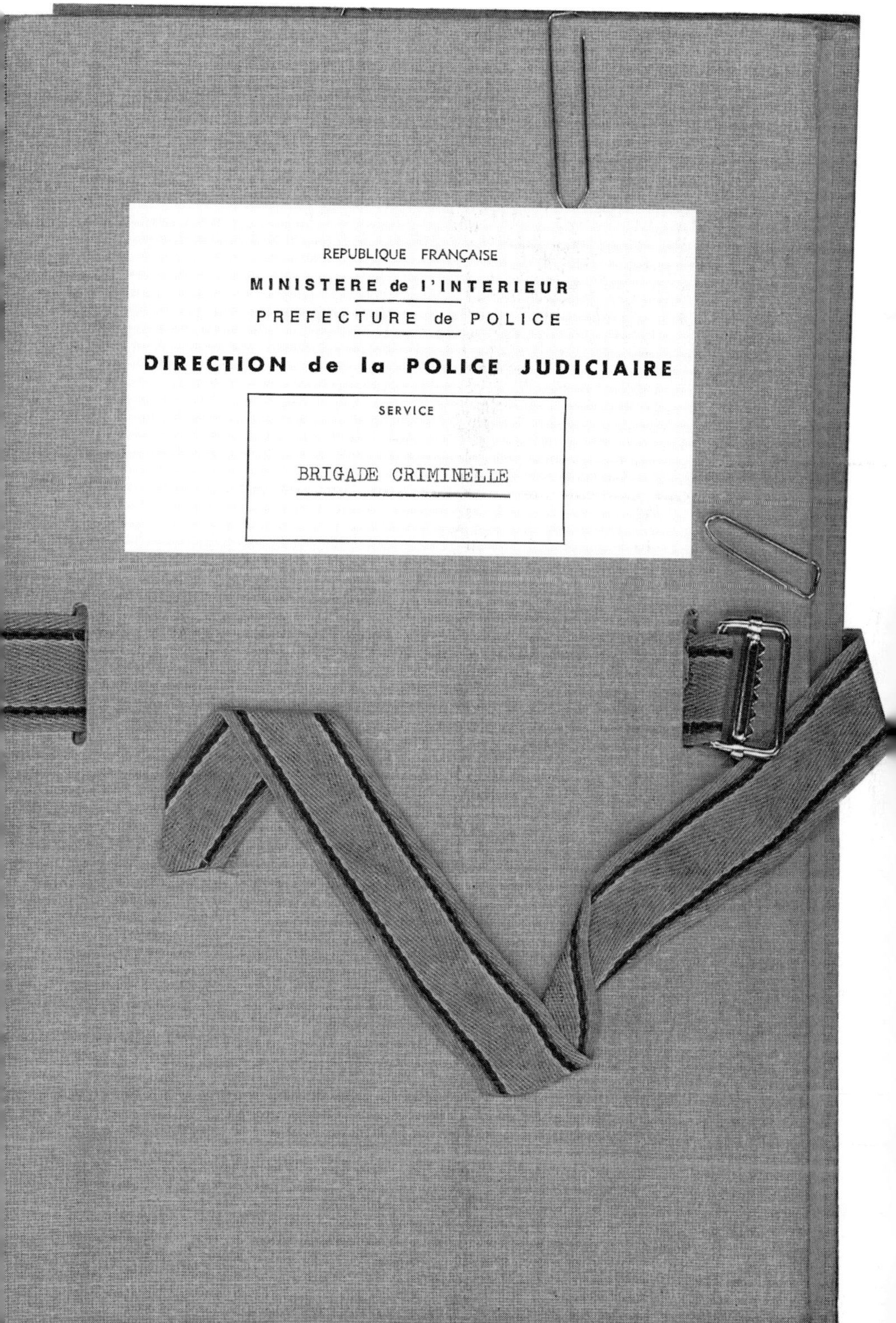
REPUBLIQUE FRANÇAISE
MINISTERE de l'INTERIEUR
PREFECTURE de POLICE
DIRECTION de la POLICE JUDICIAIRE
SERVICE
BRIGADE CRIMINELLE

Avec mes camarades de la promo 1961.
(Je suis au centre.)

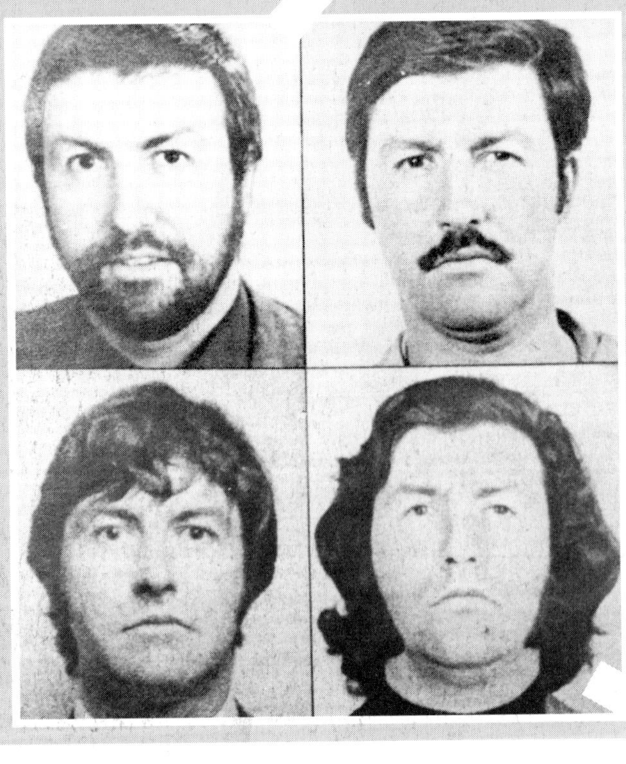

Mesrine,
le fauve aux
multiples
visages.
Piégé par la
le BT. 1973)

Libération

La nuit du verdict de Pierre Goldman aux Assises de la Seine

« JURÉS ASSASSINS ! »

... Criaient le public, des avocats, des journalistes, à l'énoncé du verdict condamnant Pierre Goldman à la réclusion à perpétuité... à la mort lente.

Il était 0 h 15. La cour — Braunschweig, le président, ses deux assesseurs et les neuf jurés — délibéraient depuis 2 h 35. Et puis la sonnerie. La sonnerie qui rappelle que l'heure est venue. La salle se remplit. Pour l'acte capital. Un huissier, comme on n'en voit que dans les films de Sacha Guitry, a frappé les trois coups. Et ils sont entrés. Pierre Goldman s'est levé, vacillant de fatigue. Trois heures auparavant, il n'avait pas été en mesure d'ajouter un seul mot aux plaidoiries de sa défense. Et puis, comme s'il aurait lu un spot publicitaire [...] radio, [...]

[...] où l'on voit des chroniqueurs judiciaires connus insulter eux aussi, le jury. Des jurés et des magistrats statufiés dans la peur, pétrifiés par le scandale.

Sans chercher vraiment à convaincre, image vivante d'une contradiction, membre du Syndicat de la magistrature et du PS. Il n'empêche qu'il fait partie de cette chaîne qui, selon une machination de toute bonne foi, envoie Goldman à la mort lente, à l'ombre de la vie, sans preuves : un avocat général peut toujours et c'est son droit, abandonner l'accusation. Il ne l'a pas fait.

[...] alors est to-[...]

[...] occupé. Un ami de Pierre se précipite vers les gardes mobiles, et les bouscule. Le bouleversement est général. Braunschweig, à son tour, va vers Goldman et semble-t-il tente de justifier son rôle. Les quelques gardes mobiles qui restaient au fond de la salle escaladent à leur tour le box des accusés et parviennent à passer une menotte à Pierre, balotté d'un visage, d'une main à l'autre, qui tous et toutes promettent de le sortir de là, de prouver son innocence. Une foule d'amis, d'habitués des assises, d'avocats et de journalistes pleurant. Une foule hurlant l'inno-[...]

Pierre Goldman assassiné, le 20 septembre 1979.
(AFP Guillaud.)

Ci-dessous : Manifestation en sa mémoire, le 27 septembre 1979.

Prise d'otages dans une banque avenue de la République, le 28 février 1975. Quatorze heures avant l'intervention de l'anti-gang au Thélème… (Gamma, Uzan.)

Le café Le Thélème où s'est déroulée la fusillade avec les Zemour. William, le chef du clan, y a trouvé la mort.

Ci-dessous : ses obsèques. (AFP.)

L'affaire Empain. La photo de l'otage envoyée par ses geoliers et diffusée par la presse.

Ci dessous : l'un des lieux de séquestration du baron. Trois mois de sévices physiques et mentaux. (AFP Janin.)

Le temps prévu mercredi

France-Soir

Paris, mercredi 2 août 1978 • 1 F 60 • DERNIÈRE HEURE

100, rue Réaumur, 75002 – Tél. 508-28-00

Camping sauvage des vacanciers des aéroports

2 morts dont un policier français et 3 blessés dans la fusillade de l'ambassade d'Irak

GUERRE ARABE EN PLEIN PARIS

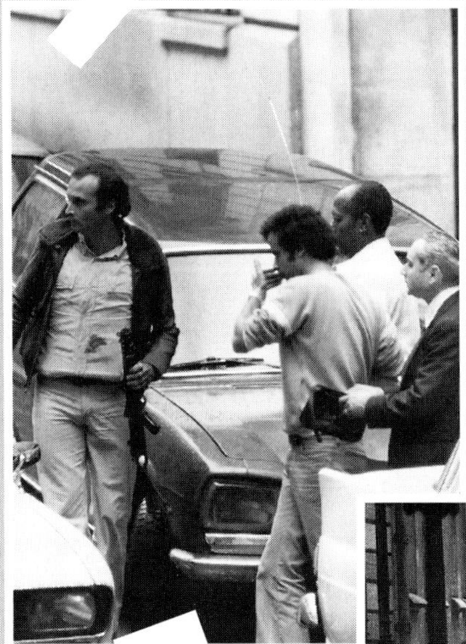

Fusillade à l'ambassade d'Irak, le 31 juillet 1978.

(1). Je conduis le terroriste vers la R16 d'Ottavioli. (2). Les Irakiens ouvrent le feu : l'inspecteur Capela s'effondre. (3). Les gorilles irakiens poursuivent le tir. (4) et (5) Riposte de l'antigang. (6) Séquence arrestations. (Associated Press.)

L'Identité judiciaire sur les lieux de l'assassinat du prince de Broglie, le 24 décembre 1976, à Paris. (AFP.)

Mission secrète au Salvador (1979). Un mois de tractations pour obtenir la libération de l'ambassadeur de France et de son personnel séquestrés par les guérilleros du BPR.

Mes repérages en vue d'une éventuelle intervention (Gamma et DR.)

Page ci-contre : le dénouement de l'affaire vu par la presse hispanique.

PARTIERON OCUPANTES EMBAJADAS.- Esta mañana, en un avión panameño, salieron con destino a la ciudad de Panamá, 27 personas que habían ocupado las misiones diplomáticas de Francia y Venezuela, donde tuvieron como rehenes a los agentes diplomáticos de ese país y de cuya condición lograron evadirse los representantes de Venezuela. El Gobierno panameño dispuso conceder asilo a esos ocupantes de embajadas que pertenecen al BPR y ha sido el resultado de gestiones realizadas por representantes especiales de los gobiernos afectados en sus representaciones diplomáticas. En la gráfica que publicamos - puede verse como anoche, las personas se aglomeraban en torno a la Embajada de Francia, para ver la salida de los ocupantes, pero tal cosa no sucedió sino hasta esta mañana, cuando pudo llegar el avión que los conduciría a su destino. El Gobierno salvadoreño estuvo anuente, para darle salida al caso, en otorgarles un salvoconducto.

CAMINO DEL EXILIO.- Los grupos que ocuparon las embajadas de Francia y Venezuela y que mantuvieron como rehenes a los misioneros diplomáticos de esos países y, uno de los cuales logró escapar, nos referimos al señor Embajador de Venezuela, han salido hacia el exilio, luego de agotarse una serie de gestiones para que dichos forzados ocupantes de las sedes diplomáticas aceptaran un salvoconducto ofrecido por el Gobierno del país a los negociadores de Francia y Venezuela que vinieron especialmente a raíz de los incidentes. Hasta la mañana de ayer se decía que el Gobierno de Panamá les había concedido asilo territorial y político, pero a última hora se supo que no y fue entonces que el de México abrió sus puertas a los exiliados salvadoreños, quienes partieron en un avión venezolano. En la composición fotográfica que hoy publicamos y que fue tomada en la Embajada de Francia, pueden verse a los rehenes liberados, izquierda (arriba y abajo) y a la derecha el momento en que los del BPR salen hacia el bus que les condujo al aeropuerto.

Le couple infernal d'Action directe

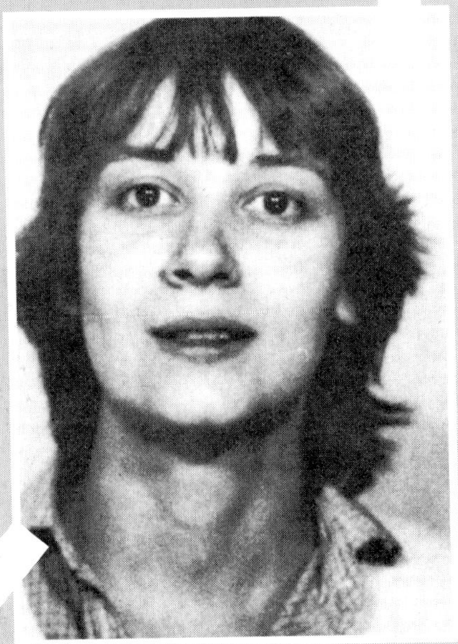

MENIGON
Nathalie (1981)
« Considérée comme très dangereuse, susceptible d'être accompagnée par Jean-Marc Rouillan. »

ROUILLAN
Jean-Marc (1981)
« Individu très dangereux, susceptible d'être armé. » (DR.)

AFP EJ90
PAR0071 3
ATTENTATS MINISTERE
LES TROIS ATTENTATS AU BAZOOKA REVENDIQUES PAR ''LE CHEF D'ACTION
DIRECTE''.

PARIS, 15 AVR (AFP) - LES TROIS ATTENTATS AU BAZOOKA COMMIS MARDI
MATIN CONTRE LE MINISTERE DES TRANSPORTS ET DEUX DE SES ANNEXES ONT
ETE REVENDIQUES DANS UNE COMMUNICATION TELEPHONIQUE A RADIO
MONTE-CARLO PAR UN INCONNU QUI S'EST PRESENTE COMME ''LE CHEF
D'ACTION DIRECTE''.

AFP EM48
PAR0078 2
ATTENTATS MINISTERE
UNE REVENDICATION DE ''L'ORGANISATION ACTION DIRECTE''

PARIS, 15 AVR (AFP) - LES TROIS ATTENTATS COMMIS MARDI A L'AUBE A
PARIS CONTRE LE MINISTERE DES TRANSPORTS ET DEUX DE SES ANNEXES ONT
ETE REVENDIQUES AU NOM DE ''L'ORGANISATION ACTION DIRECTE'', PAR UN
INCONNU, MARDI MATIN, DANS UNE COMMUNICATION TELEPHONIQUE A
L'AGENCE FRANCE-PRESSE.

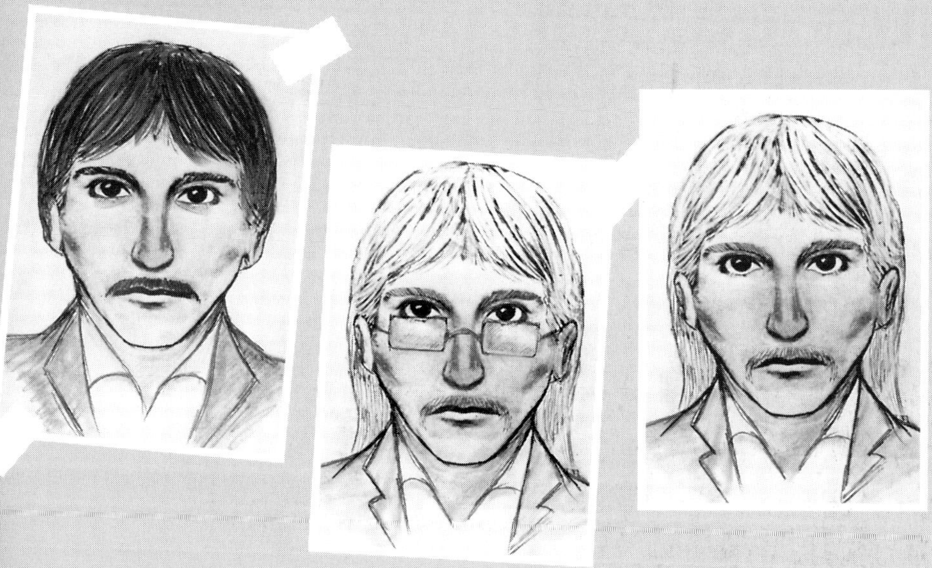

Ci-dessus : portrait-robot du terroriste présumé de l'affaire Copernic (3 octobre 1980). « L'homme à la moto ».

Ci-dessous : Sieglinde Hofman, tigresse en chef de la bande à Baader. Arrêtée par la Crim' le 5 mai 1980.

France-Soir

N° 11.542

Paris, vendredi 25 septembre 1981 3 F ● DERNIÈRE HEURE

100, rue Réaumur, 75002 – Tél. 508-28-00

Il confirme les
en restant do

Claude VINCENT

TOUTES les questions ont été posées ; à toutes ou peu s'en faut, le président de la République a apporté hier, à sa manière, des réponses lors de sa premiè de presse.

Un groupe arménien avait pris des otages au consulat turc du bd Haussmann en faisant

Le commando s'est re

La peur à la fenêtre

Une fois de plus, la fenêtre du le terroriste braque sur elle le

LA prise d'otages du consulat de Turquie s'est terminée cette nuit à 2 h 10 sans effusion de sang. Les terroristes arméniens se sont rendus aux hommes du commissaire Broussard.

Néanmoins dans la journée on a eu à déplorer un mort (un gardien turc), un blessé grave (le vice-consul de Turquie) et un blessé léger (le terroriste). Tel a donc été bilan de cette dramatique faire qui a débuté matin, à 11 h 15 au de Turquie, 170, bd Haussmann

Ci-dessus et à droite : l'ancien ministre Fontanet. Crime fortuit ?

A gauche : prise d'otages au consulat de Turquie le 24 septemb. 1981.

Ci-dessous : réception chez le premier ministre, Pierre Mauroy, après le succès de la négociation.

14 mars 1982, dernier jour au 36 quai des orfèvres.

En haut, de gauche à droite : Jacques Poinas, Olivier Foll, Jacques Di Bona, François le Moël, Michel Auguste, Ange Mancini, moi-même (imper sur le bras), mon épouse, et l'inspecteur Goffinon.

Ci-contre : la vue du bureau du patron de la Crim'.

Ci-dessous : remise de Légion d'honneur par Charles Pasqua en 1986. La sortie du désert. (Becam.)

Ci-contre : ma prise de fonctions comme préfet de police à Lyon en mai 1993.

LYON FIGARO

la vie lyonnaise

MERCREDI 23 MARS 1994 CAHIER RÉGIONAL N°3. NE PEUT ÊTRE VENDU SÉPARÉMENT.

Quatrième jour de manifestations dans le centre-ville.

La spirale de la violence

L'impressionnant dispositif policier mis en place dans la ville n'a pas empêché de nouveaux affrontements, hier, entre forces de l'ordre et manifestants. Moins de lycéens, mais toujours autant de jeunes des banlieues et de casseurs.

Manifestations contre le Cip, place Bellecour à Lyon, en mars 1994. Une ville sous haute tension.

Devant le quai des Orfèvres, avec mon fils Jean-Marc, journaliste.

Remerciements à Michaël Feld et Thomas Pey.
Ce cahier d'illustrations n'est pas tiré d'un document officiel.

faut affûter l'outil de la riposte si l'on entend lutter à armes égales avec des gangs organisés.

Un président dans une malle

Le 31 décembre 1975, vers 11 h 30, Louis Hazan, le président de Phonogram-Philips, préside un conseil d'administration au siège de sa société, rue Jenner, à Paris (13e). L'honorable assemblée évoque, chiffres à l'appui, les campagnes de promotion, les produits de l'avenir et les artistes qui font rêver la ménagère de moins de cinquante ans. Brusquement, six hommes armés viennent briser cette atmosphère studieuse. Devant ses collaborateurs qu'ils attachent à leurs sièges, Louis Hazan est, à son tour, ligoté, puis enfermé dans une malle d'osier que le commando emporte dans une course chaotique.

Cette fois, l'otage est un adulte, et l'affaire présente les caractéristiques du rapt à l'italienne. Les ravisseurs ont agi comme des professionnels, et la rançon réclamée est à la mesure de leur détermination : 15 millions de francs. Céder à de telles exigences serait encourager le milieu à persévérer dans cette voie. Sans oublier le risque économique qui pèserait sur la collectivité en cas d'escalade.

Michel Poniatowski prend le taureau par les cornes. Il valide le dispositif mis au point par Ottavioli, à savoir : tandis que les sommes réunies par Philips seront provisoirement conservées à la Criminelle, deux policiers remplaceront les cadres de cette société désignés comme intermédiaires par les ravisseurs. Ils ne remettront qu'une rançon factice, et c'est à ce moment qu'interviendra l'antigang pour tenter l'arrestation. La stratégie de la fermeté est donc choisie.

Le scénario décisif s'enclenche le 6 janvier 1976. Cancès, l'adjoint d'Otta, et Bernard Pire, de la BRI, jouent les intermédiaires. Lieu du rendez-vous : une brasserie, place de la Bastille.

Le téléphone sonne au comptoir. Cancès prend le combiné :

– Vous avez l'argent ?

– Tout est là, dans deux sacs, répond-il.

– Déposez-les sur le terre-plein central de la place. Et pas de conneries !

Calmement, les faux cadres se rendent au pied du génie de la Liberté. Deux hommes cagoulés surgissent alors d'une 4L et leur demandent de mettre les sacs dans leur coffre. Les voici submergés par le dispositif d'intervention. Pris au piège.

Ces deux frères sans grand relief, embauchés pour cette opération de ramassage, livrent, sans résistance, le nom de leur recruteur qui est aussitôt arrêté. Celui-ci avait écrit à l'intérieur de sa jambe de pantalon le numéro de téléphone du lieu de séquestration. Cette imprudence d'écolier nous conduit droit vers Hazan. Quelques sommations et le P-DG est libre.

L'enquête va permettre d'établir que l'instigateur du rapt était le responsable de la société de nettoyage de Phonogram qui avait recruté ses hommes de main dans un groupuscule d'extrême droite. Parmi eux : l'un des auteurs de l'attentat du Petit-Clamart contre le général de Gaulle.

C'est le premier signal fort adressé aux candidats au kidnapping. Ils savent désormais que nous ne nous contenterons plus de les regarder filer avec l'argent pour tenter de les rattraper ultérieurement, mais que nous interviendrons tout de suite pour prendre l'avantage.

Mieux. Le 9 août 1977, en filant une équipe suspectée depuis longtemps, la BRI va assister en direct à l'enlèvement d'un homme qui promenait son chien au bois de Boulogne.

Les antigangs suivent les ravisseurs jusqu'à un pavillon du Plessis-Robinson. La victime est descendue dans la soute à charbon de la cave. La suite paraît simple : au fur et à mesure qu'ils sortent de leur pavillon de banlieue, Broussard et son équipe cueillent les voyous un à un. Ils libèrent l'otage dans l'heure. Il s'agit du banquier Bernard Mallet, stupéfait par cette intervention éclair.

Ce qu'il ignore, c'est que l'enquête a mobilisé la quasi-totalité des effectifs de la brigade durant des semaines entières. Quatre mois d'immersion totale, sans jamais être repérés. Toutes les allées et venues de la bande ont pu être observées, photographiées, analysées. Les suspects ont même été vus en train d'aménager le nid de l'otage. Une seule inconnue demeurait : qui allait être la victime ? Ce fut Mallet, ce sympathique banquier qui était sorti promener son chien Radar.

L'affaire était née d'un renseignement recueilli par le regretté Gérard Marlet [1], dit Gégé, un chef de groupe patient comme un pêcheur à la ligne, qui avait l'art de mettre les informateurs en confiance. Sans lui, jamais nous n'aurions réussi ce superbe flagrant délit qui constitue aujourd'hui encore un cas d'école.

Il était dit que ce combat ne serait pas le dernier et qu'une ultime affaire, spectaculaire et mouvementée, allait mettre notre méthode et nos nerfs à l'épreuve. Celle-ci mérite un traitement particulier, tant elle est symptomatique d'une époque. Présente dans tous les esprits, malgré les vingt années écoulées, elle va marquer un coup d'arrêt à l'industrie du rapt en France. Au seuil de l'année 1978, à Paris, c'est l'hiver, un matin glacial. Le Quai des Orfèvres vient de s'éveiller.

---

1. Gégé Marlet s'est tué au volant de sa voiture le 17 juin 1986, en rentrant à son domicile, au terme d'une mission.

15

Le baron Empain

23 janvier 1978. 10 h 30. Un élégant quadragénaire sort de son duplex de l'avenue Foch. Il monte à bord d'une 604 avec chauffeur. La voiture s'engage dans la contre-allée. Brusquement, une moto la double et lui bloque le passage. De toutes parts, surgissent des individus en armes, vêtus de bleus de travail, le visage masqué par des cagoules. Ils bondissent sur le chauffeur et l'emmènent de force dans une estafette où il est ligoté. Un membre du commando le remplace au volant et démarre en trombe, tandis qu'un complice plaque le passager sur la banquette arrière. En moins d'une minute, le baron Edouard-Jean Empain, président du puissant groupe industriel Empain-Schneider, vient d'être kidnappé.

Dans l'estafette abandonnée porte Maillot, quelques minutes après l'action, le chauffeur parvient à défaire ses liens et donne aussitôt l'alerte. Commence pour la famille l'insupportable attente, les yeux rivés sur le téléphone, à espérer un appel qui annoncerait que le père, le mari, est toujours vivant et qu'il ne lui sera fait aucun mal. Un sentiment d'impuissance absolu.

Déjà, au 36, Pierre Ottavioli, le chef de la Criminelle, mobilise sur l'affaire ses groupes d'enquête.

Les ravisseurs ne se manifestent que le lendemain, par un appel au siège de la Société Creusot Loire, filiale du groupe Empain. Au bout du fil, un inconnu parle en se pinçant le nez pour déformer sa voix :

– Empain est notre prisonnier. Les instructions sont dans la consigne 595 de la gare de Lyon.

Les policiers vont y découvrir l'horreur : la première phalange du petit doigt de la main gauche du baron baignant dans un flacon de formol.

C'est la méthode italienne. Le pire des scénarios. Les ravisseurs ont d'abord enchaîné la victime. La mutilation a été effectuée à l'aide d'un couteau de cuisine, comme on coupe une rondelle de saucisson. Suivirent la séance de photos au Polaroïd et la lettre manuscrite pour les proches, rédigée sous la dictée des bourreaux.

Tout est là, dans ce casier à bagages, à côté du flacon morbide. Avec la lettre à l'épouse, on trouve la carte d'identité belge de la victime, cinq sacs à paquetage de la Bundeswehr (l'armée allemande), enfin, un message de revendication signé au nom de la « Fraction Armée rouge française » qui prescrit à l'un des collaborateurs du baron, Jean-Jacques Bierry, de rassembler la rançon, de la placer dans les sacs et de se tenir prêt à partir du jeudi 26 janvier, dès 1 heure du matin. Le texte annonce d'autres mutilations si les instructions ne sont pas suivies. Montant réclamé : 80 millions de francs. L'une des plus importantes rançons de l'histoire du rapt en France.

Au fil des messages laissés par les ravisseurs à divers amis de la famille, Ottavioli comprend que la revendication politique n'est qu'un habillage et qu'il est confronté à des droits-communs. C'est-à-dire à des individus plus rationnels que des fanatiques de la révolution prolétarienne. Il acquiert la certitude que les kidnappeurs sont restés en région parisienne. N'ont-ils pas insisté pour que la police lève ses barrages à Paris et en banlieue ?

Les fiches des truands capables de réaliser un tel coup vont être épluchées. Le monde des indicateurs entre en ébullition. La PJ tout entière se lance dans une gigantesque traque, sous la houlette du ministre de l'Intérieur, Christian Bonnet, et de ses grands subordonnés.

De son côté, l'entourage du baron fait ses comptes : 35 millions « seulement » peuvent être réunis. On en informe les ravisseurs qui menacent alors d'exécuter l'otage. Le premier ultimatum est reculé. Plusieurs intermédiaires sont sollicités par les voyous pour convaincre les Empain de payer l'intégralité de la rançon, parmi lesquels Me Robert Badinter, avocat de la famille. Rien n'y fait.

Le 17 février, de guerre lasse, les malfaiteurs réduisent leurs prétentions à 17 millions de francs suisses, soit 42 millions de francs. Ce qui reste colossal. Leurs nouvelles consignes sont transmises à un banquier suisse, ami du baron : il devra placer l'argent dans deux valises et l'apporter, le 22 février, à 11 heures, à la réception de l'hôtel du Mont-d'Arbois, à Megève – un des lieux de villégiature favoris des Empain. Là, il faudra attendre à la réception qu'un correspondant donne de nouvelles consignes. Il demandera au téléphone un certain Jacques Dupont et se fera appeler Félix Lechat.

L'antigang peut entrer dans la danse. Ottavioli me demande de mettre sur pied le dispositif d'intervention.

Le planté de bâton

Le chef de la Criminelle est convenu avec la famille que nous appliquerions un plan en trois phases. D'abord, la rançon sera remplacée par quarante-sept kilos de vulgaire papier, avec de vrais billets uniquement sur le dessous et le dessus des liasses. Ensuite, les valises seront apportées par un policier. Enfin, tout devra être mis en œuvre pour arrêter ceux qui tenteront de s'en emparer. La priorité absolue est de les capturer vivants.

Un inspecteur va se porter volontaire pour prendre la place du banquier : Jean Mazzieri, trente-huit ans, divisionnaire à la Brigade criminelle. Ce Corse flegmatique, que j'ai bien connu à la 1re BT, est un Eurasien qui puise sa force intérieure dans les préceptes du budo, mélange subtil de divers arts martiaux.

Le 20 février, nous voici en route pour Megève. Je suis accompagné du commissaire Bizeul, de la Criminelle. Pour la première fois de ma vie, je vais enfiler un fuseau et des moon boots, prêtés par mon collègue et ami de toujours

Raymond Boithias. Mon rôle consistera à concevoir le piège et diriger les opérations depuis un chalet transformé en quartier général.

En bonne logique, si ce site a été choisi pour la remise de la rançon, c'est qu'il présente des commodités pour s'enfuir. L'hôtel se trouve sur la route menant à un aéro-club d'où il est facile de gagner la Suisse ou l'Italie à bord d'un petit avion privé. Il est possible aussi d'engager un rodéo par la route conduisant à Sallanches, Chamonix ou Annecy. Je requiers la présence sur l'héliport de Megève de deux hélicoptères de la Protection civile. Ils pourront transporter nos commandos d'intervention et seront très utiles pour assurer la couverture radio dans cette zone montagneuse.

Le 22 février, mon adjoint Robert Broussard arrive avec le gros de la troupe. Lui s'installe dans un hôtel à Sallanches, sur l'un des itinéraires de fuite supposés des ravisseurs en direction de la Suisse. Il est assisté du commissaire Aimé-Blanc, chef de l'Office central de répression du banditisme.

Le jour J, la station se peuple de sympathiques touristes, curieux de tout : plus de quarante hommes sont sur le terrain, scrutant chaque centimètre carré de piste. Tout mouvement suspect est signalé. « Là, le type près du télésiège ! » « Attention ! La voiture près du chalet d'accueil... » Fausses alertes. Félix Lechat ne pointera pas l'ombre d'une moustache. Nous apprendrons plus tard que les ravisseurs étaient pourtant là, sous nos yeux, s'exerçant à l'art du planté de bâton. Méfiants, ils avaient préféré ne pas se manifester. À moins qu'ils n'aient été, comme nous, intrigués par la présence remarquée, ce matin-là, de plusieurs voitures de presse.

Deux jours plus tard, nous plions bagages pour Paris. Bredouilles.

Un long mois va s'écouler. Pendant ce temps, le baron vit d'abord dans un appartement, sous une tente, une cagoule sur la tête, un seau hygiénique aux pieds, avec pour seul couchage un matelas pneumatique percé qu'il faut regonfler toutes les deux heures. Le froid, l'infection, la faim. Son quotidien est un calvaire. Il est ensuite convoyé dans le coffre d'une voiture en un second lieu où ses conditions de détention ne sont guère plus enviables. Dix jours plus tard, le voici à Savigny-sur-Orge, dans un pavillon de banlieue. Là le régime s'améliore. Il peut se laver, lire un roman policier, quelques journaux. Mais on lui remet ses chaînes. Comble de l'humiliation, ses geôliers lui apportent quelques revues porno, histoire de tuer l'ennui. Physiquement, moralement, l'homme est anéanti. Il n'est plus que l'ombre de lui-même.

Le 17 mars, les ravisseurs reprennent contact par l'intermédiaire d'un autre ami des Empain, résidant à Bruxelles. Une lettre est retirée dans un parking du boulevard Saint-Germain. Elle a été écrite par le baron, sous la contrainte, et contient des directives précises.

Ainsi, l'argent devra être mis dans deux sacs de sport. Le porteur pourra être un collaborateur du groupe Schneider et devra être équipé d'une montre calée sur l'horloge parlante, d'un carnet et d'un stylo pour prendre des notes. Il conduira une voiture avec le plein, devra connaître Paris comme sa poche et se rendra d'abord au Fouquet's, sur les Champs-Élysées le 23 mars, à 15 heures, pour recevoir de nouvelles instructions par téléphone. Il répondra alors au nom de Marat, son correspondant devant s'annoncer sous celui de Charlotte Corday. Cynique distribution des rôles, si l'on a quelques réminiscences historiques : la jeune Normande a assassiné l'Ami du peuple. Pourtant, si tout se passe bien, les ravisseurs promettent de libérer l'otage dans les quarante-huit heures.

Comme dans un roman d'espionnage, nous serons amenés à fabriquer un cadre moyen pour les besoins de la cause. Jean Mazzieri va reprendre du service. Pour ce rôle de composition, ses collègues lui ont attribué le pseudonyme de Mazeaud. C'est la contraction de son nom.

L'acteur improvisé devra se mettre dans la peau d'un cadre dépassé par les événements et intervenant un peu à contrecœur. Nous l'avons équipé d'un émetteur-récepteur portatif miniaturisé et lui avons loué une 504. Pour le couvrir : deux camionnettes, seize voitures, dont deux faux taxis G7, deux motos, trente-deux fonctionnaires de l'antigang et de la Criminelle. Je prends place à bord du véhicule de commandement avec Broussard et Bizeul. Le jeu de piste peut commencer.

Suivez les flèches

23 mars. 14 h 45.

Marat entre au Fouquet's. À 15 h 10, « Charlotte Corday » appelle et demande, d'une voix nasillarde :

– Vous avez l'argent ?

– Oui. Tout ce que vous avez demandé.

– Vous êtes seul ?

– Oui.

– Votre nom ?

– Est-ce vraiment utile ?

– Votre nom !

– M. Mazeaud.

– Quelles fonctions occupez-vous dans le groupe ?

– Je suis le secrétaire de M. Bierry.

– Nous allons vérifier... Quel est le numéro, la marque et le type de votre voiture ?

– Une 504 Peugeot blanche, immatriculée 249 BDP 75.

– Très bien. Rendez-vous maintenant au bar Le Murat, porte d'Auteuil, et attendez notre appel.

Mazzieri s'exécute. Nous voici devant le bar. À 15 h 40, le téléphone sonne. « Un appel pour M. Marat... Vous êtes monsieur Marat ? » Cette fois, « Charlotte » lui pose des questions précises sur divers cadres de la société. L'inspecteur esquive :

– À quoi ça rime tout ça ? Moi, je n'ai pas demandé à faire ce job. Alors, finissons-en !

– Et si vous étiez un policier ?

– Vous plaisantez !

– Très bien. Allez chercher à pied vos instructions dans une poubelle située à gauche du métro Porte-d'Auteuil, devant l'entrée du pesage de l'hippodrome. La station est à cent cinquante mètres du café.

Je vois Mazzieri sortir du Murat, l'air perplexe. Il rejoint la station, plonge une main dans la corbeille. Tout est là. Soigneusement roulé dans une bouteille de lait vide. Un message cacheté, comme dans Alexandre Dumas.

Calmement, l'inspecteur nous transmet par radio ses nouvelles instructions. Il doit maintenant prendre l'autoroute de l'Ouest, direction Rouen, rouler à 50 km/h et passer sous deux tunnels. À la sortie du second, il faut qu'il emprunte une issue de service débouchant sur les quais de Seine et qu'il se rende, par la voie la plus directe, au café Le Rond-Point, à la Porte d'Orléans. Tout figure sur un plan fléché dessiné à son attention par les ravisseurs. Même les arbres.

Il est manifeste que le passage par la sortie de service a pour but de vérifier si Marat n'est pas suivi par des voitures de police. Je demande qu'aucun équipage du dispositif n'emprunte ce passage et fais placer des observateurs tout autour : un guetteur est certainement caché quelque part dans les environs. Effectivement. Les inspecteurs François et Pelois détectent la présence suspecte d'un homme sur une pelouse de l'hôpital Ambroise-Paré. Dissimulé derrière un arbre, il observe en direction de la sortie de service. Malheureusement, il s'éclipse avant d'avoir pu être pris en filature. Nous apprendrons plus tard qu'il s'agissait de Daniel Duchâteau, l'un des organisateurs du rapt.

À 16 h 30, Mazzieri est au Rond-Point. Accoudé au bar, il attend les ordres. Une heure s'écoule. Toujours rien. Aurions-nous été repérés ? Soudain, la sonnerie du téléphone retentit. C'est « Charlotte ». Marat est encore mis sur le gril. Alors, il se fâche :

– Arrêtez de me cuisiner ! Je ne suis qu'un pion dans le groupe. Ça commence à bien faire, votre petit jeu ! Si j'avais su, jamais je n'aurais accepté de rendre ce service à la direction.

– Simple précaution, monsieur Mazeaud.

– Eh bien, si ça continue, moi je plaque tout !

– Bon. Rendez-vous au parking qui se situe sous la porte d'Orléans. Descendez au 4e sous-sol. Vous trouverez une enveloppe derrière la gaine électrique, au niveau du 3e pilier.

Marat reprend sa 504. Arrivé au 4e sous-sol, il doit grimper sur le toit d'une voiture pour attraper le message. La suite de ce rallye acrobatique est écrite en toutes lettres : prendre l'autoroute du Sud, rouler onze kilomètres et s'arrêter à la borne téléphonique n° 23 pour récupérer, sous un pavé, une autre enveloppe. Dedans, encore un plan tracé à la règle, comme un dessin d'écolier, mais avec un nouveau piège : une grille de service de l'autoroute à franchir pour rejoindre une voie secondaire. Au bout du parcours, à Antony, une R12 break volée attend Mazzieri dans un parking d'immeuble, avec les clés de contact sous le tapis de sol et de nouvelles instructions. Nous nous garderons d'emprunter la sortie de service pour éviter d'être détectés et parviendrons à le précéder au prix d'une kyrielle de feux rouges grillés.

La R12 est équipée d'un émetteur-récepteur, caché sous la console de bord. Marat le découvre. De crainte d'être espionné, il brouille les canaux de l'appareil et se rend, conformément aux consignes, au café Les Trois Obus, porte de Saint-Cloud. Là, à 20 heures, il reçoit un nouvel appel :

– Filez à la réception de l'hôtel Hilton, à Orly. Vous avez une heure. Ne lambinez pas !

Marat est au rendez-vous. À 21 h 05, Charlotte Corday appelle :

– Bravo monsieur Mazeaud ; seulement il se fait tard, les rues de Paris ne sont pas sûres à cette heure... rentrez chez vous en taxi.

– Et la rançon ?

– Conservez-la précieusement. Vous la ramènerez demain, dans ce même Hilton, à 18 h 30. On vous appellera. Bonne nuit.

Bataille rangée sur l'A6

Le lendemain, Marat est à Orly. Comme nous tous, il a passé une nuit blanche. Charlotte a-t-elle vraiment cru à notre mise en scène ? À l'heure dite, le téléphone sonne. Les ravisseurs ont l'air détendu et se font prévenants :

– Allez faire un plein d'essence et revenez donc au bar du Hilton pour prendre un bon scotch, monsieur Mazeaud.

Est-ce à dire que nous sommes repartis pour un interminable jeu de piste, comme la veille ?

En guise de whisky, ce sera un grand verre d'eau minérale, pour ne pas gâter les réflexes du « budoka ».

Les dernières consignes tombent : prendre l'autoroute, direction Paris, et rejoindre, au niveau de L'Haÿ-les-Roses, la borne téléphonique d'urgence B16, où un message a été placé sous un caillou.

Discrètement, notre escorte se redéploie, à distance suffisante pour ne pas être repérée.

Voici la borne. Mazzieri s'arrête sur la bande d'arrêt d'urgence et déclenche ses feux de détresse. Laissant les clés de contact sur le tableau de bord, il descend de voiture pour aller chercher le message sous son caillou. Mais c'est le grain de sable. Une dépanneuse s'arrête. Le chauffeur du camion propose innocemment à Mazzieri de prendre en charge sa R12 :

– Un p'tit remorquage ?

– Non merci. Tout va bien.

– M'enfin, faut pas rester là, mon p'tit monsieur.

Brusquement, comme des diables jaillissant d'une boîte, deux hommes cagoulés, l'un portant une mitraillette à la hanche, dévalent le talus qui surplombe la voie rapide. Ce sont les ravisseurs. Ils s'engouffrent dans la R12 et démarrent en trombe, tandis que Mazzieri court vers la plus proche de nos voitures suiveuses. L'alerte est donnée :

– Ils ont la R12 ! Ce sont deux types superarmés. Mazzieri est avec nous. On les prend en chasse !

Dans notre DS de commandement (indicatif 106), Broussard, Bizeul et moi-même sommes trop en avant du dispositif pour pouvoir intervenir, mais d'autres équipages sont mieux placés.

Tout va très vite.

La R12 des ravisseurs pile devant la porte d'un mur antibruit à la hauteur de L'Haÿ-les-Roses. Les voitures de l'antigang l'encerclent. Aussitôt, le passager ouvre le feu au pistolet-mitrailleur. Deux complices surgissent dans l'encadrement de la porte et appuient leurs tirs au PM. En ce jour de départ en week-end de Pâques, l'autoroute, encombrée de voitures roulant au pas, est devenue un vrai champ de bataille.

Deux de mes hommes vont être blessés : René Berrux, vingt-neuf ans, jeune mais coriace, et David Lahileugue, quarante et un ans, un Landais fougueux. Ils ont eu une chance insensée : les projectiles sont passés à quelques millimètres des régions vitales.

Sous la mitraille, leurs collègues donnent l'assaut à la R12. Les coups claquent sèchement. Un premier truand s'effondre, blessé mortellement. Il tenait dans sa main une grenade défensive. L'autre, qui conduisait, est blessé au bras. Il avait lui aussi une grenade. Leurs deux comparses ont réussi à s'enfuir, laissant sur le terrain un Python 357 Magnum encore tiède. Le choix de cette voie de repli était astucieux : le couloir du mur antibruit donnait sur une route secondaire passant sous l'autoroute. C'est par là que les truands avaient prévu de nous fausser compagnie à bord d'une 604.

Toutes les dix secondes, la même question revient sur la radio de bord :

– Bilan de l'opération, voiture 106 ?

– Blessé mais vivant ! Nous en tenons un !

Le blessé, c'est Alain Caillol, trente-six ans, fiché au grand banditisme. Tout comme le mort : Daniel Duchâteau, trente-neuf ans, l'homme qui nous épiait depuis le parc de l'hôpital Ambroise-Paré.

À première vue, le bilan est plutôt mitigé : deux policiers blessés, un truand mort, un autre blessé, l'otage aux mains de complices inconnus dans une planque non localisée. Mais il en faut plus pour décourager Ottavioli, ce patron résolu au tempérament de gagneur.

Transporté à l'Hôtel-Dieu, Alain Caillol est placé sous bonne garde. Sa blessure n'est pas grave, mais le compte à rebours des quarante-huit heures de garde à vue est enclenché. Otta insiste auprès des médecins pour se faire remettre notre prise. Vingt-quatre heures plus tard, Caillol se trouve dans les locaux de la Crim'. Il se porte comme un charme.

Ce fils de famille dévoyé possède un QI honorable. Dans le climat de l'affaire, il comprend vite que la police ne cédera pas et qu'il est devenu, à son tour, l'otage de ses complices. Que ceux-ci attentent à la vie du baron, et c'est lui qui aura à en répondre. À cette époque, l'addition peut se payer au prix fort : peine capitale.

Courageux mais pas téméraire, Caillol lâche soudain de sa voix fluette : « Je peux faire libérer le baron. »

Alors, dans le bureau d'Ottavioli, à l'abri des regards indiscrets, se joue une scène étonnante. Caillol veut un téléphone. On discute du choix de l'appareil. Finalement, pourquoi ne pas appeler avec le téléphone du chef de la Brigade criminelle ? C'est le moyen le plus simple. Il est là, à portée de main. Il est même relié à un magnétophone, mais cela n'est connu que des initiés.

Caillol prend le combiné. Il tourne le dos aux policiers et compose successivement trois numéros. Au troisième, il a son correspondant :

– C'est Alain ! Ne parlez pas ! Ne dites rien ! Je suis chez les flics. Ils ne donneront pas la rançon. Ce sont les ordres du gouvernement. Ça va mal finir. Relâchez-le !

Pendant ce temps, le magnétophone tourne. Il a enregistré les déclics des trois numéros. Un spécialiste pourra les recomposer.

Mais les événements se précipitent. Trois heures plus tard, un homme hirsute, au visage émacié et aux yeux hagards, descend péniblement les escaliers de la station de métro Porte-d'Ivry où ses geôliers viennent de le déposer en catastrophe. Sa main gauche, amputée d'une partie de l'auriculaire, est encore entourée d'un bandage crasseux.

Avec les 10 francs que ses tortionnaires lui ont remis, ce voyageur fantomatique a la force d'acheter un ticket de métro. Il refait alors surface à la station Opéra. Après soixante-trois jours d'une détention inhumaine, l'héritier d'une des plus grandes dynasties industrielles d'Europe retrouve enfin son foyer. Un bref moment de répit avant que sa vie ne soit disséquée et passée à la moulinette d'une opinion publique avide d'indiscrétions, voire de calomnies, au point que certains oseront même prétendre qu'il était complice de ses ravisseurs.

Il allait très vite se manifester pour témoigner sa reconnaissance aux deux inspecteurs blessés, Lahileugue et Berrux. Lors de la réception qu'il organise pour remercier la PJ, je vais découvrir un homme chaleureux, direct, sincère et particulièrement émouvant dans l'évocation des sévices endurés. Il porte encore les stigmates des chaînes qui lui enserraient le cou et les poignets. Je suis frappé par ce port de tête incliné qu'il ne parvient pas encore à corriger.

Le rouleau compresseur de la Brigade criminelle n'a pas fini son mouvement. Dans les mois qui suivent, la plupart des complices de Caillol vont être arrêtés.

Péché d'orgueil

Le 2 décembre 1982, ce sont six hommes et deux femmes qui comparaissent devant la cour d'assises de Paris, pour avoir participé à la séquestration.

Appelé comme témoin à la barre le 6 décembre, je relate devant le président Versini et les jurés l'incroyable rodéo qui nous a été imposé. Je rends hommage au rôle joué par Mazzieri, ce policier au sang-froid étonnant. Le président me demande mon appréciation sur le dispositif des ravisseurs :

– L'opération de ramassage de la rançon a été magistralement préparée, lui dis-je. Le jeu de piste était excellent. L'idée du mur antibruit avec l'utilisation de la porte métallique était géniale, sauf que...

Caillol est piqué au vif. Lui qui, jusque-là, se faisait passer pour un simple exécutant, ne résiste pas à son tempérament vaniteux. Il m'interrompt :

– Vous avez dit « géniale, sauf » ? Et si le message avait donné rendez-vous à Mazzieri directement à la borne B12, près de la porte métallique du mur antibruit ? La porte se serait alors ouverte. Deux hommes en seraient sortis et auraient ceinturé Mazzieri. Qu'auriez-vous pu faire alors, monsieur Leclerc ?

Son défenseur, Me Kiejman, veut couper court à la démonstration calamiteuse du stratège :

– Mon client veut expliquer par là que s'il avait été le concepteur...

Trop tard. Les jurés ont eu le temps d'apprécier les talents de l'accusé et son véritable rôle dans l'affaire.

Verdict, le 17 décembre : vingt ans de réclusion pour Caillol. Ses complices les plus impliqués, Bernard Guillon, Georges Bertoncini et François Caillol (son frère) seront respectivement condamnés à vingt, quinze et treize ans de prison.

La souffrance et l'humiliation infligées au baron appelaient de telles sanctions. Son avocat, Me Jean-Yves Dupeux, avait su situer les enjeux lors de sa plaidoirie :

« Ce n'est pas le premier enlèvement en France, mais c'est la première fois que des criminels mutilent un otage. C'est aussi la première fois que, parallèlement au drame, on détruit un homme à la fois de l'intérieur et de l'extérieur, car on a fait à l'avance le procès de la victime, à travers une campagne de calomnies. Résultat : Empain a sa vie familiale brisée, sa vie sociale anéantie. »

Je n'ai jamais revu Édouard-Jean Empain, mais j'ai souvent repensé au martyre de cet homme qui n'avait commis pour seul crime que de naître fortuné et qui fut, pour cela, broyé deux fois.

Les temps ont changé. Aujourd'hui, le rapt ne fait plus recette. Les truands ont compris qu'il fallait une sérieuse dose d'inconscience pour arracher une rançon. Mais les appétits sont toujours les mêmes. Ils ont suscité d'autres scénarios. Désormais, c'est le saucissonnage qui est devenu à la mode.

Pour éviter la phase risquée de la prise de rançon, on va s'approvisionner directement à la source, en traitant les victimes chez elles. La méthode s'apparente un peu à celle des « chauffeurs » qui, du temps de Vidocq, terrorisaient les campagnes. Avec une différence : on ne s'attaque plus aux terreux mais aux célébrités.

Les choix sont faciles. On consulte le *Who's who* et quelques tabloïds. Adresses, habitudes de vie : les informations utiles y figurent, tant la naïveté ou le désir de paraître sont grands chez certains.

Il faut ensuite entrer dans la place : de bons repérages, un peu d'imagination pour tromper la vigilance des gardiens, et le tour est joué. Le coup du faux livreur avec le bouquet de fleurs pour la maîtresse de maison, ou le faux agent d'EDF, voilà des astuces éprouvées. Bien sûr, l'action en force d'un commando armé jusqu'aux dents est toujours possible.

Lorsque les visiteurs sont dans les lieux, ils emmaillotent les occupants avec du sparadrap et de la ficelle, comme des saucissons. Quelques menaces appuyées, des violences s'il le faut. Il est rare que les victimes ne livrent pas la combinaison de leur coffre ou la cachette où elles dissimulent bijoux et liquidités. Cela peut aller jusqu'à un transport accompagné au siège de la société ou du commerce de luxe. Au besoin, les malfaiteurs passeront la nuit avec leur proie, en attendant l'ouverture du magasin à piller. Il pourra s'agir d'une banque où la victime devra se rendre sous bonne escorte, pour ponctionner sur son compte les sommes réclamées par les truands.

Depuis quelques années, la méthode fait fureur. Le bottin mondain défile sous nos yeux : Paul-Loup Sulitzer, le romancier à succès; Jean-Paul Guerlain, le parfumeur, séquestré près de quarante heures dans sa propriété de 300 hectares aux Mesnuls (Yvelines); Mme Trigano, épouse du génial marchand de loisirs; Mme Aznavour, femme du célèbre chanteur; Lionel Stoléru, l'ancien ministre de Giscard; la mère de l'homme d'affaires Vincent Bolloré. La liste n'est pas exhaustive. Et elle est loin d'être close.

En 1996, après six mois de planque intensive, sans jamais se faire mordre, les antigangs du commissaire Yves Jobic ont pu arrêter en flagrant délit une équipe de saucissonneurs qui s'apprêtait à agresser à son domicile le joaillier Alain Boucheron. La bande comptait à son actif dix agressions du même style, dont celle de Mme Cino Del Duca, la veuve du célèbre magnat de la presse.

Non, la BRI n'est pas morte. Elle a même du pain sur la planche.

16

Les gorilles de Saddam

À la fin des années soixante-dix, comme le grand banditisme, le terrorisme international est en pleine recomposition. Le Palestinien Abou Nidal, rival malchanceux de son compatriote Yasser Arafat, leader de l'OLP, a trouvé refuge en Irak.

De là, soutenu par le seigneur de Bagdad, Saddam Hussein, il téléguide des attentats contre les lieutenants de l'homme au keffieh en poste dans les capitales occidentales. Arafat lui rend coup pour coup.

Abou Nidal n'est pas un simple trublion. Depuis 1974, son nom est associé aux opérations terroristes les plus sanglantes de l'après-guerre : prises d'otages dans de grands hôtels de Damas ou d'Amman en 1976 ; règlements de comptes à Paris, Londres ou Larnaka en 1978 ; attaques contre des synagogues à Paris, Vienne, Rome, Milan ou Bruxelles. On lui doit aussi des attentats spectaculaires en Espagne, au Koweit, en Jordanie et dans les Émirats arabes unis. Il mène une guerre totale.

Ainsi, le 4 janvier 1978, Saïd Hamani, représentant de l'OLP à Londres, est assassiné par un tueur. Il est l'intime d'Arafat.

La réponse est à la mesure de l'affront : le 28 juillet, l'ambassadeur d'Irak à Londres, Taha Ahmed al-Dawood, échappe de justesse à un attentat. On a voulu faire payer à Saddam son appui logistique au frère ennemi. Une jeune femme a jeté sous la voiture du diplomate une grenade qui, heureusement, a explosé avant qu'il ne monte à bord.

Les témoignages recueillis sur place vont permettre aux hommes de la brigade antiterroriste britannique de mon homologue Jim Nevill de l'arrêter dans l'heure. C'est une militante du Fatah.

Désormais, il faut s'attendre à tout.

Moustache et profil d'aigle

31 juillet 1978. En ce matin d'été, une pluie fine enveloppe Paris et rend l'atmosphère un peu oppressante. C'est mon dernier jour à la brigade antigang.

Le soir même, je dois partir en vacances dans mes terres bretonnes. Jean Ducret vient de m'annoncer qu'à mon retour, début septembre, je serai nommé chef adjoint de la Brigade criminelle, aux côtés de Pierre Ottavioli.

J'ai déjà rangé mes dossiers pour laisser la place à Robert Broussard qui est appelé, légitimement, à me succéder. Lui qui craignait que je prenne ombrage de sa notoriété a appris à me connaître. Ensemble, nous avons collaboré sans faille durant trois ans et demi, au rythme infernal des hold-up, des prises d'otages et des enlèvements. Malgré nos différences, ce sont des souvenirs et des moments de complicité intenses qui, pour moi, restent plus forts que les susceptibilités passagères que certains auraient voulu monter en épingle pour que nous nous opposions.

L'essentiel, c'est ce que nous avons réalisé ensemble avec ces cinquante hommes qui ont donné le meilleur d'eux-mêmes. Il faut savoir ce que cela représente de courage, d'abnégation et d'intelligence de l'action que d'affronter sans cesse des individus armés et dangereux.

Comment ne pas penser à ces collaborateurs qui, durant mon commandement, ont été atteints dans leur chair ou tués au combat : Jacques Chaix au Thélème, David Lahileugue et René Berrux dans l'affaire Empain, Gérald Héliès lors de l'arrestation d'un braqueur à son domicile. Il faudra y ajouter, dans quelques heures, François Antona (pour ne citer que les antigangs).

Et le bilan est là : de 1975 à 1977, ce sont 370 membres de la pègre de haut vol que nous avons neutralisés. Il a fallu batailler ferme et serrer les rangs pour surmonter certaines affaires tumultueuses. C'est le lot des services de pointe les plus exposés : il faut en accepter la gloire mais aussi les servitudes.

L'esprit tranquille, je laisse une brigade en bon ordre de marche et des hommes fiers de leur spécialité. Je plaisante avec Plouy, ce soldat intrépide qui, en ce 31 juillet, achève, lui, sa carrière de policier exemplaire. J'ai du mal à imaginer que ce « jeune homme » de cinquante-cinq ans, plein de vitalité et d'enthousiasme, est atteint par la limite d'âge.

Le téléphone sonne. Il est 10 heures précises. C'est la ligne du chef de salle de l'état-major PJ qui clignote sur mon poste. Pour nous, cela veut dire qu'une nouvelle affaire va peut-être commencer. Celle-là est de taille : prise d'otages à l'ambassade d'Irak.

Plouy encaisse :

– Nous faire ça pour notre dernier jour ! Ils nous auront vraiment usés jusqu'à la corde.

– Vous êtes des nôtres, Plouy ?

– Et comment, patron ! Je bats le rappel des troupes. On y va !

Puisqu'il s'agit d'une affaire de terrorisme, la Criminelle est parallèlement saisie de l'enquête. Ottavioli nous rejoindra sur place. Sans attendre, la brigade anticommando fonce vers l'objectif, rue du Général-Appert, dans les beaux quartiers. Cette voie du 16e arrondissement relie la rue Spontini à celle de la Faisanderie. Le bois de Boulogne est proche. L'ambassade dispose de locaux de part et d'autre du passage. C'est au numéro 9, dans le bâtiment principal, qu'a lieu la séquestration.

Le commissaire d'arrondissement me dresse le tableau de la situation : un commando de deux ou trois individus est entré et s'est trouvé face à face avec des membres du service de sécurité irakien. Fusillade, lancer de grenade. L'un des agresseurs a détalé par la rue de la Faisanderie, poursuivi par plusieurs gardiens de la paix en faction dans les environs. Il est parvenu à s'enfuir, en abandonnant sur le trottoir sa mitraillette Sterling ainsi qu'un revolver Smith et Wesson. Pour modifier son signalement, il a même jeté son blouson.

Ses complices, eux, seraient retranchés au premier étage de l'ambassade. Ils détiendraient de nombreux prisonniers. L'un d'eux, le réceptionniste, aurait été blessé grièvement au visage, au ventre et aux jambes.

En levant la tête, je constate que les volets métalliques du premier étage sont fermés. J'aperçois aux fenêtres du troisième un homme qui déambule, visiblement maître de ses mouvements. Un fonctionnaire de l'ambassade me donne la ligne directe correspondant au poste de ce bureau. J'appelle :

– Allô ? Ici le chef de brigade anticommando. Qui êtes-vous ?

– Je suis l'attaché militaire de l'ambassade.

– Quelle est la situation ?

– Je suis replié dans mon bureau avec dix personnes, mais les terroristes ne peuvent pas y accéder.

– On va vous faire évacuer par les toits.

– Non. Ce n'est pas la peine.

– Comment ça ?

– Je vous assure. Nous pouvons attendre. Nous sommes en sécurité ici.

On me communique alors les numéros de poste des étages inférieurs. J'appelle désespérément. Personne ne répond.

Voilà la difficulté. Dans ce type d'affaires, il faut absolument savoir qui sont les agresseurs et ce qu'ils veulent. Or nous ne trouvons personne à qui parler. Arrivé sur place avec ses hommes, Ottavioli partage ma préoccupation : qui sont ces types ? Et d'ailleurs, où se trouve l'ambassadeur d'Irak ?

Le voici, justement. La moustache bien peignée, profil d'aigle et regard noir, il est escorté de gardes du corps qui le suivent comme son ombre. Il sort de l'Élysée où il vient courtoisement d'annoncer à Valéry Giscard d'Estaing qu'il s'apprête à quitter son poste pour une autre affectation.

Le langage utilisé d'emblée avec nous est moins diplomatique :

– Mettez ces hommes hors d'état de nuire ! J'ai vu votre président. Cette situation est intolérable. Alors, faites votre métier !

Mais notre métier consiste avant tout à préserver la vie des otages, sans exposer inutilement celle de nos hommes. Au reste, Son Excellence Mundhir Tawfik al-Wandawi peut-il ignorer à ce point qu'une ambassade est une enclave étrangère et que la police française ne peut y pénétrer qu'avec une autorisation expresse ? Ottavioli le lui rappelle poliment.

– Eh bien, soit ! répond le diplomate, je vous remets une réquisition écrite et j'assume les risques pour le personnel séquestré.

Au moins les choses sont-elles claires. Nous n'avons pas l'intention de nous laisser manœuvrer en brusquant la situation. D'autant que les informations indispensables nous parviennent enfin : les preneurs d'otages sont des militants de l'OLP, tendance Yasser Arafat. Ils ont pris contact avec le représentant de la Ligue arabe à Paris et réclament un avion pour l'Angleterre où ils comptent se faire remettre la jeune Palestinienne arrêtée par Scotland Yard, à la suite de l'attentat manqué du 28 juillet contre l'ambassadeur d'Irak à Londres.

À 12 h 50, l'ambassadeur al-Wandawi parvient à joindre au téléphone l'un des membres du commando. Nous sommes avec lui dans la Maison de la culture irakienne qui fait face à l'ambassade. Les propos qu'il tient à son interlocuteur sont d'une violence inouïe. Pas besoin de comprendre l'arabe pour deviner qu'il y a de la menace dans l'air. L'ambassadeur raccroche, excédé, et lâche à notre intention cette formule ambiguë :

– Je suis prêt à tous les sacrifices.

Reddition sans condition

Le terroriste demande maintenant à parler à un policier français. L'inspecteur Antona se tient près de moi. Antona, l'homme du rendez-vous du Thélème. Depuis le temps des Zemour, il a rejoint la BRI, et, sachant qu'il parle correctement l'anglais, et même l'arabe, comme beaucoup de pieds-noirs originaires d'Algérie, je lui propose de nous servir d'interprète.

À 15 heures, on en est à évoquer avec le terroriste les modalités de l'évacuation du réceptionniste blessé. Moment décisif, car cet otage est susceptible de nous fournir des informations précieuses pour la suite de l'opération. Mission accomplie. À 15 h 20, le réceptionniste est déposé furtivement devant la porte de l'ambassade par une silhouette qui s'éclipse aussi vite qu'elle est apparue.

L'otage, Taled Alwahayeb, doit être emmené par le Samu, mais ce qu'il nous apprend avant son transfert est capital : il n'y a, en réalité, qu'un seul terroriste retranché dans l'immeuble. Il retient prisonnières, dans la même pièce, huit personnes, dont trois femmes, sous la menace d'un pistolet, d'un PM et d'une grenade.

– Il m'a dit qu'il était médecin, ajoute Taled. Il m'a même donné un médicament contre la douleur.

Très intéressant. Il importe de ne pas précipiter les événements et de miser sur la lassitude de ce terroriste, sans doute intelligent, qui devrait finir par se sentir bien seul. Devant le changement perceptible d'ambiance, l'ambassadeur ne peut réprimer des signes d'impatience. Lui préconise l'attaque en force.

À ma demande, Antona poursuit le dialogue en vue d'une reddition, sans se soucier des doléances d'al-Wandawi. Il nous faut en savoir plus sur le « médecin ».

Otta a réclamé la présence de renforts du GIGN dirigé par le commandant Prouteau. Broussard, lui, a précipité son retour de vacances pour venir nous épauler.

Le soleil est revenu. Badauds et journalistes se pressent derrière les barrières de sécurité dressées aux deux extrémités de la rue. Un petit groupe d'observation va faire une intrusion discrète dans l'ambassade.

Avec Ottavioli, Broussard et Plouy, je pénètre dans les lieux. C'est l'inspecteur Santini, l'une de nos plus fines gâchettes, qui ouvre la marche. Il pointe en l'air le canon de son pistolet-mitrailleur. Le silence est total. Au rez-de-chaussée, le spectacle est impressionnant : le grand hall est criblé d'éclats de grenades. Partout, des impacts de balles.

Santini a juste le temps d'apercevoir à l'étage, dans l'encadrement d'une porte, un homme assis sur une chaise, un PM sur les genoux. Le terroriste le voit, tire. La rafale passe à quelques centimètres de la tête de l'inspecteur, nullement impressionné. Nous nous replions aussitôt. Il n'y aucune raison d'engager les hostilités.

À 17 h 20, le Palestinien rappelle Antona. Il a réalisé la fragilité de sa situation et discute désormais des conditions de sa reddition. Son souhait : être conduit dans le pays de son choix où il devra être libéré dans les quarante-huit heures. « Et que les membres du service de sécurité irakien quittent préalablement Paris ! » insiste-t-il. Nous saurons plus tard qu'il les accuse d'être les auteurs des attentats commis en Europe contre plusieurs de ses frères palestiniens.

Sur mes conseils, Antona reste vague quant à la suite à donner à ces exigences. Il est 18 heures. Arrive Ahmed Abouai, le directeur de la Ligue arabe à Paris. C'est un Noir immense tout de blanc vêtu. Il prend le téléphone et appelle le terroriste qui lui confirme qu'il accepte de se rendre, mais uniquement à des policiers français.

Cette fois, la situation est débloquée. Il m'appartient de constituer le groupe qui va m'accompagner pour désarmer le Palestinien. Nos regards se croisent. Le choix est fait : Broussard, Plouy, Antona et Santini vont m'assister. Par précaution, nous revêtons des gilets pare-balles. Otta, dont le sang corse ne saurait mentir, demande à se joindre à nous. Pourquoi le priver de participer au dernier acte, lui qui est sur le pont depuis le début de l'affaire ? D'un battement de cils, Jean Ducret acquiesce.

Alors que nous allons traverser la rue pour entrer dans l'ambassade, des inspecteurs nous signalent une certaine nervosité chez les membres du service de sécurité irakien. Ducret interroge l'ambassadeur :

– Excellence, quelles sont vos intentions ?

– L'homme est à vous. Je vous l'abandonne.

Nous invitons ses gorilles à nous laisser place nette et les faisons refluer dans leurs locaux du rez-de-chaussée.

Nous voici dans l'ambassade. Ahmed Abouai nous accompagne. Le terroriste est en haut de l'escalier. C'est un homme d'une vingtaine d'années au visage plutôt doux. Il ne paraît pas éprouvé par ces huit longues heures de siège. Sans réelle agressivité, il dirige vers nous le canon de son PM. En bas, une femme otage vérifie l'identité du représentant de la Ligue arabe : « C'est bien lui. » Le Palestinien relève alors son arme et nous laisse gravir les marches, avant de se laisser désarmer par mes hommes, sans offrir la moindre résistance.

C'est un moment de satisfaction intense pour nous tous. Même le terroriste semble soulagé. Ottavioli est redescendu pour faire avancer sa voiture devant l'entrée. Dehors, la foule attend la fin de la pièce.

La mort en face

La R16 est en place. Nous sortons. Antona marche en tête. J'encadre le prisonnier sur sa gauche. Ahmed Abouai marche de l'autre côté. Broussard, Santini et Plouy se tiennent juste derrière nous. Nous approchons de la Renault conduite par Otta. Claude Cancès, son adjoint, est assis à sa droite. Deux inspecteurs de la Criminelle, Jacques Capela et Roland Segear, devront encadrer le jeune Palestinien sur la banquette arrière. La portière arrière gauche est ouverte.

Je leur remets le prisonnier. Soudain, un premier coup de feu retentit. Puis un déluge de détonations amplifiées par l'encaissement de la rue entre les immeubles. Je me retourne. Qui tire ? Bon sang, mais c'est la voiture d'Otta qu'ils allument ! Il faut se dégager de cette poudrière.

Me voici coincé entre deux voitures en stationnement. Je relève les yeux. Là, juste au-dessus de moi, un homme armé vise dans ma direction. Instinctivement, je plonge sous le bras tendu du tireur pour me retrouver à genoux sur le trottoir. Un chef de groupe adjoint de l'antigang a vu la scène. D'un réflexe étonnant de précision, il foudroie avec son 357 Magnum le gorille irakien qui poursuivait son tir vers la R16.

Pendant que Broussard et Plouy s'écartent en courant de cette fusillade d'enfer, je m'engouffre dans le garage de l'ambassade. C'est le second choc. Un autre gorille armé me fait face. L'effet de surprise est réciproque. Il m'observe. Je n'ai pas d'arme à la main. Je le vois s'éclipser par une porte latérale.

Maintenant, tout est clair : nous sommes tombés dans une embuscade. Les Irakiens ont voulu exécuter sommairement le terroriste, sans se soucier du fait que des policiers français pouvaient se trouver sur leurs trajectoires de tir.

Les détonations ont cessé. En remontant la rue, je découvre l'ampleur du drame. Capela expire sur la chaussée, mortellement blessé alors qu'il tentait de sortir de la R16. Le Palestinien, lui, a été touché à la cuisse, tandis que l'inspecteur Segear a été atteint à la nuque. La balle est passée à moins d'un millimètre de la moelle épinière. Ottavioli, Cancès et Durant, un autre inspecteur de la Criminelle qui se trouvait debout, près de la R16, ont été miraculeusement épargnés.

Mais le bilan ne s'arrête pas là. Ahmed Abouai saigne abondamment au mollet. Antona, lui, a eu la main gauche transpercée par un projectile. Quant au gorille irakien abattu lors de la riposte, il gît sans vie sur le trottoir, allongé sur le dos. Sans la réaction du policier qui l'a neutralisé, le bilan aurait été plus lourd.

Les témoins sont formels : au moins une dizaine de membres de l'ambassade ont participé à cette tuerie. Ils opéraient des deux côtés de la rue, sur le trottoir ou depuis les fenêtres entrouvertes des bâtiments. Curieux diplomates que ces hommes de main, obéissant, à n'en pas douter, à un sinistre chef d'orchestre.

– J'ai perdu le contrôle de la situation, se contentera de dire Son Excellence Mundhir Tawfik al-Wandawi.

Ottavioli ne s'en satisfera pas. Il fait arrêter sur-le-champ ceux qui ont été vus l'arme à la main. Vrais ou faux diplomates, il sera toujours temps d'aviser. Sous le regard muet du représentant du Quai d'Orsay qui est là depuis plusieurs heures, trois hommes sont vigoureusement appréhendés : d'après leurs papiers, Ibrahim al Sigab et Abdel Hamid Natik ont le statut de premier secrétaire ; Khalid al-Windawi est attaché d'ambassade. Menottes aux poignets, ils sont conduits au Quai des Orfèvres pour être entendus.

Ce n'est que le lendemain matin que le Quai d'Orsay fait savoir à la Criminelle qu'ils sont réellement couverts par l'immunité diplomatique. En vertu de la convention de Vienne, ils échappent à toute poursuite. Le parquet consent à prolonger leur garde à vue, mais nous savons que cette mesure est illusoire : légalement, les tueurs irakiens n'encourent qu'une mesure d'expulsion.

La colère nous envahit, d'autant que l'enquête révèle un autre scandale : dix Irakiens au moins étaient armés, alors que cinq autorisations de port d'armes seulement ont été délivrées aux « diplomates » par le ministre de l'Intérieur français. Dont une à l'ambassadeur.

Un véritable bouillonnement s'empare des services. Ottavioli et moi avons les plus grandes difficultés à calmer les esprits et à empêcher que cette indignation légitime ne dégénère. Comment expliquer à des policiers sous le choc de ces événements scandaleux, que les assassins de Capela peuvent se retrancher derrière un traité international pour échapper à la justice ?

Un homme de la loi

Dans l'après-midi du 1er août, un défilé spontané s'organise. Plusieurs centaines d'inspecteurs parisiens, accompagnés des commissaires de la Criminelle et de mon adjoint Broussard, se rendent en cortège au ministère de l'Intérieur. Otta et moi avons demandé à nos collaborateurs directs de canaliser le mouvement pour éviter tout débordement. Christian Bonnet recevra une délégation. Il s'engagera même à obtenir du Premier ministre, Raymond Barre, un message de soutien et de sympathie en faveur des policiers.

Ce geste de considération, émanant d'un ministre de l'Intérieur qui fut toujours proche des hommes de police, suffira, ce jour-là, à apaiser les tensions.

Mais la fièvre remonte.

Le 3 août, on me demande d'organiser la reconduite des trois gorilles irakiens à Orly. Pour les antigangs, c'est une offense. Ce sera finalement le GIGN qui assurera la protection des tueurs. Les gendarmes de Prouteau partagent notre sentiment de dégoût, mais il faut bien qu'un service exécute la mesure d'expulsion.

4 août 1978. 10 h 30. La sonnerie aux morts résonne dans la cour d'honneur de la préfecture de police. C'est la cérémonie officielle d'adieu à Jacques Capela.

La grande famille policière est réunie autour du cercueil. Des milliers de Parisiens se sont massés sur le parvis de Notre-Dame et aux abords de la caserne de la Cité. À cet instant, dans la France entière, les policiers de tous grades vont observer une minute de silence pour le collègue victime du devoir.

François Antona est là, au premier rang, le bras en écharpe. La compagne de Jacques Capela porte sur les genoux un bambin de deux ans et son visage exprime une détresse infinie.

Pour nous, Capela était le symbole de la noblesse de notre métier. C'était un homme de tête et d'action, un seigneur à sa façon. Né à Quillau, dans la haute vallée de l'Aude, il dévorait les livres et se passionnait pour le rugby. Ottavioli, qui le connaissait bien, dira de lui qu'il avait « la finesse d'un aristocrate ». « Lorsqu'il interrogeait une personne, ajoutera-t-il, il parlait si doucement qu'on se serait cru en confession [1]. » Plus qu'un flic, Jacques Capela était un homme de la loi.

À 11 heures, la cérémonie s'achève. Un cortège impressionnant se forme derrière le fourgon mortuaire qui, par les quais de Seine, se dirige vers la place des Invalides.

En arrivant devant le ministère des Affaires étrangères, la lente procession va s'arrêter quelques instants. Nous

1. Pierre Ottavioli, *Échec au crime,* Grasset, 1985.

entendons ainsi marquer, dans la dignité, notre profond sentiment de révolte face aux pratiques criminelles d'un pays ami. Douze ans plus tard, lorsque le dictateur Saddam Hussein envahira le Koweit, suscitant l'indignation des grandes consciences internationales, nos diplomates auront tout loisir de méditer sur les signes précurseurs que recelaient ces événements tragiques de juillet 1978. Quels que soient les intérêts en jeu, la faiblesse à l'égard des tyrans n'a jamais payé.

Et puis une information se répand dans le cortège : le représentant de l'OLP à Paris vient d'être assassiné. Criblé de balles par deux faux étudiants jordaniens qui ont été arrêtés. Cette guerre implacable n'est pas terminée.

Les collègues de Capela ne pourront pas tous l'accompagner jusqu'au petit cimetière de Quillau. Car la police est exigeante : il faut partir sur-le-champ et se remettre à l'ouvrage.

Pour moi, cette fois, c'est le départ. J'aurais souhaité quitter l'antigang dans des circonstances plus heureuses. Mais je sais qu'avec Broussard la brigade connaîtra d'autres victoires.

Je rejoins ma femme et mes trois fils qui m'attendent pour gagner la Bretagne. Eux aussi ont vécu intensément ces événements.

Je ne lis aucun signe d'impatience dans leurs regards. Ils sont habitués à vivre au rythme des affaires et ont toujours partagé pleinement mes joies et mes peines.

C'est cela aussi, la famille policière.

17

Mission secrète au Salvador

Mon retour à la Criminelle représente une autre aventure, un autre style de vie. Après avoir connu l'odeur de la poudre et la violence de la mêlée, je retrouve l'atmosphère plus feutrée d'une brigade où l'on cultive un esprit de méthode et une rigueur aristocratique. Une sorte de club britannique, avec pour emblème le chardon, et une devise en forme d'avertissement : « Qui s'y frotte, s'y pique ! »

Héritière de la Sûreté de Vidocq, la Crim' puise ses racines dans la création par Georges Clemenceau en 1907 de la police judiciaire d'aujourd'hui. « Son œuvre est de liberté », dira joliment le Tigre au sujet de cette nouvelle discipline. Dans la foulée, il va créer la même année, sur les conseils éclairés de son directeur de la Sûreté générale, Célestin Hennion, les célèbres Brigades mobiles, ancêtres de nos SRPJ de province.

À l'origine, la Brigade criminelle a pour nom la Brigade spéciale que les hommes baptisent la Brigade du Chef. Parmi ses premiers faits d'armes : le démantèlement de la sinistre bande à Bonnot, en 1912. Les années noires de l'Occupation amèneront la préfecture de police à la rebaptiser Brigade spéciale criminelle, pour la démarquer des Brigades spéciales des Renseignements généraux, tristement impliquées dans la traque aux Résistants. En 1945, elle acquiert la noble appellation de Brigade criminelle, qui livre depuis un demi-siècle des enquêtes aussi passionnantes que celles des romanciers qu'elle a inspirés, à commencer par Simenon.

Dans l'esprit de mes aînés, et notamment de Jean Ducret, il est clair que je regagne ce service prestigieux pour en prendre prochainement la direction. C'est alors la tradition au Quai des Orfèvres : le chef de la Criminelle est le produit d'une filiation qui ne doit rien au hasard. Il a dû mettre ses pas dans ceux de ses grands anciens pour apprendre à piloter le navire selon des règles établies et des techniques éprouvées.

Je viens donc dans un premier temps seconder Pierre Ottavioli, ce Corse impérial au profil de sénateur romain. Il a lui-même effectué plusieurs séjours à la brigade, d'abord comme commissaire-adjoint, puis comme chef en second, à l'époque de la lutte contre l'OAS, enfin comme patron. C'est lui qui est programmé pour devenir sous-directeur de la police judiciaire en remplacement de Gustave Jobard, bientôt atteint par la limite d'âge. Les retombées de l'affaire de Broglie vont bouleverser ce plan. Curieusement, la justice va lui reprocher de ne pas avoir fait état des rapports de police annonçant le projet d'assassinat du prince. Il représentait le fusible idéal. En octobre 1979, Pierre Ottavioli est muté à l'Inspection générale de la police nationale. Le cimetière des éléphants pour celui que l'on surnommait, la veille encore, Monsieur Anti-rapt. On a vite oublié les services éminents rendus par ce patron inflexible.

Le 4 mai 1979, je suis encore l'adjoint d'Otta. De retour du banquet annuel de l'antigang, auquel j'ai été convié en tant qu'ancien patron, je reçois un ordre de mission insolite. Il émane directement de Jean Paolini, le directeur de cabinet du ministre de l'Intérieur :

– Leclerc, vous partez à San Salvador !

– Où ça ?

– Au Salvador. C'est un petit pays d'Amérique centrale. Les guérilleros ont pris d'assaut notre ambassade. Vous entendez ? L'ambassadeur de France et tout le personnel séquestrés.

– Et qu'attendez-vous de moi ?

– C'est une mission secrète. Personne ne doit savoir que vous êtes là-bas. Le ministre souhaite que vous preniez l'avion demain matin avec Philippe Cuvillier, le directeur du département Amérique au Quai d'Orsay. Vous serez son conseiller technique.

La nuit promettait d'être courte. Le diplomate m'appelle à 3 heures du matin :

– C'est une simple mission de deux ou trois jours, me dit-il. Je vous attends, si vous le voulez bien, à 8 heures, à mon domicile. Après quoi nous filerons vers Roissy pour prendre le Concorde à destination de Washington. Ah, j'oubliais ! Vous n'avez pas besoin d'emporter votre revolver. Cela ne vous dérange pas, j'espère ?

– Rassurez-vous, monsieur l'ambassadeur, je n'ai jamais eu aucune fascination pour les armes.

Il rit. Le courant est passé. Je note son adresse et lui souhaite une bonne fin de nuit. Ma femme et moi échangeons un regard interrogateur : le Concorde, dans les années 1970, c'est un nom magique. Mais le Salvador ? Drôle de pays. Je saisis un atlas sur une étagère. Et nous voici, en pleine nuit, en train de prendre une leçon de géographie : il est là, El Salvador, minuscule sur la carte, coincé entre le Guatemala et le Honduras, une façade sur le Pacifique. À peine plus grand que la Bretagne.

Le grand oiseau blanc

À 8 heures précises, je suis devant le domicile de Philippe Cuvillier, dans le quartier de l'École militaire. Il m'accueille avec la courtoisie qui sied à un homme de la Carrière. Tempes grisonnantes, port élégant, cet énarque de cinquante ans a le titre de ministre plénipotentiaire. C'est une machine intellectuelle brillante. Il a été en poste auprès de la Communauté européenne puis directeur adjoint du cabinet de Maurice Schumann, ministre des Affaires étrangères. Plus tard, il sera ambassadeur au Caire, à Rabat, à Brasilia, à Rome.

À 10 h 30, nous embarquons dans le Concorde. Vol AF 001. Décollage à pleine poussée. Mach 1. Mach 2. Le compteur de vitesse de la cabine des passagers se bloque à 2 200 km/h. En trois heures quarante-cinq, le grand oiseau blanc nous transporte sur l'autre continent. Cuvillier profite du voyage pour me dresser un portrait du Salvador.

Ce pays a longtemps été un havre de prospérité fondé sur la culture dominante du café. Malheureusement, la population n'y a pas trouvé son compte. L'oligarchie des quatorze grandes familles s'est opposée aux réformes agraires, privant la masse des *peones* de terres à cultiver. Avec une démographie galopante et plus de cinq millions d'habitants, le niveau de vie des paysans est devenu l'un des plus bas de la région. Devant cette misère, le clergé salvadorien a pris fait et cause pour eux. Il se trouve en opposition ouverte avec le pouvoir depuis le début des années soixante-dix. Les dernières élections présidentielles de 1977, qui ont porté le général Carlos Humberto Romero au sommet de l'État, se sont déroulées dans un extraordinaire climat de violence et de fraudes.

L'accentuation de la répression a provoqué la naissance d'une opposition clandestine qui prône l'insurrection armée. Les guérilleros de l'ARP (Armée révolutionnaire du peuple), des FAR (Forces armées de la résistance) et des FPL (Forces populaires de libération) pratiquent couramment des assassinats de policiers et de militaires ainsi que des rapts pour obtenir des rançons. Mais, cette fois, c'est le BPR (Bloc populaire révolutionnaire), vitrine légale de ces branches armées, qui a frappé. Cette organisation, fondée fin 1975, regroupe huit organisations paysannes et étudiantes, dont Andes, le syndicat national des étudiants. Elle a commencé à se distinguer par des occupations de terres dans les campagnes, puis s'est reconvertie dans des actions spectaculaires dans les villes, notamment avec prises d'otages. Son action contre notre ambassade s'inscrit dans ce contexte.

Le voyage n'est pas terminé. De Washington, il nous faut prendre un Boeing qui va faire escale à Guatemala City. Nous allons y rencontrer l'ambassadeur de France pour faire le point sur la situation dans la région. Enfin, nous atterrissons à San Salvador. Nous sommes tout de suite dans l'ambiance : l'aéroport est quadrillé par des forces en armes. Étienne Dé, l'attaché commercial de l'ambassade, nous attend, l'air grave. Il a miraculeusement échappé à la prise d'otages. La trentaine, moustaches tombantes, forte carrure, ce Charentais affable possède une connaissance fine de la situation locale et un excellent réseau relationnel. Avec Philippe Laënnec, un consul honoraire marié à une riche héritière salvadorienne, il sera pour nous un atout précieux.

Nous quittons l'aéroport. J'aperçois, à travers les vitres de la vieille Buick qui nous transporte, le volcan de San Salvador qui domine la région, du haut de ses 1 950 mètres. Cette masse imposante nous rappelle que l'histoire du pays est jalonnée d'éruptions et de tremblements de terre catastrophiques.

Voici les faubourgs de la ville. Murs jaunis et décrépis. Graffitis dégoulinants. Impacts de balles. Des odeurs de poussière, de brasero, de sueur s'engouffrent dans la voiture. Autour de nous, une foule colorée, composée en majorité de métis, lointains descendants de l'Espagnol conquérant et de l'Indien. Je pensais rencontrer un peuple latino exubérant. C'est une impression de tristesse qui se dégage de ces visages anonymes. Comment pourrait-il en être autrement ? Devant les bâtiments officiels, aux carrefours stratégiques, se tiennent des hommes casqués et armés, le doigt sur la gâchette, avec des camions militaires patrouillant dans tous les sens. Il y a quelques jours à peine, dans le quartier des ambassades, deux policiers ont été abattus. La tension n'est pas retombée.

Étienne Dé nous conduit à la résidence privée de l'ambassadeur de France, où nous allons séjourner durant les tractations. C'est une propriété dans le plus pur style local, sur les contreforts du volcan, jardin exotique et piscine bordée d'un manguier dont les fruits mûrs éclatés au sol libèrent leur parfum. Là, enfoncé dans un transat décoloré par le soleil, le conseiller nous retrace l'épisode de la veille, à l'ambassade de France : à 12 h 45, les guérilleros font irruption dans les locaux, après avoir tiré sur le garde Rafaël Henriquez à l'entrée. Ils prennent immédiatement celui-ci en otage, de même que Michel Dondenne, l'ambassadeur, Jean Duffaud, le premier conseiller, Monique Miro, une secrétaire intérimaire, Théodore Hernandez, le planton, et Mme Rivera, une secrétaire salvadorienne âgée de soixante et onze ans. Au même moment, un autre commando du BPR prend d'assaut l'ambassade du Costa Rica, non loin de là.

Dé nous remet le communiqué du BPR : « Il ne s'agit pas d'un chantage à la vie, écrivent les révolutionnaires. Les détenus des ambassades de France et du Costa Rica ne sont pas en danger. Tout ce que nous voulons, c'est que les gouvernements de ces deux démocraties interviennent auprès du président salvadorien pour obtenir la libération de nos cinq dirigeants. Cela durera le temps qu'il faudra. »

« Le temps qu'il faudra... » Je suis venu avec un bagage léger, deux chemisettes et un pantalon d'été, pensant que c'était une affaire de deux ou trois jours. Nous avons peut-être été un peu trop optimistes.

Le BPR exige que la France et le Costa Rica assurent la garantie physique des guérilleros preneurs d'otages et qu'ils dénoncent publiquement la violation des Droits de l'homme au Salvador. Ce n'est pas tout. Les membres du commando se déclarent incompétents pour engager des tractations avec les autorités françaises. Ils veulent que la discussion soit menée à l'Université avec des cadres du BPR qui ont constitué là-bas une commission de négociation présidée par un certain Julio Flores. Ainsi, les responsables d'un mouvement révolutionnaire en lutte ouverte contre leur gouvernement peuvent-ils impunément tenir leurs assises dans un lieu connu et qui constitue pour eux un sanctuaire. Quand on vient du pays de Descartes, on n'est guère préparé à cette curieuse logique.

Colonel Leclerc

Le lundi 7 mai, Philippe Cuvillier établit un premier contact avec le chef du commando retranché dans notre ambassade. L'homme n'en démord pas : l'ambassadeur Dondenne doit aller négocier en personne à l'Université. Philippe Cuvillier rétorque que la voix de la France ne saurait s'exprimer par la bouche d'un homme retenu prisonnier. L'honneur de Michel Dondenne, c'est qu'il ne quitte pas son navire tant que ses collaborateurs n'ont pas été libérés. Ce raisonnement irrite les révolutionnaires qui, en guise de représailles, interdisent à nos otages de paraître aux fenêtres de l'ambassade et refusent tout contact avec nous.

Réponse du berger à la bergère : je conseille à Philippe Cuvillier de faire isoler les lignes de l'ambassade pour que les guérilleros ne puissent joindre d'autres correspondants que nous. Les voici coupés de l'extérieur.

J'ai besoin d'en savoir plus sur ces hommes. Par chance, Rafaël Henriquez, le garde blessé, libéré le soir même de la prise d'otages, a pu regagner son domicile, après un bref séjour à l'hôpital. Il habite un village, à trente kilomètres de San Salvador. Avec un interprète, je vais lui rendre visite.

C'est un petit homme trapu, au cuir épais. Malgré la balle qui lui a perforé l'abdomen, il se tient solidement sur ses deux jambes et me fait le récit de l'assaut, à grands gestes. « Caramba ! s'exclame-t-il, en se signant. *Que esta vez la he visto de cerca !* » « Cette fois la mort m'a frôlé ! »

– J'avais mon 38 Spécial à la ceinture et ma machette à portée de main, dit-il. Un jeune en costume-cravate s'est approché pour me demander un renseignement. J'ai entrouvert la porte pour lui répondre. Et là, deux guérilleros sont entrés en force. Je n'ai même pas eu le temps de dégainer : l'homme à la cravate, qui semblait être le chef, a ouvert le feu avec son Colt 45.

– Vous n'avez rien pu faire...

– J'ai juste eu le temps de saisir ma machette et d'en taillader un. Après, je me suis évanoui. Quand je me suis réveillé, j'étais allongé sur un canapé, au milieu des otages.

– Combien y avait-il de guérilleros ?

– Au moins quatorze, plutôt jeunes.

– Et de quoi avaient-ils l'air ?

– Des ouvriers, quelques étudiants, un ou deux paysans. Il y a un gringo avec eux. Sans doute un Nord-Américain. Et puis deux chicas, âgées d'une quinzaine d'années. Elles portaient des uniformes de collégiennes. L'une d'elles avait un grand filet à provisions avec du café, du chocolat et une trousse d'infirmière. Elle s'en est servi pour panser la plaie du jeune que j'ai blessé avec ma machette.

– Leurs armes ?

– Un Colt 45, plus mon 38 et mes munitions. Plusieurs d'entre eux portaient aussi leur chemise sur leur pantalon.

– Et alors...

– Alors je suis sûr que ceux-là avaient une arme glissée sous la ceinture.

– Sont-ils bien barricadés ?

– En tout cas, ils ont pris soin de verrouiller la porte du rez-de-chaussée, de même que sa grille et l'issue de secours à l'étage.

– Sont-ils informés de ce qui se passe dehors ?

– Ils ont pris la radio de Mme Rivera. Elle marche en permanence.

Voilà quelques précisions utiles.

Reste à examiner en détail le bâtiment de l'ambassade. De retour en ville, je profite d'une séance de ravitaillement des pensionnaires pour ce repérage. Tout se passe au premier et unique étage d'un immeuble moderne. La porte d'accès est équipée d'un verre-miroir. En y plaquant le visage, on peut apercevoir à l'intérieur un rideau métallique baissé. Partout, des grilles aux fenêtres. Il est clair que ce lieu a été conçu pour protéger ses occupants. Mais personne n'avait songé qu'il puisse servir de refuge à d'éventuels assaillants.

Curieusement, le bâtiment abrite un magasin d'optique. Le gérant m'autorise à y entrer. Je monte à l'étage. En collant l'oreille contre la cloison en parpaings, j'entends des chuchotements de l'autre côté du mur. Nos otages sont là. Derrière cette cloison fragile. C'est une voie d'accès possible. Il y en a une autre : le toit en fibrociment. Je me réserve de l'explorer.

De son côté, Philippe Cuvillier n'a pas perdu son temps. Le 7 mai, il nous a obtenu un entretien avec le ministre des Affaires étrangères salvadorien, Antonio Rodriguez. Problème : sur les cinq dirigeants du BPR dont les guérilleros réclament la libération, le ministre prétend que son gouvernement n'en détient que deux. Où sont les autres ? Sont-ils vivants ? Une partie truquée s'engage. Et à ce jeu-là, nos atouts sont faibles.

Ils le deviennent encore plus dans la soirée, quand nous apprenons que l'ambassadeur du Costa Rica qui dînait avec ses geôliers a pu faire sortir ses quatre collaborateurs et s'esquiver à son tour. La France est désormais le joker du BPR.

Le lendemain, nous sommes chez le colonel Iraeita, secrétaire d'État à la Sécurité publique. Cheveux en brosse, oreilles en chou-fleur, l'allure martiale, même s'il est vêtu d'un prince-de-Galles de bonne coupe, l'homme ne dégage aucune sympathie. Pour briser la glace, Philippe Cuvillier me présente comme un militaire français : « El colonel Leclerc. » Je vois mon « collègue » se dérider et me témoigner beaucoup d'égards. Fin psychologue, le diplomate français a eu la bonne intuition. Iraeita nous donne l'assurance que son pays ne recourra pas à la force dans notre affaire. Je ne peux m'empêcher de penser au dialogue avec l'ambassadeur d'Irak en juillet 1978. Nous jouons cette fois à front renversé.

En quittant le ministère de la Sécurité, nous passons devant le parvis de la cathédrale de San Salvador, occupée par cent cinquante militants du BPR. Ils ont le soutien de Mgr Romerio, l'archevêque du pays. Une foule de jeunes manifestants venus les encourager s'est rassemblée sur la place. Ils scandent des slogans que je ne comprends pas et agitent des banderoles écrites à la peinture rouge. Des hommes de la Garde nationale en treillis sont en train de prendre position autour de la cathédrale. Notre chauffeur force l'allure. À peine sommes-nous arrivés à la résidence de l'ambassade que nous apprenons la sinistre nouvelle : le service d'ordre a tiré sur la foule à l'arme automatique. Bilan : vingt morts et une quarantaine de blessés.

Des télévisions ont filmé la scène. On voit les corps tressauter sous l'impact des balles. Ces images vont faire le tour du monde et révéler à l'opinion publique internationale l'atrocité de cette guerre civile.

À Paris, ma femme et mes enfants s'inquiètent. Eux aussi ont vu les images. Ils ne comprennent pas pourquoi, lors de la minute quotidienne de conversation téléphonique qui m'est accordée par le Quai d'Orsay avec ma famille, je réponds, imperturbable : « Tout va bien ici. Et vous ? Quel temps fait-il à Paris ? » Le devoir de silence est une règle absolue quand des vies sont en jeu... et quand de grandes oreilles nous écoutent.

La tension monte à San Salvador. Partout, des policiers ont pris position sur les toits, et plus personne n'apparaît aux fenêtres de l'ambassade de France. La situation devient angoissante.

Philippe Cuvillier va accepter de se rendre à l'Université pour tenter de raisonner les guérilleros. Mais pour nous, Français, la pièce qui se joue est surréaliste. Dans la ville, on ouvre le feu sur des manifestants, tandis qu'à l'Université, une poignée de fanatiques organise des prises d'otages et dicte ses conditions à des puissances étrangères, sans que le gouvernement salvadorien ne vienne leur demander des comptes.

Le 11 mai, l'ambassade du Venezuela tombe aux mains des révolutionnaires, avec de nouveaux otages. L'incapacité des autorités salvadoriennes à protéger les représentations diplomatiques est démontrée. Philippe Cuvillier se tourne alors vers l'autre camp, en tentant une démarche auprès de Mgr Romerio. Peine perdue. La connivence de l'archevêque avec les guérilleros transparaît jusque dans ses homélies, dans lesquelles il exhorte les gouvernements français et vénézuélien à utiliser « tous les moyens diplomatiques afin d'instaurer une situation moins inhumaine au Salvador ». Il ne peut excuser, dit-il, l'occupation des ambassades, mais il comprend « la nécessité de ces actions ». Onze mois plus tard, le 24 mars 1980, le prélat paiera de sa vie son soutien aux révolutionnaires. Il sera assassiné dans sa cathédrale, en plein office.

Progressivement, quelques rouages vont se débloquer. D'abord, le gouvernement salvadorien libère les deux chefs de file de la guérilla qu'il reconnaissait détenir dans ses prisons. Ensuite, à Paris, au cours d'un déjeuner à l'Élysée, Valéry Giscard d'Estaing obtient l'assurance du président panaméen qu'il offre l'asile politique aux preneurs d'otages. Enfin, l'exigence du BPR de voir la France dénoncer publiquement la violation des Droits de l'homme au Salvador est honorée. La Commission des Droits de l'homme à l'ONU est saisie.

Mais rien n'y fait. Le BPR exige toujours la libération de ses trois autres dirigeants, sur lesquels les autorités observent un silence embarrassé. Il ne veut pas non plus entendre parler de l'asile politique au Panama et exige que la police salvadorienne laisse ses commandos s'évaporer dans la ville quand il aura obtenu satisfaction. Bref, les enchères montent et le BPR, qui a trouvé une tribune extraordinaire, maintient la pression. Ce qui inspire à André Frossard ce billet dans *Le Figaro* :

« On finit par se demander si l'on ne ferait pas l'économie de la plupart des opérations de ce genre en gardant le silence sur elles, au lieu de fournir à leurs auteurs un volume de publicité que, au tarif ordinaire de la réclame, aucune multinationale n'aurait les moyens de s'offrir. »

État de siège

Je dois convaincre Philippe Cuvillier qu'il faut aussi envisager l'intervention d'une unité d'élite venue de France pour débloquer la situation. C'est la confrontation de deux écoles : Quai des Orfèvres contre Quai d'Orsay. Négociateur-né, le diplomate se refuse à l'idée qu'on puisse, à un moment donné, décider de recourir à la force. Il a passé tant d'heures à l'Université, avec Étienne Dé, pour tenter de faire entendre raison à des interlocuteurs de mauvaise foi qu'il vit cette solution comme un échec.

Un événement inattendu va faire évoluer les esprits. Le dimanche 20 mai, l'ambassadeur du Venezuela et ses collaborateurs réussissent une évasion spectaculaire, en s'enfuyant par les toits. La police salvadorienne n'a plus qu'à encercler l'édifice dans lequel sont retranchés quelques guérilleros et à attendre que la faim les gagne. Une fois de plus, la France se retrouve en première ligne.

Mme Dondenne s'occupe de l'alimentation des prisonniers dans notre ambassade. Elle beurre elle-même les sandwichs, qui sont aussi notre pain quotidien. Elle supporte avec courage cette interminable attente et réconforte de son mieux les familles des autres otages.

Je participe de plus en plus souvent aux séances de ravitaillement pour recueillir le maximum d'informations. La tactique va s'avérer payante : un beau matin, l'ambassadeur Michel Dondenne apparaît dans l'embrasure d'une fenêtre. Ce sexagénaire de belle prestance manifeste beaucoup de dignité dans l'épreuve et a compris qui je suis.

– Monsieur l'ambassadeur, comment va la santé ? Personne n'est blessé ?

– La santé est bonne, le moral aussi, je vous remercie.

– Avez-vous assez à manger ?

– Maintenant, ça va, mais nous avons littéralement crevé de faim pendant huit jours. Augmentez les rations de café et de sucre. Donnez-nous aussi des cigarettes.

– Où dormez-vous ?

– À même le sol, dans la pièce du fond.

– Vos gardiens sont-ils en contact avec l'extérieur ?

– Non. Pas depuis que la ligne extérieure a été coupée.

– Ils ont une radio ?

– Oui, mais elle ne fonctionne qu'avec des piles et leurs piles sont mortes...

– Parfait. Quel est leur armement ?

L'ambassadeur garde le silence.

– Dites-moi simplement s'ils ont l'air affaiblis ou en opposition les uns avec les autres ?

– Je vois où vous voulez en venir. Surtout ne jouez pas au plus fin avec eux.

Il s'éclipse et fait passer un à un les autres otages devant la fenêtre, afin que je puisse juger de leur état de santé. À ce moment, un membre du commando, le visage masqué par un foulard, me lance un papier sur lequel sont griffonnés quelques mots en espagnol : « Rétablissez le téléphone, sinon, les otages seront isolés. » Ce n'est pas le moment de céder.

Dans la ville, le climat empire. Le 22 mai, des manifestants venus apporter leur soutien aux guérilleros piégés dans l'ambassade du Venezuela sont impitoyablement mitraillés. Bilan : neuf morts et six blessés graves. Réplique le 23 mai : le ministre de l'Éducation Carlos Herrera est assassiné en pleine rue. Le gouvernement proclame l'état de siège pour trente jours. C'est la guerre ouverte. Et elle peut être lourde de conséquences pour nos otages.

Cette fois, Philippe Cuvillier se rallie à mon point de vue. Il faut préparer le plan d'intervention. Avec Bernard Kessedjian [1], un jeune diplomate en poste à Mexico que le Quai d'Orsay nous a dépêché en renfort, je photographie l'ambassade sous toutes ses coutures. Un hélicoptère de l'armée mis à notre disposition me permet de réaliser quelques clichés aériens. Le scénario que je préconise est une intervention par les toits. On peut y accéder par l'arrière du bâtiment, hors de vue des guérilleros. J'y grimpe, les chaussures à la main, pour une reconnaissance à pas feutrés. Il sera facile de pratiquer une brèche avec un cordon explosif pour que nos équipes s'y engouffrent. Grâce à un double des clés de la porte d'entrée en verre et de sa grille de protection, elles pourront pénétrer simultanément par le rez-de-chaussée. Nous disposerons aussi d'une voiture-bélier pour défoncer cet accès, au cas où les serrures auraient été obstruées.

Restent les possibles représailles du BPR contre les résidents français au Salvador. Nous évaluons à cinquante le nombre de nos ressortissants menacés. Il faudra les évacuer selon un plan d'urgence rigoureusement établi. Il s'agit là d'une opération militaire et je suggère qu'elle soit réalisée par le GIGN, mieux armé pour opérer à l'étranger. Les hommes du commandant Prouteau seront placés en attente

---

1. Bernard Kessedjian deviendra directeur de cabinet de Roland Dumas aux Affaires étrangères, ambassadeur à Alger, puis à Athènes.

aux Antilles françaises, à quatre heures du Salvador, prêts à fondre sur l'objectif.

Mais nous devrons avoir le feu vert du gouvernement salvadorien. J'accompagne Philippe Cuvillier pour cette démarche auprès du président Romero. Il ne faut pas heurter la susceptibilité de ce dirigeant jaloux de sa souveraineté. L'homme du Quai saura trouver les mots qui conviennent pour emporter l'accord du dictateur ombrageux.

Samedi 26 mai. Nous sommes de retour à Paris, cette fois, pour soumettre notre plan au ministre des Affaires étrangères, Jean François-Poncet. Il nous reçoit dès le lendemain. Je lui montre les photographies. Nous sommes penchés sur son bureau en bois précieux sur lequel il a étalé le plan de l'ambassade avec le schéma d'intervention. Comme un général avant la bataille, il en examine les détails, puis il se tourne vers moi :

– Vous avez prévu une brèche dans le toit. Parfait ! Il faut même en percer une deuxième. On n'est jamais assez prudent.

Remarque pertinente. Je la prends en compte. À l'issue de l'entretien, je rencontre le capitaine Barril, chef adjoint des « supergendarmes ». Je lui transmets les éléments pour l'intervention. Il est convenu qu'il devra faire avec Prouteau une mission de reconnaissance préalable à San Salvador.

Le lundi 28 mai, je regagne Washington en compagnie de Jacques Posier, le prédécesseur de Dondenne. Devenu ambassadeur en Angola, il a gardé des contacts au Salvador. Posier est notre dernier atout dans la négociation.

Le lendemain, nous sommes de retour à San Salvador, où la situation est plus tendue que jamais. Nos otages ont été mis à l'isolement. Et les guérilleros manifestent des signes de nervosité inquiétants. Le 30 mai, un chargé d'affaires suisse est froidement assassiné dans la rue. Les démocraties appelées à la rescousse sont devenues une cible. Il est temps que notre prise d'otages prenne fin.

Le jour même, Prouteau et Barril me rejoignent au Salvador. Leurs hommes basés à Pointe-à-Pitre attendent le plan de marche. Nous faisons tous trois une dernière reconnaissance des abords de l'ambassade. Ils se livrent à un minutage précis du temps de parcours entre l'aéroport et l'ambassade, distante de vingt kilomètres. Puis ils reprennent l'avion pour les Antilles. Il est prévu que dès qu'ils auront établi la jonction avec leur troupes, nous fixerons le top d'intervention.

Tout se précipite alors. Cuvillier, revenu de Paris, me rejoint dans la soirée pour une ultime offensive diplomatique. Une mystérieuse fuite alerte les guérilleros de l'imminence de notre assaut. Et tout se débloque, comme par miracle. Dès le lendemain, les dirigeants du BPR, qui se tiennent à l'Université, font savoir qu'ils acceptent nos conditions : la libération des otages contre l'asile au Panama pour leurs camarades.

Ordre est donné au DC8 du GIGN de faire route vers le San Salvador pour transporter les guérilleros dans le pays d'accueil. En l'absence de Prouteau et Barril, qui n'ont pas eu le temps de rejoindre leurs équipes, c'est un sous-officier qui en a pris le commandement. Qu'importe ! Ils n'auront pas à donner l'assaut.

Le 1er juin, à 10 heures, une foule joyeuse s'est rassemblée aux abords de l'ambassade. Dondenne, amaigri mais souriant, apparaît à la fenêtre. Les membres du commando sont là, le visage masqué par des foulards, entonnant des chants révolutionnaires.

Leur chef descend dans la rue. Nous réglons avec lui les détails de son départ, puis il monte avec ses quinze camarades à bord d'un autocar que nous avons affrété. Le DC8 du GIGN, arrivé dans la nuit, les prend en charge à l'aéroport.

Nos otages respirent l'air de la liberté. Après quatre semaines de détention. Philippe Cuvillier, enfin détendu, les laisse à leurs proches qui les embrassent et les étreignent, comme pour s'assurer qu'ils sont bien vivants. D'un pas rapide, je monte les marches de l'ambassade. Six armes de poing sont là, posées sur une table, avec leurs munitions. Près du mur de parpaing derrière lequel j'entendais les chuchotements durant mon premier repérage des lieux, un extraordinaire amoncellement de bouteilles vides de Coca-Cola et de jus de fruits. Au moins deux mètres cubes de verre. J'ai été bien inspiré de renoncer à faire pratiquer une brèche à l'explosif à cet endroit. Les éclats de verre auraient constitué des projectiles meurtriers.

Ma mission secrète au Salvador est terminée. Aucun des journalistes français dépêchés sur place n'a trahi sa promesse de discrétion concernant ma présence. En me faisant ses adieux, Michel Dondenne, tenu informé de ma collaboration avec le Quai d'Orsay, aura ce mot de conclusion amical : « Finalement... colonel... vous avez eu raison de jouer au plus fin avec eux ! »

Je ne suis jamais retourné au Salvador, mais on me dit que le pays n'a guère changé. On y tue un policier par jour en moyenne. La nuit venue, les habitants se barricadent chez eux, comme au temps du couvre-feu. Évolution notable : les guérilleros ont fait leur entrée au Parlement et dans les instances dirigeantes. Mais l'insécurité y est toujours aussi dramatique.

18

Le dernier condamné à mort

Le 15 octobre 1979, je prends officiellement les rênes de la Brigade criminelle. Oubliés El Salvador, la chaleur étouffante des tropiques et l'odeur des mangues. Je retrouve l'ambiance tonique du Quai des Orfèvres, rythmée par le ballet bourdonnant des péniches et les expressos amers avalés d'une traite sur le zinc du Soleil d'Or.

La brigade compte alors plus de cent fonctionnaires, répartis par spécialité :

– dix groupes d'investigation criminelle de six inspecteurs,

– un groupe de répression du faux-monnayage et des faux artistiques (qui va être transféré en cours d'année au 4e cabinet de délégations judiciaires),

– une section antiterroriste (SAT) de dix inspecteurs, dont je vais faire passer les effectifs à vingt-trois pour faire face à la montée en puissance de cette nouvelle menace.

Chacun des groupes est commandé par un inspecteur divisionnaire, et l'ensemble est encadré par quatre commissaires de police, dont l'un a plus spécialement la responsabilité de la SAT. Cette section était, à mon arrivée, dirigée par Patrick Riou, un jeune commissaire consensuel qui va partir à la brigade des stupéfiants (avant de devenir un jour chef de la Criminelle, directeur de la PJ parisienne, puis directeur central de la PJ). Je vais le remplacer par Ange Mancini, le futur patron du Raid. Un battant.

Autre particularité : un cabinet de dix inspecteurs procéduriers est constitué pour gérer les dossiers criminels les plus volumineux. Ils assistent le chef de service et son adjoint pour dresser les actes de constatation qui restent un moment clé de l'enquête. Ils participent aux auditions et aux interrogatoires les plus sensibles. À charge pour eux de veiller à ce que la procédure soit sans faille et qu'elle puisse résister à tous les coups de boutoir de l'instruction contradictoire ainsi qu'aux débats décapants de la cour d'assises.

Le patron de la Criminelle et son adjoint assurent la permanence à tour de rôle : un jour et une nuit sur deux. Cadence infernale qui peut amener à enchaîner plusieurs nuits blanches, au rythme dévorant des affaires. Car j'ai tenu à maintenir la tradition : le chef ou son suppléant doivent systématiquement se déplacer sur les lieux du crime. Ce principe est intangible : on ne peut s'imprégner d'une ambiance criminelle que si on a vu le cadavre et son environnement. Aucune relation a posteriori, si fidèle soit-elle, ne remplace la vision en direct : il faut observer, sentir, toucher; il faut aussi entendre les premiers témoins sur le vif. Et constater, noter, photographier, relier chaque détail à la scène du meurtre ou de l'attentat pour tenter de la rendre intelligible. L'obsession de l'enquêteur, c'est de ne pas négliger l'élément qui, à première vue anodin, va devenir essentiel par la suite. Il est là, fragile, précaire, destructible. En retournant le cadavre, en déplaçant un objet, il va peut-être disparaître ou perdre sa signification. Demain, son intérêt sera aveuglant. L'a-t-on noté ? L'a-t-on photographié ? L'a-t-on préservé ?

Je me souviendrai toujours de ce morceau d'anthologie : l'enquête sur la mort de la baronne Sylvaine de C., en 1965. Elle avait été trouvée à son domicile parisien, agenouillée près de son lit, les poignets liés derrière le dos. Un poignard était enfoncé profondément entre ses deux omoplates. La lame avait, au préalable, provoqué deux plaies – dont l'une mortelle – au niveau de la poitrine. Tout le monde criait à l'assassinat. Maurice Bouvier, le chef de la Criminelle, démontra, lui, méthodiquement qu'il n'en était rien : les deux bouts du lien n'étaient pas noués mais entrelacés ; une légère impression sur le mur révélait que le manche du poignard avait été appuyé à cet endroit pour se ficher dans le dos de la victime. La consultation du journal intime de la baronne éclairait cette fin tragique : elle s'était donné la mort au cours d'une scène érotico-mystique. Bouvier avait été bien inspiré de ne pas défaire le lien qui entourait les poignets : sans cette précaution, sa démonstration eût été jugée irrecevable.

La Crim', c'est ce regard insolite sur les composantes de la société : aujourd'hui cette baronne dans son univers du 7e arrondissement, demain cet ancien ministre abattu devant son immeuble du quartier d'Auteuil, après-demain un vagabond trucidé sur un terrain vague de la ceinture rouge. Chaque fois, pour tenter de comprendre le comment et le pourquoi de ces morts violentes, il faut que le policier, le temps d'une enquête, s'immerge dans ces mondes changeants qui défilent sous ses yeux, comme l'acteur s'imprègne de son rôle. Et c'est la même satisfaction, lorsque le mystère se dissipe, d'avoir élucidé l'affaire. Peu importe la qualité de la victime.

Dans l'immédiat, puisque j'ai libéré mon poste d'adjoint, il me faut trouver un remplaçant. Parmi les nombreux candidats, je choisis Olivier Foll qui commande la 2e BT au cœur de Pigalle. Il a dirigé en second la BRB où ses talents d'enquêteur et de meneur d'hommes ont été remarqués. Il possède une qualité essentielle à mes yeux : la loyauté. Ensemble, nous allons affronter nos premières tempêtes.

À l'horizon des années quatre-vingt, un débat échauffe les esprits : pour ou contre la peine de mort ? La campagne présidentielle approche. La polémique envahit la scène politique. Un dossier de la Brigade criminelle va servir de catalyseur à l'affrontement : l'affaire Philippe Maurice.

L'homme à la montre-gousset

Tout commence par une fraîche nuit d'hiver, le 7 décembre 1979. Dans sa voiture-pie noir et blanc, le brigadier Jean-Yves Ruelle, de la compagnie de sécurité de nuit, sillonne le 5e arrondissement avec les gardiens de la paix Robert Lorain et Gérard Croux. À 1 h 45, ils remarquent sur l'avenue des Gobelins une 104 Peugeot qui semble marauder, avec deux hommes à bord. Ruelle décide un contrôle de routine : petit coup de gyrophare. La 104 force l'allure. Il la rattrape et fait signe à ses occupants de s'arrêter sur le bas-côté. Nouvelle accélération. La chasse s'engage. Les fuyards empruntent la rue Monge et virent brusquement à droite, dans la rue du square Adamson. C'est un cul-de-sac. Trop tard ! La 104 pile et vient s'encastrer dans l'entrée d'un parking privé, bloquée immédiatement par la voiture de police. Tout le monde descend.

En un éclair, Ruelle bondit sur le conducteur de la Peugeot. Sentant le canon d'une arme pointé contre lui, il a juste le temps de crier à l'attention de ses collègues : « Tirez, tirez les gars ! » Atteint d'une balle de 8 mm en plein ventre, il doit lâcher prise.

Le gardien Lorain riposte sur le tireur qui s'enfuit, mais c'est le passager de la 104 qui fait feu. Croux est blessé au cou et à l'abdomen : « Je suis touché ! » hurle-t-il. Lorain ressent alors une brûlure à la pointe de l'épaule. Lui aussi est atteint. Il vide le chargeur de son Herstal 7,65 mm en direction du passager de la 104 qui disparaît en escaladant la grille d'une propriété privée qui borde l'impasse.

Au même moment, le brigadier-chef Marchand descend la rue Monge avec une seconde voiture de patrouille. Il entend les détonations. Guidé par les éclats bleutés du gyrophare de la voiture-pie, il s'engage square Adamson. Un homme marche vers lui en titubant, le visage crispé. Il laisse tomber son arme, avant de s'écrouler. C'est le conducteur de la 104, atteint par le tir de riposte du gardien Lorain. Celui-ci, traumatisé, vient à la rencontre de son collègue et lui fait le récit des événements, avant de défaillir dans une crise de nerfs.

Marchand observe le champ de bataille. Le bilan est lourd : Ruelle gémit faiblement ; il décédera dans le car de police dépêché pour le transporter à l'hôpital. Croux, lui, est déjà mort. Tous deux ont encore leur revolver

Manhurin dans l'étui qu'ils portent à la ceinture. Ils n'ont même pas eu le temps de dégainer. Autre victime : le conducteur de la 104 qui vient d'expirer. Son arme, ramassée sur la chaussée, est un vieux revolver modèle 1892, de calibre 8 mm. Le barillet contient trois cartouches intactes, deux qui ont fait long feu et une douille percutée, qui correspond au tir meurtrier sur le brigadier Ruelle.

Le quartier est bouclé. J'arrive sur les lieux dans l'heure qui suit, rejoint par l'un de mes adjoints, le commissaire Jacques Poinas, et par l'inspecteur divisionnaire Claude Haméon, assisté des six membres de son groupe. Pierre Somveille, le préfet de police, est là, avec Jean Ducret. Les visages sont graves. À l'approche des fêtes de Noël, nous sommes entrés dans une extraordinaire spirale de violence. Deux convoyeurs de fonds viennent d'être abattus en pleine rue, à Levallois, par des voyous qui ne leur ont laissé aucune chance. La gérante d'un supermarché de Gagny a été tuée de sang-froid par un malfaiteur qui voulait s'emparer de sa caisse. Cinq meurtres crapuleux en quarante-huit heures. C'est assez pour créer un climat de psychose.

Les règles du jeu ont bien changé. Place Beauvau, le ministre de l'Intérieur, Christian Bonnet, en fait publiquement le constat : « Nous avons affaire à une nouvelle catégorie de criminels, une nouvelle génération qui n'hésite pas à tuer pour tuer... » Je suis moi-même appelé à commenter l'actualité à chaud : « Depuis quelques années, nous nous trouvons en face de malfaiteurs, des jeunes truands toujours armés qui tirent parce qu'ils ne veulent à aucun prix retourner en prison. Ils sont nés, pour la plupart, dans les banlieues qui entourent Paris et forment des bandes inorganisées et interchangeables. Ce n'est plus le milieu d'autrefois qui était structuré; c'est une pègre anarchique. »

Je lis sur les visages des nombreux policiers en uniforme qui m'entourent un sentiment de révolte.

– Faites l'impossible pour retrouver le salopard qui a pris la fuite! me demande Pierre Somveille, en quittant la rue Monge, sous le balayage tournoyant des gyrophares.

La machine se met en marche. Lorain me livre le signalement du fuyard qu'il a aperçu fugitivement dans la nuit : un homme d'une vingtaine d'années, de taille et de corpulence moyennes, vêtu d'un pardessus marron clair. Je diffuse immédiatement un télégramme de recherche au niveau national et fais entreprendre des vérifications dans les hôpitaux de la région parisienne pour connaître le nom des personnes blessées par balle qui viennent d'être soignées ou vont l'être dans les heures à venir.

Qui est cet homme abattu par le gardien Lorain ? Un individu d'une vingtaine d'années. Ses papiers et ceux de la 104 sont au nom d'Alain Lanoud. Dans son portefeuille : deux numéros de téléphone inscrits sur un fragment de pochette d'allumettes. Le corps est transporté à l'institut médico-légal pour que l'Identité judiciaire relève ses empreintes et procède à des recherches dans ses fichiers. Je fais examiner la 104 : aucune trace papillaire n'est détectée. Par contre, les serrures semblent avoir été forcées. Sur la banquette arrière, jetés en vrac, un autoradio aux fils arrachés et des tas de cassettes qui ont été roulottés. Nous allons apprendre que cette voiture a été volée à Bourg-la-Reine dix jours auparavant et qu'elle porte de fausses plaques.

Daniel Marcout, le commissaire principal du quartier des Gobelins, qui a procédé aux premières constatations, me remet les balles ramassées sur la chaussée et neuf douilles trouvées sur place. Elles ont été tirées par l'arme du fuyard, un pistolet automatique 9 mm.

En suivant l'itinéraire par lequel il s'est échappé, je fais des découvertes intéressantes : une montre-gousset, une clé de verrou, un petit outil faisant office de poinçon d'un côté et de tournevis de l'autre, enfin, des éclats de bois semblant correspondre aux morceaux d'une crosse de pistolet. Il y a aussi, sur un muret que l'inconnu a escaladé, une trace de sang, malheureusement inexploitable : en 1979, nous n'en sommes pas encore à la technique des empreintes génétiques qui peuvent aujourd'hui être déterminées à partir d'infimes prélèvements.

De son côté, Haméon découvre que l'identité de Lanoud est fausse et qu'aucun individu répondant à ce nom n'habite à l'adresse indiquée sur les papiers d'identité récupérés sur le cadavre.

Au milieu de la matinée, l'Identité judiciaire livre ses conclusions : les empreintes du mort sont celles de Serge Attuil, alias Borelli, un truand déjà signalisé à Nanterre et à Rodez. Quelles étaient ses fréquentations ? Les collègues de l'Aveyron nous livrent une piste : Attuil a été arrêté en 1977 en compagnie d'un certain Philippe Maurice. Condamnés pour trafic de fausse monnaie, les deux voyous ont forcé plusieurs barrages de gendarmerie avant d'être capturés. Ils ont été incarcérés à la maison d'arrêt de Rodez. Maurice a été transféré à la Santé. Or, depuis une permission accordée en mai 1979, il est en cavale. C'est peut-être notre homme.

Que disent les deux numéros de téléphone retrouvés dans le portefeuille d'Attuil ? Le premier correspond à celui d'un ingénieur domicilié avec sa femme à Marly-le-Roi (78). Le couple affirme ne connaître aucune personne du nom d'Attuil, de Lanou ou de Borelli. Il paraît de bonne foi. Le second abonné, en revanche, va se révéler beaucoup plus intéressant : il s'agit de la jeune Nathalie, qui habite le 17e arrondissement. Elle est vendeuse en parfumerie au Drugstore Opéra. L'inspecteur Lambé, taillé comme un pilier de rugby, fonce sur place et lui présente une photo d'Attuil :

– Vous le reconnaissez ?

– Mais, c'est Serge ! J'ai fait sa rencontre il y a trois mois, dans une boîte de nuit à Montparnasse. Je lui ai griffonné mon numéro de téléphone sur une pochette d'allumettes. Il m'a même appelée. De toute façon, je ne voulais pas sortir avec lui. On ne s'est jamais revus.

– Étiez-vous seule, ce soir-là ?

– Non. J'étais accompagnée de Marie-Claude, une collègue de travail. Elle a sympathisé avec Philippe, le copain de Serge. Je sais qu'eux se sont revus depuis.

Pas une minute à perdre. Le grand Lambé se fait aussitôt présenter Marie-Claude.

– Mademoiselle, vous allez me suivre au Quai des Orfèvres.

Son audition est déterminante. La jeune femme confirme en tout point les circonstances de la rencontre avec Maurice. Il serait historien-généalogiste et aurait un père inspecteur divisionnaire, divorcé de sa mère. Elle l'a retrouvé dans un hôtel proche de la gare de Lyon, puis dans un autre établissement situé dans une petite rue voisine de la place du Châtelet, où il aurait transporté ses affaires personnelles.

– Aucun signe particulier dans sa façon de s'habiller ?

– Si, répond Marie-Claude. Il portait toujours une montre-gousset.

Troublant !

Un jour, la jeune fille a constaté qu'il avait fait tomber des cartouches de la poche de l'un de ses vêtements. Il en faisait collection, dit-elle naïvement. Hier soir, il l'a emmenée dîner dans un restaurant de la rue Lafayette. Depuis, elle est sans nouvelles.

Il est 20 h 30. Poinas est à mes côtés. Je l'ai fait venir à la Criminelle depuis le mois de septembre. Son accent d'Ardéchois et ses poignées de main franches en font un personnage authentique et attachant. Flegmatique quand d'autres brassent du vent, intuitif et subtil, il possède les qualités qui le prédestinent à un bel avenir. Il sera nommé numéro deux de la Brigade criminelle en 1983, puis promu au poste délicat de chef de l'UCLAT (Unité de coordination de la lutte antiterroriste) en 1993.

À ma demande, il emmène aussitôt Marie-Claude dans une voiture du service, afin qu'elle puisse nous désigner le dernier refuge de Philippe Maurice. La réponse me parvient par radio, un quart d'heure plus tard : c'est l'hôtel des Deux Étoiles, rue Jean-Lantier, au Châtelet. La gérante est formelle : Maurice, c'est Bobin, le client de la chambre 401. Il devrait bientôt rentrer : ses bagages sont là.

Le dispositif de surveillance est en place. Dans le hall et les couloirs de l'hôtel, dans la rue, partout, des policiers en civil guettent. À 22 h 40, la radio crépite : « Le voilà, patron ! » Il porte un pansement à la main droite. Un homme l'accompagne. Ils entrent dans l'hôtel. Poinas et

Haméon l'ont reconnu au premier coup d'œil. D'un bond, Philippe Maurice est maîtrisé, sans avoir eu le temps d'esquiver le moindre geste. L'homme qui le suit est un chauffeur de taxi qui s'apprêtait à monter à la chambre pour prendre les bagages. L'oiseau comptait s'envoler. Nous l'avons coiffé sur le fil.

Au palais de justice, Christian Le Gunéhec, alors procureur de la République de Paris, est alerté. Un tueur arrêté en moins de vingt-quatre heures. Quel soulagement ! Et pourtant, rien n'est joué : le compte à rebours de la garde à vue vient de s'enclencher.

Deux paumes bien dessinées

Une deuxième nuit blanche commence. Philippe Maurice est conduit dans mon bureau. Il n'a pas les apparences du voyou classique. Bon chic-bon genre, il porte ses vêtements avec une certaine élégance. Ses cheveux châtains bouclés encadrent un visage aux traits réguliers. Il s'exprime dans un langage correct. Ce qui me frappe aussi, c'est la maîtrise dont il fait preuve. Comme si rien ni personne ne l'impressionnait. Dieu sait pourtant si j'en ai vu des coriaces se tasser dans ce fauteuil en cuir où lui a pris place, froid et imperturbable.

Je l'écoute attentivement me retracer son parcours : ses parents divorcés ; son père, inspecteur divisionnaire à la PJ, dans un service de province ; ses études de comptable (et non d'historien-généalogiste). Selon lui, à l'issue de son service militaire en août 1976, il aurait trouvé un emploi d'aide-comptable dans une société de la région parisienne. Il ne s'est même pas présenté chez cet employeur ; il n'avait pas envie de travailler, dit-il. Claire, sa fiancée, subvenait à ses besoins. Et c'est à cette époque qu'il a commencé à déraper : premiers larcins, trafic de faux billets. On connaît la suite.

Philippe Maurice a un frère aîné, Jean-Jacques, qui a, lui aussi, versé dans la délinquance. Leur père, Jacques Maurice, reconnaît, dans une audition, que ses fils ont été très perturbés par son divorce. En mai 1967, les deux adolescents auraient fait une fugue en laissant un mot dans lequel ils suppliaient leurs parents de reprendre la vie commune. La mère, que j'accueille, bouleversée, à la Criminelle, dira de son côté que c'est le climat d'antagonisme entre elle et son mari qui a marqué les enfants, plus que la séparation elle-même. Je la laisse une dernière fois étreindre son fils. Reste Claire, l'ex-fiancée de Philippe. Elle aussi est auditionnée. Elle a décidé de rompre avec lui après ses premiers démêlés judiciaires. Elle le dépeint comme un garçon instable, n'ayant aucun goût pour le travail et, par-dessus tout, orgueilleux.

L'interrogatoire de Philippe Maurice se poursuit. Je note qu'il ne m'a pas parlé de son compagnon d'équipée, Serge Attuil, alias Lanoud. Ils se connaissent pourtant depuis l'école qu'ils fréquentaient à Chatenay-Malabry.

Enfin, il y vient. À sa façon... En mai 1979, dit-il, il fait la connaissance de Serge Lanoud (il ne dit pas Serge Attuil). Il a compris qu'il s'agissait d'un voyou, mais celui-ci ne lui a donné aucun détail sur ses antécédents. Bizarre ! Ils ont été incarcérés ensemble à Rodez. Maurice est catégorique : « C'est hier soir, pour la première fois, que Serge et moi avons commis un délit ensemble. »

Il me raconte sa soirée : une virée à Arcueil et Gentilly pour voler l'autoradio et les cassettes retrouvés sur la banquette arrière de la 104, un détour par Paris, la rencontre inopinée avec la patrouille du brigadier Ruelle, puis la fusillade. Voilà les premiers aveux. Leur auteur reste de marbre. À aucun moment il ne laisse percer le moindre regret, la moindre émotion.

Le 8 décembre, à 7 h 30, Poinas perquisitionne la chambre 401 de l'hôtel du Châtelet, dont la porte a été gardée toute la nuit par des gardiens de la paix. Il y découvre une collection de revues spécialisées sur les armes à feu qui en disent long sur les centres d'intérêt de leur lecteur. Le pistolet P.08 avec lequel Maurice a tiré est là, caché sous une pile de vêtements. Il manque une plaque sur la crosse et les fragments de bois que j'ai retrouvés sur les lieux du crime vont s'y adapter parfaitement. Un gant droit déchiré au niveau de l'auriculaire est saisi. Il est taché de sang. Maurice va reconnaître qu'il le portait lorsqu'il s'est blessé en escaladant des obstacles dans sa fuite. Il y a aussi des vêtements déchirés, salis et tachés de sang.

Mieux : des perruques, des casques militaires, des produits fumigènes, des vêtements et gilet pare-balles de l'armée sont découverts, avec des fiches comptables d'un PMU. Ce qui révèle une activité de braqueur qui nous permettra de déterminer que Philippe Maurice est le coauteur de deux hold-up commis le 11 novembre et le 6 décembre 1979 à l'encontre d'un PMU de la rue Lafayette. La rue où il est allé dîner avec Marie-Claude.

Curieusement, il nie sa participation à ces deux agressions, bien qu'il ait été formellement reconnu par les témoins. Il avoue, en revanche, un hold-up commis avec Attuil contre une banque, à Perpignan, le 3 décembre.

Ce comportement nous intrigue. Pourquoi tient-il tant à ne pas être associé à Attuil avant le mois de décembre ? Pourquoi a-t-il occulté cette période ? Poinas et moi parvenons à la même conclusion : quelque chose a dû déraper avant. Or nous avons en mémoire l'agression de deux vigiles algériens, tirés comme des lapins par des voleurs de voitures, dans le parking de la résidence du Grand Pavois, rue Lecourbe, le 27 septembre 1979. L'un des malfaiteurs, vêtu d'un costume, a, d'emblée, blessé mortellement le premier vigile, Mohamed Hachemi. L'autre, qui portait un blouson, a grièvement blessé le second vigile, Mohamed Kaouche, qui, atteint d'une balle dans la colonne vertébrale, est resté paralysé.

Le signalement des auteurs donné par la victime rescapée et un témoin est vague, mais l'Identité judiciaire a relevé des empreintes exploitables : des traces de paumes de main laissées sur la vitre de la 604 que les voleurs tentaient de dérober.

Le test de comparaison s'impose. Je demande aux techniciens de l'Identité de venir immédiatement relever les empreintes de paumes du gardé à vue pour procéder aux vérifications. Verdict sans appel : c'est bien Philippe

Maurice. Son interrogatoire sur cette affaire distincte instruite par le juge Jean-Louis Bruguière, qui m'a donné commission rogatoire, commence le 8 décembre, à 21 heures.

Peut-on résister à l'épreuve d'une identification dactylotechnique comportant dix-sept points de concordance ? Maurice se voit dans l'obligation de reconnaître que, ce soir-là, il se trouvait dans les sous-sols du Grand Pavois avec Attuil. Il précise qu'il était bien vêtu d'un costume. On peut en déduire que c'est lui qui a abattu Hachemi.

Il donne alors une version différente : surpris alors qu'il sciait le Neiman de la 604, il aurait été poursuivi par les gardiens et n'aurait tiré avec Attuil que pour se dégager. Comme pour l'affaire du square Adamson, il prétend que son arme n'était qu'un moyen d'intimidation et qu'en aucun cas, il ne comptait s'en servir.

Cette fois encore, il est passé aux aveux sans manifester la moindre émotion. Il est resté impassible, ajustant au mieux ses explications pour tenter d'atténuer sa responsabilité.

Bruguière à la manœuvre

L'implication de Philippe Maurice, permissionnaire en cavale, dans ces meurtres en série, provoque une vive émotion dans l'opinion.

Jacques Chirac, qui se fait l'écho de l'indignation des Parisiens, déclare à l'occasion des obsèques des deux policiers tués square Adamson : « Le maire de Paris ne peut que crier son inquiétude devant la détérioration quotidienne de la sécurité dans notre ville qui, si on n'y prend garde, deviendra bientôt la capitale de la peur. » Alain Peyrefitte, le garde des Sceaux, essaie alors, tant bien que mal, de dédouaner son administration. Car c'est un permissionnaire qui a tué. Il fait valoir qu'il a pris l'initiative de faire voter la loi du 22 novembre 1978, qui a rendu plus rigoureuses les conditions d'octroi des permissions de sortie. Depuis, le taux des bavures dues aux permissionnaires non rentrants serait tombé à 2,16 % en 1979, alors qu'il était de 3,8 % l'année précédente. La statistique est peut-être conforme à la réalité, mais elle va contre le sentiment qu'éprouve l'opinion publique.

De son côté, le préfet de police est amené à reconnaître qu'avec une population parisienne de deux millions d'habitants et un doublement de la grande criminalité en sept ans, ses effectifs n'ont pas varié. Et ce depuis vingt ans. Ils sont toujours de 14 250 policiers. Christian Bonnet, le ministre de l'Intérieur, annonce donc que 5 000 nouveaux fonctionnaires vont être recrutés sur cinq ans et que 1 500 gradés et gardiens cantonnés dans des tâches administratives vont être reversés dans le service actif.

Le président de la République, Giscard d'Estaing, ne peut être en reste. Après avoir fait citer à l'ordre de la Nation les policiers Jean Ruelle et Bernard Croux et exprimé sa « profonde émotion », il fait publier un communiqué par son porte-parole : « Le chef de l'État a demandé au garde des Sceaux de veiller à ce que la procédure judiciaire relative à ces meurtres soit conduite, conformément à la loi, avec le maximum de diligence, pour aboutir le plus rapidement possible à un jugement. »

Le dossier du square Adamson va être instruit avec célérité par Jean-Louis Bruguière. Le juge possède l'essentiel : les aveux du suspect. En moins de dix mois, l'affaire est bouclée. Philippe Maurice va pouvoir comparaître devant la cour d'assises de Paris pour ces faits dès la prochaine session d'automne.

Quid du drame du Grand Pavois ? En bonne logique, il eût été préférable que Philippe Maurice soit jugé en même temps pour les deux affaires. Elles présentent tant de similitudes dans la préparation de ces expéditions armées et l'enchaînement des faits que la jonction des dossiers aurait contribué à mieux éclairer les jurés. Bruguière n'a malheureusement pas eu le temps matériel de clore en même temps les deux instructions. On allait donc d'abord juger seule l'affaire du double meurtre des policiers.

À l'automne 1980, la campagne pour l'élection présidentielle du 10 mai 1981 est déjà lancée. Les compétiteurs s'affrontent sur tous les sujets qui peuvent les départager. La peine de mort est l'un des thèmes qui cristallisent les passions. François Mitterrand a inscrit son abolition dans ses « 110 propositions ». Jacques Chirac déclare qu'il est, lui aussi, hostile à la peine capitale, au nom de ses convictions intimes, comme Philippe Séguin, alors jeune député. Plus réservé, Valéry Giscard d'Estaing serait plutôt partisan du maintien d'une peine de mort sélective qui serait limitée aux crimes inexpiables : rapts prémédités d'enfants et tortures sur les personnes âgées. C'est sans doute, dans son esprit, un premier pas vers l'abolition pure et simple.

Seulement Giscard est au pouvoir et il compte s'y maintenir : il n'ira pas à rebrousse-poil de l'opinion. L'actualité vient alimenter le ressentiment populaire : le 15 octobre 1980, un autre permissionnaire en cavale tue froidement le gardien de la paix Jean-Claude Gatuingt, à Saint-Ouen. La coupe est pleine.

Le rideau des Assises de Paris s'ouvre le 23 octobre 1980. Côté cour : le président André Giresse et l'avocat général Marcel Dorwling-Carter qui formeront le tandem du procès de Broglie. Au banc de la défense : des ténors spécialistes des grands procès criminels, comme Jean-Louis Pelletier, un avocat marseillais bouillant, et Philippe Lemaire, disciple de Robert Badinter, sobre dans le geste et l'élocution. Ceux-là ont une aversion profonde pour la guillotine et lui livrent une guerre totale.

Dans le box, Philippe Maurice n'a pas eu de peine à se composer un air de fils de bonne famille. Il a discipliné ses cheveux bouclés autour de son visage lisse. Il n'a pu atténuer cet air buté et ce regard dur qui sont la marque de sa vraie personnalité.

Giresse mène les débats, incisif. Il pose à l'accusé cette question centrale :

– Pourquoi, à chacune de vos expéditions sanglantes, alors qu'avec votre complice vous projetiez de commettre de simples vols, vous étiez-vous muni d'une arme ?

Réponse de Maurice :

– C'était pour me rassurer ; j'avais peur d'être tué.

L'égocentrisme cynique du personnage est là, dans cette inversion spontanée des rôles. Qu'importe la vie des autres, pourvu qu'il préserve la sienne et ne retourne pas en prison. On comprend mieux pourquoi il enfilait un gilet pare-balles pour commettre ses hold-up.

Je suis appelé à la barre le 24 octobre. L'expert-psychiatre a déposé avant moi. Il a brossé un portrait tendant à banaliser son patient. C'est, selon lui, l'archétype de l'enfant de divorcés replié sur lui-même et immature. De là à prétendre qu'il était irresponsable au moment des faits, il n'y a qu'un pas. Giresse m'interroge :

– Commissaire, que pensez-vous personnellement de l'accusé ?

– J'ai une certaine expérience des criminels. Lorsqu'ils passent aux aveux, généralement, ils sont désemparés, ils craquent. Mais pour ce qui est de Philippe Maurice – est-ce une carapace ? – j'ai rarement rencontré un jeune homme aussi froid.

Maurice se lève et m'apostrophe rageusement :

– Vous dites froid ? Moi je vous rappelle que j'étais en état de choc. D'ailleurs, lorsque vous avez laissé ma mère venir me voir, j'ai pleuré.

Je dois à la vérité de lui rétorquer :

– Je ne veux pas être cruel, mais je n'en ai pas le souvenir.

Trois jours plus tard, Dorwling-Carter entame son réquisitoire. Son talent et sa fougue glacent ou subjuguent l'auditoire. Il laisse de longs silences planer sur la salle, puis il dépeint l'accusé tel qu'il le voit : « Un homme de sang-froid et de cœur sec, maître de lui. » Sa démonstration est limpide : « Les deux malfaiteurs étaient armés. Ils étaient en cavale. Ils avaient médité à l'avance leur action en cas de rencontre avec des policiers. Il y a donc préméditation. » Maurice baisse la tête, obstinément. L'avocat général poursuit, implacable : « En vous interrogeant, Maurice, j'ai voulu vous faire sortir de votre masque, de votre emmurement, En vain... » Il se tourne alors vers la mère du jeune homme, petite silhouette frêle entourée de robes noires :

« Je n'ai pas construit artificiellement un monstre. Je n'ai pas commis d'abus de langage et je me refuse à toute distorsion de la pensée. Je voudrais vous rendre votre fils, mais il n'y a qu'une sanction à son crime, la mort. »

Le mot fatidique est prononcé. Les deux avocats de la défense parviendront-ils à remonter le courant ? Dans une ultime plaidoirie, Me Pelletier tonne à l'encontre des jurés : « Voulez-vous être les bourreaux d'un jeune homme à la fleur de l'âge ? Voulez-vous vous transformer en bouchers ou être les juges d'un homme ? Ce n'est pas un cadeau que je vous demande : non pas la mort mais la prison à vie ! »

Le 28 octobre, après trois heures et demie de délibérations, les jurés tranchent : culpabilité entière, pas de circonstances atténuantes. Il ne reste plus au président Giresse qu'à marteler la sentence : « Philippe Maurice, vous êtes condamné à mort. »

Pour le public présent, une tragédie se joue sous ses yeux. D'un côté, la mère du condamné, *mater dolorosa,* et Claire, son ex-fiancée, qui prend les jurés à partie. De l'autre, Mariette Ruelle et Annie Croux, les deux veuves des policiers tués, très dignes. Pour elles et pour leurs jeunes enfants, rien ne sera plus jamais comme avant.

Philippe Maurice, lui, n'a pas cillé, impassible comme à son habitude. Mais pour les abolitionnistes, ce verdict du 28 octobre 1980 est un affront. La bataille n'a pas fini de faire rage.

Les éclairs de Sadon

Le 24 février 1981, à 16 heures, je suis à mon bureau, quand l'état-major m'annonce l'incroyable nouvelle : « Philippe Maurice a tenté de s'évader de la Santé, il y a une heure ! Il a tiré plusieurs coups de feu sur un gardien ! » Je suis saisi de l'enquête par le procureur de Créteil.

Fait exceptionnel, je reçois dans la minute qui suit un appel du procureur général de Paris, Paul-André Sadon. Le message est clair :

– Monsieur le divisionnaire, cette affaire est particulièrement grave. Après l'évasion de Mesrine de la Santé, nous voilà avec un nouveau scandale sanglant sur les bras. Il faut absolument que vous fassiez la lumière sur cette affaire.

À sa voix, je devine son émotion teintée d'une sourde colère. Le connaissant, je sais que son visage s'est empourpré et qu'au moment où il me parle ses yeux lancent des éclairs. M. Sadon est un homme d'autorité que son tempérament volcanique pousse à la fermeté.

Une formule prémonitoire du réquisitoire de Dorwling-Carter me revient en écho : « Cet homme tue et, s'il n'est pas tué, il tuera encore. »

Première démarche : je me rends immédiatement à la prison de Fresnes avec Jacques Poinas et les inspecteurs divisionnaires Pheulpin et Susini. Une question me taraude l'esprit : comment un détenu incarcéré seul dans le quartier des condamnés à mort sous haute surveillance a-t-il pu recevoir une arme ? Il a fallu, sans aucun doute, qu'il bénéficie d'une extraordinaire complicité et qu'en outre le rigoureux système de surveillance ait été mis en défaut.

Dès mon arrivée, le directeur de la prison me remet le revolver utilisé par Maurice pour tirer sur le gardien Jacques Bouvier. Celui-ci, atteint d'une balle dans le ventre, est hospitalisé dans un état grave. Je suis étonné par les caractéristiques de l'arme qui ne se prêtait pas à une introduction discrète : c'est une réplique du volumineux Colt Frontière, calibre 45, en métal chromé. Le genre d'artillerie que l'on verrait bien entre les mains de Clint Eastwood. Son maniement est difficile. S'agissant d'une arme à simple action, il faut, après chaque tir, réarmer le chien avec le pouce. Le barillet contenait six cartouches : trois ont été tirées, et un incident s'est produit au quatrième tir, puisque le chien est resté bloqué entre l'abattu et l'armé. Si la victime survit, elle le devra à cet incident technique qui a empêché le meurtrier de vider son barillet.

C'est au moment où Maurice sortait pour effectuer sa promenade réglementaire qu'il est passé à l'action. Or sa cellule est, en théorie, fouillée chaque matin. Je me fais expliquer la chronologie des événements ce matin-là.

J'apprends ainsi qu'à 10 h 30 Me Brigitte Hemmerlin, l'une de ses avocates, est venue s'entretenir avec lui dans le parloir spécial aménagé en face de sa cellule. Elle portait un sac à main. Comme il est d'usage à Fresnes, elle n'a subi aucun contrôle : il n'y a pas de portique électronique de détection et on ne fouille pas les avocats.

L'entretien a duré jusqu'à 11 h 20. Maurice a été réintégré dans sa cellule après que Mᵉ Hemmerlin eut été autorisée à partir par l'unique surveillant présent. Je note une double entorse au règlement du quartier des condamnés à mort : deux surveillants auraient dû se trouver là en permanence et l'avocate n'aurait dû être autorisée à sortir qu'après la fouille de son client et sa réintégration dans sa cellule.

Où était passé le gardien manquant ? Il surveillait la promenade des détenus politiques. Nous apprendrons en fait qu'il s'était isolé pour rédiger sa déclaration d'impôts.

Son collègue, resté seul, affirme qu'il a bien palpé Philippe Maurice avant de le reconduire dans sa cellule. Il prétend n'avoir décelé sur lui aucun objet suspect.

Une nouvelle apparemment anodine me sort de ma perplexité : à 11 h 45, un second avocat s'est présenté pour s'entretenir avec le condamné et celui-ci a décliné la visite au prétexte qu'il ne voulait pas manger froid. Sachant que chaque parloir d'avocat entraîne non seulement la fouille du condamné mais aussi celle de sa cellule, il n'est pas besoin d'être grand clerc pour comprendre qu'à ce moment-là Maurice était en possession de l'arme.

À quand remonte la fouille précédente de la cellule ? Elle a été pratiquée durant l'entretien entre le condamné et Brigitte Hemmerlin. Cette fois, un soupçon m'envahit l'esprit. Le substitut du parquet de Créteil qui m'accompagne partage mes doutes. La décision est prise d'entendre l'avocate et de perquisitionner à son domicile boulevard Richard-Lenoir, en présence du représentant du conseil de l'ordre.

À 20 heures, nous frappons à sa porte. La jeune femme, en jean et pull-over, nous reçoit tout sourire :

– Je m'attendais à votre visite. Une amie m'a téléphoné cet après-midi pour m'informer de la tentative d'évasion de mon client.

Elle assiste sans broncher à la perquisition et à la saisie du sac qu'elle portait lors de sa visite à Fresnes. Je teste soudain sa belle assurance :

– Maître, vous allez me suivre à la Criminelle. D'ores et déjà, vous êtes en garde à vue.

En une fraction de seconde, son visage se fige. Elle a pris conscience qu'une partie difficile commence pour elle.

À la brigade, je la fais d'abord entendre par Michel Auguste, un commissaire sorti du rang, proche de la retraite. Auguste a les apparences d'un grand-père débonnaire. Il parle d'une voix douce qui inspire confiance et exerce sur ses interlocuteurs une indéfinissable force de persuasion.

Me Hemmerlin lui explique qu'elle conseille Philippe Maurice depuis peu. Elle lui a rendu visite à huit reprises depuis le début de l'année et ne l'avait pas prévenu de sa dernière visite. Elle ignore comment il a pu se procurer une arme.

Philippe Maurice a, de son côté, été extrait de Fresnes pour être entendu. Il reste muet sur les conditions dans lesquelles il est entré en possession du revolver.

Les interrogatoires tournent en rond. Après une nuit coupée de quelques heures de repos, je reprends l'audition de la jeune femme. Je lui expose les raisons qui conduisent mathématiquement à penser qu'avant son entretien avec Maurice celui-ci n'avait pas d'arme. Après sa visite, par contre, il avait tout fait pour que sa cellule ne soit pas fouillée. Les êtres frustes peuvent être insensibles à une argumentation logique. Ce n'est pas le cas de Me Hemmerlin dont l'intelligence est très vive. Elle s'agite sur son siège et me déclare soudain :

– Je me rends compte que, dans cette affaire, j'ai joué le rôle de porte-flingue. C'est tellement extravagant que personne ne me croira.

Et elle raconte une incroyable histoire : trois semaines auparavant, elle avait reçu à son cabinet un homme d'une trentaine d'années prénommé Pierre, venu lui exposer une affaire personnelle. Ils étaient sortis plusieurs fois ensemble.

Au cours d'une promenade commune à Montparnasse, elle s'était extasiée devant une statuette exposée dans une vitrine. Or, hier matin, Pierre l'a retrouvée dans un café situé sur le trajet entre son domicile et la prison de Fresnes. Il lui a remis un paquet-cadeau qu'elle a pensé être la fameuse statuette. Elle a mis le paquet dans son sac, sans le déballer, et s'est rendue à la prison où elle a rencontré Philippe Maurice. Brusquement, celui-ci a plongé la main dans son sac, déballé le cadeau et sorti une arme, genre revolver de cow-boy, qu'il a dissimulée dans son pantalon.

Paniquée, l'avocate a quitté le parloir sans rien dire et a repris sa voiture pour retourner sur Paris. En cours de route, un automobiliste l'a dépassée pour la contraindre à s'arrêter. C'était Pierre. Il est venu s'asseoir près d'elle en lui disant : « Tu as vu, ça s'est bien passé. Ne t'inquiète pas, il ne t'arrivera rien. En cas de pépin, Philippe ne te fera pas porter le chapeau. »

Je me dis en moi-même : « Bravo l'artiste ! » La belle inconsciente manipulée. Quel émouvant récit que ce scénario bâti au millimètre pour échapper à l'intention coupable qui fonde la complicité.

Mais qui est ce Pierre ? Dans un livre [1], écrit huit mois plus tard, la jeune avocate poussera plus loin la confidence : « ... cet inconnu m'est devenu très proche, nous n'avons pas envie de nous quitter, nous décidons d'aller écouter de la salsa et boire du rhum. Je suis un peu ivre. Avec le “ Cuba libre ”, je m'envole, la boîte est sombre, il fait chaud, il m'embrasse. Pourquoi pas, depuis combien de temps est-ce que je n'ai pas fait l'amour ? J'ai envie cette nuit-là de dormir contre cet homme... Cet homme partagera ma nuit, mais rien d'autre. »

Pour nous, « Pierre », c'est Jean-Jacques Maurice. Le frère aîné de Philippe. Au vu de sa photographie, Me Hemmerlin lui reconnaît une ressemblance avec son amant éphémère. Elle n'ira pas plus loin. Elle reviendra même en arrière chez le juge d'instruction.

1. Brigitte Hemmerlin, *Quartier des condamnés à mort*, Les Presses d'Aujourd'hui, 1981.

À vingt-sept ans, Jean-Jacques présente déjà un beau palmarès : incarcéré à la maison d'arrêt de Bourges, le 8 novembre 1975, pour vol, recel et contrefaçon, il s'évade le 5 janvier 1976, en compagnie de Louis Roubat, un malfaiteur fiché au grand banditisme qui s'illustrera dans une tentative d'évasion de la prison de Fresnes avec Charly Bauer, un des lieutenants de Mesrine.

Arrêté et incarcéré à la prison de Valenciennes, Jean-Jacques est transféré le 6 juin 1977 à la maison d'arrêt de Saint-Martin-de-Ré. Cette fois, il se fait la belle à l'occasion d'une permission de sortie. Quelques hold-up plus tard, le voici repris et placé à la maison d'arrêt de Perpignan, le 30 janvier 1979. Il s'en évade le 8 mars. Depuis, il est dans la nature.

Une nouvelle traque s'engage. Alors que Me Hemmerlin est encore en garde à vue, une Simca 1307 volée est découverte aux abords de la prison de Fresnes. À l'intérieur : un pistolet-mitrailleur Sten avec trois chargeurs garnis chacun de 26 cartouches, un sac de vêtements propres, une paire de chaussures de ville, une bombe de mousse à raser avec mode d'emploi en espagnol, un rasoir mécanique, une paire de Ray-Ban, une perruque et 600 francs en liquide. Le parfait nécessaire pour truand en cavale.

Nous avons un témoin. Il habite à proximité immédiate de la prison. C'est un retraité de la préfecture de police. Il affirme que le 24 février, vers 10 h 30 (c'est-à-dire au moment où Brigitte Hemmerlin se présentait à la prison pour rencontrer Philippe Maurice), il a vu un individu garer la 1307 là où elle a été découverte. Entendu d'urgence à la brigade, c'est la photo de Jean-Jacques Maurice qu'il désigne, parmi neuf clichés anonymes, comme étant celle qui présente une ressemblance avec l'homme qu'il a vu.

Tout s'accélère.

Le 11 mars 1981, à 21 h 30, Jean-Jacques Maurice se présente rue de Fontenay, à Sceaux, au domicile de Corinne, vingt-trois ans, son ex-maîtresse. Il a effectué avec elle un long périple en Espagne et lui demande maintenant de l'héberger. Elle refuse. Il sort son arme, tire, la rate. Elle s'enfuit et alerte la police.

Rien de pire qu'une maîtresse trahie pour un truand en cavale. À la Criminelle, Corinne parle. Pierre ? C'était bien l'un des surnoms utilisés par Jean-Jacques. La 1307 ? Il avait la même. Ce que confirme la sœur de la jeune femme. Le torchon qui enveloppait la mitraillette dans le coffre de la voiture ? La paire de chaussures ? La bombe de mousse à raser ? Elle a vu des objets similaires en sa possession au cours de leur escapade en Espagne. L'imposant Colt Frontière, calibre 45, en métal chromé que l'avocate a introduit dans la prison ? Il s'agit, selon elle, d'un revolver identique à celui que possédait Jean-Jacques Maurice depuis son retour en France. « C'est surtout la grosse arme chromée qui me choquait, ajoute-t-elle, à cause de sa couleur, de sa taille, et en plus grand, on aurait dit un jouet de gosse. » On n'invente pas ce genre de description.

Alors qu'elle vide son sac, j'ai sur mon bureau le *Paris Match* du 5 mars 1981. Cet exemplaire, annexé au dossier d'instruction, contient la reproduction d'une lettre de Jean-Jacques Maurice adressée à l'hebdomadaire. L'auteur cherche à brouiller les pistes, mais dans sa rédaction maladroite il livre quelques indications précieuses :

• Sur l'avocate qu'il connaît si bien : « Me Hemmerlin est une personne qui a des idées anarchistes, qui veut se retrouver dans la marginalité... »

• Sur son cadet : « Philippe, je l'admire. C'est un type formidable, mais il a un caractère assez fermé, à ne pas recevoir trop de conseils... Si Philippe meurt, je mourrai... Je tuerai des flics, n'importe qui, les gens qui seront coupables de la mort de mon frère... »

Il n'en aura pas le temps. Grâce au tuyau d'un informateur, Poinas le localise et l'interpelle à Courbevoie, le 19 mars. Détail intéressant : le pistolet automatique 9 mm saisi lors de l'opération est approvisionné avec des cartouches provenant du même lot que celles qui garnissaient les chargeurs saisis dans la 1307.

En bon professionnel, Jean-Jacques ne parlera pas. Je garde cependant l'image d'un personnage plus expansif, moins renfermé que son frère. C'est au cours de sa garde à vue qu'il apprendra que le pourvoi formé par Philippe contre le verdict le condamnant à mort a été rejeté par la Cour de cassation. Il éclatera en sanglots devant moi, au cours d'une séance émouvante. Sa carapace à lui venait de craquer.

La mise en cause de Me Hemmerlin provoque un énorme scandale dans le monde judiciaire. Faut-il ou non renforcer le contrôle des avocats lorsqu'ils rendent visite à leurs clients en prison ?

Déjà l'évasion de Mesrine du QHS de la Santé, le 8 mai 1978, avait allumé l'incendie. Une corde, un grappin et des armes avaient été mystérieusement introduits dans sa cellule. Les soupçons s'étaient portés sur l'une de ses avocates qui avait été inculpée de « connivence à évasion », le 27 janvier 1981, avant de bénéficier d'un non-lieu.

Se faisant l'écho de rumeurs qui circulent à ce sujet, un journal va écrire que certains « murmurent qu'un escadron volant de jeunes femmes – têtes un peu folles et robes légères – a pour activité essentielle de rabattre sur quelques cabinets des gros clients du pénal, ces ennemis publics dont on parle et qui font la publicité des maîtres spécialisés [1] ».

Ce n'est pas le cas de Me Hemmerlin qui travaillait à son compte.

Les grandes voix du barreau vont s'exprimer [2] à propos du renforcement des mesures de contrôle envisagé par le garde des Sceaux.

Me Charles Libman : « Suspecter les avocats, c'est suspecter la justice, c'est attenter à leur dignité, accentuer le divorce entre l'opinion publique et sa justice... »

Me Paul Lombard : « Il ne sert à rien d'humilier la défense... Les avocats ont une mission séculaire : assister les hommes. Ils s'en acquittent avec désintéressement et courage. Les péripéties et les accidents de parcours sont rarissimes... »

Me Thierry Lévy, chez qui Brigitte Hemmerlin fut stagiaire : « Les portiques ne me gênent pas... Si dans l'affaire

1. *France-Soir Magazine,* 7 mars 1981.
2. *Le Figaro,* 27 février 1981.

Hemmerlin il y en avait eu un, nous n'en serions pas là. Par contre, je suis tout à fait hostile à la fouille... »

Me Pelletier : « J'ai été contre les portiques dans les prisons. Mais aujourd'hui, je dois reconnaître que l'inconscience de certains justifie ce système de contrôle... En revanche, je suis contre la fouille à corps... »

Me Tixier-Vignancour : « Je suis pour les portiques, et l'exemple déplorable que donne l'affaire Hemmerlin en est la raison... Quant à la fouille, il est, à mon avis, effrayant d'en arriver là, indigne même... »

Après l'évasion de Mesrine de la Santé, l'installation des premiers portiques électroniques dans les prisons avait soulevé un tollé chez les avocats qui refusaient de passer sous ces fourches caudines. Cette fois, Alain Peyrefitte peut annoncer que les cent cinquante établissements pénitentiaires français en seront équipés. Ainsi va l'Histoire.

À la grâce de Dieu

L'histoire n'est pas terminée. L'heure des comptes a sonné. C'est d'abord l'affaire de l'évasion manquée qui vient devant la cour d'Assises de Paris, le 18 février 1982. Le président Floch, hier juge d'instruction de l'affaire de Broglie, dirige les débats.

Dans le box des accusés : les deux frères Maurice et leur avocate, gênée d'occuper cette place inhabituelle. Les ténors sont là pour les défendre : Kiejman, Pelletier, Thierry Lévy, d'autres encore. Sans oublier Roland Dumas.

Par rapport au procès d'octobre 1980, l'ambiance a considérablement changé. Entre-temps, la gauche est arrivée au pouvoir et a tenu promesse : la peine de mort n'a pas résisté au vibrant plaidoyer du nouveau garde des Sceaux, Robert Badinter, qui a obtenu son abolition par le Parlement le 9 octobre 1981 [1]. Dès le 21 mai, jour même de la passation des pouvoirs à l'Élysée, François Mitterrand avait

1. Ce vote opposa le pays légal au pays réel. Un sondage *Figaro*-Sofres du 8 au 10 septembre 1981 fit ressortir que 62 % des Français étaient favorables au maintien de la peine de mort contre 33 %. Ce pourcentage passait à 73 % pour la sanction des crimes les plus atroces contre 25 %.

reçu en audience Mes Pelletier et Lemaire pour leur accorder de façon spectaculaire la grâce de Philippe Maurice.

Pas étonnant que celui-ci, d'ordinaire fermé sur lui-même, apparaisse à l'audience souriant et détendu.

Je viens à la barre le 22 février relater l'enquête éclair qui a amené les demi-aveux de Brigitte Hemmerlin. Je fais part de mon scepticisme en ce qui concerne ce Pierre fantomatique qui, pour nous, n'est autre que Jean-Jacques Maurice. J'expose les éléments qui laissent présumer son implication dans la tentative d'évasion de son frère. Ces cartouches notamment, contenues dans le pistolet qu'il portait lors de son arrestation et qui appartiennent au même lot que celles retrouvées dans la Simca 1307 mise en place près de la prison de Fresnes.

J'ai la sensation, pendant que je parle, que tout cela est devenu accessoire. Pour la défense, ce procès est l'occasion de remettre en cause celui d'octobre 1980 dépeint comme un traquenard judiciaire. Selon elle, si l'accusé a tiré sur le gardien Bouvier en tentant de s'évader, c'est qu'il a obéi à un réflexe de survie pour échapper à son sort injuste.

Et Jean-Jacques ? Il n'est pas établi formellement qu'il est bien ce Pierre qui a transmis l'arme. Il a agi par sentiment fraternel. Peut-on vraiment le lui reprocher ? interroge la défense.

Reste Brigitte Hemmerlin. Dans son livre publié alors qu'elle était en détention, elle en a peut-être trop dit : « Philippe, votre regard fait naître de drôles d'idées dans ma tête. Idées de cavale dont vous ne parlez jamais. Philippe, ils ne vous exécuteront pas, il faudra me passer sur le corps. »

Kiejman et Lévy ont bien compris qu'il y a un point faible dans la thèse de leur cliente : en admettant même qu'elle ait introduit l'arme dans la prison sans le savoir, pourquoi n'a-t-elle pas alerté l'administration pénitentiaire après coup ? Ils plaident alors le choix impossible pour un avocat placé devant le dilemme : se taire ou dénoncer. Qu'on acquitte leur consœur et, d'avance, elle prend l'engagement de présenter sa démission au conseil de l'ordre.

Le verdict est à la mesure de ce procès en demi-teinte : seize ans de réclusion pour Philippe Maurice ; quatre ans pour son frère et cinq pour l'avocate.

Mais les comptes ne sont pas encore soldés. Reste à juger l'affaire du meurtre et de la tentative de meurtre sur les deux vigiles algériens du parking du Grand Pavois. Elle vient devant la cour d'assises le 28 juin 1982. Floch en est toujours le président. Pour la défense, c'est une sorte de troisième round et l'occasion d'un ultime « réquisitoire » contre l'échafaud disparu.

Cette fois, la défense distribue habilement les rôles : l'accusé est l'auteur d'une simple tentative d'homicide contre l'un des vigiles, tandis que son complice Serge Attuil est censé avoir tué le second. Ce dernier ne viendra pas démentir : il a succombé sur la chaussée du square Adamson.

Philippe Maurice se voit infliger dix-huit ans de réclusion criminelle. Sa condamnation à mort ayant été commuée en réclusion à perpétuité, à la suite de la grâce présidentielle, les deux peines vont se confondre.

Dans ce combat homérique contre le châtiment suprême, ce meurtrier introverti était devenu le symbole d'une cause qui le dépassait. Il avait sauvé sa tête.

Durant sa longue détention, Philippe Maurice n'a pas perdu espoir. Il a passé son baccalauréat puis s'est orienté vers l'étude de l'histoire. Il a franchi avec succès toutes les étapes : licence, maîtrise pour terminer par la soutenance d'une thèse de doctorat en 1995. Le 4 novembre 1999, il a bénéficié du régime de semi-liberté.

Comment ne pas souhaiter qu'il devienne cette fois le symbole de la rédemption par la culture historique en retrouvant définitivement le droit chemin.

19

Le mystère Fontanet

1er février 1980. Les douze coups de minuit viennent de sonner chez les Vanssay, qui reçoivent quelques amis, boulevard Émile-Augier, en surplomb du chemin de fer d'Auteuil. Il y a là les Fleurieu, les d'Harcourt, Mme et M. Henri d'Ainval, directeur chez Usinor, et puis, accompagnée de son époux, Sylvie de Las Cases, née Giscard d'Estaing, la sœur du chef de l'État.

Les invités ne tardent pas à prendre congé. Les d'Ainval, accompagnés des d'Harcourt, hâtent le pas pour regagner leur voiture garée plus bas sur le boulevard. Soudain, c'est le choc ! Là, en face du numéro 36, un homme gît entre deux voitures.

« Appelez les secours ! Vite ! Un téléphone ! » Henriette d'Harcourt rattrape sur le trottoir les Las Cases qui se précipitent dans leur appartement, tout proche, pour alerter le commissariat de la rue de la Pompe. Par chance, l'inconnu respire encore. Il porte un gros hématome violacé au front. Est-il tombé ? A-t-il eu un malaise ? Jean-Pierre d'Harcourt lui desserre sa cravate, déboutonne sa chemise pour l'aider à respirer, tandis qu'Henri d'Ainval va chercher une couverture dans le coffre de sa voiture pour la lui placer sous la tête. « Mais que fait la police ? » La voilà justement ! Le car du brigadier Yves Vaniambourg n'a mis que trois minutes pour arriver. Celui-ci fait allonger le blessé sur la couverture et s'agenouille à ses côtés, en lui prenant la main :

– Monsieur ?... Monsieur !

Les minutes passent, sans que l'homme ne manifeste la moindre réaction. On le croit plongé dans un coma profond. Et puis brusquement, il ouvre les yeux.

– Que vous est-il arrivé ?

D'une voix faible, mais distincte, il répond :

– On m'a tiré dessus... Ils étaient en voiture.

– Vous les avez vus ? Comment étaient-ils ?

Le blessé secoue péniblement la tête, l'air hagard.

– C'était quoi comme voiture ? Vous avez vu son numéro ? Sa couleur ?

Visiblement, il n'en sait pas plus. Et sa respiration se fait de plus en plus difficile.

– Ça va ? lui demande, inquiet, le brigadier.

– Je ne crois pas que je suis blessé... mais je n'arrive pas à bouger... je suis fatigué...

Lentement, ses paupières se referment. Ce seront ses dernières paroles. L'inconnu, qui va expirer au service de réanimation de l'hôpital Laënnec, malgré trente heures de soins intensifs, n'est autre que Joseph Fontanet, cinquante-neuf ans, ancien ministre du général de Gaulle et de Georges Pompidou. Après Jean de Broglie (assassiné le 24 décembre 1976), Robert Boulin (retrouvé noyé dans un étang de la forêt de Rambouillet le 29 octobre 1979), une nouvelle personnalité de la Ve République vient de mourir de mort violente. Une nouvelle affaire d'État commence pour l'opinion publique.

Cette nuit du vendredi 1er février, mon adjoint Olivier Foll est de permanence. Il procède aux premières constatations, avec une priorité absolue : la préservation des indices. Le seul que nous possédions, à ce stade de l'enquête, est une balle de 11.43 retrouvée dans l'eau du caniveau, à l'endroit précis où reposait le corps de l'ancien ministre. Elle est aussitôt placée sous scellés et envoyée au labo pour expertise. Foll déclenche, dans la foulée, une procédure classique qui a permis de résoudre bien des affaires : « Requérons Monsieur l'ingénieur en chef des Grands Travaux d'Assainissement de Paris de bien vouloir faire procéder à la recherche de l'arme du crime dans les égouts de la ville. » Il est courant, en effet, que dans leur fuite les tueurs jettent leur arme dans la bouche d'égout la plus proche. Mais cette fois, les égoutiers ne trouveront rien.

L'autopsie du cadavre va permettre d'établir que Joseph Fontanet était penché sur le coffre de sa voiture quand la balle l'a atteint. Le projectile est entré dans la partie gauche du dos pour ressortir sous l'aisselle droite. Le hayon de sa R5 était entrouvert et ses clés sont tombées dans le caniveau au moment de sa chute. Si c'est bien d'une voiture qu'on a tiré, celle-ci devait, vu l'angle de tir, rouler en direction de l'avenue Henri-Martin. Une chose est sûre : on ne retrouve pas dans ce *modus operandi* la signature des professionnels qui, d'habitude, achèvent leurs victimes à bout portant, pour finir le travail. L'arme a pu s'enrayer, me dira-t-on. Possible. Pourtant les vrais tueurs savent se prémunir contre ce genre d'incidents. Ont-ils été dérangés ? Mais alors le témoin gênant se serait sans doute manifesté. Or, personne ne s'est signalé.

Les premiers résultats de l'enquête de voisinage sont minces. Le mari de la gardienne du 36, boulevard Émile-Augier, où habite la famille Fontanet, a été réveillé, comme sa fille, vers 0 h 15, par une forte détonation. Il s'est levé et est sorti sur le trottoir. Il y avait déjà des personnes qui entouraient la victime.

Autre témoignage, celui de Mlle Séverine Le Grix de la Salle, étudiante. Elle a entendu une voiture qui est arrivée très vite, dont les pneus ont crissé, et immédiatement après une détonation très forte, suivie de deux autres bruits de même nature, mais moins puissants, comme un écho...

D'autres riverains ont entendu la détonation, mais ils ont cru à une explosion au gaz. Difficile de tirer des conclusions de ces premiers renseignements.

L'emploi du temps de la victime peut-il nous éclairer ? Joseph Fontanet rentrait, ce soir-là, d'une conférence donnée à la salle des fêtes de Viarmes (Val-d'Oise), en compagnie d'un collaborateur, André Delasnerie. Rien de politique dans cette intervention : elle portait sur les mécanismes d'un plan de financement géré par informatique, à l'usage des collectivités locales. Un sujet purement technique. Vers 23 h 50, Fontanet gare sa voiture devant chez lui. Delasnerie l'aide à transporter à l'étage le matériel dont il s'est servi pour son exposé : un écran, un micro-ordinateur et un projecteur. Puis ils redescendent et Fontanet lui propose de le ramener à son bureau, rue Violet, dans le 15e. Delasnerie accepte. À 0 h 10, l'ancien ministre, qui à aucun moment n'a manifesté le moindre signe d'inquiétude, le dépose au coin de la rue Violet et de la rue de Grenelle. Puis il repart en sens inverse pour regagner son domicile. La suite ramène au coup de feu tragique.

Entre ces deux derniers épisodes : un trou de neuf à onze minutes, qui correspond au trajet du retour. Mes hommes vont refaire en voiture le parcours, dans les deux sens, chronomètre en main, avec Delasnerie à bord, dans l'espoir de trouver sur le chemin un début d'explication. En vain.

Ils ont aussi procédé, dès la nuit des faits, au relevé d'immatriculation de toutes les voitures stationnées dans le périmètre du meurtre. Soixante-dix-huit numéros conduisant à autant de propriétaires et encore plus d'utilisateurs que nous allons contacter pour vérifier si, la nuit du crime, ils ont pu relever des observations intéressantes. Sans succès.

À elle seule, l'enquête de voisinage va s'étendre à près d'un millier de personnes, de tous âges et de toutes conditions : concierges, cadres de banque, militaires en retraite, lycéens, chômeurs, artistes, rentiers. Parmi les quelques célébrités auditionnées, la romancière Thérèse de Saint Phalle, qui avait eu le bon réflexe de noter, ce soir-là, en regagnant son domicile avec Jehan de Drouâs, son mari, la présence d'un jeune couple sous une porte cochère, non loin du lieu du crime, et qui tendait le cou comme pour guetter. Les tourtereaux seront retrouvés par la Brigade criminelle. Ils sont rentrés chez eux juste avant le drame et n'ont rien remarqué de significatif. Nous n'aurons, en tout cas, rien laissé au hasard, ni négligé le moindre témoignage.

RTL, bonjour !

Je passe au crible le passé de la victime. Joseph Fontanet avait une vie limpide. Simple, réservé, travailleur, bon père, bon époux, il était un modèle d'intégrité. « Une conscience ardente déguisée en glaçon », disait de lui Antoine Veil, le mari de l'ancienne ministre de la Santé. Son parcours est à l'image de son éthique, exemplaire : HEC, docteur en droit, la Résistance, le maquis, l'Afrique, où il entre comme tankiste dans l'armée de Lattre. Et puis, après la guerre, le MRP des démocrates chrétiens, dont il sera secrétaire général adjoint. Conseiller général de Savoie en 1951, député en 1956, il occupe successivement, sous de Gaulle, les fonctions de secrétaire d'État à l'Industrie et au Commerce, puis au Commerce extérieur, enfin celles de ministre de la Santé. Sous Pompidou, il devient ministre du Travail, de 1969 à 1972, puis de l'Éducation nationale, de 1972 à 1974. Sa carrière politique prend fin en 1976 quand, après avoir été battu aux législatives, il renonce à son siège au conseil général de Savoie pour se consacrer, un an plus tard, à la création de l'éphémère quotidien *J'informe.* Aucune ombre au tableau. Pas un accroc. Son nom n'a jamais été cité dans le moindre scandale.

Qui pouvait en vouloir suffisamment à cet homme sans histoires pour être capable de l'assassiner d'une balle dans le dos ?

Dès l'annonce de la nouvelle, une pluie de revendications va s'abattre sur les rédactions parisiennes. Elles émanent, pour la plupart, de groupuscules connus, et empruntent souvent leurs informations aux premiers comptes rendus erronés diffusés par la presse.

Dès 6 h 56, un pseudo-membre du « FLNC » contacte le standard de RTL :

– RTL, bonjour !

– Vous êtes bien RTL ?

– Oui monsieur.

– Ici le FLNC, je vous téléphone pour revendiquer l'attentat contre M. Fontanet.

– Ne quittez pas...

L'inconnu a déjà raccroché.

Personne n'accordera de crédit à cet appel. Et encore moins les nationalistes du FLNC.

Les revendicateurs en tout genre se déchaînent ensuite sur l'AFP. Par ordre d'appel :

• Les Brigades juives à 13 h 32 :

« Nous revendiquons notre entière responsabilité dans l'attentat qui a coûté la vie à M. Fontanet, pour sa politique pro-palestinienne. Un communiqué détaillé parviendra dans le courant de la matinée, demain matin. »

La PJ l'attend toujours. Au suivant !

• Les Brigades autonomes révolutionnaires à 14 heures :

« Les Brigades autonomes révolutionnaires revendiquent l'attentat contre le ministre Fontanet, pour le rôle qu'il a joué dans les gouvernements Pompidou, aux postes de ministre du Travail et de l'Éducation. L'attentat a été commis à bord d'une Alfetta de couleur bordeaux, à minuit 17.

« Les Brigades autonomes révolutionnaires tiennent à signaler aux tenants du gouvernement et de son État technocratique que le ministre Fontanet est un des premiers. D'autres suivront. »

Mais cette précision sur l'Alfetta bordeaux ne peut constituer un élément d'authentification puisque personne n'a jamais prétendu avoir remarqué un tel véhicule le soir de l'assassinat. Un second appel des Brigades autonomes va suivre dans la journée. Il est ainsi formulé :

« L'attentat contre M. Fontanet et son exécution étaient une erreur. Notre but était de l'enlever afin de demander la libération de Marc Babuty et de Fabrice Liegard, deux détenus dans l'affaire de Passy. Surpris par la redescente de M. Fontanet, l'un d'entre nous l'a abattu, croyant qu'il prenait la fuite. Deux autres l'attendaient sur le palier du 3e étage. »

Cette fois, la fable s'appuie sur une fausse chronologie des événements, donnée par les journaux du matin, qui ne savaient pas encore que Fontanet n'avait regagné son domicile qu'après avoir déposé Delasnerie et qu'il avait été atteint non en redescendant de son appartement (scène qui s'était déroulée 15 minutes plus tôt), mais alors qu'il venait de quitter son véhicule et s'apprêtait à remonter chez lui.

Poursuivons, dans l'absurde :

• La Section franco-arabe du refus, à 15 h 23.

« Joseph Fontanet a payé hier son soutien actif aux Juifs. Après Jean Dutourd, Gilbert Trigano, Yves Mourousi, la Section franco-arabe du refus, comme elle l'avait annoncé, a frappé un dirigeant de presse sioniste. D'autres suivront. »

Il y a visiblement conflit d'analyse avec les Brigades juives...

Ultime message :

• Le Groupe d'intervention antifasciste et groupe pour l'unité du prolétariat armé, à 15 h 43 :

« Le Groupe d'intervention antifasciste et groupe pour l'unité du prolétariat armé se donnant dorénavant les moyens de lutte irrémédiable par rapport au préjudice moral que nous fait subir le gouvernement, nous avons fait ce que nous dictait notre conscience, c'est-à-dire, exécuter la masse dirigeante par le bout le plus facile, donc Fontanet.

« Fontanet, cette ancienne marionnette, doit être et sera pour l'État et son Europe des polices, un martyr.

« Nous démentons avec fermeté ce que les Brigades autonomes révolutionnaires ont annoncé, car elles ne sont pour rien dans cette action, que Fontanet soit mort ou pas. Il est un ultime avertissement dans la lutte des classes qui commence. C'est dommage pour lui ; nous n'avions pas de cible plus facile que lui. »

Passons sur le caractère abject de cette sémantique. En l'espèce, la thèse de l'attentat politique ne tient pas. Joseph Fontanet ne s'est jamais immiscé dans le conflit arabe. Encore moins dans les affaires corses. Et s'il avait envisagé ces derniers mois, avec le secrétaire général du CDS, la création d'un Centre d'informations antisoviétiques, ce projet, qui n'était connu que de quelques initiés, ne pouvait en faire une cible privilégiée du terrorisme rouge.

La vérité est ailleurs.

Jacques le boulanger

Le lundi 4 février, à 6 heures, un nouvel appel anonyme parvient au commissariat central du 16e arrondissement : le meurtrier circulerait à bord d'une 4L blanche immatriculée 4625 WWM 78. Quelques minutes plus tard, à 6 h 15, le mystérieux correspondant transmet la même information à l'état-major de la direction de la police judiciaire. Il précise que l'ancien ministre aurait été victime d'une altercation avec les deux occupants de la 4L et que l'un d'eux aurait tiré.

C'est la thèse du crime gratuit. Et au vu des constatations déjà effectuées, elle ne manque pas d'intérêt. Une vérification s'impose.

D'après l'immatriculation fournie, la 4L appartiendrait à un garage des Yvelines. La voiture a, en fait, été acquise par un certain Jacques B., boulanger de son état, que nous allons cueillir le jour même. Celui-ci est connu des services de police. Le 29 novembre 1978, dans le quartier de la porte Dauphine, il avait menacé un travesti avec un revolver d'alarme. Le 29 novembre 1979, dans la région de Châteauroux, un banal accident de la circulation l'avait opposé à un automobiliste qu'il avait pourchassé avec un fusil de chasse jusque chez lui. Mais pour le soir du 1er février 1980, Jacques l'intempérant dispose d'un alibi solide, corroboré par ses mitrons : il n'a pas quitté son domicile. « Il a mangé des nouilles et du foie et il a terminé avec de la confiture d'abricot », précise même la femme du boulanger. Il est donc remis en liberté après sa garde à vue.

Le jeudi 7 février, une autre revendication va retenir mon attention. Il s'agit d'une lettre anonyme parvenue au curé de la paroisse savoyarde de Brison-Saint-Innocent, où viennent de se dérouler les obsèques de Joseph Fontanet. « On n'enterre pas l'assassin du lycée Pailleron », écrit le corbeau. Le mobile paraît plausible : Fontanet était ministre de l'Éducation quand cet établissement scolaire a brûlé, le 6 février 1973, faisant vingt morts. Un proche de l'une des victimes pourrait-il avoir nourri un projet de vengeance durant sept ans, avant de passer à l'action ? Les familles qui se sont portées partie civile savent pourtant que Fontanet n'est pour rien dans la construction de ces CES si inflammables, décidée bien avant sa prise de fonction. Au reste, ses anciens collaborateurs du ministère nous affirment qu'il n'avait été l'objet d'aucune menace, à l'époque. Le recteur Mallet lui-même viendra confirmer que jamais Joseph Fontanet n'avait été mis en cause par l'association de défense des victimes de cette catastrophe.

Il faut chercher ailleurs.

Je vais personnellement entendre Mme Fontanet à son domicile. Sur l'étagère du salon, trône la photo d'une famille unie qui pose, au coude à coude, dans sa maison de Brison-Saint-Innocent, près d'Aix-les-Bains. L'image d'un bonheur brisé. Je revois aussi, à côté, le portrait de Joseph Fontanet, avec son visage harmonieux qu'illumine un regard intense et étonnamment jeune. Hélène Fontanet, femme d'une grande dignité, a la gorge serrée. Elle essaie de comprendre :

– Je ne vois absolument pas qui aurait pu en vouloir à mon mari. Aucune de ses activités ne peut expliquer ce qui s'est passé.

– Cherchez bien. N'y a-t-il eu aucun conflit, par le passé, même mineur ?

– Notre maison de Savoie a bien été la cible d'un attentat en 1971. Mais à l'époque, mon mari exerçait des fonctions officielles...

– Était-il inquiet, ces derniers temps ?

– Il ne manifestait aucune inquiétude particulière. Il a toujours mené une vie calme.

– À part l'attentat de 1971, vous souvenez-vous d'autres incidents ?

– La dernière menace que nous ayons reçue est ancienne. Il s'agit d'un coup de téléphone anonyme à Brison. C'était un homme à l'accent savoyard. Mais il n'y a eu aucune suite.

Ces deux nouvelles pistes vont être étudiées à leur tour. L'attentat de 1971 ? Il avait été attribué à une organisation de défense des petits commerçants. C'était une bombinette artisanale. L'hypothèse d'une soudaine escalade ayant conduit au meurtre d'un ancien ministre dix ans plus tard défie le bon sens. L'appel du Savoyard ? Il remonte au mois d'août 1977. « Je vais flinguer monsieur Fontanet », aurait dit cette voix grave qui, sur l'instant, fit trembler Hélène Fontanet. Alerté, son mari a alors contacté le préfet, qui a dépêché les gendarmes. Mais l'affaire s'est arrêtée là. Elle relevait plutôt de la mauvaise plaisanterie.

Où chercher, alors ?

Deux autres dossiers sont susceptibles d'avoir entraîné quelque rancœur. D'abord, celui de la liquidation du journal *J'informe*. Joseph Fontanet l'avait créé en septembre 1977, à la suite de ses revers électoraux, pour tenter de trouver un second souffle. Ce quotidien lancé à grand fracas pour concurrencer *Le Monde* a sombré au soixante-septième numéro, après trois mois d'existence. Un échec qui a coûté 20 millions de francs à ses commanditaires. Mais aucun contentieux financier n'est né de cette déconfiture. Et le reclassement du personnel s'est déroulé sans heurts. Au reste, les journalistes licenciés n'ont pas pour habitude de passer leur ancien directeur par les armes. À cette occasion, Charles Baudinat, qui avait été l'un des responsables du journal, dira qu'il avait été impressionné par la droiture et l'exemplarité de la vie privée de Joseph Fontanet.

L'autre dossier est celui de la Soderec. Fontanet était, depuis 1978, directeur de cette Société d'étude et de réalisation pour les équipements collectifs, filiale du Crédit Mutuel. Et la rumeur prétend qu'à ce poste, il aurait contrecarré plusieurs projets de financement dans certaines villes, s'attirant l'inimitié farouche de plusieurs promoteurs. Seulement voilà, la Soderec ne conclut aucun contrat de financement. Elle n'a qu'un rôle de conseil. Dans ce contexte, la disparition de son directeur ne pouvait profiter à personne.

Et le casino d'Annecy ? Fontanet n'avait-il pas rendez-vous avec le maire de cette station le jour même de sa mort pour discuter du financement d'un projet de construction de complexe immobilier à l'emplacement précis de cet établissement en faillite ? Pour Pierre Merindol, journaliste au *Progrès de Lyon,* il y a un lien évident entre la mort de l'ancien ministre et la faillite de ce casino. Celle-ci a conduit en prison, pour détournement de fonds, quinze employés, le directeur des jeux et le président de la société d'exploitation. Sans parler de la récente agression dont a été victime le gérant du cabaret de l'établissement. Il y a du règlement de comptes mafieux dans l'air. C'est ce qu'il laisse entendre dans ses écrits retentissants.

Les cadres de la Soderec vont défiler à la Criminelle pour s'expliquer. Mais ils sont unanimes : c'est un amalgame artificiel. Ces affaires n'ont rien à voir les unes avec les autres, et l'on voit mal quels intérêts Joseph Fontanet pouvait léser dans ses activités de conseil qui ne portaient même pas sur le projet de réaménagement du casino, mais seulement sur l'étude de financement de 180 000 francs. Assassine-t-on un ancien ministre pour un tel marché ?

À vrai dire, Merindol a cherché à faire un scoop. Il reconnaîtra sportivement qu'il s'agissait d'une « spéculation intellectuelle » de sa part.

La bande à Pupuce

Le 19 février 1980, l'enquête prend une nouvelle orientation. À mes yeux, malgré l'épisode de la dénonciation calomnieuse contre le boulanger de Plaisir, l'hypothèse du crime gratuit reste plus que jamais plausible. Je l'ai dit : l'assassinat de Jospeh Fontanet n'a pas les caractéristiques d'un travail de professionnel. Nous savons également que sa vie était transparente et qu'il n'avait aucun ennemi déclaré. Pourquoi n'aurait-il pas été victime d'une rencontre fortuite avec une bande d'excités sur le chemin entre la rue Violet, où il a déposé Delasnerie, et son domicile dans le 16e arrondissement ? À la suite d'une altercation, par exemple, il aurait été suivi et tiré comme un lapin, au moment où il s'apprêtait à fermer sa voiture à clé, avant de remonter chez lui. Ce ne sont pas les détraqués qui manquent dans la capitale. L'état-major PJ recense, à cette époque, un nombre important d'agressions armées purement gratuites contre des automobilistes. Des rodéos dont la règle du jeu est simple : il suffit de faire des cartons sur des cibles vivantes choisies au hasard.

Les clients que nous livrent, ce 19 février, les collègues de la BRB et de la 12e BT ont le profil requis. On les croirait sortis du casting d'*Orange mécanique*. La bande se compose de quatre garçons, âgés de seize à vingt-cinq ans, regroupés autour de Thérèse G., dite la Puce ou Pupuce, vingt ans, titulaire d'un CAP de décoration, une cheftaine au cœur dur. Tous se sont connus en prison ou sur des casses. Thérèse sort des Baumettes. Leur passion commune : les armes et la défonce. Ce jour-là, Stéphane D., l'un des quatre interpellés, porte à la ceinture une surprise de taille : un Colt 45, calibre 11.43. Le pistolet est aussitôt envoyé à l'expertise chez le Pr Ceccaldi, chef du laboratoire de la police scientifique. C'est une pièce capitale.

Au fil des interrogatoires, nous parvenons à reconstituer l'itinéraire de cette petite troupe. Le jour même de l'assassinat de Fontanet, la bande se trouve dans le 16e arrondissement, avenue de la Grande-Armée, à bord d'une 305 volée. Elle s'en prend à un paisible maquettiste qui circule à bord de son véhicule, avec un ami. Injures, poursuite. La 305 se porte à la hauteur de la voiture prise en chasse. Stephane D. ouvre une mallette, en sort un fusil à pompe et tire. Par miracle, personne n'est atteint. Même scénario, le 7 février, à Saint-Cloud, cette fois contre un couple circulant en Porsche. C'est à bord d'une 504 volée que les membres de la bande réaliseront, à la même époque, braquage sur braquage : ici, contre une pharmacie du 17e ; là, contre un supermarché du même quartier ; ailleurs, contre le Mickey-Club de la rue de Rome. Le 10 février, ils prennent en otages deux journalistes dans le 6e arrondissement pour les rançonner. Et l'équipée sauvage continue, jusqu'à la dénonciation d'un complice et l'arrestation en douceur par les hommes de la BRB et de la 12e BT.

Pour ce qui est de l'assassinat de Fontanet, tous nient en bloc. Au moment où sa garde à vue s'achève, Stéphane D. paraît hésiter, mais c'est pour se reprendre aussitôt : « Non, je n'ai rien à voir avec ce meurtre. »

Nos espoirs se reportent sur le cinquième membre de la bande, toujours en cavale : Philippe D., alias « titi » ou « Bunny » (à cause de sa dentition proéminente), le frère de Stéphane. Le casier judiciaire de ce « professeur de piano » est extrêmement chargé. Il a disparu précipitamment le soir même du meurtre. Il va devenir l'homme le plus recherché de France. Cette fois, nous y croyons.

Et puis le résultat de l'expertise tombe : le 11.43 saisi n'est pas l'arme du crime. J'appelle alors Ceccaldi :

– Vous en êtes bien sûr ?

– Je vous répondrai : objectivement, ce n'est pas celle qui a servi. Mais subjectivement, elle pourrait avoir été utilisée pour tuer Fontanet.

– Vous plaisantez ?

Non. Le Pr Ceccaldi, spécialiste mondialement reconnu, n'est pas homme à plaisanter. L'arme saisie lui pose un réel problème : à chaque coup tiré, une parcelle des rayures du canon disparaît. Ce qui modifie continuellement les empreintes caractéristiques laissées sur le projectile et empêche toute comparaison fiable avec la balle retrouvée dans le caniveau du boulevard Émile-Augier.

En ce qui concerne l'origine du 11.43, tout s'embrouille également. Thérèse avait d'abord prétendu l'avoir acheté pour Stéphane aux puces de Montreuil. Maintenant, elle se rétracte : « Pour l'achat du pistolet, j'ai menti, c'est Stéphane qui l'a acheté. » L'alibi de ces marginaux violents est à l'image de leur vie : dissolu, décousu, incohérent. Et surtout invérifiable. Notre piste se brouille et finit par se perdre dans les méandres d'une procédure fleuve. Et pourtant, nous avons la conviction que notre intuition est la bonne : la thèse du crime gratuit reste valable. Une contre-expertise du 11.43 sera effectuée par les laboratoires du BKA (la police criminelle allemande), alors plus sophistiqués que ceux de la PJ parisienne. Quant aux suspects, ils restent en prison pour les autres délits qui leur sont reprochés.

Dans le courrier d'Alain Peyrefitte...

Le 3 avril, l'inspecteur divisionnaire Michel Kerbois, un chef de groupe de la Criminelle au flair aiguisé et au verbe haut, investit avec son groupe l'une des planques parisiennes de Philippe D., rue Eugène-Varlin, dans le 10e. Bunny a quitté le terrier, mais il a laissé sur place quelques souvenirs : un fusil à pompe, deux perruques, un nécessaire complet pour fabriquer de fausses cartes de police, et des dizaines de chéquiers volés. Le signalement du suspect s'affine.

Le 22 avril, Bunny tombe au premier contrôle d'identité. Ce sont les gendarmes du peloton d'autoroute de Pouilly-en-Auxois qui l'interpellent au péage. Il est amené d'urgence à la Criminelle pour interrogatoire.

– Alors Bunny, qu'as-tu fait dans la nuit du 31 janvier au 1er février ?

– Fontanet, j'y suis pour rien !

– Et ton frère ?

– Si l'on admet par pure hypothèse qu'il ait commis cette bêtise ou que ce soit le cas pour moi-même, nous nous serions immédiatement débarrassés de l'arme, à cause de l'expertise balistique. On est quand même pas cons !

Qu'en pense le BKA ?

Ses conclusions sur le 11.43 tombent le 21 décembre 1981. Et elles sont sans appel : « Le projectile de référence n'a pu être tiré par cette arme. » La piste de la bande à Pupuce s'effondre.

Joseph Fontanet a-t-il pu être confondu par les tueurs avec un autre objectif ? Nous avons fouillé cette voie, nous intéressant à des personnalités exposées supposées résider dans le quartier du chemin de fer d'Auteuil. Parmi ces cibles potentielles : un ancien général de l'armée impériale iranienne et l'ancien président de Mauritanie Moktar Ould Daddah. Mauvaises pistes. Le premier ne résidait pas dans le quartier au moment des faits et le second n'y a logé chez un ami qu'à partir de septembre 1980, bien après l'assassinat.

Au final, des dizaines de suspects et d'informateurs plus ou moins fantaisistes ont été entendus. Pas moins de trente personnes, pour les seules dénonciations calomnieuses. Parmi elles, outre Jacques le boulanger : les Drs C. et M., à Trappes; Pascal D., électro-mécanicien dans le 20e, Mohamed A., cafetier à Levallois-Perret; Jean L., « inventeur-réalisateur » et escroc notoire; Arnaud P., professeur des universités et théoricien d'extrême droite; Martin B., affabulateur professionnel fiché à Interpol. Lui en tenait pour la théorie du complot international : « Je pense que le responsable de ce meurtre est un groupe interne et secret de la CIA... »

Des dizaines de 11.43 retrouvés dans le quotidien des affaires, à travers la France, ont été expertisés. Sans résultat, à ce jour.

Restent les doutes.

Le 22 mars 1980, Alain Peyrefitte, alors garde des Sceaux, recevait une lettre d'Annick A., détenue à Fleury-Mérogis, dans laquelle celle-ci prétendait être en mesure de faire des révélations sur l'affaire. Elle discutait fréquemment en prison avec Thérèse G., à l'heure de la promenade. Selon elle, la Puce lui aurait confié que l'auteur du meurtre était Stéphane D. et qu'il se serait débarrassé de son 11.43 pour en acheter un autre, le lendemain même de l'assassinat, afin de brouiller les pistes.

Thérèse est extraite de sa cellule pour être interrogée à nouveau. Elle reconnaît finalement qu'elle a bien tenu ces propos, mais que c'était pour frimer et donner de Stéphane l'image d'un vrai dur.

Six ans plus tard, le 25 mars 1986, une autre lettre va être envoyée de prison. Elle est adressée, cette fois, au commissaire Jean Dufour, promu chef de la Brigade criminelle. Son expéditeur : un célèbre meurtrier d'enfant défendu par un sommité du barreau. Codétenu de Stéphane D., il affirme que, sous le coup d'une dépression, celui-ci lui aurait raconté son histoire. En voici la trame : après un incident avec un automobiliste, Stéphane D. et ses amis l'auraient poursuivi à bord de leur véhicule. Ils auraient fait un premier passage pour reconnaître leur objectif, puis ils seraient repassés une seconde fois, et Stéphane D. aurait alors tiré au jugé, ne pensant pas avoir touché sa cible. C'est seulement le lendemain qu'il aurait découvert qu'il venait de tuer un ancien ministre. Depuis, cette affaire l'aurait obsédé.

Le 19 septembre 1983, Stephane D. s'est suicidé dans sa cellule de la centrale de Fresnes. Au cours d'un échange un peu vif, il aurait déclaré à un autre codétenu, Roland R., à propos des hommes politiques : C'est tous des pourris ! Moi, j'en ai canné un, mais j'ai pas été accroché.

Était-il véritablement l'assassin ?

Le chapitre Fontanet se referme sur une énigme. Mais l'affaire n'est pas terminée. Elle peut rebondir. Aussi longtemps que les auteurs de cet assassinat, leurs complices éventuels et les proches à qui ils ont pu faire des confidences resteront en vie, il y aura une chance, un espoir, que quelqu'un parle et que l'enquête redémarre.

20

FLNC-Canal insolvable

Les années de plomb. Cette expression résume le climat de violence politique qui va peser sur la fin du septennat Giscard.

Bande à Baader et Fraction Armée rouge en Allemagne, Brigades rouges et Prima Linea en Italie, ETA en Espagne, IRA en Grande-Bretagne. Derrière cette mosaïque de groupuscules armés, une seule et même menace se profile : celle de l'euroterrorisme qui se joue des frontières pour trouver chez nous un refuge et des réseaux logistiques. La Brigade criminelle en fera la démonstration en arrêtant à Paris Francesco Piperno et Lanfranco Pace, deux membres des Brigades rouges. Et pas des seconds couteaux ! Ils étaient recherchés pour l'assassinat d'Aldo Moro.

Le terrorisme national n'est pas en reste. Pour Paris et les trois départements périphériques, nous allons enregistrer pas moins de 146 attentats en 1979, soit 130 % de plus que l'année précédente. L'antenne parisienne du FLNC mène le bal. Dans la seule nuit du 30 au 31 mai 1979, elle frappe vingt-trois fois contre des banques, des agences de voyage et le secrétariat à l'Aviation civile.

La chance nous sourit : vers 3 heures du matin, cette nuit-là, deux jeunes gens circulant à bord d'une voiture attirent l'attention d'une patrouille de motards de la préfecture de police. Jean Goguin, étudiant en mathématiques, et Antoine Mirani, employé de banque, sont interpellés. Ils transportent dans leur véhicule quatre charges d'explosifs avec systèmes de mise à feu. Nous les interrogeons sur-le-champ au Quai des Orfèvres. Ils reconnaissent qu'ils sont les artificiers de cette nuit agitée et qu'ils tiennent leurs instructions d'Antoine G., un compatriote, étudiant en histoire. Lui a désigné les objectifs. Nous l'arrêtons à son tour et, comme les autres, il passe aux aveux. Contrairement à la légende, les Corses savent se mettre à table, pour peu qu'on leur ouvre l'appétit.

Les commanditaires d'Antoine G. sont basés en Corse du Sud. Non seulement celui-ci est mêlé aux actions de la nuit écoulée, mais il a participé antérieurement au mitraillage de la caserne de Reuilly et à huit attentats contre des banques parisiennes. La prise est de taille.

Mais le FLNC ne désarme pas. Le 23 avril 1980, il offre une nouvelle nuit bleue aux Parisiens, ponctuée de sept attentats. Il se paye le luxe, le 13 mai, de faire exploser une bombe à l'intérieur du palais de justice de Paris. Le lendemain, un degré de plus est franchi dans la violence : deux inconnus mitraillent un car de gardes mobiles en stationnement devant l'ambassade d'Iran et jettent une grenade sur les militaires. Bilan : quatre gendarmes blessés, dont deux grièvement. C'est la guerre ouverte. Les réseaux du Sud sont dans notre collimateur.

La police va reprendre la main. Le 18 mai, des inspecteurs de la brigade des stup' de Paris assistent leurs collègues du SRPJ de Rouen lors d'une perquisition chez un certain Marc, dans le 15e. Ils sont venus là pour une affaire de droit commun. Stupeur ! Ils tombent sur Alain O. Cet autonomiste aux allures de play-boy fait l'objet d'un mandat d'arrêt de la Cour de sûreté de l'État. C'est un poids lourd de la lutte armée appelé à faire carrière. Outre le fameux Marc, il y a ce jour-là avec lui Toussaint P., un autre membre du FLNC, et Pierre B., connu comme militant d'extrême droite.

La Brigade criminelle prend en charge le quatuor. Fouille de la voiture d'Alain O. : nous saisissons des détonateurs et découvrons l'adresse d'un box, impasse de l'Église, dans le 15ᵉ. Fouille du box : cette fois, nous mettons la main sur des explosifs, des armes et des munitions. Parmi nos trouvailles : la Thomson à camembert qui a servi à arroser les gardes mobiles.

Pierre B. est bien l'utilisateur du box. Il l'a prêté à Alain O. qui l'admet mais nie énergiquement avoir tiré sur les gendarmes. Le rouleau compresseur de la Brigade criminelle aura-t-il raison de ses dénégations ? La solution va émerger du bric-à-brac qui encombre le box. On y trouve, en effet, une paire de bottes de femme. Le cordonnier qui les a réparées a inscrit à la craie, sur la semelle, le nom de sa cliente : Pirelli. Je fais alors interpeller Dominique Pirelli à Ajaccio le 31 juillet 1980. Elle est la maîtresse de Jeannick L., un Corse recherché pour une affaire de prise d'otages sur son île, à Bastellica, en 1979. Et elle parle : selon elle, c'est son amant et Alain O. qui ont mitraillé les gendarmes. Jeannick L. est arrêté le 5 août et finit, lui aussi, par avouer. La boucle est bouclée.

Comme une onde de choc, ces arrestations vont entraîner des interpellations en cascade dans le sud de la France. Nous allons ainsi être débarrassés pour un temps des attentats corses en région parisienne.

Pour être complet, ajoutons que l'affaire des gardes mobiles blessés vient de connaître son épilogue : ceux-ci ne seront jamais indemnisés par Alain O. En janvier 1999, la 13ᵉ chambre du tribunal correctionnel de Paris l'a relaxé des poursuites pour « organisation d'insolvabilité » intentées par les gendarmes.

21

Action directe

À l'horizon des années quatre-vingt, les autonomes nous donnent du fil à retordre. Il s'agit de militants gauchistes venus des milieux maoïstes. Ils ont été rejoints par des anarchistes, des marginaux, mais aussi de purs délinquants de droit commun. Leur credo : la nouvelle action révolutionnaire.

Collant à l'actualité politique, ils organisent des manifestations sporadiques pour harceler les forces de l'ordre et saccager les étalages des grands magasins, représentation ultime de la société bourgeoise. Il en est ainsi dans le quartier Saint-Lazare, le 13 janvier 1979, et dans celui de l'Opéra, le 23 mars. Lors de ces derniers affrontements, Roger Lerale, mon collègue de promotion à l'École des commissaires, sera sérieusement blessé au visage alors qu'il tentait de contenir la meute en furie à la tête de son unité.

Des camarades sont arrêtés et traduits en justice. On organise des sit-in autour du palais pour troubler le cours des audiences. On se livre à des représailles au domicile des juges. Cette année-là, six magistrats parisiens sont victimes d'attentats ou de menaces. Ainsi, le 31 janvier 1979, trois individus armés et masqués font irruption chez M. Berger, substitut général à la cour d'appel de Paris. Il se trouve alors en compagnie de son épouse et de deux collègues. Tous sont bâillonnés et ligotés. L'appartement est dévasté. Les auteurs signent leur forfait à la peinture rouge : « Autonomie – Réponse à jugement de Saint-Lazare – Libérez les détenus politiques. »

Et ce n'est qu'un début.

Car un autre acteur plus inquiétant va faire son entrée en scène : Action directe. Il signe sa création le 1er mai 1979 par le mitraillage de la façade du CNPF, 31, rue Pierre-1er, de Serbie (8e). Entre cette date et le 26 mars 1980, l'organisation va commettre huit opérations à l'explosif ou à l'arme automatique contre des bâtiments ministériels ou des organismes symbolisant le pouvoir ou le patronat. La plupart sont revendiquées. Les tirs laissent toujours sur place le même élément d'identification : des douilles de 9 mm marquées WRA.

Le 16 mars 1980, un attentat retient l'attention. Il vise des locaux réputés secrets de la DST, rue Rembrandt (8e). Encore un coup d'Action directe.

L'escalade se poursuit. Le 18 mars, à 15 h 45, un couple âgé d'une vingtaine d'années descend d'une Mercedes, devant la grille d'entrée du ministère de la Coopération, 41, boulevard des Invalides (7e). Il ouvre le feu à l'aide de deux pistolets-mitrailleurs sur la façade du bâtiment. Le ministre, Robert Galley, vient juste de quitter son bureau au rez-de-chaussée. Plusieurs projectiles vont être retrouvés dans la pièce, dont l'un qui s'est fiché dans le dossier du fauteuil où il a l'habitude de s'asseoir lorsqu'il reçoit des visiteurs. Cet ancien compagnon d'armes du général Leclerc lors de l'épopée de la 2e DB, et son propre gendre, commente l'événement avec détachement : « De mon temps, on tirait mieux et on ne gâchait pas les munitions. »

Quinze douilles et trois cartouches intactes marquées WRA sont, en effet, retrouvées sur le trottoir. Le couple a laissé sur place une poignée de tracts sur lesquels ont peut lire : « Communiqué no 7 : De Gafsa à N'Djamena, de Djibouti à Bangui, l'armée française fait régner l'ordre pour préserver le commerce néo-colonialiste. Il est temps de prendre les armes contre l'État négrier – Action directe. »

La Mercedes est retrouvée abandonnée près de la tour Eiffel. Surprise ! Elle a fait récemment l'objet de filatures par la brigade antigang qui s'intéressait à des braqueurs. Des adresses ont été relevées. Elles seront très utiles.

Cette fois, le signalement des auteurs est précis. Les rapprochements que nous faisons avec nos collègues des RG nous mettent sur la voie : l'homme, c'est Jean-Marc Rouillan, vingt-huit ans ; la jeune femme, Nathalie Ménigon, vingt-trois ans. Le destin qui les attend mérite qu'on brosse leur portrait.

Jean-Marc Rouillan est né à Auch (Gers) le 30 août 1952. Il passe son adolescence dans cette ville où son père est inspecteur de la jeunesse et des sports. Séduit très tôt par les idées libertaires, il est exclu du lycée à seize ans pour son activisme politique. Il accompagne ensuite ses parents à Toulouse, où il se passionne pour la cause des militants antifranquistes, nombreux dans cette région. Il milite au sein du Mouvement de libération ibérique et se lie d'amitié avec Salvador Puig Antich, un militant basque recherché par la police espagnole. Le 23 septembre 1973, les deux hommes participent à un hold-up contre la Banque nationale de Barcelone. Puig Antich est arrêté après avoir tué un policier espagnol. Rouillan parvient, lui, à s'enfuir. Dès lors, une idée l'obsède : faire libérer son compagnon. C'est dans ce contexte que sont créés les GARI (Groupes d'action révolutionnaire internationale). Ils vont sévir en France, en Belgique et en Italie, multipliant les hold-up – pour financer leur action – et les attentats – pour obliger les gouvernements de ces pays à faire pression sur le général Franco. Peine perdue : Puig Antich est condamné à mort et exécuté par le garrot le 8 janvier 1974.

Les GARI redoublent de violence. Le banquier Suarez, directeur de la Banque de Bilbao à Paris, est enlevé le 3 mai 1974. La Brigade criminelle parvient à le faire libérer le 22 mai et à récupérer la rançon. Mais les attentats se poursuivent. La police est sur les dents.

Le 5 décembre 1974, Rouillan, qui circule à bord d'une voiture avec Raymond D. et José C. (futurs membres d'Action directe), fait l'objet d'un contrôle de routine, place du Colonel-Fabien, à Paris. La voiture transporte des armes, des explosifs et des tracts. Les trois hommes sont interpellés. Ils seront libérés le 25 mai 1977, après une grève de la faim.

C'est durant cette période que naissent les NAPAP (Noyaux armés pour l'autonomie populaire) qui trouvent leur inspiration chez les autonomes italiens. Objectif : « Bousiller cette société pourrie et contribuer à en construire une autre. »

Dès sa libération, Rouillan est aspiré par le tourbillon des idées révolutionnaires. Il décide alors de fédérer des militants venant des Autonomes, des GARI et des NAPAP pour donner l'assaut final à l'État impérialiste. Ainsi naît Action directe, dont le nom reprend un mot d'ordre né au temps de la lutte des classes et des grandes batailles syndicales, à la fin du XIXe siècle.

Rouillan va être suivi à la trace.

– Le 23 mars, il est interpellé dans un appartement de la rue de Bellefond, à Paris (14e), avec une brochette d'activistes, notamment Mario-Ines T., Carlos J. et Stéphane M. Des armes sont découvertes sur les lieux. Il est relaxé, à l'issue de sa garde à vue.

– Le 13 juillet 1978, une perquisition effectuée à Toulouse, dans son appartement, amène la saisie de trois armes et d'un gilet pare-balles. Il est interpellé en compagnie de son égérie, Nathalie Ménigon. Le couple est remis en liberté peu après.

– Le 2 février 1979, le militant Éric M. est arrêté rue Scribe, à Paris. Il transportait dans une voiture louée au nom de Ménigon le célèbre tableau *L'Escamoteur* de Jérôme Bosch, volé au musée de Saint-Germain-en-Laye le 13 décembre 1978. Rouillan, qui se trouvait avec lui, disparaît une fois de plus.

Le parcours de la passionaria Nathalie Ménigon n'est pas moins édifiant. Elle est née le 28 février 1957, à Enghien-les-Bains, dans une famille modeste. Elle passe sa jeunesse à Paris, dans le secteur de la porte de Saint-Ouen. Elle fréquente une école primaire, puis un collège du 17e arrondissement où elle se fait remarquer comme une « élève originale, de caractère difficile ». Elle termine sa scolarité en seconde, chez les Ursulines, et est très affectée par le décès de sa mère.

En 1975, elle entre au centre administratif de la BNP à Saint-Denis. Ses débuts sont satisfaisants, mais elle se révèle progressivement instable et contestataire. En 1977, elle milite chez les Autonomes et fait du syndicalisme virulent. Ce qui lui attire cette appréciation acerbe de son chef de service : « Récite sa leçon gauchiste comme un perroquet. » Le 30 juin 1978, elle donne sa démission.

Le 13 juillet, la police toulousaine déclenche une opération préventive contre les NAPAP et les GARI. Elle est arrêtée avec Rouillan et trois autres militants, puis remise en liberté. Ainsi commence le parcours hors série d'une jeune femme qui va lier son destin à celui de Rouillan, le guerrier de la révolution.

Coup de filet

L'attentat contre le ministère de la Coopération qui aurait pu coûter la vie à Robert Galley va produire l'effet d'un électrochoc. Il y a un temps pour la collecte du renseignement, un autre pour l'action. Le 27 mars 1980, une réunion au sommet est organisée par Jacques Solier, le directeur général de la police nationale, en présence des directeurs centraux : Maurice Bouvier pour la PJ, Raymond Cham pour les RG, Marcel Chalet pour la DST. Les responsables des services opérationnels parisiens et provinciaux qui vont intervenir sont présents. Je suis là, en tant que patron de la Crim', chargé de coordonner les opérations qui seront entreprises dans le ressort de la préfecture de police. Les informations sont mises en commun, les actes à effectuer répartis entre les participants.

Dans ce type d'affaires, la coopération loyale entre les services est le seul gage de réussite. On comprend a contrario pourquoi la zizanie récente entre les gendarmes et les policiers, dans l'enquête sur l'assassinat du préfet Érignac, a pu gêner les investigations.

Le SRPJ de Lille, qui a en charge l'enquête sur un hold-up commis le 29 août 1979 contre la perception de Condé-sur-l'Escaut, est partie prenante. Cette agression, qui a permis de rafler 16 millions, a été exécutée de façon quasi militaire par un commando remarquablement organisé. Les auteurs sont recherchés chez les anciens militants du GARI. Des Espagnols ont déjà été arrêtés et d'autres suspects ont été localisés près de Toulon.

Le SRPJ de Toulouse est mobilisé : sa région est historiquement le berceau des GARI et des fondateurs d'Action directe. Il aura mission de vérifier quelques adresses.

Mais il y a une contrainte soudaine pour le top d'intervention : deux militants figurant sur la liste de nos objectifs doivent subitement embarquer le soir même à Orly à destination de Saint-Denis-de-la-Réunion. Coïncidence : le garde des Sceaux, Alain Peyrefitte, est inscrit sur le même vol.

La décision est prise d'interpeller discrètement les deux voyageurs avant l'embarquement. Restera pour agir un délai de seize heures, correspondant à la durée du vol, au-delà duquel le réseau Action directe pourrait être alerté. L'opération générale sera déclenchée le vendredi 28 mars, 6 heures du matin.

Le jour J, à l'heure dite, c'est le coup de filet. Une centaine de policiers répartis dans des groupes mixtes de la PJ et des RG fondent sur la trentaine d'objectifs identifiés. Déception : on m'annonce qu'au 234, rue des Pyrénées, où le couple Rouillan-Ménigon avait été localisé, les oiseaux ont quitté le nid. Des armes sont découvertes ainsi que les papiers de la Mercedes utilisée lors du mitraillage au ministère de la Coopération.

Bonne nouvelle : dans un appartement localisé antérieurement par l'antigang, 39, rue de la Grange-aux-Belles (10e), on interpelle une jeune Italienne, Olga, militante de Prima Linea. Recherchée pour le meurtre d'un médecin à Turin, elle vivait sur une poudrière – puisque 600 kilos de bâtons de dynamite et des armes sont trouvés dans le logement. À une adresse voisine, rue Juliette-Dodu, on saisit un stock impressionnant de cartes d'identité françaises et italiennes vierges. Des documents semblant correspondre à des projets d'enlèvement de personnalités françaises sont également découverts. Les lieux avaient été loués par un étudiant en droit, Pascal T., proche des NAPAP, qui est, lui aussi, interpellé.

Mieux. Dans les mailles du filet lancé, ce jour-là, trois autres gros poissons se débattent : d'abord, Carlos J. et Mireille M., cofondateurs d'Action directe, avec Rouillan et Ménigon ; ensuite, un certain Serge F.

Mes collègues niçois et lillois ont, eux, interpellé dans une villa du Brusc, près de Toulon, quatre Italiens de Condé-sur-l'Escaut, membres des Brigades rouges, mêlés au braquage. Ils étaient en possession d'une partie du butin du hold-up. Les policiers italiens se déplaceront pour saluer l'importance de la capture.

Pour ceux qui en doutaient, la démonstration est faite que l'euroterrorisme n'est pas une vue de l'esprit et que l'europolice est en marche. *Le Figaro* fera cette analyse, le 1er avril 1980 : « Les arrestations à Paris et dans le Var de terroristes franco-italiens le prouvent : l'Europe des polices est devenue cette fois une réalité. Et c'est le nom d'un policier parisien, le commissaire Marcel Leclerc, patron de la Brigade criminelle, qui restera lié à cette première européenne. » Il eût fallu y ajouter les noms de mes collègues qui ont pris une part active à ce combat : en particulier les commissaires Thil, chef de la 6e section de la DCPJ (ancêtre de la DNAT), et Greco, patron du SRPJ de Lille.

Au total, vingt-trois suspects seront déférés à la Cour de sûreté de l'État, au terme de six jours de garde à vue. Mais Rouillan et Ménigon courent toujours.

La capture des indomptables

Samedi 13 septembre 1980, 18 heures. Le commissaire principal Jean-Pierre Pochon, alors patron de la 7e section de la direction centrale des RG, chargé de la lutte contre les groupements subversifs, se retrouve en planque avec ses hommes dans le 16e arrondissement. C'est un jeune chef passionné par sa spécialité. Avec son visage rond, ses yeux malicieux derrière des lunettes circulaires et ses cheveux frisés qui lui donnent un air de poète, il manifeste un enthousiasme contagieux. Il sera un jour promu directeur des RG de la préfecture de police.

Pour l'heure, il a été avisé, de source confidentielle, que des membres importants d'Action directe se sont donné rendez-vous dans un immeuble de la rue Pergolèse. Et il est sur ses gardes.

Une 604 s'engage lentement dans la rue Lalo. Il y a un couple à bord. Le passager est tout de suite reconnu : c'est Rouillan. Le terroriste descend de la Peugeot et se rend, sans hésiter, au 62, rue Pergolèse. Au 5e étage, le comité d'accueil des RG ne lui laisse pas le temps de reprendre son souffle. Il est arrêté, menotté, fouillé et délesté de son Colt 45 qu'il porte à la ceinture, balle engagée dans le canon. Beau joueur, il commente sobrement : « Vous m'avez bien eu ! »

Pendant ce temps, les fonctionnaires embusqués dans la rue voient une jeune femme, en chemise et pantalon, se diriger tranquillement à pied vers l'avenue Foch. Pas de doute possible : c'est Ménigon ! Deux inspecteurs qui ont revêtu leur brassard de police lui emboîtent le pas et s'apprêtent à l'interpeller. Mais brusquement, elle plonge la main dans son sac, saisit son 11.43 et fait feu sur ses poursuivants.

Un projectile traverse la jambe de pantalon de l'inspecteur qui vient de l'agripper par le bras. Il tente de s'abriter derrière une voiture et riposte. Ménigon continue à tirer, change de chargeur et s'engouffre dans une R5 en stationnement dans la contre-allée. C'est la voiture d'un paparazzi venu planquer sur le domicile parisien de Caroline de Monaco. Elle tire ses dernières balles à travers la lunette arrière de la Renault. À court de munitions, elle s'écrie : « Ne tirez plus ! Je me rends ! » Des badauds se rassemblent. Bravache, elle hurle à leur attention : « Nous sommes d'Action directe ! »

Les actions de police, lorsque la poudre parle, sont dangereuses et pleines d'imprévu. Pendant que se déroule la confrontation avec Ménigon, un autre scénario se déclenche. Une superbe Porsche blanche s'engage dans la rue Pergolèse et roule en direction de l'avenue Foch. Son conducteur aperçoit un homme qui tire sur le trottoir. Il prend peur et effectue une marche arrière à vive allure. Des inspecteurs restés en réserve pensent qu'il s'agit de terroristes venus en protection. Ils ouvrent le feu sur la Porsche. Le conducteur et le passager sont blessés, l'un à l'épaule, l'autre au visage. Heureusement, les blessures ne sont que superficielles et le scénario-catastrophe a été évité de justesse. C'est un vrai miracle !

La Brigade criminelle est saisie de l'enquête. Je fonce sur place avec les inspecteurs divisionnaires Riou et Laffargue. J'y retrouve Pochon et ses hommes qui me font le récit des événements. Je fais procéder à la fouille de la 604 de Rouillan. À l'intérieur : un Colt 45 approvisionné et dissimulé sous le siège du conducteur et quatre gilets pare-balles dans le coffre. Le couple infernal avait pris ses précautions.

Rouillan et Ménigon sont conduits au Quai des Orfèvres et interrogés immédiatement. Lui est un homme mince, très brun, au regard perçant et ironique. Il dévisage intensément les gens qui l'entourent avec les réflexes du clandestin habitué à capter la menace. Réservé au départ, il est surpris par le style des enquêteurs de la Criminelle qui ne correspond pas à ses stéréotypes. Progressivement, il se décontracte et accepte le dialogue.

Ménigon, quant à elle, est plus démonstrative, plus vulgaire aussi. Elle parle avec véhémence et tient des propos provocants. Elle brandit son appartenance à Action directe comme un étendard.

« Il n'y a pas de chef ni de dirigeant dans l'organisation », affirme Rouillan. Et il énumère les onze attentats et mitraillages commis par son organisation, à Paris, depuis le 1er mai 1979. Il précise qu'il ne s'expliquera pas sur sa participation personnelle à tel ou tel attentat.

Avec un brin d'ironie, il relate la dernière action :

– C'était le 28 mars, le soir des arrestations, bombe au GIGN à Maison-Alfort : la bombe était placée contre les garages.

– Et les deux faux passeports qui ont été trouvés lors de votre fouille ?

– Ils proviennent du vol à main armée commis à la mairie du 14e, au mois de juillet.

– Et la 604 ?

– Elle a été volée par les gens de mon organisation pour le rendez-vous de la rue Pergolèse que je savais important... plus exactement je le croyais.

La rectification en dit long sur son état d'esprit. Car il a visiblement été berné [1].

Interrogée à son tour, Nathalie Ménigon relate avec jubilation son duel au pistolet avec les policiers. Et dans un style inimitable : « J'ai tiré sur le policier qui me menaçait par motivation politique... un politique ne se rend que lorsqu'il y est obligé. Il continue à se battre même en prison. Je suis militante de l'organisation Action directe ! »

Puis elle énumère ses faits d'armes : « J'ai participé à huit des onze attentats, mais je ne vous dirai pas lesquels ! »

Le 19 septembre 1980, Rouillan et Ménigon sont déférés à la Cour de sûreté de l'État et vont rejoindre leurs compagnons de lutte dans les geôles parisiennes.

La confession de Maria Pilar

Il en est ainsi de toutes les enquêtes : lorsque la machine est lancée, elle continue inexorablement sa course. Des contacts du couple Rouillan-Ménigon ont été détectés. Il s'agit d'un autre duo que nous allons interpeller le 18 septembre.

---

1. Il a été dit que le chef historique d'Action directe serait venu à ce rendez-vous persuadé qu'il allait y rencontrer le terroriste international Carlos qui devait, pensait-il, lui proposer de saboter le barrage d'Assouan en Égypte. Rouillan a-t-il été effectivement intoxiqué ? Le manipulateur présumé, un certain Youssef, honorable correspondant de l'antiterrorisme, a été abattu en mars 1982.

L'homme ? C'est Laurent L., un étudiant en philosophie âgé de vingt-six ans, surveillant au lycée Carnot. La femme ? Maria Pilar, une Espagnole de vingt-six ans, employée dans un institut de sondage. Ils ont été aperçus dans la mouvance du réseau terroriste.

Laurent refuse d'abord de répondre aux questions qui lui sont posées. Il ignore que Maria va parler au-delà de toute espérance.

Oui, elle connaît Action directe, elle en a fait partie. Au printemps 1979, avec Laurent, elle a assisté à plusieurs réunions, rue Titon, à Paris (11e), chez le couple Carlos J. et Mireille M. Elle y a rencontré Rouillan et Ménigon. C'est là que la décision a été prise de créer Action directe. L'appellation a été choisie sur proposition de Carlos J. Ils ont évoqué l'idée de commettre des attentats et de financer leur action en perpétrant des hold-up.

C'est ainsi que, fin juillet 1979, ils sont passés aux actes et ont attaqué la BNP de la rue de Villiers pour rafler 140 000 francs.

Ce n'est pas tout. Dans le courant de l'hiver 1979, Laurent L. et un certain Philippe F. se sont rendus en Ardèche, dans une communauté de rescapés de mai 68. Ils ont rapporté un chargement d'explosifs. C'est le fameux stock de 600 kilos découvert à Paris.

Elle dit aussi que Pascal T. et Serge F., qui étaient en froid avec les pères d'Action directe, ont pris des contacts, à l'époque, avec des membres de Prima Linea. Elle-même et Laurent ont noué des rapports avec des membres de l'ETA-militaire, lors de voyages à Bayonne. Ils ont même tenté de réunir à Paris, au Fouquet's, des terroristes italiens et espagnols.

Nous comprenons mieux la stratégie de ces groupuscules révolutionnaires et leurs modes de fonctionnement.

Pour Laurent, la confession de son amie est un choc. Il doit se mettre à table. Il reconnaît que, avec un ami, il s'est bien rendu à Rochebesse, en Ardèche, pour ramener le stock d'explosifs découvert chez Pascal T. Il en reste encore une quantité importante dans la cache ardéchoise. Et il dessine un plan précis pour nous permettre de la découvrir.

Descente héliportée chez Conti

Rochebesse en Ardèche, c'est déjà une légende ! C'est l'histoire sanglante de Pierre Conti, dit le tueur fou de l'Ardèche. D'origine grenobloise, il a participé aux événements de mai 1968 en Isère et est venu, un an plus tard, s'installer sur ce plateau sauvage pour y fonder une communauté qui prône le retour à la terre. Sur un piton rocheux, du côté du mont Gerbier-de-Jonc, il prend possession de masures délabrées et de cent hectares de pâturages abandonnés.

Avec ses amis, il élève un troupeau de quatre-vingt-dix brebis et quelques vaches. Il se querelle avec les paysans du secteur qui veulent récupérer leur bien et fait le coup de poing avec eux. Peu à peu, Rochebesse devient une forteresse « interdite aux flics et aux bourgeois ». En juin 1977, les propriétaires obtiennent en justice l'expulsion de ces squatters de la terre, et les choses s'enveniment.

Le 24 août 1977, Conti et deux membres de sa communauté commettent un hold-up au Crédit Agricole de Villefort (Lozère). L'expédition tourne au désastre. Au cours de leur fuite, Conti tue un gendarme, puis deux agriculteurs. L'un des auteurs se constitue prisonnier, l'autre est arrêté en Hollande. Conti, lui, court toujours. Il est condamné à mort par contumace le 21 mai 1980. Certains prétendent qu'il est mort, d'autres qu'il se cache toujours. Son nom continue à inspirer la terreur chez les Ardéchois.

Sa compagne, Maïté, vit toujours là-bas avec ses enfants et d'autres compagnons.

Je m'assure la collaboration du SRPJ de Montpellier et de la gendarmerie locale. Un hélicoptère militaire sera mis à notre disposition. Il s'agit d'investir la forteresse par surprise et de neutraliser immédiatement la cache d'explosifs. Je charge le commissaire Poinas de diriger l'opération sur place. Il est lui-même ardéchois : il sera en terrain de connaissance.

Le 23 septembre, à 8 heures, l'appareil tournoie au-dessus du hameau de Treynas, proche de Rochebesse, et se pose dans la cour de la ferme. C'est là que vit Maïté, avec son nouveau compagnon, Jean-Pierre, et Bruno D. C'est ce dernier, seul à connaître la cache d'explosifs depuis que Conti lui en avait fait la confidence, qui a approvisionné nos terroristes. Parisien d'origine, il avait rencontré Laurent à Nanterre en 1977 et lui avait révélé l'existence de ce dépôt qu'il voulait faire disparaître.

Il désigne la casemate dissimulée sous un éboulis rocheux, près des masures de Rochebesse. Poinas et ses équipiers n'en croient pas leurs yeux. Il y a là, préservés par une bâche en plastique, 1 250 kilos de bâtons de dynamite, huit fusils et carabines de précision, plus d'un millier de cartouches de différents calibres.

Certains bâtons d'explosif, qui proviennent d'un vol commis sur un chantier dans l'Isère en 1975, suintent et sont à la limite de l'instabilité. Ils sont manipulés avec d'infinies précautions par un artificier de la préfecture de police et évacués pour être détruits.

Le trio ardéchois est transféré à Paris et mis à la disposition de la Cour de sûreté de l'État.

Ainsi prend fin la première période d'Action directe. Ces résultats ont été obtenus au prix d'une collaboration sans faille de la PJ, des RG et de la DST. Services centraux du ministère de l'Intérieur et services de la préfecture de police ont travaillé en parfaite harmonie. Nous avons le sentiment du travail bien fait et du devoir accompli. Nous pensons avoir préservé pour un temps significatif les Parisiens contre ces actes hystériques. Nous sommes naïfs.

La lettre de Barril

Mai 1981, c'est l'alternance. Profitant de l'état de grâce, le nouveau pouvoir fait voter par le Parlement, dès le mois de juillet, une loi d'amnistie très large. Dans le romantisme ambiant de ce début de règne, on est persuadé que ce terrorisme gauchisant ne pouvait s'attaquer qu'à la société bourgeoise. Il ne se retournera pas contre ses bienfaiteurs. Prudent, le législateur réserve quand même le cas des auteurs de coups et blessures et tentatives d'homicides sur les agents de la force publique, exclus de l'amnistie. La Cour de sûreté de l'État, tant honnie, disparaît dans la foulée.

Dès le 7 août, Jean-Marc Rouillan bénéficie de plein droit des effets de l'amnistie : il est libéré avec ses compagnons de lutte. Nathalie Ménigon, qui a tiré sur les policiers rue Pergolèse, doit normalement rester en prison. Elle entreprend durant vingt jours une grève de la faim pour faire pression sur le magistrat qui la détient. Bonne âme, le juge d'instruction Guy Joly la libère pour « raisons médicales », le 17 septembre 1981.

La lune de miel de Rouillan avec ses libérateurs est de courte durée. Dès l'automne, il cherche à remobiliser son groupe et tente de recruter parmi les immigrés de la seconde génération. Il s'implante en même temps dans des squats du 18e arrondissement. La lutte contre l'impérialisme américain et le sionisme fait partie de ses objectifs. On constate effectivement une série d'attentats contre ces nouvelles cibles.

En plein cœur de l'été 1982, c'est la fusillade sanglante contre le restaurant Goldenberg, rue des Rosiers à Paris. L'émotion de la population, et particulièrement de la communauté juive, atteint son paroxysme. Rouillan estime bon de démentir toute participation de son organisation à cette tuerie. En même temps, il revendique les autres attentats.

C'est le scandale. Le gouvernement se voit dans l'obligation de dissoudre Action directe, le 18 août 1982. C'est un leurre. Voici ce que le capitaine Barril, au nom de la cellule élyséenne, écrivait le 22 janvier 1983 au terroriste Rouillan : « Monsieur Rouillan, je désirerais vous rencontrer personnellement, où vous voulez et quand vous voulez, afin de mettre au point un dialogue permettant la régularisation de votre situation. Je suis habilité par la présidence pour traiter directement avec vous. À bientôt, j'espère. »

Consternante naïveté !

Rouillan et ses compagnons ont depuis longtemps rompu les amarres. Ils repartent pour une longue plongée dans la clandestinité et des actions de plus en plus violentes. Ils renforcent leurs liens avec les terroristes italiens et allemands. Il suffit de reprendre la chronologie des affaires les plus marquantes imputées à Action directe :

– 31 mai 1983 : deux policiers abattus avenue Trudaine, à Paris. Les auteurs Régis Schleicher, Franco Fiorina et Gloria Arcano seront condamnés à la réclusion à vie. Leur complice Mohand Hamami, condamné à perpétuité par contumace, est toujours en fuite. Probablement réfugié en Algérie, grâce à des protections occultes.

– 25 janvier 1985 : assassinat du général Audran, ingénieur général de l'armement, devant son domicile, à La Celle-Saint-Cloud.

– 26 juin 1985 : tentative d'assassinat du contrôleur général des armées Henri Blandin, à Neuilly.

– 15 avril 1986 : tentative d'assassinat de Guy Brana, vice-président du CNPF, à Chatou.

– 9 juillet 1986 : Marcel Basdevant, un inspecteur divisionnaire unanimement apprécié, trouve la mort dans un attentat commis dans les locaux mêmes de la BRB, quai de Gesvres (Max Frerot, l'artificier de la branche lyonnaise d'Action directe, sera condamné à la réclusion à vie pour cet assassinat).

– 17 novembre 1986 : assassinat de Georges Besse, président de Renault, devant son domicile, à Paris.

L'ultime assaut

Le 21 février 1987, à 20 h 50, mon ancien adjoint Ange Mancini, devenu le patron du RAID, donne l'assaut, avec ses hommes en noir, aux occupants d'une ferme de Vitry-aux-Loges, dans le Loiret. Sont réunis dans les lieux le couple Rouillan-Ménigon et un autre duo sinistre : Georges Cipriani et Joëlle Aubron.

Rouillan qui avait dit « Je finirai comme Mesrine », n'en revient pas d'être épargné par les hommes du RAID qui tirent une rafale de mitraillette dissuasive pour l'empêcher de gagner le premier étage. Nathalie Ménigon, fidèle à son personnage, ne peut s'empêcher d'insulter les policiers :

« Fumiers ! Assassins ! Ordures ! » « Tais-toi ! Tais-toi ! hurle son compagnon. On est vivants ! »

Les deux couples infernaux terminent ainsi leur longue cavale ponctuée de dizaines d'attentats, de hold-up et de tirs sur cibles vivantes.

Le cour d'assises de Paris les condamnera à la réclusion criminelle à perpétuité, à deux reprises, en janvier 1989 puis en mai 1994, pour les assassinats du général Audran et de Georges Besse et pour les tentatives d'assassinat sur Henri Blandin et Guy Brana.

Que de larmes et de sang auraient été épargnés si le simple réalisme avait inspiré un certain début de règne. Mais on ne récrit pas l'Histoire.

22

Les tigresses de la bande à Baader

À cette époque, de l'autre côté du Rhin, la bande à Baader sème la terreur. Elle forme le canal historique du terrorisme rouge. Et elle mettra du temps à prendre au sérieux les petits Französen d'Action directe, considérés au départ comme des amateurs.

Andreas Baader, lui, se signale dès 1968, en incendiant un grand magasin à Francfort. Il est arrêté, jugé, emprisonné. Le 14 mai 1970, il s'évade avec la complicité de son égérie Ulrike Meinhof. Il avait obtenu, ce jour-là, la permission de venir faire des recherches documentaires à l'Institut des sciences politiques de Berlin quand un commando est venu l'arracher de façon spectaculaire à ses gardiens. L'action a été revendiquée le 22 mai par la RAF (Rote Armee Fraktion) : la Fraction Armée rouge. C'est la première apparition de ce sigle et le début d'un bras de fer titanesque avec les autorités d'Allemagne fédérale.

Tout commence par une vague d'attentats meurtriers en 1972 :

– 11 mai : trois bombes pulvérisent le mess des officiers du quartier général américain de Francfort, faisant un mort et treize blessés.

– 12 mai : trois autres bombes, déposées à l'état-major du quartier général de la police d'Augsbourg, tuent cinq policiers.

– 24 mai : plusieurs engins explosifs ravagent le quartier général américain de Heidelberg, faisant trois morts et cinq blessés.

La riposte de la police allemande ne se fait pas attendre. Entre le 1er et le 25 juin 1972, les cinq leaders de la RAF sont arrêtés : Andreas Baader, Holger Meins, Jan Karl Raspe, Gudrun Ensslin et Ulrike Meinhof.

Pour signifier que le combat continue, ceux-ci font assassiner, le 10 novembre 1974, Gunther von Drenkman, le président de la Cour suprême de Berlin. Suit, le 27 février, l'enlèvement de Peter Lorenz, le candidat démocrate-chrétien à la mairie de Berlin, qui sera échangé contre cinq prisonniers de la RAF.

Le 9 mai 1976, Ulrike Meinhof n'a pas résisté à la détention : elle est retrouvée pendue dans sa cellule.

En 1977, une nouvelle bataille apocalyptique se déclenche. Chaque camp rend coup pour coup :

– 7 avril : le procureur général Buback, de Düsseldorf, est assassiné.

– 28 avril : les quatre chefs historiques de la RAF encore en vie sont condamnés à la réclusion criminelle à perpétuité.

– 30 juillet : Jurgen Ponto, président de la Dresdner Bank et conseiller du chancelier Helmut Schmitt, est assassiné.

– 5 septembre : Hans Martin Schleyer, président du patronat allemand, est enlevé à Cologne. Son chauffeur et ses trois gardes du corps sont abattus. Son corps, truffé de balles, est retrouvé dans le coffre d'une voiture, près de Mulhouse, dix-sept jours plus tard.

– 13 octobre : un Boeing de la Lufthansa est détourné sur Mogadiscio (Somalie) par des terroristes qui exigent la libération de onze membres de la RAF.

– 18 octobre : un commando spécialisé de la police allemande libère les passagers du Boeing après que les pirates eurent abattu le commandant de bord.

– Le même jour, Baader, Ensslin et Raspe, qui avaient fondé de grands espoirs sur l'action des pirates du Boeing détourné, sont retrouvés suicidés dans leur cellule.

Il y aura encore, le 29 juin 1979, l'attentat manqué contre le général Alexander Haig, commandant en chef des forces de l'OTAN en Europe.

Les autorités allemandes n'ont pas faibli. Elles se sont donné les moyens de contrer cette organisation jusqu'au-boutiste. Le BKA, l'office criminel fédéral, est devenu une machine policière très sophistiquée, avec le dispositif électronique le plus perfectionné d'Europe et douze millions de dossiers constitués sur le terrorisme depuis 1972. Une gigantesque traque a été organisée contre les membres de la bande à Baader : 80 % ont été arrêtés ou abattus. Les rescapés de ces deux premières générations se dissimulent au Moyen-Orient et en Europe où ils ont établi des connexions avec les mouvements subversifs des pays qui les abritent.

Comme des tigresses

C'est dans ce contexte que, le 3 mai 1980, l'officier de liaison du BKA auprès de la police française me demande l'identification d'un numéro de téléphone parisien apparu lors de la surveillance de suspects allemands. Le procureur général de la Cour fédérale de Karlsruhe saisit de son côté le parquet de Paris. Le numéro est identifié : il correspond à un appartement situé 4, rue Flatters, dans le 5e. Une enquête de voisinage très discrète nous apprend qu'il a été loué à des jeunes étudiantes autrichiennes. Le BKA pense qu'il pourrait s'agir du refuge de rescapées de la bande à Baader. Horst Herold, le patron du BKA, est si intéressé par l'affaire qu'il vient lui-même en mission éclair à Paris pour s'informer.

Dans l'après-midi du 5 mai, plusieurs jeunes femmes sont réunies dans l'appartement. Depuis le palier du 2e étage, on perçoit des bribes de conversation en allemand. Avec mes adjoints Foll et Poinas, j'ai rassemblé un important dispositif d'intervention. Des collègues de la « 6 » (future Division nationale antiterroriste) sont également présents.

À 16 heures, la porte palière s'entrouvre de l'intérieur. C'est l'assaut immédiat. Poinas et Pelois, le chef adjoint de la SAT, s'engouffrent dans le logement. Nous fonçons derrière eux; trois jeunes femmes sont maîtrisées dans l'entrée. Elles se débattent, cherchant à griffer et mordre comme des tigresses. Il faut les maintenir au sol avec énergie pour leur passer les menottes. Même scénario avec les deux autres, repliées dans la chambre.

Brusquement, Pelois crie :

– Attention ! Elle va tirer !

Il bondit sur l'une des « tigresses » allongées sur le plancher de la chambre. Pourtant menottée derrière le dos, elle se contorsionne pour saisir la crosse du pistolet qu'elle porte dans un étui, au creux des reins.

Jean-Pierre Pelois, futur garde du corps de Jacques Chirac, s'empare de l'arme. C'est un Herstal 9 mm, chargeur plein, une cartouche engagée dans la chambre de tir. Il suffisait d'appuyer pour déclencher le feu.

Je lis la haine sur le visage de la diablesse ainsi désarmée. Un policier allemand du BKA qui vient d'arriver me glisse à l'oreille :

– Elle, c'est Sieglinde Hofman. Elle a trente-cinq ans et fait partie des vétérans de la bande. Nous la recherchions à travers le monde depuis des années. C'est du très gros gibier.

Hofman fait effectivement l'objet d'un mandat d'arrêt international pour son implication présumée dans l'assassinat du banquier Juergen Ponto, commis le 30 juillet 1977. Ce jour-là, la victime, qui était protégée, avait reçu la visite dans sa villa de Francfort de sa nièce Suzanne Albrecht. Elle était venue avec un bouquet de fleurs pour tromper la vigilance des gardiens. Un couple l'accompagnait. Quand le trio, accueilli sans méfiance, est ressorti de la villa, on a retrouvé le corps du banquier criblé de balles. Sa nièce, jeune fille de bonne famille, qui militait au sein de la RAF, avait introduit le loup dans la bergerie.

Nous procédons immédiatement à la perquisition dans l'appartement des tigresses. Les découvertes sont impressionnantes : dix bidons de chlorate de soude et autres produits chimiques pour confectionner des explosifs, des systèmes de mise à feu, un nécessaire pour fabriquer des cartouches. Hofman est devenue spécialiste en armement et en explosifs lors de stages au Yemen du Sud. Les dizaines de passeports suisses, autrichiens, allemands et français, ainsi que le matériel de confection de faux papiers retrouvés dans sa cache, révèlent des dons de faussaire. Il est clair que nous sommes dans un repaire de terroristes qui n'ont pas désarmé.

Les cinq combattantes sont conduites à la Brigade criminelle pour être formellement identifiées et dûment interrogées. Mais les auditions tournent court : elles refusent de s'exprimer et de signer le moindre procès-verbal. Je suis frappé par la détermination de ces jeunes femmes. Il y a une sorte de déshumanisation de leur personnalité.

Qui sont-elles ? Grâce à la collaboration de nos collègues allemands, nous apprenons qu'Ingrid Barabaz fait partie du lot. Cette Allemande de vingt-huit ans est recherchée pour hold-up et enlèvements. Elle aurait participé en 1977 au rapt de M. Palmers, un homme d'affaires autrichien relâché contre 31 millions de schillings. Des billets provenant de cette rançon ont été retrouvés dans l'appartement de la rue Flatters.

Restent trois inconnues. Les spécialistes du BKA pensent avoir mis un nom sur celles-ci, mais nous avons absolument besoin d'une reconnaissance formelle. Je demande à l'officier de liaison du BKA :

– Pensez-vous pouvoir, dans le délai de la garde à vue, faire venir leur famille pour une présentation officielle ?

– Pas de problème, je fais affréter un avion sur-le-champ.

Le BKA dispose de moyens matériels qui, à l'époque, nous laissent rêveurs, nous, les policiers français.

Dès le lendemain matin, je peux organiser une présentation générale au Quai des Orfèvres. Et c'est un spectacle inimaginable ! Les cinq tigresses se font un visage grimaçant, profèrent des injures en allemand à leurs parents, leur crachent au visage et gesticulent de façon menaçante. La scène est éprouvante pour les familles qui réalisent que ces femmes ont basculé dans le monde de la haine absolue, en rupture totale avec leur passé.

Cette fois, nous savons qui sont ces filles :

– Regine N., vingt-sept ans, est recherchée pour association criminelle et faux en écriture. Son père déclare qu'il ne l'avait pas revue depuis trois ans et qu'elle militait depuis l'âge du bac.

– Karin M., vingt-six ans, entrée dans la mouvance de la RAF, n'est pas recherchée. Sa mère ne l'avait pas revue depuis deux ans. Elle sait que sa fille s'est mariée à un certain K.

– Carola H., trente et un ans, employée de maison à Berlin et sympathisante de fraîche date de la RAF, se trouvait, elle aussi, sur la mauvaise pente.

Le 7 mai, les cinq femmes sont conduites devant le parquet de Paris, en attendant d'être mises à la disposition de la justice allemande.

On m'a souvent posé la question : que pensez-vous des femmes dans la police ? À l'expérience, je crois que l'erreur initiale a été de les cantonner dans des missions essentiellement sociales ou représentatives. En fait, leur intégration dans les services opérationnels était indispensable. Cette affaire des cinq tigresses a été pour moi un révélateur : face à la stratégie de rupture qui nous était opposée, une femme policier, avec sa perception et sa sensibilité propres, aurait peut-être mieux cerné la psychologie de l'adversaire et établi une forme de dialogue. L'émergence de chefs de police féminins appartenait à l'ordre naturel des choses. Et ce n'est pas un hasard si Martine Monteil a été promue à la tête de la Brigade criminelle.

Le 18 juin 1981, le chef du BKA aura la délicatesse de m'adresser un message, accueilli avec beaucoup de satisfaction à la Brigade criminelle :

« Comme les résultats des enquêtes n'ont pas manqué d'en apporter la confirmation, les arrestations effectuées à Paris l'an dernier ont largement contribué à préserver la République fédérale d'Allemagne de nouveaux attentats... »

23

L'attentat de la rue Copernic

3 octobre 1980, 18 h 40. Dans la synagogue érigée en 1907, au 24, rue Copernic (16e), trois cent vingt fidèles partagent la « joie de la Torah » qui suit le nouvel an juif. Le rabbin anglais Mike Williams célèbre l'office. Il y a parmi l'assistance de nombreux enfants, car traditionnellement ils sont associés à cette fête de la joie.

Soudain, c'est un tremblement de terre ! Une déflagration énorme ébranle l'édifice. La verrière qui surplombe le toit s'effondre sur les fidèles. Quelques-uns sont blessés. En un éclair, le rabbin comprend qu'il s'agit d'un attentat et reprend ses prières, en exhortant l'assistance à ne pas sortir.

Dans la rue, le spectacle est dantesque. Une colonne de feu lèche la façade des immeubles jusqu'au deuxième étage. Trois voitures renversées par le souffle sont en flammes. Sur le trottoir : des cadavres de personnes foudroyées et brûlées. Des blessés criblés d'éclats de verre.

Lorsque j'arrive sur place avec mon adjoint Olivier Foll et trois groupes de la Criminelle, il s'est écoulé trente minutes environ. Une odeur âcre nous prend à la gorge, car la fumée ne s'est pas encore dissipée. Sur deux cents mètres, entre la rue Lauriston et la place Victor-Hugo, il n'y a plus une vitre aux fenêtres. Les volets arrachés pendent aux murs comme des pantins désarticulés. Les vitrines des commerces sont pulvérisées. Des carcasses de motos gisent dans le périmètre de l'explosion, et une Méhari en plastique achève de se consumer, dégageant ses vapeurs toxiques.

Les victimes les plus touchées ont déjà été évacuées par une noria d'ambulances. Policiers en tenue, pompiers et médecins du SAMU s'affairent à leurs tâches dans cet enchevêtrement qui rappelle les pires heures de Beyrouth.

On m'informe qu'il y a trois morts : Philippe, vingt-deux ans, qui circulait à moto dans le quartier; Jean-Ernest, quarante-deux ans, qui passait par là; et Aliza, une jeune Israélienne de vingt-cinq ans. M. Lopez, quarante et un ans, le concierge du 27 de la rue Copernic, a été hospitalisé dans un état critique. Il décédera quelques heures plus tard. On dénombre trente-cinq blessés, dont trois grièvement atteints.

Un employé de la Compagnie générale des eaux qui travaille au 26 de la rue donne un témoignage important. Dans les minutes qui ont précédé l'attentat, il a vu « un motard de taille moyenne, 1,70 m, mince, vêtu d'un blouson de cuir marron, avec un casque intégral noir... il s'agissait d'un homme jeune ». Celui-ci a garé son engin contre la vitrine d'un électricien à proximité de la synagogue.

Il y avait un gardien de la paix en faction devant l'édifice. Il a vraisemblablement dissuadé le terroriste de placer sa bombe plus près de l'objectif. À cinq minutes près, les trois cent vingt fidèles se seraient retrouvés dans la rue, à la fin de l'office, et c'était le carnage.

Déjà, la foule se rassemble aux abords de la rue Copernic. De nombreux jeunes Israélites crient leur colère, et le service d'ordre doit les contenir pour préserver le périmètre des constatations.

Dans le désordre ambiant, au milieu de ce champ de ruines, les techniciens du service des explosifs du laboratoire central parviennent à localiser l'épicentre de l'explosion. C'est un cratère situé sur le trottoir, à une vingtaine de mètres de l'entrée de la synagogue. Les débris calcinés d'une moto sont retrouvés à cet endroit précis et permettent de penser, compte tenu de leur aspect tourmenté, que l'engin dissimulait la charge. Il faut donc faire « parler » cette moto.

Je suis toujours sur place lorsque j'apprends qu'un correspondant anonyme a téléphoné à l'AFP pour revendiquer l'attentat au nom des FNE (Faisceaux nationalistes européens), une organisation d'extrême droite qui a pris le relais de la FANE (Fédération d'action nationaliste européenne), récemment dissoute. Cette revendication me laisse perplexe, car je vois mal un mouvement ayant pignon sur rue se targuer publiquement d'une action aussi effroyable. Dans la nuit même, le responsable des FNE, Marc Fredriksen, bien connu des services spécialisés, téléphone à l'AFP pour démentir cette revendication. Mais nous ne pouvons nous contenter de ce simple démenti.

Les 4, 5, 9, 21 et 23 octobre, je fais procéder à une soixantaine d'interpellations dans les milieux d'extrême droite connus pour leur idéologie antisémite. Quelques armes sont découvertes, mais rien qui se rattache à Copernic.

Le 28 novembre, un militant connu de l'ex-FANE, Jean-Yves Pellay, explique dans les colonnes de deux journaux parisiens qu'il est l'auteur de la revendication. Il s'était, dit-il, infiltré dans cette organisation pour le compte de l'OJD (Organisation juive de défense). À la Brigade criminelle, il rectifiera le tir en indiquant qu'il a agi par impulsion personnelle, parce qu'il voulait discréditer les FNE.

Méfiance, donc ! Nous sommes sur un terrain qui se prête à toutes les manipulations. Mieux vaut travailler à partir d'éléments concrets, selon la bonne vieille méthode de la Brigade criminelle.

L'homme à la moto

En examinant à la loupe les débris de la moto, nous parvenons à identifier le numéro de série qui figure sur la colonne de direction. L'engin est une Suzuki 125 cm^3. Elle a été vendue le 23 septembre 1980, dans un magasin de l'avenue de la Grande-Armée. L'acheteur a versé 1 000 dollars en billets de 100 dollars et a présenté un passeport chypriote au nom de Panadriyu Alexander. Il a donné une adresse : Celtic hôtel, rue Balzac, à Paris.

Vérification faite, un client répondant à ce nom a bien passé la nuit du 22 au 23 septembre dans cet hôtel. Il a même accueilli une prostituée dans sa chambre. Nous la retrouvons. C'est Angela, une belle Italienne en instance de divorce. Elle fait le portrait de son client : trente ans environ, 1,70 m, corpulence normale, cheveux noirs, portant moustaches. L'homme lui aurait dit qu'il était grec, mais elle pense qu'il s'agissait plutôt d'un Arabe. Il avait un accent indéfinissable, dit-elle. Petit détail anatomique qui n'échappe pas à une professionnelle : il était circoncis.

Nous allons maintenant suivre à la trace ce Panadriyu.

Le 27 septembre, il fait des achats au magasin Inno-Montparnasse et commet une bévue impardonnable pour un clandestin : il vole une pince coupante et se fait prendre. Le commissariat du quartier relève son identité : Panadriyu Alexander, né le 20 septembre 1956, à Larnaca (Chypre). L'homme présente son passeport chypriote n° 308 139, délivré le 20 mai 1980. Le document comporte un cachet de la police nationale de Lyon faisant état de son entrée en France le 15 septembre. Le larcin étant de faible importance, il est relâché.

Par un télégramme national, je demande qu'on me signale tout comportement suspect de ressortissants chypriotes en France. Le commissariat du quartier de Plaisance (14e) a la bonne réaction : il m'informe que, le 2 septembre, un certain Mathias Joseph, né le 14 novembre 1955 à Chypre, et demeurant 71, rue de la Reine-Élisabeth, à Nicosie, a loué une GS dans une société de location de la rue de Vaugirard ; il devait la rendre le 4 octobre mais il n'a pas reparu.

Il a présenté au loueur un passeport chypriote n° 308 147, délivré le 25 mai 1980 à Nicosie, et son signalement correspond à celui de Panadriyu.

La GS est retrouvée abandonnée dans un parking de l'avenue Foch. Dans le coffre : des emballages du magasin Inno-Montparnasse. Il ne fait guère de doute que Mathias et Panadriyu ne font qu'un seul et même homme.

Qui est-il au juste ? D'où vient-il ? Nous interrogeons les autorités chypriotes : les numéros figurant sur les deux passeports appartiennent à la même série (A 308 139 pour Panadriyu et A 308 147 pour Mathias), mais ces documents sont faux, car ces numéros n'ont pas encore été attribués. En outre, le 71 de la rue de la Reine-Élisabeth, à Nicosie, n'existe pas.

Je fais examiner plusieurs milliers de fiches de débarquement à l'aéroport de Lyon. Aucun résultat.

Je fais aussi diffuser dans la presse les portraits-robots de Panadriyu-Mathias. Pas un écho sérieux en retour.

En décembre 1980, une information officielle me parvient du BKA allemand qui dispose de réseaux de renseignements éprouvés au Moyen-Orient : les membres du commando sont cinq Palestiniens qui ont quitté Paris par avion, dès le lendemain de l'attentat. L'un d'eux est un ressortissant libanais, un autre est un Palestinien disposant d'un passeport jordanien. Et celui-là a fait plusieurs séjours à Chypre.

À partir des noms qui me sont précisés, je fais alors examiner, pour la période considérée, 600 000 fiches de débarquement et d'embarquement dans les aéroports parisiens ! Sans succès.

Et pourtant, cette piste du Moyen-Orient est hautement crédible. La DST y adhère et je sais que les services secrets israéliens partagent le même point de vue.

Les auteurs d'un attentat, peu remarqué à l'époque, ont dû faire la même analyse que le Mossad. Le 16 février 1981, deux roquettes, dont le tir était programmé par une minuterie étrangement sophistiquée, ont été lancées contre l'ambassade du Sud-Yemen, à Paris. Un message à la peinture a été laissé sur place : « Remember Copernic » (Souviens-toi de Copernic !). Pourquoi le Sud-Yemen ? Simplement parce que ce pays abrite des camps d'entraînement palestiniens. Des camps ouverts aux terroristes. C'est là que Sieglinde Hofman, la tigresse en chef de la bande à Baader, est devenue experte en armes et en explosifs.

Un autre détail ne trompe pas : les prélèvements effectués rue Copernic révèlent la trace de penthrite dans la composition de l'explosif. Et ça, c'est la signature des groupes terroriste moyen-orientaux.

Calomniez, calomniez

Après les attentats d'Anvers (27-7-80), de Bologne (2-8-80) et de Munich (27-9-80), ainsi que de nombreuses exactions antisémites en France, au cours des mois précédents, l'émotion soulevée par l'attentat de la rue Copernic a été très vive. À droite comme à gauche, chacun a manifesté, à sa manière, son soutien à la communauté juive. Le ministre de l'Intérieur, Christian Bonnet, manifestement très ému, est venu sur place et, le lendemain, 200 000 personnes ont défilé au coude à coude dans les rues de Paris.

Dans ce climat émotionnel, la tentation est grande pour certains de se livrer à une exploitation de l'affaire. Le SNAPC (Syndicat national des policiers en civil) et la FASP (Fédération autonome des syndicats de police) ouvrent la danse en dénonçant la présence de policiers au sein d'organisations d'extrême droite. Le secrétaire général du SNAPC accuse : « 20 % des membres de l'ex-FANE étaient des policiers. » Des journaux reprennent : « 20 % des policiers sont des nazis ! »

Devant ces outrances, Christian Bonnet doit réagir. Nous avons saisi un fichier chez Fredriksen, le chef de file de l'ex-FANE. Il comporte une liste de cent cinquante-deux adhérents. Première vérification faite : il n'y a pas de policier parmi eux. La polémique rebondit. Le ministre fait alors collationner les trois mille quatre cents noms qui apparaissent à travers l'ensemble des documents saisis lors des perquisitions dans les milieux d'extrême droite. Résultat : vingt et un sont des policiers (treize gardiens de la paix, deux sous-brigadiers, un officier de paix et cinq inspecteurs). Parmi eux : trois inspecteurs infiltrés en service commandé.

L'Inspection générale de la police nationale effectue immédiatement une enquête sur les dix-huit noms restants. En bout de course subsistent deux gardiens de la paix qui reconnaissent leur qualité de militants. Beaucoup de bruit pour rien, mais une image de la police singulièrement entachée. Calomniez, calomniez...

Mercredi 15 octobre 1980.

Je me trouve à mon tour plongé brusquement au cœur du cyclone. *Le Canard enchaîné* publie in extenso une lettre datée du 21 août que m'a adressée le juge d'instruction Guy Joly.

Dans cette lettre lourde de reproches et de suspicion, le magistrat me rappelle qu'il m'a délivré commission rogatoire, le 24 juin, pour enquêter à la suite d'attentats et de menaces de mort revendiqués par des groupuscules néo-nazis. Ces actes visaient Mes Joë Nordmann et Serge Klarsfeld et une association d'étudiants musulmans.

Il avait demandé, précise-t-il, que les interpellations de suspects et les perquisitions ne soient opérées qu'à son retour de vacances, après le 15 août, et après réunion d'éléments d'information suffisamment précis.

« Or, ajoute-t-il, quelle ne fut pas ma stupéfaction d'apprendre que, le jour même de mon départ, soit le 1er juillet, une série d'interpellations et de perquisitions avait été opérée sur un nombre très restreint de militants des groupuscules néo-nazis concernés. Conduite dans de telles conditions, cette opération ne pouvait qu'être vouée à l'échec... »

Le Canard conclut à une volonté de sabotage des instructions du juge.

Que s'est-il produit, en réalité ?

Dans l'après-midi du 30 juin, le directeur de cabinet du préfet de police m'informe que des militants du MRAP, dont le siège avait fait l'objet d'un attentat le 26 juin, sont en train de mobiliser leurs sympathisants pour lancer une expédition punitive contre le siège de la FANE, 28, rue Jean-Moinon (10e). Après concertation entre le cabinet du préfet de police et le parquet de Paris, dirigé par le procureur Christian Le Gunéhec, il est décidé que la Brigade criminelle interviendra dès le 30 juin pour perquisitionner à cette adresse.

Il s'agit d'éviter un affrontement violent et d'empêcher la destruction au siège de la FANE d'éléments utiles pour les enquêtes en cours. Loin de « saboter » les instructions du juge, notre opération a plutôt vocation à en préserver l'intérêt. D'autant que nous avons décidé, par mesure de sauvegarde, de procéder, dans la foulée, à des perquisitions au domicile des militants connus de la FANE et d'autres groupuscules d'extrême droite.

Comme il est fréquent en matière criminelle, ce sont les événements qui commandent, et pas forcément le planning d'un juge établi en fonction de son départ en vacances...

J'ai pris soin, bien sûr, d'informer son collègue suppléant du déroulement des opérations.

Dès réception de la lettre du juge, le directeur de la PJ et le procureur de Paris lui ont clairement exposé les raisons qui avaient nécessité le changement de chronologie. J'en ai fait de même à mon retour de congé, et il a paru admettre notre argumentation.

La correction eût voulu que sa lettre, à caractère personnel, ne fût pas versée à l'instruction afin d'empêcher toute exploitation abusive par des personnes mal intentionnées ayant droit d'accès au dossier. Car de deux choses l'une : ou Joly admet ma bonne foi et il tire un trait sur ce malentendu, ou il pense que j'ai réellement cherché à torpiller ses instructions et il saisit alors la chambre d'accusation de Paris investie du pouvoir disciplinaire sur les OPJ. Il a préféré joindre sa lettre au dossier avec les conséquences que l'on sait.

N'ayant rien à me reprocher et voyant mon service cloué avec moi au pilori, je suis résolu à me défendre. Par note du 17 octobre, je réponds officiellement et de façon très explicite au juge. Aux journalistes qui m'interrogent, je fais cette mise au point : « Moi, je fais de la police et non de la politique, et je n'entrerai en campagne pour personne ! »

Le 25 octobre, fait rarissime, le procureur de la République de Paris, Christian Le Gunéhec, écrit à Michel Guyot, le directeur de la PJ, qui lui a demandé son sentiment sur ma réponse au juge Joly :

« Cette lettre n'appelle de ma part aucune observation. Je puis vous assurer, au contraire, que j'en approuve entièrement les termes.

« Je tiens également à vous renouveler l'assurance de mon entière confiance dans les services de police judiciaire et notamment dans l'action de M. le commissaire divisionnaire Leclerc et de l'ensemble de la Brigade criminelle, confiance que partage, sans aucune restriction ni réserve, l'ensemble des magistrats du parquet de Paris. »

Belle preuve d'honnêteté de la part de Le Gunéhec. Le ministre de l'Intérieur lui-même devra prendre publiquement position pour tenter de mettre un frein à la campagne de diffamation dont je suis l'objet. Pour moi qui n'ai jamais eu aucune sympathie ou faiblesse pour les mouvements extrémistes, ce sont des témoignages que je n'ai pas oubliés. Comme je n'ai pas oublié non plus qu'à l'époque mes fils jumeaux, jeunes lycéens, durent affronter en pleine classe, devant leurs camarades stupéfaits, les remarques ironiques d'un professeur d'espagnol qui avait oublié les devoirs de sa charge et les préceptes élémentaires de Jules Ferry.

La piste espagnole

La piste du Moyen-Orient, imposée par les faits, venait contredire l'immense mise en cause du terrorisme noir à la française contre lequel tant de Français de bonne foi avaient défilé. D'autres pistes de travail allaient cependant nous être soumises.

Le 6 novembre 1980, Bernard Deleplace, le secrétaire général du Syndicat général de la police, se présente à moi. Il revient d'un congrès à Barcelone. Un collègue, syndicaliste espagnol, lui aurait confié que l'un des auteurs de l'attentat de la rue Copernic est un extrémiste de la droite ibérique, Ernesto M.-R., qui aurait séjourné en France depuis le 25 juin 1980. Il me remet une photographie du suspect. J'adresse aussitôt une demande de renseignements aux autorités espagnoles par la voie d'Interpol.

Le 13 novembre, *L'Humanité* reprend l'information à son compte, avec une autre photo du terroriste présumé, en précisant même sa date de naissance.

Ces clichés sont, bien sûr, présentés à tous les témoins qui ont vu Panadriyu-Mathias durant son séjour en France. Ce n'est pas l'homme à la moto.

Dans l'intervalle, Deleplace a révélé que son confident espagnol est un commissaire de Barcelone. Celui-ci est interrogé par le canal d'Interpol. Réponse : il n'a jamais mis en cause le fameux Ernesto M.-R. dans l'affaire Copernic et n'a pas remis de photo le concernant. Finalement, Ernesto M.-R. sera interpellé à Paris le 22 juillet 1981, sans qu'aucune charge puisse être retenue contre lui.

La piste espagnole a la vie dure. Le 29 juin 1981, un quotidien parisien sous la plume d'un ancien policier revient à la charge. Trop heureux de pouvoir exploiter une information qui, croit-il, embarrasse la police judiciaire dont il a été évincé, il ajoute deux noms à côté de celui du « suspect numéro un » : Germain S. et Rafaël T.

Par bonheur, le fameux Germain est détenu à la prison de Strasbourg pour une affaire de recel de bijoux volés. Je le fais entendre aussitôt. Il reconnaît volontiers sa sympathie pour l'idéologie d'extrême droite, mais dément catégoriquement toute implication dans l'affaire Copernic. C'est un policier communiste espagnol, dont il cite le nom, qui fait, selon lui, courir ces rumeurs.

À la lecture du *Monde* du 4 juillet 1981, alors que la chasse aux sorcières bat son plein dans la police, je comprends mieux où certains veulent en venir. Ce quotidien rapporte que, le 2 juillet, Deleplace a tenu une conférence de presse pour s'exprimer au sujet de l'enquête sur l'attentat de la rue Copernic. Et je lis, stupéfait, les propos qui me concernent :

« Que M. Leclerc soit fâché parce qu'il n'a pas de bonnes réussites, c'est peut-être parce qu'il n'a pas beaucoup de bonnes compétences...

« Nous sommes convaincus que tous les renseignements qui arrivent au niveau de ses chefs [les chefs de la Criminelle] ne leur sont pas toujours communiqués [il faut lire : aux inspecteurs] pour mener à bien la conduite des affaires...

« Nous avons dit et nous répétons qu'il est surprenant qu'une police comme la nôtre n'ait pas pu avoir, depuis des années, des résultats positifs à l'égard de tous ces attentats revendiqués par les fascistes, racistes et autres... »

Je prends immédiatement ma plume pour saisir Gaston Defferre, nouveau ministre de l'Intérieur, de ces propos outrageants. Il paraît que cette lettre, en date du 5 juillet 1981, ne lui serait jamais parvenue...

On ne triche pas longtemps avec la réalité.

29 mars 1982.

Une bombe explose dans le Capitole reliant Paris à Toulouse, faisant cinq morts et vingt-huit blessés. Des traces de penthrite sont révélées dans la composition de l'explosif. L'ombre du redoutable terroriste international Carlos, qui a envoyé quelques semaines auparavant des menaces authentifiées à Gaston Defferre, plane immédiatement sur cette affaire.

22 avril 1982.

Une voiture piégée explose devant le 23, rue Marbeuf à Paris (8e), faisant un mort et soixante-trois blessés. Gaston Defferre doit, le soir même, ordonner l'expulsion de deux diplomates syriens pour tenter d'enrayer la guerre sans merci que se livrent les services secrets syriens et irakiens.

9 août 1982.

Cinq hommes armés ouvrent le feu et lancent des grenades sur les consommateurs du restaurant Goldenberg, rue des Rosiers, à Paris. Il y a six tués et vingt-deux blessés. L'enquête révèle que le commando était composé de Palestiniens appartenant au groupe Abou Nidal, le grand rival d'Arafat.

Il serait trop long de faire la liste des attentats de tous ordres, en provenance du Moyen-Orient, qui ont endeuillé notre pays.

Copernic était bien l'un des premiers avertissements !

Tragique année 1980. Entre le terrorisme noir et le terrorisme rouge, contrairement aux calomnies, nous n'avions pas choisi nos objectifs.

Le bilan obtenu cette année-là par la Brigade criminelle, en collaboration avec d'autres services, n'a pas été dépassé depuis : soixante-huit terroristes nationaux et internationaux livrés à la justice. Et pas du simple réseau logistique ! Des auteurs de premier plan : Rouillan, Ménigon, Hofman, des Italiens impliqués dans le meurtre d'Aldo Moro, et bien d'autres.

Ce faisant, les attentats en région parisienne ont diminué en 1980 de 37 % (90 au lieu de 146 en 1979). Ils ont chuté de 40 % en 1981, tant l'hémorragie provoquée par nos opérations dans la veine terroriste était importante.

Cela n'avait pas nui pour autant aux activités traditionnelles du service. 37 affaires d'homicide volontaire réussies sur 76 en 1980. Soit un taux d'élucidation de 50 %. Score honorable, lorsque l'on sait que la Brigade criminelle n'est saisie, a priori, que des enquêtes les plus complexes.

En cette fin d'année 1980, je sentais venir le gros temps. Je n'avais pas peur. Avec mon équipe rassemblée, nous étions fiers du travail accompli.

24

La chasse aux sorcières

Vient le 10 mai 1981. Adieu Giscard. Gloire à Mitterrand. Dans la police, c'est d'abord un long frémissement. Il y a ceux qui ne cachaient pas leur sympathie pour la gauche et qui se trouvent en harmonie avec le changement. Il y a aussi les nouveaux zélateurs qu'on découvre brusquement et qui affichent leur satisfaction à grand bruit. Il y a enfin une grande majorité de fonctionnaires qui attendent sereinement de voir comment les nouveaux dirigeants vont aborder le traitement des problèmes de sécurité. Dans le programme commun, on a vu émettre l'idée de rattacher la police judiciaire à la justice, et de supprimer les Renseignements généraux. Mais entre les promesses électorales et la nécessité de gouverner, il peut y avoir des changements de cap.

La nomination de Gaston Defferre à la tête du ministère de l'Intérieur et de la Décentralisation est plutôt vue d'un bon œil. L'homme a une longue expérience de la vie publique. Comme François Mitterrand, il a été ministre sous la IVe République, et la réputation de fermeté qui l'accompagne n'est pas pour déplaire aux gens de la grande maison. Il choisit Maurice Grimaud pour diriger son cabinet, ce qui est aussi un gage de sérieux pour ceux qui ont connu celui-ci dans les fonctions de préfet de police. En revanche, la nomination comme conseiller technique de Gérard Monate, ex-dirigeant de la FASP, intrigue.

La sérénité est de courte durée. Du 22 au 25 juin, la FASP tient son septième congrès national à Rouen et porte Bernard Deleplace à sa tête. C'est l'occasion pour ce syndicaliste de jeter l'anathème :

« Tout le passé fait d'incompréhension, de répression syndicale, de dévoiement de l'appareil policier est incarné par des hommes occupant toujours de hautes positions... Si le ministre de l'Intérieur et le gouvernement souhaitent profondément changer la vision, les missions de la police, s'ils veulent tenir compte des solutions et des réformes que nous préconisons, il faudra, qu'ils le veuillent ou non, qu'ils se séparent des hommes qui n'ont jamais accepté cette police que nous préconisons. »

Il dénonce alors « les dix personnages clés de la haute hiérarchie qui ne sauraient aujourd'hui faire passer les réformes qu'ils ont vomies hier ». Broussard et moi voyons avec étonnement notre photographie figurer parmi la brochette de préfets et de directeurs centraux de la police désignés à la vindicte publique. C'est le « WANTED » à l'américaine, diffusé par voie de presse.

Piqué au vif, Gaston Defferre, qui baptise le 26 juin la 31e promotion des commissaires de police à Saint-Cyr-au-Mont-d'Or, réagit :

– Les syndicats m'ont demandé des têtes; je n'en ferai pas tomber. La hiérarchie actuelle a obéi au gouvernement précédent qui était normalement élu. C'était son devoir et son sens de l'État.

À l'issue de la cérémonie, devant des journalistes présents, Deleplace s'en prend alors à l'un de mes adjoints, Ange Mancini :

– Tu es un fasciste ! Tant que toi et ton patron Leclerc serez à vos postes, on n'arrêtera jamais de fascistes. D'ailleurs, vous êtes tous les deux sur mes listes et j'aurai votre peau [1] !

1. Mancini rendra compte de cet incident par écrit au ministre de l'Intérieur, par la voie hiérarchique. Comme pour ma lettre du 5 juillet, son courrier restera sans réponse.

Mancini, futur patron du RAID et actuel préfet de police en Corse, se mord les lèvres avant de répondre d'un ton calme :

– Monsieur, gardez votre sang-froid ; nous sommes tous deux des policiers avant tout. Restez dans le domaine de vos compétences.

Comme elles sont bien venues ces vacances du mois d'août ! L'atmosphère parisienne est devenue oppressante. La loi d'amnistie votée le 4 août produit ses effets : les portes des prisons s'ouvrent généreusement pour laisser sortir nos clients d'Action directe, puis ceux du FLNC.

J'apprends aussi que le Premier ministre, Pierre Mauroy, a ordonné qu'on lui rende compte de la façon dont les enquêtes concernant les meurtres de Curiel, Goldman, Fontanet, ainsi que l'attentat de la rue Copernic, ont été conduites. Le directeur de la PJ, Michel Guyot, doit établir des rapports très circonstanciés à ce sujet. Comme s'il était possible de truquer de telles enquêtes !

Sueurs froides au consulat de Turquie

24 septembre 1981, 11 h 15.

Un commando de quatre hommes pénètre à l'intérieur des locaux du consulat de Turquie, 170, boulevard Haussmann (8e), sans attirer l'attention. Il tue d'une balle dans la tête l'attaché de sécurité et blesse grièvement le vice-consul général. Des gardiens de la paix entendent les détonations. Ils se précipitent sur place et sont pris pour cibles. L'un d'eux a le temps de riposter avant de se replier.

Je retrouve immédiatement l'ambiance de ces prises d'otages qui m'ont tant de fois mobilisé. Broussard est chargé de mettre en place le dispositif d'intervention. À moi l'enquête, comme patron de la Crim'. Le préfet de police me charge aussi de la négociation.

Nous installons notre PC dans la loge de la concierge, au rez-de-chaussée de l'immeuble. C'est le lieu qui se prête le mieux à la dérivation du téléphone du consulat. Le contact avec les terroristes est difficile à établir. Au bout d'une heure, ils jettent un message par l'une des fenêtres du 1er étage. Ils s'intitulent « Armée secrète pour la libération de l'Arménie – commando-suicide Yeghia Kechichian, opération du Van ». Ils donnent un délai de douze heures aux autorités turques pour libérer les détenus arméniens emprisonnés en Turquie. Sinon... ils exécuteront les otages. Si nous donnons l'assaut, ils feront sauter l'immeuble. Selon nos évaluations, il y a une cinquantaine de personnes séquestrées au premier étage.

L'ambassadeur de Turquie, arrivé sur place, déclare ne pas être concerné par l'affaire et me donne l'autorisation écrite d'intervenir dans son consulat.

Nous sommes à l'étroit dans cette loge de concierge qui a accueilli Jean Périer, le nouveau préfet de police, Christian Le Gunéhec, le procureur de la République, Michel Guyot, le directeur PJ, Philippe Massoni, le directeur des services techniques de la PP. L'ambassadeur de Turquie va et vient dans les lieux.

À 14 h 50, j'ai enfin au téléphone le chef du commando qui parle un mauvais français. Et c'est l'interminable négociation. Mais j'ai peut-être un atout dans mon jeu : le gardien de la paix qui a riposté dans le consulat dit avoir entendu son adversaire pousser un cri de douleur.

Il ne s'est pas trompé : à 17 h 30, le chef du commando me rappelle pour demander un médecin, en se gardant de préciser pour qui. Je propose que le blessé soit sorti sur le palier pour être pris en charge. Le terroriste hésite, tergiverse. Je le laisse venir. Finalement, à 18 h 20, il m'apprend que le vice-consul est blessé et qu'un de ses camarades l'est également. Il accepte l'évacuation des deux blessés, puis la sortie du corps du garde mort.

C'est le tournant de l'affaire : je sens que mon interlocuteur, qui dit attendre des instructions de l'extérieur, est désemparé. J'entreprends un très long dialogue avec lui.

À 20 h 15, la situation se complique car des manifestants d'origine arménienne viennent soutenir bruyamment leurs « frères » retranchés dans le consulat. Des contre-manifestants turcs leur donnent la réplique. Le service d'ordre doit tenir à distance les trublions. Je dois, moi, rassurer le chef du commando :

– C'est quoi ces cris dehors? s'inquiète-t-il. Si c'est Tourcs, je toue tous!

– Mais non, ce ne sont pas des Turcs. Ce sont des manifestants. À Paris, il y a tous les jours des gens qui manifestent.

À 0 h 45, un second terroriste blessé à l'avant-bras droit sort pour être soigné et conduit à l'hôpital. Il ne reste plus que deux agresseurs dans les lieux.

Un otage, M. Houbard, va me donner un sacré coup de main. Il entre dans un dialogue à trois voix et m'aide à convaincre les deux terroristes de se rendre. Après une heure trente de discussions tendues, ceux-ci acceptent ma proposition de reddition en trois phases :

1 – sortie de M. Houbard avec un sac contenant les armes, les munitions et les explosifs,
2 – sortie des deux preneurs d'otages,
3 – délivrance des otages.

À 2 h 10, c'est le dénouement.

Dans le sac remis par M. Houbard, il y a un pistolet-mitrailleur, trois pistolets automatiques, les cartouches correspondantes. Il y a aussi trois grenades quadrillées et trois pains d'explosif avec détonateurs et système de mise à feu à distance. Les otages nous diront que les explosifs avaient été placés derrière les trois portes d'accès au consulat. L'un des agresseurs tenait la commande de mise à feu sur sa poitrine, reliée avec des fils électriques aux trois charges. Il n'y avait plus qu'à appuyer sur le bouton pour tout faire sauter.

Je fais compter les otages : ils sont cinquante et un. J'en ai la chair de poule. Si nous avions tenté une intervention en force, c'était le carnage assuré.

Épuisé par ces quinze heures d'attente et de tension extrême, je sors sur le boulevard pour me dégourdir les jambes et respirer un bol d'air frais. En cette fin de septembre, la nuit est douce et apaisante. Michel Guyot m'a rejoint. C'est pour moi l'ancien patron de mes débuts, à la 9e BT. Il me prend par l'épaule d'un geste amical et me dit :

– Je suis très heureux que cette affaire se termine aussi bien. Je le suis doublement Leclerc, car je viens de proposer que vous soyez promu sous-directeur des affaires criminelles.

Le matin, je lis les titres des gazettes : la « méthode Broussard » a fait merveille.

Je suis convié le lendemain à une réception chez Pierre Mauroy (c'est la première fois que je suis invité par un Premier ministre). Je suis venu avec quelques-uns de mes collaborateurs. Sont également présents Grimaud, Périer, Le Gunéhec et Guyot. En arrière-plan, se tient un grand jeune homme aux moustaches conquérantes. C'est Frédéric Thiriez, le conseiller technique de Gaston Defferre pour la police.

Broussard est là aussi, accompagné de quelques inspecteurs de la BRI. Et Mauroy l'entoure de mille attentions. Mes « compagnons » de loge qui ont passé toutes ces heures de négociation avec moi sont embarrassés. Christian Le Gunéhec, n'y tenant plus, évoque alors quelques temps forts de mes échanges téléphoniques avec les terroristes. Un ange passe.

Dès cet instant, j'ai compris que mon sort était déjà scellé.

L'affaire Georgiou Démétriou

Le 11 novembre, une nouvelle affaire va alimenter le contentieux. Un certain Georgiou Démétriou est interpellé par la Police de l'air et des frontières à l'aéroport d'Orly. Son passeport chypriote sent le faux à plein nez. Il transporte des coupures de presse dans ses bagages qui démontrent qu'il s'est intéressé fortement à la prise d'otages du consulat de Turquie. Il atterrit à la Brigade criminelle. Nous regardons de plus près le fameux passeport. Stupeur ! Il porte le n° A 328 140. C'est exactement la même série que les faux passeports Panadriyu-Mathias de l'affaire Copernic.

Mais, déjà, un correspondant anonyme lance des messages menaçants à la PAF d'Orly : « Relâchez Démétriou, sinon l'aéroport saute ! »

Nous réalisons que nous avons entre les mains un combattant de l'ASALA, la fameuse organisation de libération arménienne.

Mieux ! Nous apprenons qu'il est suspecté d'être l'auteur d'une tentative de meurtre commise à Rome, le 25 octobre 1981, sur un diplomate turc.

– Examinez son bras gauche, nous disent les collègues italiens, il a été blessé par la victime qui a tiré pour se défendre.

Exact ! Il présente bien une blessure par balle à l'avant-bras gauche. Elle n'est pas encore cicatrisée.

C'est la panique dans les sphères gouvernementales. Car un commando se baptisant « Orly » a commis deux attentats au cours de la nuit contre des intérêts français à Beyrouth. Il faut absolument trouver le moyen de relâcher au plus vite cet « Arménien » encombrant.

Le syndrome Abou Daoud resurgit. Tout le monde se souvient de ce terroriste impliqué dans le massacre des athlètes israéliens aux jeux Olympiques de Munich en 1972. Il avait été arrêté à Paris le 7 janvier 1977 et était l'un des hommes les plus recherchés par les Allemands et les Israéliens. Pour ne pas compromettre nos bonnes relations avec Arafat, nos dirigeants de l'époque le firent évacuer avec un bel habillage politico-judiciaire.

Ceux qui n'eurent pas de mots assez durs pour condamner cet arrangement s'apprêtent aujourd'hui à reproduire le même scénario.

J'obtiens quand même une prolongation de garde à vue pour tenter de vérifier si notre homme n'est pas susceptible d'être reconnu dans l'attentat de la rue Copernic. Il faut faire cela dans la précipitation. Les quarante-huit heures vont arriver à expiration. Le procureur de Créteil m'appelle pour me répercuter d'étonnantes instructions :

– Rendez son passeport à Démétriou et faites-le conduire à Orly pour qu'il puisse reprendre le cours de son voyage.

– Mais, monsieur le procureur, ce faux passeport a été placé sous scellés et je n'ai pas qualité pour briser un scellé.

– Ce sont les instructions.

– Moi, monsieur le procureur, je n'ai encore jamais restitué un faux document à son possesseur dont je n'ai d'ailleurs pas établi la véritable identité. Je ne vais pas commencer avec un terroriste !

– Mais, mais...

– Je vous propose une solution : je fais conduire Démétriou devant vous avec le faux passeport. La justice fera ensuite ce qu'elle voudra.

– Soit.

Ce magistrat était aussi légaliste que moi, mais il avait reçu des instructions impératives. Quelques heures plus tard, il en reçut d'autres, exactement inverses, de son procureur général Pierre Arpaillange.

Que s'était-il passé ? La presse avait été alertée par des indiscrétions des soupçons pesant sur ce mystérieux voyageur. Bien entendu, mon service a porté le chapeau.

Au juge Jean-Louis Debré (futur ministre de l'Intérieur) qui lui demandait si ces fuites provenaient bien de la Criminelle, le journaliste Charles Villeneuve, qu'on dit bien informé, répondit :

– Oui... Et d'autres sources aussi. À plus haut niveau. Du Quai d'Orsay, de l'Intérieur et même de l'Élysée [1].

En tout cas, ces fuites ne provenaient pas de moi. C'est ce que je pus dire à Pierre Arpaillange dans son cabinet feutré du palais de justice, en le regardant droit dans les yeux.

Le Mouël, sans peur et sans reproches

En octobre 1981, Michel Guyot est promu directeur central de la police judiciaire. François Le Mouël lui succède à la tête de la PJ-PP, au Quai des Orfèvres. Ce dernier n'a jamais caché ses sympathies pour la gauche, mais cela n'a, à

1. Charles Villeneuve et Jean-Pierre Péret, *Histoire secrète du terrorisme*, Plon, 1987.

aucun moment, affecté son comportement de haut fonctionnaire. Dès sa prise de fonctions, il renouvelle la proposition de son prédécesseur pour ma nomination au poste de sous-directeur. Le cabinet du ministre lui fait savoir qu'il faut attendre que le procès de Broglie, audiencé pour le mois de novembre 1981, soit terminé. Certains tablaient sur cette échéance pour me voir trébucher.

Début janvier 1982, Gaston Defferre reçoit en audience le colonel Passy, héros de la Résistance. Celui-ci ne tarit pas d'éloges à l'égard de François Le Mouël qui, jeune adolescent, faisait partie, avec ses parents bretons, d'un réseau d'accueil d'aviateurs alliés abattus par la chasse allemande. Le ministre, qui fut lui-même résistant, veut féliciter Le Mouël. Il le reçoit en audience privée et lui demande à l'issue de l'entretien s'il a un vœu à émettre. Le Mouël lui rappelle que depuis cinq mois ma nomination est restée en souffrance et qu'il souhaiterait qu'elle ne soit plus différée. Defferre s'adresse alors à Thiriez, son conseiller technique :

– Il faut régler ce problème rapidement.

Je croise Le Mouël dans l'escalier du 36, alors qu'il revient du ministère.

– C'est réglé, me dit-il. Le ministre va signer votre arrêté.

Mais l'entourage de Defferre continue à s'affairer dans l'ombre. Ainsi, j'apprends que Maurice Grimaud se serait entretenu avec le juge Joly, notamment pour l'entendre à nouveau sur ses griefs dans l'affaire déjà évoquée. Fait plus significatif : le 9 février, Thiriez, le jeune énarque de trente ans, qui gère la police pendant que son ministre se consacre à sa réforme de la décentralisation, convoque l'un de mes anciens collaborateurs à la Criminelle, le commissaire principal Claude Cancès. Il souhaite se voir confirmer une rumeur selon laquelle nous aurions détruit un document compromettant dans l'affaire de Broglie. Cancès, indigné, demande à être confronté sur-le-champ à l'accusateur.

– C'est que... il veut garder l'anonymat, répond, gêné, le conseiller.

Drôle de procès de Moscou qu'on instruit dans mon dos.

Vient le vendredi 19 février 1982. Ce soir-là, je suis convoqué chez le ministre lui-même. J'ai conscience que le grand jour est arrivé et que je vais enfin être fixé sur mon sort. François Le Mouël me dit :

– Soyez modérément optimiste. J'ignore ce qu'il va vous proposer.

J'entre dans le grand bureau ministériel. Gaston Defferre, visage sévère, me fait asseoir dans une bergère. Son conseiller, Thiriez, prend place près de moi, un gros dossier cartonné sur les genoux.

– Monsieur Leclerc, me dit d'emblée le ministre, j'ai besoin de vous. Je vous nomme contrôleur général et vous prenez le commandement du SRPJ de Marseille.

En une fraction de seconde, je comprends la manœuvre : pour faire échec à la proposition de Le Mouël, on m'envoie avec armes et bagages dans la bonne ville du ministre. On n'a jamais vu le chef de la Criminelle partir en province pour prendre la tête d'un SRPJ, fût-ce celui de Marseille. On vient de faire le coup à Lucien Aimé-Blanc : il dirigeait l'Office central de répression du banditisme. Pour pénitence, on l'a envoyé à Lille commander le SRPJ, dans la ville du Premier ministre Pierre Mauroy.

– Monsieur le ministre, vous savez que François Le Mouël avait d'autres projets pour moi.

– J'en ai décidé autrement. Je viendrai moi-même vous installer à Marseille. Je sais qu'on vous a beaucoup critiqué. Mais moi, je ferai votre éloge.

– Monsieur le ministre, en m'affectant à Marseille, vous donnez satisfaction à tous les gens qui me calomnient depuis des mois et qui cherchent à me nuire professionnellement.

– Non ! Considérez que c'est un honneur de venir dans ma ville. J'ai besoin d'une réponse immédiate.

Et, me fixant d'un regard dur, il poursuit :

– Ou vous acceptez, ou je brise votre carrière !

– J'ai servi sous plusieurs ministères. Jamais un ministre ne m'a parlé de cette façon. Dans ces conditions, je vous réponds : je n'irai pas à Marseille.

J'invoque mon statut de policier parisien qui m'autorise à poursuivre ma carrière à Paris [1].

Interloqué, Defferre interroge Thiriez :

– De quel statut s'agit-il ? Vous ne m'en avez pas parlé. Il faut vérifier...

Et je vois le conseiller consulter nerveusement le dossier qu'il a sur les genoux.

– Nous nous reverrons, me dit Gaston Defferre, en prenant congé de moi.

Je quitte le bureau. Thiriez me rejoint aux abords du ministère. La situation est surréaliste : je me retrouve attablé dans un petit café de la rue des Saussaies avec le grand stratège, dans ses petits souliers.

– Monsieur Leclerc, il y a un malentendu. Sachez que le ministre est animé de bonnes intentions à votre égard. Acceptez sa proposition et il fera votre carrière.

– Monsieur, je ne pense pas devoir ma carrière aux ministres sous les ordres desquels j'ai travaillé. Cette carrière, je l'ai faite à la force du poignet. Nous n'avons pas la même vision des choses.

Je n'ai jamais revu Thiriez. J'ai lu que, moins de deux ans plus tard, alors qu'il occupait les fonctions de directeur de cabinet de Joseph Franceschi, secrétaire d'État à la Sécurité publique, il avait été invité à regagner le Conseil d'État. Dans les intrigues de palais, il avait, dit-on, été cannibalisé par les siens.

Je regagne le 36. François Le Mouël m'attend à son bureau.

– Alors, me dit-il, comment ça s'est passé ?

Je lui raconte la scène par le menu. Soudain, je vois son visage se rasséréner en apprenant que je n'ai pas cédé.

J'ignorais encore que, dix jours plus tôt, il avait écrit au préfet de police pour lui faire part de son indignation dans cette affaire.

---

1. La loi n° 66-492 du 9 juillet 1966 portant organisation de la police nationale, et ses textes d'application, ont reconnu un droit acquis aux personnels des services actifs de la préfecture de police, déjà en service au moment de la réforme, à poursuivre leur carrière dans Paris et dans les trois départements périphériques, sauf mutation pour motifs disciplinaires.

Dès la semaine suivante, je suis convoqué par Maurice Grimaud, le directeur de cabinet du ministre. Manifestement, il a reçu mission de recoller les morceaux. Il fait appel à mon sens de l'État, à mes responsabilités de haut fonctionnaire, pour que je revienne sur ma décision. Puis il recourt subtilement à d'autres arguments :

– Pensez à votre avenir. Si vous maintenez votre position, vous allez quitter la police judiciaire pour d'autres activités sans doute moins passionnantes.

C'est la carotte et le bâton, maniés par un expert. Rien n'y fait. Alors Maurice Grimaud me donne la clé de cette affaire extravagante :

– Le Mouël s'est solidarisé avec vous et a mis son poste dans la balance. Il ne faut pas que les choses s'enveniment.

En quittant mon interlocuteur, je lui remets une lettre destinée au ministre, dans laquelle j'explique clairement pourquoi je refuse d'aller à Marseille dans ce contexte de chasse aux sorcières.

Je revois Le Mouël. Oui, le 8 février, il a adressé une lettre à Jean Périer, le préfet de police. Et je lis sous sa plume cette extraordinaire leçon d'un chevalier de la police :

« ... Je puis affirmer sans risque d'être contredit que le commissaire Leclerc, suivant en cela les traditions de la police judiciaire, n'a jamais dérogé à l'éthique professionnelle et que toutes ses enquêtes ont été marquées du sceau de la rigueur, de l'objectivité et de l'indépendance.

« Il m'est moralement impossible de cautionner, en acceptant la nomination d'un autre que M. Leclerc à la sous-direction des affaires criminelles de ma direction, des procédés aussi méprisables.

« Si une telle éventualité devait se produire, je demanderais à être relevé de mes fonctions de directeur de la police judiciaire.

« Je serai ainsi en règle avec ma conscience et avec les principes qui m'ont guidé tout au long de ma carrière. »

Jean Périer aurait dû transmettre aussitôt cette lettre à Gaston Defferre pour le mettre en alerte. Il a préféré la ranger dans son tiroir, espérant ainsi qu'il éviterait les vagues. C'était le meilleur moyen de déclencher la tempête.

Cinquante et une minutes pour convaincre

4 mars 1982, 12 h 30.

Je suis convoqué une seconde fois chez Defferre. En passant aux abords de la cour d'honneur du ministère, j'entends la musique qui accompagne la cérémonie de remise de décorations à une fournée de récipiendaires. Parmi eux, mon vieux compagnon de combat Robert Broussard.

Dès que le ministre est libéré, il me reçoit en tête-à-tête.

– Monsieur Leclerc, je mute les préfets sans les recevoir. Vous, je vous reçois pour la deuxième fois. Je vous demande d'accepter votre mutation à Marseille.

Je reprends mes arguments, en insistant sur le fait qu'aller à Marseille dans le contexte de calomnies dont je suis victime, ce serait donner raison à mes détracteurs.

Le ministre s'emporte :

– Sachez que nous sommes encore là pour quatre ans et le Président davantage !

Brusquement, il change de ton :

– Vous me cachez quelque chose. Vous avez une maîtresse... Je veux voir Mme Leclerc !

Ébahi, je rétorque :

– Je l'appelle immédiatement.

Et, sur le téléphone du ministre, j'appelle mon épouse en direct pour lui demander de venir à 16 heures, à l'invitation de Gaston Defferre.

Elle est là à l'heure dite. Elle va être reçue par Gaston Defferre durant cinquante et une minutes, chronométrées par Claude Cancès, qui l'a accompagnée jusqu'au salon d'attente. L'entretien commence :

– Madame, j'ai tenu à vous recevoir. Il faut que vous m'aidiez à convaincre votre mari de venir à Marseille.

– Je vous remercie, monsieur le ministre, de l'honneur que vous me faites. C'est sans doute la première fois qu'une femme de policier est invitée au ministère dans de telles circonstances...

Defferre se fait alors tout miel. Il joue sur le registre des avantages matériels. Il promet un appartement de fonction à notre disposition dans le meilleur quartier de la ville. Nos enfants pourront être inscrits dans un excellent collège privé de Marseille. Mon épouse ne peut s'empêcher de lui faire la remarque :

– Je suis petite-fille et nièce d'instituteurs publics. Mes enfants ont toujours fréquenté l'école laïque et je souhaite que cela continue.

Puis elle souligne :

– Il ne s'agit pas de problèmes matériels. Pour mon mari, c'est une affaire d'honneur. Vous permettez que je continue, monsieur le ministre ?

– Oui, madame.

– Dans l'affaire Copernic, mon mari a été calomnié. Il vous a écrit à ce sujet. Il n'a jamais eu de réponse. Puis-je continuer ?

– Je vous en prie.

– Je crois savoir aussi que M. Le Mouël vous a écrit. Retrouvez ces lettres et vous comprendrez la position de mon mari.

– Madame, je vous assure, je n'ai jamais eu ces lettres.

Et en prenant congé de mon épouse, Gaston Defferre conclut :

– Si vous ne parvenez pas à convaincre votre mari de venir à Marseille, vous serez responsable de sa chute. Je lui donne jusqu'à lundi pour me communiquer sa réponse.

Le Mouël, à son tour, est convoqué, le soir même, chez le ministre. Cette fois, l'échange est musclé :

– Monsieur, je n'ai pas eu peur des Boches, je n'ai pas eu peur des voyous et je n'ai pas peur de vous !

– Calmez-vous, vous parlez à votre ministre ! Je vous demande simplement de m'aider à convaincre Leclerc.

– Je ne suis pas son directeur de conscience.

Et le dialogue de sourds entre deux tempéraments d'acier se termine dans une ambiance électrique.

Le dimanche soir, 7 mars 1982, au « Grand Jury RTL-*Le Monde* », Gaston Defferre, qui n'a toujours pas renoncé à son projet de mutation, tente une autre tactique :

« Je considère que M. Leclerc est un honnête homme et un très bon policier et que j'ai le devoir de le défendre quand il est attaqué et quand son honneur est mis en cause... Je tiens à dire que j'ai pour lui de l'estime et même de la considération. »

Les rebelles

Trop tard ! Le Mouël et moi avons pris notre décision. Dès le lundi matin, 8 mars, j'appelle Maurice Grimaud pour lui confirmer mon refus d'aller à Marseille. Je contresigne en même temps, pour valoir notification, un arrêté du ministre signé le 25 février et qui m'affectait à l'Inspection générale de la police nationale. Ce document qui avait cheminé jusqu'au bureau administratif de la PJ prouve bien, compte tenu de sa date, que tout était ficelé d'avance.

Le Mouël, de son côté, demande officiellement à être relevé de ses fonctions. Il rend publique aussitôt une déclaration acérée qui commence ainsi :

« Quelques individus sans scrupules appartenant à un syndicat majoritaire d'inspecteurs et qui se reconnaîtront d'eux-mêmes ont décidé de soumettre à leur bon vouloir les nominations aux postes de responsabilité à la direction de la police judiciaire de la préfecture de police. Leur entreprise a abouti à écarter le commissaire Leclerc d'un poste pour lequel sa nomination avait été proposée par l'ensemble de la hiérarchie.[...]

« Le 18 février dernier, M. Leclerc, convoqué par le ministre de l'Intérieur, s'est trouvé placé devant un choix en forme d'ukase : ou il acceptait une mutation à la police judiciaire de Marseille avec une promotion au grade supérieur, ou sa carrière était brisée.

« Des pressions renouvelées n'ont pu convaincre le commissaire Leclerc de donner son accord à une proposition aussi inacceptable.

« En ce qui me concerne, considérant les événements de ces dernières semaines et la manière dont la concertation la plus élémentaire s'est trouvée bafouée, conscient de ce que cette façon de procéder témoigne d'un profond mépris des hommes, il m'est apparu impossible de continuer à assurer, dans des conditions compatibles avec la simple dignité, la mission qui m'était confiée. »

Le communiqué de Le Mouël fait l'effet d'une bombe. Gaston Defferre en prend connaissance, ce lundi matin, à la mairie de Marseille. Il réagit aussitôt :

« La morale de cette affaire est claire, les directeurs, et particulièrement ceux de la préfecture de police, avaient pris l'habitude de décider eux-mêmes de la carrière de leurs collaborateurs. Le ministre de l'Intérieur semblait être là pour entériner. Eh bien, je considère que c'est le ministre qui a la responsabilité, ce ne sont pas les directeurs. C'est donc au ministre qu'il appartient de choisir et de décider. »

C'est effectivement beaucoup plus simple. Surtout si on veut prendre en compte des critères essentiellement politiques !

Lorsque le ministre apprend que j'ai signé son arrêté d'affectation à l'IGPN, il enrage. C'est trop bien pour moi. Il aurait souhaité me jeter dans un « cul-de-basse-fosse », mais la presse s'est emparée de l'affaire et il ne maîtrise plus ses choix. *Le Matin de Paris* écrit, sous la plume d'Hervé Algalarrondo, le 12 mars :

« Gaston Defferre a dû se rendre à l'évidence. Il avait bel et bien nommé, en bonne et due forme, Marcel Leclerc, à l'IGPN. Certes, il lui était possible de prendre un autre arrêté et de nommer Marcel Leclerc en banlieue, mais cela serait apparu comme de l'acharnement thérapeutique. »

Le Mouël, lui, en guise de punition, ne reçoit aucune affectation et est, *ipso facto,* ramené au grade de commissaire divisionnaire. Lui, le tombeur de la *French Connection* ! Il va rester sans emploi durant une bonne année, avant d'être réaffecté par Joseph Franceschi dans une mission obscure. Ce n'est qu'en octobre 1984 qu'il sera réhabilité en étant nommé chef de la toute nouvelle UCLAT (Unité de coordination de la lutte antiterroriste).

En cette période démente où il aurait été si simple de courber l'échine, François Le Mouël a montré la voie de l'honneur et du courage indomptable. Il reste pour nous tous un exemple moral.

Mais le psychodrame n'est pas terminé.

Dès le mardi 9 mars, le préfet de police, Jean Périer, convoque mon adjoint Olivier Foll pour lui proposer de me remplacer à la tête de la Criminelle. Foll lui répond spontanément :

– La Crim', j'en ai rêvé. Mais si je m'asseyais aujourd'hui dans le fauteuil de Leclerc qui est mon ami, je n'oserais plus me regarder dans une glace.

L'après-midi même, quatre cents commissaires et inspecteurs de Paris, mais aussi de province, se réunissent au Quai des Orfèvres, à l'appel de Robert Naud, le secrétaire général du Syndicat des commissaires, et de Joseph Simon, le responsable parisien de cette organisation.

Foll expose devant les participants médusés les tenants et les aboutissants de l'« affaire Le Mouël-Leclerc ». À la fin de la réunion, une motion est adoptée et sera déposée à la présidence de la République. Elle conclut : « Nous voulons rester des techniciens au service du public et nous n'admettons pas davantage que par le passé d'être mêlés à des manœuvres inspirées par l'action politique. »

Gaston Defferre, qui a nommé le remplaçant de Le Mouël et pourvu au poste auquel celui-ci me destinait, veut refermer le dossier par des propos publics pleins de délicatesse : « L'affaire Leclerc est réglée. La République continue et la police aussi. Il n'y a pas d'hommes irremplaçables. Les cimetières en sont pleins. » C'est une évidence. Tout comme Defferre n'est pas Clemenceau.

Et la ronde continue.

Le ministre a pris un arrêté nommant à la tête de la Brigade criminelle Michel Richardot, un ancien de la brigade des stupéfiants et du proxénétisme, un professionnel indiscuté. Il apprend que la presse a annoncé la nouvelle. Il tempête contre ces « fuites » répétées et annule rageusement l'arrêté de Richardot.

Dans ces coups tordus, il y a toujours un challenger en embuscade pour tirer les marrons du feu. C'est Jacques Genthial qui est finalement nommé à la tête de la Criminelle [1].

---

1. Il en sera exclu à son tour, le 14 mars 1984, sur décision de l'Élysée, dans des conditions assez rocambolesques. On lui aurait reproché des conversations téléphoniques imprudentes avec l'écrivain mystificateur Jean-Edern Hallier.

25

Police des polices

En ce mois de mars 1982, particulièrement tempétueux, me voilà à l'IGPN (Inspection générale de la police nationale). J'y suis accueilli par son directeur, André Dierickx, l'ancien chef de la Police de l'air et des frontières. Il a derrière lui une longue carrière en sécurité publique. C'est un homme du Nord, élevé selon les préceptes de Jules Ferry, ferme et débonnaire à la fois. Il a une grande qualité : c'est un homme de cœur. Il sait ce que représente pour un commissaire de quarante-sept ans, qui vient de quitter l'un des services les plus prestigieux de la police judiciaire, le fait d'échouer à l'inspection.

Immédiatement, il a pour moi l'élégance du geste : il m'extrait de ce climat pour m'emmener avec lui en mission en Guadeloupe.

Je passerais l'objet de la mission sous silence si elle n'était révélatrice de l'ambiance de l'époque. Gaston Defferre était passé à Pointe-à-Pitre peu de temps auparavant. À l'embarquement pour Paris, un représentant du personnel de la police de l'air locale lui avait remis en catimini, une motion collective demandant le limogeage du commissaire chef du service, accusé d'autoritarisme. Il ne manquait pas une signature pour exiger ce renvoi et la cause paraissait, a priori, entendue. C'est cette unanimité qui nous a paru suspecte.

En entendant les signataires, Dierickx et moi allions découvrir la machination : le dénonciateur avait agrafé à son réquisitoire personnel des signatures émises pour une autre note de service interne sans aucun rapport avec les griefs invoqués.

Durant quatre ans et demi, je vais accomplir d'autres missions à l'IGPN. Contrôle des services, enquêtes disciplinaires, je parcours l'Hexagone, la plupart du temps en solitaire. J'ai le temps de méditer cette remarque de Maurice Grimaud : « Si vous quittez la police judiciaire, vous aurez sans doute des activités moins passionnantes... » C'est le moins que l'on puisse dire, mais je ne me plains pas et ne regrette rien. Je traverse le désert, replié sur moi-même, souvent la rage au ventre.

J'ai la chance d'avoir autour de moi un bloc familial inaltérable. Jamais ma femme et mes enfants n'ont été saisis du moindre doute sur la conduite que je devais tenir. Pour chasser la grisaille, nous faisons de fréquents séjours dans notre maison de famille, une longère en granit construite de ses mains par l'arrière-grand-père de mon épouse, au cœur du pays gallo. Nous y retrouvons nos racines de Bretons de la terre. Je vais, durant cette période, planter avec mon fils aîné un millier d'arbres dans la propriété et faire creuser un étang. Cet îlot de verdure deviendra une réserve naturelle pour les oiseaux : ramiers, poules d'eau, cols-verts, hérons, martins-pêcheurs. Des biches et des chevreuils y trouvent même refuge.

C'est dans ce lieu préservé que nous recevons les amis du premier cercle : Raymond Boithias, figure du Quai des Orfèvres, et son épouse Gisèle; Maurice Gouny, doyen toutes catégories de la Brigade criminelle, dont la vie est un roman, et sa femme Gina; le colonel Alex Bertrand, ancien de la France libre, et Hélène; Marcel et Michèle Boscher; Claude et Monique Romé; Lucienne Vieillefond; Georges Le Poulard, qui me rejoindra à l'IGPN; Roger Le Taillanter, qui a quitté la police pour revêtir les habits de l'écrivain. Mon équipe de la Crim' : Olivier Foll, Jacques Poinas et Jacques Di Bona. Ils entretiendront la flamme, avec notre ami commun Pierre Charon.

Ainsi, le temps passe, émaillé par les missions d'inspection en province qui me sont fixées par mon directeur. Courageux Dierickx. Fin 1982, il a l'audace de noter ainsi l'homme qui sent le soufre : « Indiscutablement, M. Leclerc est un homme de grande qualité et il est dommage que la PJ ait été privée de ses services. Reste un élément d'avenir. Je maintiens en conséquence sa précédente note : 19,75. »

En novembre 1983, il part à la retraite. L'Élysée en profite pour débarquer Paul Roux du poste de directeur central des Renseignements généraux et l'affecter à la tête de l'IGPN.

C'est un haut fonctionnaire traumatisé qui nous arrive. Homme du sérail socialiste, il a toujours eu le courage d'afficher ses opinions. Il avait été placé aux commandes des RG dès les premiers mois de l'alternance de 1981. Il s'était distingué en signant le 2 juillet une circulaire interdisant à ses services de faire référence dans leurs enquêtes « à des activités syndicales ou à des opinions politiques, religieuses ou philosophiques ». Mais avec le déchaînement du terrorisme international, dès 1982, la période ne prêtait guère à l'angélisme. François Mitterrand crée, au mois d'août, sa fameuse cellule antiterroriste qui court-circuite les autres centres de décision. Paul Roux, qui a dirigé, un temps, le syndicat des commissaires et qui a une vision orthodoxe de la répartition des compétences, n'apprécie pas et le dit. On lui fait comprendre en retour que les RG ne brillent pas par leur efficacité. Et ainsi se met en marche le processus classique du vidage par les siens.

Pour moi, Paul Roux reste mon premier patron au commissariat de Saint-Germain-des-Prés en cet été 1961 où je résolvais ma toute première enquête, celle de la fille de l'architecte. Il m'importe peu que nous n'ayons pas suivi le même destin. Il pourra compter sur ma loyauté, pas sur mon enthousiasme. Je le lui dis sans ambages.

Mon séjour à l'IGPN va durer quelques années.

Une réforme pour l'IGPN

Mars 1986. L'opposition remporte les législatives. Jacques Chirac forme son gouvernement de cohabitation avec Charles Pasqua à l'Intérieur et Robert Pandraud comme ministre délégué à la Sécurité publique.

Le mercredi 23 avril, à 11 h 30, je reçois un appel téléphonique du préfet Pierre Jourdan, directeur de cabinet de Robert Pandraud. Il m'annonce que je vais être nommé directeur de l'IGPN au cours du Conseil des ministres qui a déjà commencé. La surprise pour moi est totale : à aucun moment je n'avais envisagé que mon long voyage à l'inspection puisse se prolonger. Pandraud m'explique qu'il souhaite revigorer cette direction et me demande de lui bâtir un projet de réforme. Je me mets immédiatement au travail.

Depuis maintenant quatre ans que j'appartiens à cette maison un peu particulière, je suis frappé par l'état de crise morale dans lequel vivent la majorité des cadres supérieurs qui y sont affectés. Sur vingt d'entre eux, douze y ont été mutés contre leur gré, et souvent par mesure de défiance politique. Il n'est pas étonnant qu'elle ait été affublée du titre peu glorieux de cimetière des éléphants, alors qu'elle devrait, au contraire, tenir un rôle de premier plan au sein de la police nationale et concourir à son rayonnement.

Je me suis rendu compte qu'à l'IGPN, à la différence de l'IGS (Inspection générale des services de la préfecture de police), on avait privilégié le rôle de contrôle des services, au détriment de l'exercice du pouvoir disciplinaire, jugé moins noble. Les enquêtes sur les défaillances policières, effectuées souvent dans le cadre de procédures judiciaires, pouvaient être confiées à des fonctionnaires n'ayant pas toujours l'expérience requise. Cette situation était d'autant plus regrettable que les bavures policières, très médiatisées, exigeaient un traitement sans défaut.

Autre insuffisance : le contrôle des services pour en vérifier l'orthodoxie et l'efficience était pratiqué sans recourir à des critères rigoureux. Chaque contrôleur arrivait à l'inspection avec son expérience acquise au fil de ses affectations. Il inventait plus ou moins sa méthode de contrôle, en fonction de son inspiration, voire de ses marottes.

Enfin, malgré la fusion des polices opérée depuis 1968, aucun lien organique entre l'IGPN et l'IGS n'avait été tissé. Il allait falloir mettre un peu d'harmonie dans ce bel ensemble.

Dès le 24 avril, mon projet de réforme est prêt. Il tient en cinq points :

• Premièrement, n'affecter à l'IGPN que des policiers chevronnés et volontaires pour cette discipline.

• Deuxièmement, créer en son sein un cabinet central de discipline, dirigé par un contrôleur général, assisté de dix officiers de police judiciaire expérimentés. Ces enquêteurs, à compétence nationale, seront saisis des faits graves ou complexes, notamment dans les affaires ayant particulièrement choqué l'opinion.

• Troisièmement, créer deux délégations régionales, pour la discipline, à Marseille et à Lyon, deux régions statistiquement marquées par les difficultés liées à l'exercice du métier de policier. Ces deux délégations, dirigées chacune par un contrôleur général, seront les postes avancés de l'IGPN, ayant un droit de regard permanent sur les services placés dans leur ressort.

• Quatrièmement, rationaliser le contrôle des services dans toute la France, en formant des contrôleurs aux méthodes éprouvées de l'audit opérationnel, issues du secteur privé et déjà en usage au Contrôle général des armées. Il s'agira d'opérer selon des critères rigoureux, afin de pouvoir faire des recommandations qui soient applicables par les audités.

• Cinquièmement, institutionnaliser le lien entre l'IGPN et l'IGS, le chef de cette inspection devenant l'adjoint du directeur national, qui aura cette fois autorité sur l'organisme parisien, tout en le laissant à la disposition entière du préfet de police.

Le 31 octobre 1986, un arrêté ministériel officialise les grandes lignes de ce projet. Il a permis, dès 1987, d'accroître le taux des enquêtes judiciaires confiées à l'inspection de 228 %, celui des enquêtes administratives de 109 %. On a vu aussi le nombre des contrôles (effectués selon les critères rigoureux de l'audit) progresser de façon significative dès la première année.

Il est un signe qui ne trompe pas : aucun ministre n'a touché à cette réforme depuis. Malheureusement, la bonne vieille pratique du placard à l'inspection, pour les policiers que le pouvoir cherche à écarter, a repris ses droits. Il est également regrettable que rien n'ait été fait pour promouvoir les fonctionnaires valeureux qui avaient fait le choix de cette direction.

Le public a tendance à croire que la police des polices serait une sorte de privilège pour les policiers et une façon commode de laver le linge sale en famille. En réalité, peu de professions sont aussi contrôlées, et l'indulgence n'y est pas de mise. Au nom de la transparence, on réclame à grands cris le contrôle externe de la police. Il existe déjà, et les affaires les plus graves sont du ressort de la justice. Pour le reste, on est en droit de penser qu'il sera encore longtemps utile que des policiers à l'indépendance d'esprit affirmée aient le pouvoir d'apprécier le comportement de leurs pairs. Quand on n'a jamais affronté de situations dangereuses, quand on n'a jamais eu de rapports avec un informateur, est-il si facile de dire où commence la faute ou l'anormalité ?

L'IGPN réformée ne va pas tarder à cheminer en éclaireur sur des pistes insoupçonnées.

26

À l'heure des plombiers

23 décembre 1987, 7 heures du matin. M. Renard, locataire au 1, rue de La Vacquerie, à Paris (11e), rentre du travail. Il est intrigué par le comportement suspect de deux individus qui s'apprêtent à entrer dans son immeuble. Un troisième homme sort d'une Ford beige, garée à proximité. Le locataire suit l'évolution du trio qui monte au premier étage et s'intéresse à la porte de son voisin, Yves Lutbert.

Sachant que celui-ci est en vacances, il pense qu'il a affaire à des cambrioleurs et demande à sa femme d'appeler la police, tandis qu'il poursuit discrètement son observation. Il constate que les trois hommes se tiennent près d'un local technique dont la porte a été ouverte et qui jouxte l'entrée de l'appartement de Lutbert. Il remarque sur le sol une mallette ouverte qui contient du matériel électronique et des pinces. Autour les inconnus s'affairent.

Voici déjà une heure que dure ce manège. L'équipage d'une voiture de police de l'arrondissement se présente. Deux des trois étranges visiteurs sont interpellés au troisième étage, alors qu'ils tentent de fuir. Ce sont Robert Motoya et Fabien Caldironi, sous-officiers de la gendarmerie en retraite, tous deux employés par une officine privée : la SPII (Société de protection et d'investigations industrielles).

Mais où est le troisième homme ? Les gardiens de la paix finissent par le débusquer. Il s'est caché dans un placard technique du rez-de-chaussée. Son nom : Alain Clarhaut. Lui se dit enquêteur privé.

Il a dissimulé sommairement la mallette aperçue par M. Renard. Elle est retrouvée et saisie. Son contenu : un téléphone portable avec fils et pinces crocodiles de raccordement, un appareil de mesure type Metex, dix mètres de câble électrique, des pinces à dénuder et autres ustensiles. On trouvera un magnétophone de poche sur Clarhaut et deux cassettes Sony sur Montoya. L'attirail du parfait « plombier ».

Les policiers remarquent que dans le local où se cachait l'enquêteur privé, des fils, sectionnés et dénudés à leur extrémité, émergent d'un boîtier de raccordement téléphonique. Un fil blanc scotché descend du plafond du local.

Les trois interpellés ne sont guère loquaces : ils seraient venus là pour une enquête dont ils refusent de révéler l'objet.

Les policiers en tenue accompagnent l'un d'eux jusqu'à la Ford beige pour qu'il y récupère ses papiers. Les suspects sont ensuite remis entre les mains d'enquêteurs de la 4e Division de police judiciaire, chargés de poursuivre les investigations.

Un enquêteur de ce service arrive sur place. Il n'observe, dit-il, aucune anomalie dans le local technique du rez-de-chaussée, en dehors du fil blanc scotché, dont il ne voit pas l'utilité. Il revient dans l'après-midi avec un technicien des PTT, pour aboutir au même constat. Cette fois, il rédige son PV. Pourtant, les policiers arrivés les premiers sur les lieux n'ont pas rêvé. Ils ont bien noté, eux, le début d'intervention sur le boîtier téléphonique.

Entendus dans les locaux de la 4e DPJ, les « plombiers » avancent quelques explications embarrassées. Ils sont venus là, disent-ils, pour rechercher un débiteur dans une affaire privée. Mais leur « déontologie » leur interdit de révéler le nom de leur client. La mallette ? C'était pour donner le change en se faisant passer pour des dépanneurs.

Et la Ford ? Elle a été prêtée par un ami, Xavier Mueler, demeurant 67, rue Didot, à Paris (14e). C'est le nom et l'adresse qui figurent sur la carte grise, mais une vérification aurait permis d'apprendre qu'aucun Mueler n'habite à l'endroit indiqué.

On trouve aussi sur Clarhaut la copie d'une réquisition établie par un gendarme de Courbevoie, visant la commission rogatoire d'un juge d'instruction de Nanterre et demandant à Montoya d'installer une centrale d'écoutes au siège de cette gendarmerie. Explications des intéressés : « Notre société est souvent chargée de ce type de missions. »

Finalement, après trente-six heures de garde à vue, les trois compères sont remis en liberté. On n'a pas fouillé leur véhicule, restitué ; on n'a pas perquisitionné à leur lieu de travail ni à leur domicile. Personne n'a songé à vérifier si les deux cassettes Sony détenues par Montoya étaient vierges ou enregistrées. Au vu des éléments du dossier, Laurent Davenas, premier substitut au parquet de Paris, estime qu'il n'y a pas de commencement d'exécution et, comme il n'y a pas de plainte, c'est une non-affaire.

Mais qui est ce Lutbert qui intéressait tant les plombiers ? C'est un Antillais. Il est huissier au CSM, le Conseil supérieur de la magistrature, où se décident les nominations des plus hauts magistrats et dont la présidence est assurée par le président de la République lui-même. Dès le début de l'affaire, les voisins de Lutbert ont signalé ce fait aux policiers, qui en auraient rendu compte.

Il faudra attendre que l'huissier rentre de vacances pour que l'enquête soit relancée. Celui-ci, informé des faits par sa voisine, se met en relation avec Davenas le 7 juillet. Devant son insistance à vouloir porter plainte, le magistrat le renvoie vers la 4e DPJ pour que sa déposition soit prise en compte. Entre-temps, deux longues semaines se sont écoulées.

Une information est ouverte pour « tentative d'atteinte à l'intimité de la vie privée ». C'est Gilles Boulouque, un juge d'instruction accrocheur, qui est chargé du dossier. En en prenant connaissance, il est intrigué par la procédure initiale. Il réalise que la SPII, où travaillent les suspects, a été créée par un commissaire de police réputé, ancien de la cellule antiterroriste de l'Élysée (il s'avérera que si ce haut fonctionnaire n'a plus de part dans l'affaire, son ex-épouse y a toujours des intérêts).

Étant donné l'apparition de policiers dans l'environnement de l'enquête et vu le contexte a priori délicat dans lequel elle est susceptible d'évoluer, Boulouque décide de la confier à l'IGPN. À la vérité, j'ai conscience que cette saisine est un cadeau empoisonné. Mais un bon ou un mauvais génie m'a abonné aux affaires sensibles. Et par tempérament, je n'ai jamais voulu me porter aux abris.

De la mort aux rats dans le thé

Lutbert a immédiatement fait le rapprochement entre la visite des trois plombiers et de récents soucis professionnels. Le 16 décembre, neuf courriers sont parvenus au CSM. Huit étaient destinés aux membres de cette haute instance et contenaient la liste des postulants au renouvellement, avec, en regard de chaque nom, les appréciations du secrétaire général du CSM et des annotations en retour du président de la République. Il s'agissait d'une fuite interne. Un neuvième courrier adressé au CSM contenait le texte suivant, écrit en caractères adhésifs : « Le négro, la blondasse, la brune, la mort aux rats n'a pas suffi. On aura votre peau. Ce sera le flingue maintenant. »

Cette menace fait allusion à un incident survenu en février 1987 : de la mort aux rats avait été mélangée au thé habituellement consommé par le personnel du CSM. Une secrétaire avait même été incommodée.

Les fuites qui portent sur des appréciations très confidentielles concernant de hauts magistrats ont provoqué un vif émoi à l'Élysée.

Dès son retour de vacances, Lutbert, qui est soupçonné, est entendu par le lieutenant-colonel adjoint au commandant de la garde du palais de l'Élysée. Durant sept heures ! Au cours de ce simulacre de garde à vue, accompagné de comparaisons d'empreintes digitales sans valeur judiciaire, il nie farouchement être l'auteur de ces fuites et déposera plainte contre ces méthodes peu orthodoxes.

La première tâche de l'IGPN est de vérifier si les éléments de l'infraction sont bien constitués dans l'affaire des plombiers. L'inspection se rend donc rue de La Vacquerie, avec un ingénieur technicien de la préfecture de police. Son constat est sans équivoque : deux orifices ont été percés, de façon anormale, dans le local technique du rez-de-chaussée. L'un d'eux communique avec le local correspondant du premier étage qui jouxte l'appartement de Lutbert. Des fragments de gaines de câbles électriques fraîchement sectionnés jonchent le sol. Les habitants de l'immeuble et les gardiens de la paix intervenus les premiers font une description précise de l'état du local tel qu'ils l'ont trouvé juste après l'arrestation des plombiers. Aucun doute possible : il y a bien eu commencement d'exécution.

Le 11 janvier, une perquisition est effectuée au siège de la SPII. Elle permet la découverte, dans une poubelle, d'un morceau de papier portant des indications pouvant faire penser à la localisation de l'appartement de Lutbert. De nombreux équipements destinés à l'écoute ou à la sonorisation sont remarqués dans les lieux, avec de multiples cassettes d'enregistrement de conversations téléphoniques. Et l'on découvre qu'il est de pratique courante que les écoutes prescrites par les magistrats soient réalisées avec le concours d'officines privées. Ce qui fait dire à Bernard Deleplace, le secrétaire général de la FASP : « Les écoutes judiciaires légales offrent moins de garanties que les écoutes officieuses illégales. »

Dans l'ombre, déjà, on s'affaire. Une première manœuvre est tentée pour dessaisir l'IGPN. Motif invoqué : la commission rogatoire du juge Boulouque ayant été délivrée personnellement au directeur de l'inspection, qui n'est pas OPJ, il s'agirait d'un cas de nullité. « C'est absurde ! » dira le procureur général Yves Monnet. Depuis toujours, les commissions rogatoires destinées à l'IGPN sont ainsi libellées. Et ce sont les collaborateurs OPJ du directeur qui les exécutent. La manœuvre a fait long feu. Le commissaire divisionnaire Roger Chetard, du cabinet central de discipline, va pouvoir poursuivre ses investigations.

En voiture pour l'Élysée

Qu'en est-il de la Ford beige avec laquelle le trio a réalisé son expédition chez Lutbert ? Elle a été restituée à son conducteur, Montoya, à l'issue de sa garde à vue.

Le Mueler de la carte grise du véhicule est un fantôme. Aucun individu n'a été enregistré sous cette identité au registre des naissances de la mairie de Brest.

On consulte le dossier de la carte grise de la Ford, à la préfecture de police, et la lumière commence à se faire jour : la voiture a été vendue par une femme sous-préfet, en poste à la préfecture d'Ile-de-France. La date de vente mentionnée est le 18 novembre 1984. C'est son mari qui a rempli le certificat. Elle l'a signé. La mention obligatoire « vendu le 12-11-84 » et sa signature ont été portées par une main apocryphe. L'acheteur Mueler lui est totalement inconnu.

Le mari de cette dame est entendu. Il est maître des requêtes au Conseil d'État. Il a été un membre influent du cabinet de Charles Hernu, ex-ministre de la Défense. C'est lui qui avait trouvé l'intermédiaire pour la vente de la voiture de sa femme : Christian Prouteau, chef de la cellule élyséenne.

Compte tenu de leurs fonctions respectives, à l'époque, ils avaient l'occasion de se rencontrer, et le « super-gendarme » s'était engagé à trouver un garagiste acquéreur parmi ses relations. Lui non plus ne connaissait pas Mueler, et ne s'était plus préoccupé de la destinée du véhicule. La vente avait été conclue pour 15 000 francs, réglés en espèces.

Le dossier des cartes grises révèle aussi qu'il y a eu intervention pour faciliter la démarche d'établissement du nouveau document de circulation. C'est un commissaire de police, Pierre-Yves G. anciennement en fonction à la cellule élyséenne, qui est venu lui-même remettre le dossier à la préfecture de police. Il est entendu et confirme : oui, il a accepté de jouer les intermédiaires, à la demande de son patron de l'époque, le commandant Prouteau. Celui-ci lui a remis la photocopie de la première page d'un passeport au nom de Mueler pour qu'il remplisse l'imprimé de demande d'immatriculation.

Xavier Mueler ? C'est, dit-il, le pseudonyme du lieutenant-colonel Jean-Louis E., adjoint de Prouteau. Il a appris depuis que cet officier se servait de cette identité pour accomplir des missions au Liban, après l'enlèvement de deux Français à Beyrouth.

Et les « plombiers » ? L'ancien commissaire de la cellule connaît Montoya. Celui-ci l'a accompagné lors d'une mission au Liban, en juillet-août 1985.

Jean-Louis E. est invité à s'expliquer à son tour. Imbu de sa mission à l'Élysée, il commence par s'offusquer de l'ampleur donnée à cette affaire tant par la police que par les médias. Tout cela lui paraît démesuré et inédit pour un « non-événement », en quelque sorte. Pour le reste, il n'a jamais revu Montoya depuis que celui-ci est retraité, il ne sait rien de cette Ford beige, pas plus que du dossier de changement de carte grise. Quant à l'identité de Xavier Mueler, il est soumis, dit-il, à l'obligation de réserve. Parlerait-il que cela ne ferait pas avancer notre affaire.

Une information confidentielle parvient à l'IGPN : la Ford a souvent été utilisée par le sous-officier chargé spécialement de la protection de Prouteau. Elle a été vue à maintes reprises dans l'enceinte des unités spéciales de la gendarmerie, à Satory.

Il faut entreprendre des vérifications sur place. Plusieurs responsables des ateliers d'entretien témoignent que la voiture a bien stationné dans le camp de Satory en 1986 et 1987. Elle y a bénéficié de réparations sommaires, et certains ont vu le garde du corps de Prouteau l'utiliser.

Ce dernier est entendu. Il nie avoir jamais utilisé ce véhicule, ou, du moins, il ne s'en souvient pas. Il a connu Montoya en Corse, lorsque celui-ci était en poste dans l'île. Il l'a revu quand il est venu négocier avec Prouteau la reprise de voitures blindées. Il l'a rencontré pour la dernière fois vers la mi-décembre, dans un café proche de l'Élysée.

Cette fois, le juge Boulouque tient à ce qu'il soit procédé à une perquisition chez l'intéressé qui dispose d'un appartement dans l'enceinte du cantonnement de Satory. J'en avertis personnellement le général Charlot, sous-directeur à la Direction générale de la gendarmerie. Il n'émet aucune objection et répercute aux échelons inférieurs la venue de l'IGPN. Alors que l'inspecteur divisionnaire Jean-Jacques Millet, assisté de deux collègues, arrive à Satory en compagnie du garde du corps, les choses se gâtent. Ils sont fraîchement accueillis par un groupe de sept gendarmes. Le commandant du GIGN lui-même se présente sur place et déclare représenter l'autorité militaire. Il désire assister à la perquisition dans le logement dont dispose sur place le garde du corps de Prouteau. Mes collaborateurs sont abondamment filmés et photographiés en guise d'intimidation. Ils n'en procèdent pas moins à la visite d'un appartement vide.

Comme si la présence du commandant du GIGN n'était pas suffisante, le colonel commandant le GSPR (Groupe de surveillance de la présidence de la République) se présente avec celui du GSIGN (Groupe de surveillance et d'intervention de la gendarmerie nationale). Nouvelle présentation de la commission rogatoire du juge, nouvelles demandes d'explications.

Millet et ses assistants ne se laissent pas impressionner. À la sortie de l'immeuble, ils ont droit à la grosse représentation : une cinquantaine de gendarmes en treillis, l'arme à la ceinture, les conspuent, en continuant à les filmer.

Une relation de Montoya viendra attester que, dans la nuit du 9 au 10 janvier 1988, celui-ci était encore en possession de la fameuse Ford. Cette voiture ne sera jamais retrouvée. On a prétendu qu'elle a été détruite dans une casse des Yvelines, mais l'enquête n'a pu remonter jusque-là. Il eût été tellement plus simple qu'elle fût placée sous bonne garde dès le départ de l'affaire.

Autre incident édifiant : le 17 décembre 1987, un décorateur, ami de Lutbert, est cambriolé dans le 18e arrondissement. Les visiteurs sont entrés sans effraction par la porte vitrée donnant sur la terrasse. Les meubles ont été fouillés, les papiers étalés sur le sol, sans que rien n'ait disparu.

C'est une technique classique employée par les services clandestins : on simule un cambriolage pour « faire une fontaine » (mettre un micro) ou « poser une bretelle » (placer une écoute). Le décorateur, lui, ne fait le rapprochement avec l'épisode de la rue de La Vacquerie que le 30 janvier. Il se manifeste auprès de l'IGPN. Nouvelles constatations d'un expert. Celui-ci remarque la présence d'un fil téléphonique autour de la porte de l'appartement, aboutissant au boîtier téléphonique installé à l'étage inférieur. Cette technique de « plomberie » s'apparente à celle employée chez Lutbert. L'huissier et le décorateur étaient de vieilles connaissances et se téléphonaient de temps en temps.

La partie émergée de l'iceberg

L'IGPN n'a pu interroger les visiteurs matinaux de la rue de La Vacquerie, puisque le juge les avaient inculpés : il était seul habilité à les entendre ensuite. Les investigations visant les sphères élyséennes se sont perdues dans les sables, et le commanditaire du trio de « plombiers » est resté mystérieux.

La police des polices a été, en tout cas, la première à mettre officiellement le doigt sur des pratiques occultes dont l'ampleur a été révélée depuis. N'était-ce que la partie émergée de l'iceberg ? Entre 1983 et 1986, les grandes oreilles de l'Élysée ont écouté jusqu'à deux mille personnes, entre les « cibles » et leurs correspondants, pour satisfaire une soif de renseignements qui frisait la paranoïa. Deux journalistes d'investigation, Jean-Marie Pontaut et Jérôme Dupuis, en ont fait la recension dans un livre particulièrement documenté [1]. Mais les trois « plombiers » n'y étaient, cette fois, pour rien.

Qu'est devenu Yves Lutbert ? Il meurt d'une maladie implacable en 1989. Rien ne prouve qu'il était l'auteur des fuites du Conseil supérieur de la magistrature.

Gilles Boulouque ? Il se suicide, à son domicile, dans la nuit du 13 au 14 décembre 1990. À quarante ans. Il avait

1. *Les Oreilles du Président*, Fayard, 1996.

toujours en charge le dossier des « plombiers ». Fait exceptionnel : il avait été inculpé de « violation du secret de l'instruction » sur plainte d'un terroriste international qu'il détenait dans l'une de ses informations. Il n'avait pas eu non plus l'avancement qu'il pouvait escompter. Charles Pasqua dira de ce magistrat, à qui l'on doit les remarquables enquêtes sur les attentats de 1986, qu'il a été « victime du devoir, de l'indifférence du ministère de la Justice et de l'ingratitude de l'État. Les Français doivent savoir qu'ils lui doivent, en grande partie, le retour de la paix civile ».

En ce qui me concerne, je ne me fais aucune illusion sur le sort que me réserve l'hôte de l'Élysée, reconduit pour un septennat, le 8 mai 1988. Son entourage a eu le temps de mesurer les dangers que recelait ce ballet inachevé, devant la porte d'un huissier du CSM, à l'heure des « plombiers ».

27

Retour au désert

Je vais d'abord connaître la phase d'isolement qui prépare le couperet. François Mitterrand, dans sa *Lettre aux Français* distribuée au cours de la campagne présidentielle, a promis que son second septennat s'exercerait sous le signe de la tolérance. « Maintenant que nous allons vivre d'alternance en alternance, éliminons les mauvaises mœurs de la chasse aux sorcières », écrivait-il. Il est donc prudent d'attendre le cœur de l'été et le départ massif des Français en vacances pour contredire ce type d'engagement.

Le 26 juillet, le bureau de l'Association des hauts fonctionnaires de la police nationale, dont je suis président depuis deux ans, a rendez-vous avec Pierre Joxe, qui s'est vu à nouveau confier le portefeuille de l'Intérieur.

J'arrive chez le ministre à la tête d'une délégation composée de Roger Le Doussal, directeur de l'IGS (mon adjoint direct) et trésorier de l'association, Henri Baudry et Eugène Nougé-Sans, tous deux vice-présidents. Pierre Joxe est assisté de son conseiller technique, Jacques Genthial. L'entretien se déroule dans une ambiance agréable, et j'aborde les sujets qui nous tiennent à cœur :

– favoriser le rapprochement de la police avec la population en développant notamment le sens de la courtoisie chez les policiers.

– mieux former les cadres supérieurs de la police aux règles du management.

– rechercher la motivation maximale des hommes par la prise en compte du mérite personnel pour leur avancement et leurs primes [1].

– mettre au point un protocole d'accord entre la police et la gendarmerie pour organiser au mieux la complémentarité des deux institutions et non la concurrence.

– enfin, créer un Institut des hautes études de la Sécurité, s'inspirant du modèle de l'IHEDN (Institut des hautes études de la Défense nationale). Objectif : réunir des policiers et des auditeurs extérieurs pour réfléchir en commun aux problèmes de sécurité.

J'étais loin d'imaginer que, sept ans plus tard, je serais amené à diriger l'IHESI (Institut des hautes études de la Sécurité intérieure) créé par Pierre Joxe en 1989.

Le ministre manifeste une grande disposition d'écoute tout au long de mon exposé. Spontanément, et de sa propre initiative, Henri Baudry lui pose cette question sans détour :

– Quel crédit faut-il attacher aux rumeurs faisant état du limogeage imminent de notre collègue Marcel Leclerc ?

Joxe est interloqué et fait remarquer que ce sujet n'est pas à l'ordre du jour de notre réunion. Il pourrait s'abstenir de répondre, mais il tient malgré tout à faire cette mise au point :

– Une telle éventualité n'est conforme ni à mes méthodes ni à la conception que j'ai de mon rôle. Je ne prendrai pas de mesure pouvant porter atteinte à la situation matérielle ou morale de hauts fonctionnaires, sauf motif disciplinaire caractérisé.

Il poursuit :

– Je suis moi-même issu de la fonction publique et j'ai déjà exercé les responsabilités de ministre de l'Intérieur. Je

1. C'était, pour l'époque, une proposition hérétique, de nature à déclencher la foudre de certains syndicats. Il faudra attendre la publication d'un rapport de la mission d'évaluation et de contrôle de l'Assemblée nationale en juillet 1999 pour voir stigmatiser « le caractère aveugle du régime indemnitaire » actuel qui ne laisse place « à aucune modulation des primes en fonction de la manière de servir de chaque policier ».

mets quiconque au défi de trouver un exemple où j'aurais agi différemment.

La délégation se retire rassurée.

Deux jours plus tard, le 28 juillet, je prends connaissance d'un article du *Monde* sous la plume d'Edwy Plenel, journaliste généralement bien informé. Le titre est aussi explicite qu'une publication au *Journal officiel* : « Six nominations à la préfecture de police de Paris. M. Le Doussal remplace M. Leclerc à l'IGPN. » Le texte l'est encore davantage : « Figure de la PJ parisienne, M. Leclerc s'était opposé, dès 1982, au premier des ministres socialistes de l'Intérieur, Gaston Defferre... Au début de cette année, il avait, selon une procédure inhabituelle, pris lui-même en main l'enquête sur les plombiers du CSM, anciens gendarmes liés à Christian Prouteau, conseiller technique à l'Élysée. Dans l'entourage du président de la République, on estime qu'il mena ses investigations “ dans un esprit partisan ”, avec la volonté d'atteindre François Mitterrand. »

J'adresse immédiatement une lettre à Pierre Joxe pour lui faire part de ma stupéfaction :

« ... Il m'est facile de démontrer que, dans cette affaire, mes collaborateurs, officiers de police judiciaire, sous mon contrôle constant, ont exécuté scrupuleusement et impartialement les multiples commissions rogatoires d'un juge d'instruction parisien et les réquisitions très précises du procureur de la République de Paris, puis celles de son collègue de Bastia, lorsque le théâtre de l'enquête s'est déplacé en Corse...

« J'ai présentes à l'esprit les assurances que vous avez données à la délégation des hauts fonctionnaires de la police nationale que je conduisais le 26 juillet. J'ai confiance. »

J'en profite pour rappeler que j'ai sollicité une audience auprès de lui et que je me tiens à sa disposition. Cette demande restera lettre morte.

Le 17 août, une dépêche de l'AFP tombe sur les téléscripteurs :

« Le Conseil des ministres a nommé mercredi M. Roger Le Doussal chef du service de l'Inspection générale de la police nationale. Il remplace M. Marcel Leclerc qui " recevra dans les prochaines semaines une affectation conforme à ses mérites ", a indiqué le porte-parole du gouvernement, Claude Évin. »

Mes mérites devaient être minces, car la promesse restera sans suite. Un arrêté de Pierre Joxe du 6 septembre 1988 va me rétrograder à l'emploi de contrôleur général sans affectation d'aucune sorte.

28

Monsieur Pasqua

Cette fois, l'ambiance n'est plus à la solidarité comme en 1982. La haute administration répond aux abonnés absents, et les coups de téléphone se font rares. Je vais trouver un appui sans faille du côté de Daniel Duglery, qui préside aux destinées du Syndicat des commissaires, assisté de Pierre-Olivier Mahaux. Avec eux, je prépare un recours gracieux contre le décret présidentiel et l'arrêté ministériel qui me font grief. Sans me faire aucune illusion.

Le 21 octobre 1988, je saisis le Conseil d'État d'un recours en annulation pour excès de pouvoir. La défense de mes intérêts est confiée à un avocat renommé dans la haute fonction publique, Me Christian Bettinger, qui tient son cabinet à Boulogne-Billancourt. Il s'agit, pour le moment, de prendre date, car les arrêts de cette haute juridiction ne sont rendus que plusieurs années après sa saisine.

Je fais savoir à François Roussely, le directeur de cabinet de Pierre Joxe, que j'attends toujours l'« affectation conforme à mes mérites » annoncée le 17 août par le porte-parole du gouvernement. Je perçois la volonté de me maintenir aussi longtemps que possible dans le néant administratif. Il n'y a pas de meilleur moyen pour renforcer ma détermination.

Par l'entremise d'une femme d'influence qui n'est pas étrangère à la mise en chantier de ce livre, j'obtiens une audience auprès de Jean-Paul Huchon, le directeur de cabinet de Michel Rocard à Matignon.

– Vous avez des ennemis jurés dans les sphères élyséennes, me confie-t-il, ce qui rend votre cas épineux.

Jean-Paul Huchon a une éthique et il ne cherche pas à se dérober :

– On ne rétrograde pas un fonctionnaire qui n'a pas démérité. Nous ne cautionnerons jamais de telles pratiques.

Rémy Pautrat, conseiller technique du Premier ministre pour la sécurité intérieure et ancien directeur de la DST, est alors chargé de suivre l'évolution de mon affaire. Il s'emploie réellement à trouver une issue honorable à ma situation, mais les consignes élyséennes sont si fortes que tout reste bloqué.

Courant novembre, je reçois un appel à mon domicile. C'est Charles Pasqua :

– Monsieur Leclerc, vous n'en n'avez pas assez de vous tourner les pouces, alors qu'il y a tant à faire ?

– Ce n'est pas la volonté qui me manque, mais je suis en butte à quelques difficultés.

– Je crois deviner... Bon, je viens d'être élu président du conseil général des Hauts-de-Seine. Voulez-vous être mon directeur de cabinet ? Je vous laisse vingt-quatre heures pour me rendre votre réponse.

Je n'hésite pas une seconde :

– C'est oui, et tout de suite, monsieur le ministre !

Dès le 6 décembre, je remets à Yvan Barbot, le directeur général de la police nationale, ma demande de mise à disposition. Ce rebondissement inattendu aura jeté, paraît-il, un froid place Beauvau. Puis les semaines passent, rien, aucune réponse de l'Administration.

Je reprends contact avec Rémy Pautrat qui est sincèrement affecté par cet acharnement à me nuire :

– Qu'on rechigne à vous donner un poste, soit ! Mais qu'on vous empêche de vous consacrer à une activité extérieure, c'est inadmissible ! Le Premier ministre doit être alerté.

Les circonstances vont faciliter les choses : Daniel Duglery a organisé la cérémonie des vœux de son syndicat à la Conciergerie, juste avant Noël. Il a convié Michel Rocard et Pierre Joxe à la présider. Un large podium a été dressé dans la salle. Il me demande de m'y tenir au premier rang, en tant que président de l'Association des hauts fonctionnaires de la police nationale. Suivent les discours. La cérémonie s'achève : Michel Rocard descend du podium, avec le préfet Pautrat à ses côtés. Soudain, il se tourne vers moi et, de sa voix saccadée qui couvre le brouhaha ambiant, il me dit :

– Monsieur le commissaire, je connais vos états de service. Je sais ce que vous avez fait. Si vous avez un problème, n'hésitez pas à venir me voir personnellement.

Il me serre la main chaleureusement et s'éloigne. C'est la stupéfaction générale. Yvan Barbot, le DGPN, et Michel Blangy, le directeur du personnel et de la formation de la police, qui devisaient ensemble, n'en reviennent pas. De nombreux collègues m'entourent pour venir aux nouvelles. Daniel Duglery, lui, laisse éclater son grand rire communicatif.

Le 12 janvier 1989, un arrêté signé par Yvan Barbot me met officiellement à la disposition du président du conseil général des Hauts-de-Seine. Mon « assignation à résidence » aura duré cinq mois. C'est à Charles Pasqua, gaulliste de conviction, et à Michel Rocard, socialiste de cœur, que je dois la fin de cette disgrâce qui aura eu le mérite de m'éclairer sur la comédie du pouvoir.

Changement de décor

Le conseil général, c'est une autre planète. Pour moi qui vivais depuis près de trente-deux ans dans un monde manichéen, avec les policiers et les honnêtes gens d'un côté et les malfaisants de l'autre, je dois revoir mes grilles d'analyse. Je découvre un univers complexe, avec une frontière entre majorité et opposition qui n'est jamais tout à fait tranchée, et un jeu subtil que Charles Pasqua sait entretenir à merveille.

Il a conquis ce département pour en faire un laboratoire d'idées qu'il transposera, le moment venu, à l'échelon national. Lui se garde d'employer des formules provocantes, comme ce slogan longtemps mis en avant par l'équipe de son prédécesseur : « Les Hauts-de-Seine, 36e État dans le monde par son PIB, après la Grèce. »

Avec un budget annuel de 8 milliards de francs, on ne parade pas, on innove. Dans le social, d'abord. Avec un plan de rattrapage scolaire pour quinze mille élèves qui suscitera l'enthousiasme chez les enseignants du « 92 », pourtant réservés au départ. D'autres opérations suivront, comme le plan contre le chômage de longue durée. Pendant neuf mois, une centaine d'étudiants de Nanterre vont être mobilisés pour réaliser des entretiens individuels avec les chômeurs concernés. On établit ensuite des passerelles entre la direction départementale de la main-d'œuvre et de l'emploi et les entreprises, pour tenter une réinsertion de cas parfois jugés désespérés. Et souvent, ça marche.

Le président du conseil général m'associe également à la mise en place du Club universités-entreprises qui vise à fédérer les initiatives de ces deux entités au plan départemental. Elles vivaient jusqu'alors en vase clos. Ce club va leur permettre de communiquer, pour le plus grand profit des étudiants chasseurs de stages et des chefs d'entreprises chercheurs de nouveaux talents.

Le projet du Pôle universitaire Léonard-de-Vinci voit aussi le jour. Cette université du concret, qui fonctionne selon un système de bourses départementales et régionales attribuées aux élèves postulants les plus méritants, destine à une formation exploitable dans le milieu professionnel. Elle bouscule l'ordre établi, tant elle symbolise l'immixtion d'un acteur local dans un secteur traditionnellement dévolu à l'État. Mais le concept reste révolutionnaire. La « fac Pasqua » n'est pas une usine à chômeurs.

Conscient que je n'aspire nullement à occuper des fonctions politiques, le ministre ne cherche pas à me mêler à sa stratégie qui dépasse les frontières du département. C'est la période du tandem avec Philippe Séguin pour secouer le RPR en 1990. Puis la bataille du « non à Maastricht », avec un troisième acteur, Philippe de Villiers, en 1992. Les engagements futurs de Charles Pasqua sont en germe dans ces combats.

La campagne pour les législatives de 1993 est un modèle du genre. Il parle sans notes dans une langue limpide et incisive. L'auditoire est conquis par la magie des mots et l'accent pagnolesque qui vient adoucir la rudesse du discours. Charles Pasqua est un orateur-né, pétri de sensibilité sous une armure de guerrier pourfendeur de l'infidèle. Il y a de la tendresse chez cet homme qui semble tout d'une pièce. Elle s'exprime naturellement dans le cadre de son cercle familial préservé. Elle perce aussi dans son comportement de tous les jours, à l'égard des autres. Lorsqu'une décision doit affecter la vie d'un collaborateur, il tergiverse, il temporise. Il n'est pas de ceux qui jouissent du pouvoir de faire et défaire les carrières.

Durant plus de quatre ans, je vais me consacrer sans relâche à ma nouvelle mission, au contact des responsables politiques locaux et des associatifs en tout genre, anciens combattants, éducateurs de rue, animateurs de centres sociaux, sportifs en herbe ou « conquérants de l'extrême » en quête d'une subvention ou de reconnaissance.

J'ai pu mesurer le haut degré d'implication des élus de terrain dans la vie quotidienne de la population et la somme de servitudes que cela représente. Pour ces hommes soumis au baromètre de l'opinion, rien n'est jamais acquis d'avance.

L'équipe du « 92 » était très soudée, avec des professionnels de premier ordre : Jean-Marie de Morant et Hervé Colombet, à la communication ; Michel Gaudin, à la tête de l'administration générale. Lui deviendra préfet du Gard, après avoir été directeur de l'administration de la police. Nous resterons amis. Sans oublier mon adjoint d'alors, Patrick Bannino, un « Science-po » d'origine sicilienne, ancien instituteur, d'une loyauté à toute épreuve, et qui n'avait pas son pareil pour rédiger des discours à la commande.

Le 17 juin 1992, la bonne nouvelle tombe : le Conseil d'État annule le décret de François Mitterrand ainsi que l'arrêté de Pierre Joxe qui m'avaient injustement destitué. Cette décision est lourde de conséquences : juridiquement, c'est comme si je n'avais jamais cessé d'être directeur de l'IGPN.

Le commissaire du gouvernement, Serge Dael, a souligné dans ses conclusions :

« L'un des moyens de M. Leclerc nous paraît fondé : il s'agit de la méconnaissance des droits de la défense... La formalité de la communication du dossier est exigée, non seulement en cas de sanction disciplinaire, mais encore en cas de mesure prise en considération de la personne...

« En l'espèce, M. Leclerc n'a été mis en alerte que par des bruits incontrôlables, puis par la presse. Même si l'article du *Monde* était dépourvu de toute ambiguïté sur la probabilité de la mesure, puisque le mouvement était annoncé, des bruits et des articles de presse ne peuvent valoir la démarche officielle par laquelle une autorité administrative prépare l'agent à la mesure envisagée... »

Il y a aujourd'hui une jurisprudence Leclerc qui rappelle à nos gouvernants qu'ils doivent avoir le courage de notifier en face, à leurs hauts fonctionnaires, la décision de mettre fin à leur emploi [1].

Retour en grâce

Le 28 mars 1993, l'opposition remporte les législatives. Jacques Chirac se met en réserve de la République pour préparer son marathon présidentiel. Édouard Balladur accepte Matignon et constitue son gouvernement. Charles Pasqua est élevé au rang de ministre d'État, ministre de l'Intérieur et de l'Aménagement du territoire. Il aurait préféré le portefeuille de la Défense. Les policiers, eux, ne font pas la fine bouche. Ils sont heureux de retrouver un « premier flic de France » qui les comprend et sait leur parler. Ils ne seront pas déçus : il va mettre immédiatement en chantier la fameuse loi d'orientation pour la sécurité qui sera

---

1. Le Pr Roland Drago, sommité du droit administratif, a rédigé une note très détaillée sur cet arrêt dans la *Revue de droit public* de novembre-décembre 1992, p. 1830 et suivantes.

promulguée en janvier 1995. Il s'ensuivra une refonte des corps de police et une amélioration des perspectives de carrière.

Sur sa proposition, le Conseil des ministres du 5 mai 1993 me nomme préfet délégué pour la sécurité et la défense à Lyon. Je retrouve ma place dans la grande famille du ministère de l'Intérieur.

Une semaine plus tard, Charles Pasqua me convoque dans son bureau, place Beauvau. À peine suis-je entré qu'il me demande sérieusement de fermer les yeux. Je m'exécute. Il me coiffe alors de la casquette à feuilles de chêne dorées et déclare d'une voix affectueuse :

– Marcel, je vous fais préfet de la République !

29

Préfet de police des Gaules

J'arrive à Lyon le 23 mai 1993, sous un soleil radieux. En regardant s'éloigner la voiture de mon chauffeur, le fidèle M. Madiot, qui retourne dans les Hauts-de-Seine, mon épouse et moi réalisons brusquement que nous venons de laisser derrière nous un univers familier. Ce sentiment nostalgique sera vite balayé par la chaleur de l'accueil que me réservent, le lendemain, les membres de mon cabinet, dirigé par le commissaire divisionnaire Louis Schweitzer, un Arlésien à l'accent chantant, doué d'une grande sagesse. Pour preuve de sa compétence : il a déjà travaillé sous l'autorité de mes deux prédécesseurs et servira les quatre qui suivront. Plus qu'un simple collaborateur, il est la mémoire de la préfecture de police de Lyon et un conseiller précieux très intuitif.

À 11 heures, revêtu de ma grande tenue, je prends la route du cimetière de Loyasse, sur les hauteurs de Fourvière. C'est le premier acte symbolique de ma prise de fonctions : le traditionnel dépôt de gerbe du nouveau préfet au pied du monument érigé à la mémoire des policiers lyonnais morts pour la France.

Les autorités sont venues pour ce premier contact : le procureur général Jean-Louis Nadal, avec sa pipe vissée au coin des lèvres et sa mine gourmande, le procureur de la République, Amédée Lathou, regard vif et malicieux, le premier président de la cour d'appel, René Oriol, le général Michel Duhamel, commandant la légion de gendarmerie, le gouverneur militaire, Jean Pincemin.

Michel Richardot, le chef de la Sécurité publique du département, rend les honneurs avec son détachement de gardiens. Sa présence produit instantanément un déclic : nous avons en commun tout un héritage de traditions policières, d'affaires retentissantes, comme la chute des Zemour. J'ai une forte estime pour ce commissaire subtil, forgé à la rigueur de la police judiciaire et habité par la flamme de la réussite. L'homme a aussi une densité humaine façonnée par les drames de la vie. Avec lui à mes côtés, c'est comme si un fil ne s'était jamais rompu.

En écoutant vibrer la lancinante sonnerie aux morts, puis les accents de la *Marseillaise,* j'entre dans mon rôle, décidé à écrire cette page lyonnaise dans la continuité de ma vie de policier.

Je redescends la colline de Fourvière pour gagner la préfecture. Deux motards ouvrent la voie. Au premier plan, je découvre la cathédrale Saint-Jean, puis la Saône qui chemine entre deux fronts d'immeubles avant d'aller s'enlacer avec le Rhône fougueux. Plus loin, c'est la ville, à perte de vue, avec le crayon de la Part-Dieu qui dresse sa pointe vers le ciel et, tout au fond, en ligne d'horizon bleutée, un conglomérat de béton. Vénissieux, Les Minguettes, Bron, Vaulx-en-Velin, le Mas du Taureau : une histoire sporadique qui émerge au loin, faite de violence juvénile, sur fond de tours, de barres sans âme et de fracture sociale. Là est le cœur du problème. Cette concentration de situations à risques fait de Lyon le poste d'observation privilégié de la crise d'identité française.

Mais la capitale des Gaules est aussi un pôle d'excellence. La ville a ses cercles, ses réseaux, ses rites. On la dit fermée et orgueilleuse. Je la trouve, au contraire, ouverte et chaleureuse. Michel Noir, le maire, m'accueille avec beaucoup d'égards. Je n'ignore rien de sa situation judiciaire et assiste, sans plaisir, aux derniers épisodes d'une chute annoncée. Lui fait face sans rien laisser paraître. Le primat des Gaules, Mgr de Courtray, est, bien sûr, un personnage essentiel. « Fermeté et humanité sont ici les clés de la réussite », me dit-il, sur le ton de la confidence, lors de notre premier entretien. Son décès, dans cette ville où la ferveur religieuse est très forte, va profondément affecter les Lyonnais.

Raymond Barre, lui, est consulté comme l'oracle dans cette région où il domine la mêlée. Sans dévoiler ses ambitions municipales, il apparaît déjà comme le recours. Lyon, c'est aussi le poids de l'empire pharmaceutique Mérieux, le rôle phare du *Progrès,* superquotidien régional dirigé par Xavier Élie. Il y a aussi les sœurs Dufour, dont les dîners-débats sont alors très prisés. Fière et industrieuse, la ville est sûre de ses atouts. Une vieille expression des gones résume cet état d'esprit : « Tout l'monde peuvent pas ête de Lyon, faut bien qu'y en ait d'un peu partout ! »

Lyon n'est pas la province. Lyon est Lyon.

« Préfet délégué à la sécurité et à la défense. » Tel est l'intitulé exact de mes attributions. Et c'est une nouveauté. Car depuis le 18 mars 1993, le préfet de police de Lyon a aussi compétence en matière de défense et de sécurité civile sur douze départements. Paul Bernard, le préfet de la région Rhône-Alpes, homme de grande expérience et imprégné du sens de l'État, a tenu parole en signant les délégations nécessaires à ces nouvelles missions. Ce qui me place à la tête d'une petite armée : 4 500 policiers et gendarmes (sans compter les CRS, la PJ, la DST) ainsi que 4 000 pompiers pour le seul département du Rhône. Au titre de la zone de défense, je dois tenir à jour le plan Orsec, des Alpes jusqu'à l'Auvergne. Si l'on se réfère à un passé dramatique, le couloir de la chimie à Lyon, avec les raffinerie de Feyzin, exige, à lui seul, une vigilance de tous les instants.

Pour parer aux risques majeurs, une cellule de veille a été installée dans les sous-sols de la préfecture. Elle est placée à mon arrivée sous le commandement du colonel Andoins, un officier des sapeurs-pompiers de grande valeur. Je ne pouvais imaginer que cet homme rayonnant allait nous quitter, quelques mois plus tard, sans émettre le moindre SOS.

Pour conclure, une formule me paraît bien résumer l'esprit qui a présidé à la mise en place des préfets de police provinciaux : le préfet de l'urgence. C'est-à-dire, pour reprendre la définition donnée dans un décret du général de Gaulle : celui qui doit, aux côtés du préfet de zone, contribuer à « assurer en tout temps, en toutes circonstances et contre toutes les formes d'agression, la sécurité et l'intégrité du territoire, ainsi que la vie de la population ».

Les occasions de tester notre réactivité ne vont pas manquer.

30

Les expulsés de Lyon

Mars 1994. C'est le choc du CIP, « Contrat d'insertion professionnelle ». De Nantes à Marseille, en passant par Paris, les lycéens manifestent violemment contre ce qui institutionnalise, à leurs yeux, le recours aux emplois précaires et hypothèque leur avenir. Une réforme mal annoncée et mal comprise.

Le mouvement a commencé le 17 mars, sous la houlette des grands syndicats. Le 22, quand la France marque une pause, Lyon défile de plus belle. On a pu dénombrer en centre-ville jusqu'à huit mille manifestant déchaînés. Premier bilan des échauffourées, après cinq jours de conflit : trente-cinq blessés parmi les policiers. Et aucun parmi les lycéens. Pourtant, nous n'avons pas les moyens de faire dans la dentelle comme à Paris, où le préfet de police dispose d'effectifs importants (grâce à l'appoint des forces mobiles nationales) qui lui permettent d'échafauder des stratégies subtiles. Pour Lyon même, nous disposons au maximum de mille deux cents hommes avec les CRS et les gendarmes mobiles.

Paul Bernard et moi savons que nous ne sommes pas seuls dans cette aventure : les préfets des grandes agglomérations sont sur la brèche. Il faut imaginer l'incroyable pression qui pèse sur les épaules du représentant de l'État durant ces heures de crise. Car le syndrome Malik Oussekine [1] est encore dans les esprits.

Cette fois, nous n'avons plus droit à l'erreur. L'opinion publique ne le pardonnerait pas. Je sais que je peux compter sur quelques professionnels aguerris, comme Loïc Morineaux, qui vient de remplacer à la tête de la Sécurité publique Michel Richardot, promu directeur de l'École des commissaires à Saint-Cyr-au-Mont-d'Or. Épaules larges et cheveux en brosse, ce moustachu à la voix de stentor est réputé pour son impétuosité. C'est un technicien chevronné du maintien de l'ordre qui ne se laisse pas facilement impressionner.

À 10 h 30, ce mardi 22 mars, trois mille cinq cents manifestants sont massés place Bellecour, au cœur de la Presqu'île.

À 14 heures, ils sont quatre mille. Et les premiers troubles éclatent. Les comptes rendus tombent sur mon bureau, minute par minute. Je laisse aux policiers qui étaient au contact le soin de décrire le spectacle :

« Des jeunes, porteurs du foulard palestinien, débordent le service d'ordre lycéen pour se placer en tête du cortège. D'autres, porteurs du même foulard quadrillé rouge et blanc, remontent la file des manifestants en les aspergeant discrètement avec de petites bombes anti-agression. Ils cherchent visiblement à exciter les lycéens. »

Combien sont les casseurs ? Quatre cents, peut-être plus, venus de tous les coins « chauds » du Grand Lyon. Ils observent attentivement la position des forces de l'ordre avant de prendre pour cible les unités les plus isolées. Ils évitent les objectifs photographiques, ainsi que les caméras. Entre eux, ils se saluent en portant la main sur le cœur.

Ainsi, au fil des jours, à force de se colleter aux policiers, ces « sauvageons » ont remis au goût du jour les tactiques de guérilla urbaine. Comme des volées de moineaux, ils s'abattent sur les magasins, brisent les vitrines, dévalisent

---

1. Malik Oussekine est ce jeune d'origine algérienne mort au cours d'une manifestation étudiante, à Paris, dans la nuit du 5 au 6 décembre 1986, après une charge des unités motorisées de la préfecture de police.

les stocks dans un bourdonnement furieux, pour revenir aussitôt se fondre dans la masse des manifestants, avant le nouveau raid.

L'atmosphère devient de plus en plus irrespirable.

Je sais, de bonne source, que des commerçants de la Presqu'île ont apporté des armes dans leur magasin. Le président de la chambre de commerce lui-même a envoyé cet appel au calme dans *Le Progrès :* « On est sur une pente dangereuse. Surtout ne tombez pas dans le piège de l'autodéfense. »

Heureusement, Lyon n'est pas Los Angeles. Même si le bilan, au soir du 22 mars, n'est pas pour nous rassurer : dix nouveaux blessés parmi les forces de l'ordre, trente vitrines de magasins brisées, une bijouterie pillée. Et soixante et un manifestants interpellés, dont six viennent de commettre un vol à main armée.

Il faut briser cette spirale de la violence. Car il est évident que les manifestants comptent poursuivre leur mouvement jusqu'à l'abrogation du CIP, c'est-à-dire au moins jusqu'au 25 mars, date fixée pour la grande journée nationale de protestation. Il est clair que nous sommes passés d'une simple manifestation de voie publique correctement organisée, le 17 mars, par des institutionnels du rassemblement, à une succession d'attroupements non déclarés, sans parcours défini. Ce qui complique notre tâche. Que peuvent des policiers harnachés et casqués face à des mineurs parfois âgés de onze à douze ans, qui les harcèlent par petits groupes ? La force vive n'est pas la réponse la mieux adaptée. Il faut trouver d'autres voies.

Punir les « grands frères » pour dissuader les « petits » de les imiter serait une solution. Mais, à la date du 22 mars, quatre-vingt-quinze casseurs ont été déférés à la Justice. Qui en a remis en liberté soixante-quinze. Cinq ont été écroués avant l'audiencement complet de leur affaire, tandis que les autres ont simplement été cités à comparaître au cours des mois suivants.

Certes, le parquet a fait systématiquement appel des décisions qui lui paraissaient trop indulgentes. Mais cette prise de position est restée sans effet puisque, en vertu de la loi, l'appel n'est pas suspensif. Les intéressés se sont retrouvés, dès le lendemain, au centre de nouveaux désordres.

Que faire ? Ce 22 mars, à 19 heures, Charles Pasqua, informé de nos difficultés, me fait appeler. Sa solution : l'expulsion en urgence absolue des casseurs étrangers arrêtés en flagrant délit. Une procédure motivée par la « nécessité impérieuse de préservation de la sécurité publique ».

– Elle a valeur de mise en garde, dit-il. Nous ne laisserons pas violer impunément les règles de l'hospitalité.

Reste à mettre en musique les instructions gouvernementales.

Dans les heures qui suivent, je me fais communiquer la liste des étrangers interpellés le 21 mars en flagrant délit lors des affrontements. Je fais faxer le document place Beauvau. Au ministère, on cible les profils de deux majeurs Algériens encore gardés à vue : Mouloud, dix-huit ans, déjà connu de nos services ; et Habdel, dix-neuf ans, qui s'est illustré par divers délits. Cette fois, ils ont été interpellés pour violences sur les forces de l'ordre ou participation à un attroupement.

Je prends à leur encontre deux arrêtés de rétention administrative pour les placer au centre de Sainte-Foy-les-Lyon. Le lendemain, une demande d'autorisation de prolongation de la rétention est présentée au juge judiciaire afin de disposer du temps suffisant pour organiser leur départ dans de bonnes conditions. Celui-ci la refuse.

En accord avec la direction des Libertés publiques du ministère de l'Intérieur, je poursuis alors l'exécution de la mesure d'éloignement décidée par le ministre. Le premier bateau pour l'Algérie appareille le 23 mars, à 11 h 30. C'est par ce navire que les deux jeunes hommes retourneront au pays, où ils ont de la famille. Et c'est alors que la tempête se lève.

Aussitôt alertée, la Cimade, organisme œcuménique connu, publie une rafale de communiqués.

Des avocats intentent, le jour même, un double recours devant le tribunal administratif de Lyon, l'un pour réclamer le sursis à exécution de la mesure, l'autre pour en obtenir l'annulation. Ce qui est légitime. Ils nous assignent en référé, d'heure en heure, devant le tribunal de grande instance, pour « voie de fait » Ce qui est beaucoup plus hasardeux.

L'audience en référé est fixée au 25 mars, à 11 heures.

Le préfet Bernard se voit dans l'obligation de transmettre un « déclinatoire de compétence » au procureur de la République. En clair : il intente une action visant à faire déclarer le juge judiciaire incompétent pour juger d'un acte d'expulsion qui est par essence de nature administrative.

Mais les milieux judiciaires ne l'entendent pas ainsi. Ils ont leur pré carré à défendre. Le juge des référés, statuant en formation collégiale, en la présence exceptionnelle du président du tribunal de grande instance de Lyon, se reconnaît le pouvoir de statuer sur le fond de l'affaire, au motif que le préfet aurait commis une voie de fait. Il ordonne en conséquence le retour des deux expulsés.

Il ne nous reste plus qu'à élever l'affaire devant le tribunal des Conflits, instance suprême qui siège au Palais-Royal et dont la vocation est de trancher, en dernier ressort, les problèmes de compétence entre les ordres administratif et judiciaire. Ce qui est fait dès le 26 mars.

Mais nous ne sommes pas au bout de nos surprises. Ce jour-là, c'est par le journal télévisé que Paul Bernard et moi apprenons notre convocation devant le juge de l'exécution le 25 mars à 11 heures. Les avocats des expulsés considèrent que la procédure engagée devant le tribunal des Conflits équivaut à un refus d'appliquer la décision du juge des référés. Au cours de cette audience, ils nous réclament donc une astreinte journalière de 50 000 francs chacun.

Nouveau « déclinatoire de compétence » contre cette décision. Cette fois, le juge de l'exécution se donne quinze jours pour statuer. Il tient sur place une conférence de presse, au cours de laquelle il fait cette déclaration surprenante pour une autorité chargée de dire le droit et non de faire la loi : « Je n'ai pas pu statuer. La Constitution donne au juge le privilège d'être le garant des libertés. Je constate que, par un simple arrêté préfectoral, ce privilège est neutralisé. Tout ceci appelle à la réflexion et peut-être à une réforme qui ne jette pas les gens dans la rue... »

Le préfet Bernard, lui, en appelle à nouveau au tribunal des Conflits.

Verdict final du juge suprême : les décisions du juge des référés et du juge de l'exécution sont considérées comme nulles et non avenues. À une époque où se manifestait une certaine dérive, il était important que le principe du non-empiètement du judiciaire sur le domaine administratif soit rappelé avec force. Ce n'est pas une affaire de personne. C'est une question d'équilibre des pouvoirs.

Le juge administratif avait donc seul compétence pour juger de l'affaire des « expulsés de Lyon ». Et dans un souci d'apaisement, il va rendre une décision à laquelle chacun s'attendait : le 6 avril, le tribunal administratif de Lyon prononce le « sursis à exécution » de la mesure d'expulsion. Charles Pasqua fait savoir qu'il organise, le jour même, le retour des deux Algériens, tout en réaffirmant qu'« il n'est pas admissible que des étrangers qui vivent à l'abri de nos lois se livrent à des saccages ou à des agressions contre les policiers et les gendarmes ».

Enfin le 13 juillet 1994, le tribunal administratif annule les deux arrêtés d'expulsion. Habdel et Mouloud, eux, ont fêté leur retour depuis longtemps.

Pour le premier, la vie va reprendre son cours normal. Le cas du second suscite, par contre, quelques interrogations car il n'a pas tardé à se rappeler au bon souvenir de son pays d'accueil. Entre le mois de mai 1994 et le mois de mai 1995, il va être interpellé par la police à six reprises pour différents méfaits, dont trois vols avec violences, avec des complices, sur des personnes venues retirer de l'argent à des distributeurs automatiques de billets. Je ne sais s'il s'est amendé. Une chose est sûre : entré en France avant l'âge de six ans et résidant sur notre sol depuis plus de dix ans, ce jeune homme est protégé contre l'expulsion par les voies ordinaires, et même contre l'expulsion tout court, puisque, nous l'avons compris, il n'entrait pas dans le champ de la « nécessité impérieuse de préservation de la sécurité publique ».

31

Génération Kelkal

Exit le CIP et la fièvre du centre-ville. C'est maintenant la banlieue lyonnaise qui entre en ébullition. Dans la nuit du 13 au 14 avril, six descendants d'immigrés maghrébins et turcs sont repérés à Bron, à bord d'une BMW volée. Deux policiers tentent de les intercepter et tirent un coup de semonce, sans atteindre la voiture. Le conducteur de la « béhème, » qui roule trop vite, perd le contrôle de son véhicule qui vient s'écraser sur le bas-côté de la route. Bilan : deux jeunes tués sous la violence du choc, deux autres grièvement blessés.

La rumeur va prétendre que le conducteur a été atteint d'une balle dans la tête. Pendant trois nuits, les bandes vont exercer leurs représailles. De Bron à Vaulx-en-Velin, en passant par Rillieux-la-Pape, des commandos se glissent furtivement dans les quartiers. À l'aide de voitures-béliers mises à feu, ils incendient des gymnases, un centre social, un poste de police et de nombreux véhicules en stationnement.

Aux premières arrestations de suspects, nous nous rendons compte que le milieu local de la délinquance s'est solidarisé avec les occupants de la BMW, eux-mêmes bien connus de nos services.

Cette fois, le romantisme des banlieues ne joue plus. Le père Delorme lui-même, le célèbre curé des Minguettes, dénonce ces actes de guérilla : « Avant, dit-il, la violence dans les banlieues était une violence qui appelait au secours. Aujourd'hui, on détruit par rage. »

Pour tenter de mieux cerner ce phénomène, je me suis rendu à maintes reprises dans les quartiers sensibles. C'est à Vaulx-en-Velin, à la cité de la Grappinière, que sont apparus les premiers rodéos en 1979. Ils ont été suivis, quelques mois plus tard, par les premières émeutes de la cité des Minguettes, à Vénissieux. Sur place, je pensais trouver un environnement inhumain, dégradé, inhospitalier. Il s'agit, en fait, de paysages urbains comme on en rencontre couramment en région parisienne. Ils ne sont ni laids ni impressionnants, mais d'une banalité ordinaire. Contrairement à une idée reçue, les familles qui y vivent se connaissent, comme dans un village. À cet égard, l'intégration semble plutôt réussie. Par contre, les problèmes de mixité sociale sautent aux yeux. Avec des déséquilibres flagrants.

À Vaulx-en-Velin, 70 % du parc immobilier est composé de HLM. 50 % de la population a moins de vingt-huit ans et 35 % moins de dix-neuf, avec une démographie galopante. Les actifs sont essentiellement des ouvriers et des employés, c'est-à-dire la catégorie socio-professionnelle la plus exposée à la précarité et au chômage, qui prend ici des proportions endémiques. Progressivement, les cités se sont refermées sur elles-mêmes, malgré les cages d'escalier repeintes, les massifs fleuris et les murs d'escalade. Un monde parallèle est né, fondé sur d'autres références, avec son économie souterraine et son langage de plus en plus hermétique.

C'est sur ce terreau que s'est développée la culture anti-institutionnelle si bien décrite par le regretté Christian Backmann, l'un de nos plus fins analystes de la crise urbaine. Il citait à l'appui de sa démonstration cet exemple éclairant :

Un test de référence est réalisé dans un collège d'une banlieue sensible. Le principe est simple : on donne un mot à l'élève et il doit dire à quoi il l'associe. Le mot police est donc proposé à une classe de 4e générale. Voici les résultats : « sans scrupules », « raciste », « fils de pute »,

« violent » (2 fois), « bâtard » (2 fois), « trop libre » (3 fois), « crevard » (4 fois). Le mot justice, ensuite : « prison », « tapé », « sans scrupules », « injuste », « entrave à la liberté », « trop sévère » (5 fois), « enfoirés » (5 fois).

Cet exercice n'a rien d'anodin. La culture anti-institutionnelle engendre sur le terrain, au mieux les incivilités que chacun d'entre nous a pu expérimenter ; au pis, le bloc de béton qu'on laisse tomber du haut d'une tour sur le policier ou le postier qui passe.

Une mentalité d'assiégés

En évoquant ces quartiers à risques, on parle de zones de non-droit. L'expression ne colle pas à la réalité.

La police pénètre partout dans les cités, en prenant, bien sûr, plus ou moins de précautions. Mais elle n'y assure plus la sécurité qu'en pointillé, faute d'une répartition judicieuse des effectifs.

Quand nos gouvernants auront-ils le courage de s'atteler à la redistribution des implantations des forces de police et de gendarmerie dans l'Hexagone ? La carte des effectifs n'a pas changé depuis 1945, alors que la périphérie des grandes villes s'est considérablement élargie et vit aujourd'hui en état de sous-administration. C'est là qu'il faut redéployer les forces de police, même si cette réforme doit heurter les intérêts électoralistes de quelques élus et bousculer un certain corporatisme syndical. Tous les citoyens, où qu'ils vivent, ont le droit d'être protégés contre la violence des bandes.

On aboutit à ce paradoxe qu'aujourd'hui, dans certains quartiers, ce sont les policiers qui réclament protection et développent une mentalité d'assiégés.

Un jour, je me rends à Givors, une commune populaire du Nord-Est lyonnais. Je visite le commissariat de façon impromptue. Il est situé dans une voie en forme de cul-de-sac, face à un immeuble qui le surplombe tel un observatoire hostile. Le commissaire tient des propos pessimistes sur l'évolution de la délinquance dans sa circonscription. Son personnel apparaît résigné et gagné par la peur. Les allées et venues des voitures de patrouille sont observées, me dit-on, par de jeunes guetteurs désœuvrés qui campent sur la place voisine. Les noms de certains fonctionnaires ont été tagués sur les murs de la ville avec des qualificatifs insultants. La famille d'un policier a reçu la visite d'intimidation de voyous du quartier.

Dans ce type de situation, une réaction immédiate s'impose pour que la police retrouve sa dignité et le sens de sa mission. Je fais classer en ordre prioritaire la construction d'un nouveau commissariat. Je favorise la mutation demandée du chef de circonscription et de ses collaborateurs pris pour cible. Une jeune femme commissaire, dotée d'une forte personnalité, prend la tête d'une équipe remobilisée. En quelques mois, la courbe de la délinquance s'inverse et la confiance revient.

J'ai toujours considéré qu'une bonne police réclame des moyens, mais qu'elle reste avant tout un état d'esprit.

Chaque semaine, j'organiserai des réunions de coordination. Je pourrai ainsi voir Gérard Girel, le chef discret et efficace du SRPJ de Lyon, qui est devenu directeur de la PJ parisienne, échanger des renseignements avec le colonel Arnaud, patron du groupement de gendarmerie du département.

Durant les deux ans que je passerai à Lyon, j'aurai la satisfaction de pouvoir faire travailler la police et la gendarmerie en parfaite harmonie.

La délinquance baissera de 6 % dans le Rhône en 1993, pour se stabiliser l'année suivante. On imagine mal la somme de dévouement et de courage qui se cache derrière ces chiffres : la montagne de procédures, les tracasseries administratives du quotidien, la fatigue des heures de planque et le stress des interventions de nuit, notamment pour les hommes des brigades anticriminalité qui réalisent l'essentiel des arrestations en flagrant délit.

Un enfant de Vaulx-en-Velin

Le 8 juillet 1995, je quitte la préfecture de Lyon : Jean-Louis Debré, le nouveau ministre de l'Intérieur, vient de me nommer à la tête de l'Institut des hautes études de la sécurité intérieure. À soixante ans, il est temps pour moi de prendre un peu de recul, avant d'aborder les rivages de la retraite.

Je regarde disparaître les toits rouges de la vieille ville Fourvière, la Croix-Rousse, le Rhône étincelant et la Saône si paisible sous ce soleil d'été. J'ai aimé passionnément cette ville que je quitte avec regret. Un proche de Raymond Barre, le nouveau maire de Lyon, m'avait glissé cette remarque, juste avant mon départ : « Peut-être partez-vous trop tôt, monsieur le préfet ? »

Le 11 juillet, trois jours seulement après mon retour à Paris, l'imam Sahraoui est assassiné dans la grande mosquée de Paris. Le 25 juillet, une bombe explose dans le RER, à la station Saint-Michel. Et c'est le début de l'aventure sanglante du réseau Kelkal qui puise ses racines dans le terreau lyonnais. Khaled Kelkal, qui avait connu l'islam en prison, était un enfant de Vaulx-en-Velin.

J'avais déclaré le 1er février 1995, au cours d'une conférence de presse à la préfecture : « Un phénomène doit retenir notre attention dans les quartiers sensibles : c'est la montée de l'intégrisme qui se traduit par la radicalisation des agissements de certains individus, à travers, parfois, l'activisme de certaines associations... Il ne faut pas se mettre la tête sous l'aile. C'est une préoccupation, c'est un danger... Lyon est une plaque tournante pour les milieux extrémistes en France. »

Quelques-uns avaient trouvé mes propos alarmistes, et pourtant !

Il aura fallu l'énergie d'un Jean-Louis Debré, qui avait retrouvé ses réflexes de juge d'instruction, pour que la police nationale, sous l'autorité de Claude Guéant, alors DGPN, et avec le rôle clé de Roger Marion, le chef de la « 6 », future Division nationale antiterroriste, parvienne à démanteler ce redoutable réseau de poseurs de bombes.

Le fruit de leurs enquêtes a fourni à l'IHESI, que je vais diriger durant deux ans, une mine d'informations. C'est le rôle de cet institut que de diffuser une réflexion de qualité qui s'inspire des situations concrètes pour éclairer l'avenir. La réflexion pour l'action, loin des discours creux et des idéologies : tel est le cap que je lui avais assigné.

Je m'étais fixé un autre objectif : faire en sorte que l'IHESI soit représentatif des principales sensibilités de l'opinion, en dehors de tout esprit partisan. Je sais qu'Éric Chalumeau, un brillant commissaire, responsable de la session nationale d'études, et son collègue André Sibïlle, un sympathique Grenoblois, chargé des sessions régionales, souscrivaient à cette exigence. Les auditeurs en ont été juges.

À l'IHESI, j'avais organisé à Paris le 18e congrès international de haute spécialisation pour les forces de police, en association avec Intercenter, une organisation non gouvernementale rattachée à l'université de Messine. Ce sont mes vieux amis, Édouard Janssens, ex-directeur de la police générale de Belgique, et Giacomo Barletta, avocat à Catane, qui, en 1978, avaient eu l'idée de réunir chaque année les chefs de police des cinq continents, en dehors de tout clivage politique. Quel spectacle insolite que de voir assis autour de la même table un policier américain et son collègue cubain !

Déjà en 1994, j'avais organisé à l'école des commissaires de Saint-Cyr-au-Mont-d'Or le 16e congrès qui avait réuni les représentants de soixante-trois pays sur le thème de la gestion des situations de crise. Michel Richardot, le directeur de l'école, et Louis Schweitzer, mon chef de cabinet à la préfecture de Lyon, m'avaient apporté un concours précieux.

En septembre 1996, à Paris, au centre des congrès internationaux de l'avenue Kléber, nous allions réunir les représentants de quatre-vingt-deux pays, sur le thème de l'évolution de la criminalité organisée. Record absolu de participation. J'étais heureux d'associer à ce résultat Barletta et Janssens.

En guise de conclusion

Ainsi s'achèvent ces Mémoires. En me retournant, je réalise qu'une vie d'homme, aussi dense soit-elle, est courte. Je suis frappé par le nombre d'acteurs qui ont disparu. Il y a les policiers que j'ai connus et qui sont morts en service. Il y a aussi les collaborateurs et les patrons qui nous ont quittés. Je leur dédie ces pages en souvenir des moments intenses que nous avons partagés.

Est-il convenable de dire que j'ai eu la chance d'exercer ce métier dans une période tumultueuse, ponctuée de crimes retentissants, de prises d'otages, d'enlèvements, d'attentats spectaculaires, avec des héros négatifs souvent hors du commun ? Ce sont pourtant ces événements qui font le sel d'une carrière.

J'ai pu mesurer la lente transformation des phénomènes criminels. Dans l'inconscient collectif des Français, durant les décennies soixante-dix et quatre-vingt, les exactions du grand banditisme et du terrorisme étaient vécues comme des menaces insupportables. Aujourd'hui, les désordres urbains des grandes villes et de leurs banlieues anarchiques traumatisent l'opinion. C'est aussi la marée, qui n'en finit pas de monter, de la petite et de la moyenne délinquance.

Les superflics se sont effacés devant les artisans du combat quotidien contre les bandes et les pègres locales. Qu'on remette à l'honneur la police de proximité n'a rien de surprenant si cette expression recouvre autre chose qu'une belle formule dans l'air du temps.

Que mes cadets soient convaincus qu'il n'y a ni petite ni grande police. Il y a seulement l'art d'exercer une profession passionnante, l'un des derniers métiers d'aventure.

La police se fait sur le terrain, au plus près des hommes, au contact de leurs vertus et de leurs turpitudes. Elle ne commence pas par l'examen d'un dossier mais par l'observation d'un comportement. Il y a toujours un homme avant la traduction littéraire de ses actes. Le privilège du policier, c'est d'être le premier sur l'événement à l'état vierge, avant qu'il ne soit livré à l'interprétation des autres. D'où l'importance de la sûreté de son jugement et de sa capacité à réagir. La Bruyère, en son temps, l'avait magnifiquement formulé :

« L'exercice des fonctions policières requiert un sens très aigu de l'observation sociale et une connaissance approfondie de l'humaine condition. Il est éminemment destructeur de l'illusion mais aussi puissamment formateur du jugement. »

Il m'a été donné de présider, à plusieurs reprises, le jury du concours des commissaires de police. J'ai éprouvé de la fierté en observant la progression qualitative du niveau des candidats, ainsi que la diversité de leurs origines. En 1999, c'est une jeune femme, issue de l'École normale supérieure de la rue d'Ulm, qui a obtenu le rang de major au concours de sortie.

À ces jeunes commissaires, je voudrais dire : soyez sans complexe ; exercez pleinement votre métier qui est l'un des plus nobles. Ne donnez pas l'impression d'être à l'étroit dans un espace contraint, entre les préfets, d'une part, et les magistrats, de l'autre. Au-delà de la tutelle hiérarchique ou fonctionnelle, il existe l'indépendance d'esprit, l'autonomie d'action, qui sont le fruit de votre technicité et de votre professionnalisme.

À l'heure de la « guerre des paillotes », toutes les fonctions, même les plus prestigieuses, hélas, se désacralisent. Il y a de plus en plus primauté de l'homme sur la fonction. Ce qui ne devrait pas être pour déplaire aux chefs de talent.

Il serait temps enfin qu'à chaque alternance nos dirigeants cessent de jouer avec la carrière des cadres supérieurs en les soumettant au prisme déformant de l'appréciation politique. Le seul critère qui vaille, c'est celui de la compétence alliée à la loyauté.

Les cimetières sont, comme il a été dit, pleins de gens irremplaçables, comme le sont les placards de certaines inspections. À ce compte-là, il ne faudra pas s'étonner de voir émerger aux postes de commande des personnages malléables. Lorsque vient le gros temps, on peut se demander si ce sont ces profils qui prédisposent le mieux au pilotage à travers les récifs.

« Une vie ne vaut rien mais rien ne vaut une vie », écrivait Malraux. J'ai goûté pleinement celle qui m'a conduit des marais de mon enfance au grand théâtre des événements, à Paris et à Lyon. J'ai choisi l'ascension par la face nord. Ce n'était pas la voie la plus facile, mais c'est la seule qui procure le sentiment de plénitude, une fois le parcours accompli.

Table

Cet ouvrage a été réalisé par la
SOCIÉTÉ NOUVELLE FIRMIN-DIDOT (Mesnil-sur-l'Estrée)
pour le compte de LA LIBRAIRIE PLON
76, rue Bonaparte, 75006 Paris

Achevé d'imprimer en janvier 2000

Imprimé en France
Dépôt légal : janvier 2000
N° d'édition : 13166 – N° d'impression : 49328